智能驾驶理论与实践系列丛书

自动驾驶车辆决策技术
Decision-Making Techniques for Autonomous Vehicles

［西］Jorge Villagra　　［西］Felipe Jiménez　编著

苏　斌　陶洁莲　余文彬　译

電子工業出版社
Publishing House of Electronics Industry
北京·BEIJING

内 容 简 介

本书围绕自动驾驶车辆决策技术，详细介绍了嵌入式决策组件、面向基础设施的决策、用户影响、部署问题等内容，对自动驾驶车辆决策系统架构及核心算法的开发、测试验证、实施部署具有很强的理论与实践指导意义。首先，结合具体化对自动驾驶车辆认知能力的影响，对用于自动驾驶车辆决策规划决策与控制任务的具身决策架构进行了分析，同时对行为规划、运动预测与风险评估、运动规划、决策与控制的相互影响等核心算法与实现框架进行了深入讲解。为了与传统的决策范式加以区分，书中介绍了基于人工智能的端到端决策架构。其次，书中针对基础设施对车载决策的影响，讲述了交通相关的路径系统、基于 V2X 的协同驾驶，以及为实现高阶自动驾驶所需的道路基础设施规范。另外，针对自动驾驶与驾驶员/乘客间的交互，介绍了人机共驾、基于心理学的驾驶员模型。最后，针对自动驾驶的部署问题，讨论了与决策相关的法律、伦理和接受度问题，以及为提高自动驾驶的用户接受度、提高自动驾驶系统的安全性所需的功能安全框架和算法测试验证方法论。

本书可以供自动驾驶、协同驾驶、人工智能、移动机器人等专业领域的高校教师、硕士博士研究生或高年级本科生使用，也可供相关领域的科研工作者、研究人员阅读和参考。

未经许可，不得以任何方式复制或抄袭本书之部分或全部内容。
版权所有，侵权必究。

版权贸易合同登记号 图字：01-2023-6080

图书在版编目（CIP）数据

自动驾驶车辆决策技术 /（西）豪尔赫·维拉格拉，（西）费利佩·西梅内斯编著 ；苏斌，陶洁莲，余文彬译. 北京 : 电子工业出版社, 2024. 9. --（智能驾驶理论与实践系列丛书）. -- ISBN 978-7-121-48765-1

Ⅰ. U463.61

中国国家版本馆 CIP 数据核字第 2024X0R218 号

责任编辑：张　迪（zhangdi@phei.com.cn）
印　　刷：天津千鹤文化传播有限公司
装　　订：天津千鹤文化传播有限公司
出版发行：电子工业出版社
　　　　　北京市海淀区万寿路 173 信箱　邮编：100036
开　　本：787×980　1/16　印张：20　字数：448 千字
版　　次：2024 年 9 月第 1 版
印　　次：2024 年 9 月第 1 次印刷
定　　价：138.00 元

凡所购买电子工业出版社图书有缺损问题，请向购买书店调换。若书店售缺，请与本社发行部联系，联系及邮购电话：（010）88254888，88258888。
质量投诉请发邮件至 zlts@phei.com.cn，盗版侵权举报请发邮件至 dbqq@phei.com.cn。
本书咨询联系方式：zhangdi@phei.com.cn。

Decision-Making Techniques for Autonomous Vehicles

Jorge Villagra, Felipe Jiménez

ISBN: 9780323983396

Copyright © 2023 Elsevier Inc. All rights reserved.

Authorized Chinese translation published by Publishing House of Electronics Industry.

《自动驾驶车辆决策技术》（苏斌 陶洁莲 余文彬译）

ISBN: 9787121487651

Copyright © Elsevier Inc. and Publishing House of Electronics Industry. All rights reserved.

No part of this publication may be reproduced or transmitted in any form or by any means, electronic or mechanical, including photocopying, recording, or any information storage and retrieval system, without permission in writing from Elsevier (Singapore) Pte Ltd. Details on how to seek permission, further information about the Elsevier's permissions policies and arrangements with organizations such as the Copyright Clearance Center and the Copyright Licensing Agency, can be found at our website: www.elsevier.com/permissions.

This book and the individual contributions contained in it are protected under copyright by Elsevier Inc. and Publishing House of Electronics Industry (other than as may be noted herein).

This edition of Decision-Making Techniques for Autonomous Vehicles is published by Publishing House of Electronics Industry under arrangement with Elsevier Inc.

This edition is authorized for sale in China only, excluding Hong Kong, Macau and Taiwan. Unauthorized export of this edition is a violation of the Copyright Act. Violation of this Law is subject to Civil and Criminal Penalties.

本版由 Elsevier Inc. 授权电子工业出版社在中国大陆地区（不包括香港、澳门以及台湾地区）出版发行。

本版仅限在中国大陆地区（不包括香港、澳门以及台湾地区）出版及标价销售。未经许可之出口，视为违反著作权法，将受民事及刑事法律之制裁。

本书封底贴有 Elsevier 防伪标签，无标签者不得销售。

注意

本书涉及领域的知识和实践标准在不断变化。新的研究和经验拓展我们的理解，因此须对研究方法、专业实践或医疗方法作出调整。从业者和研究人员必须始终依靠自身经验和知识来评估和使用本书中提到的所有信息、方法、化合物或本书中描述的实验。在使用这些信息或方法时，他们应注意自身和他人的安全，包括注意他们负有专业责任的当事人的安全。在法律允许的最大范围内，爱思唯尔、译文的原文作者、原文编辑及原文内容提供者均不对因产品责任、疏忽或其他人身或财产伤害及/或损失承担责任，亦不对由于使用或操作文中提到的方法、产品、说明或思想而导致的人身或财产伤害及/或损失承担责任。

撰稿人

玛尔塔·阿隆索（Marta Alonso）
马德里理工大学，马德里，西班牙

安东尼奥·阿图涅多（Antonio Artuñedo）
西班牙高等科研理事会（Consejo Superior de Investigaciones Científicas，CSIC），马德里，西班牙

弗朗西斯科·哈维尔·卡马乔-托雷格罗萨（Francisco Javier Camacho-Torregrosa）
瓦伦西亚理工大学，瓦伦西亚，西班牙

米格尔·克拉维乔（Miguel Clavijo）
马德里理工大学，马德里，西班牙

哈维尔·德尔·塞（Javier Del Ser）
TECNALIA 研究院，巴斯克研究与技术联盟（Basque Research & Technology Alliance，BRTA）；巴斯克大学（Universidad del País Vasco/Euskal Herriko Unibertsitatea，UPV/EHU），比斯开省，西班牙

塞尔希奥·迪亚兹（Sergio Diaz）
TECNALIA 研究院，巴斯克研究与技术联盟（BRTA），比斯开省，西班牙

阿尔贝托·迪亚斯-阿尔瓦雷茨（Alberto Díaz-Álvarez）
马德里理工大学，马德里，西班牙

卡洛斯·费尔南德斯（Carlos Fernández）
卡塔赫纳理工大学，卡塔赫纳，西班牙

大卫·费尔南德斯·洛尔卡（David Fernandez-Lorca）
阿尔卡拉大学，阿尔卡拉德埃纳雷斯，西班牙

阿尔弗雷多·加西亚（Alfredo García）
瓦伦西亚理工大学，瓦伦西亚，西班牙

伊万·加西亚-达扎（Ivan Garcia-Daza）

阿尔卡拉大学，阿尔卡拉德埃纳雷斯，西班牙

豪尔赫·戈多伊（Jorge Godoy）

西班牙高等科研理事会，马德里，西班牙

卡洛斯·伊达尔戈（Carlos Hidalgo）

TECNALIA 研究院，巴斯克研究与技术联盟（BRTA），比斯开省，西班牙

鲁文·伊兹奎埃多-贡萨洛（Rubén Izquierdo-Gonzalo）

阿尔卡拉大学，阿尔卡拉德赫纳雷斯，西班牙

费利佩·西梅内斯（Felipe Jiménez）

马德里理工大学，马德里，西班牙

伊拜·拉娜（Ibai Laña）

TECNALIA 研究院，巴斯克研究与技术联盟（BRTA），比斯开省，西班牙

何塞·拉帕拉-埃尔南德斯（José Laparra-Hernández）

瓦伦西亚生物力学研究所，瓦伦西亚，西班牙

雷·亚历杭德罗·拉塔鲁洛（Ray Alejandro Lattarulo）

TECNALIA 研究院，巴斯克研究与技术联盟（BRTA），比斯开省，西班牙

大卫·洛皮斯-卡斯特罗（David Llopis-Castelló）

瓦伦西亚理工大学，瓦伦西亚，西班牙

毛里西奥·马卡诺（Mauricio Marcano）

TECNALIA 研究院，巴斯克研究与技术联盟（BRTA），比斯开省，西班牙

胡安·安东尼奥·马尔托斯（Juan Antonio Martos）

马德里理工大学，马德里，西班牙

何塞·安赫尔·马图特（Jose Ángel Matute）

TECNALIA 研究院，巴斯克研究与技术联盟（BRTA），比斯开省，西班牙

胡安·梅迪纳-李（Juan Medina-Lee）

西班牙高等科研理事会，马德里，西班牙

蕾妮·米勒（Leanne Miller）

卡塔赫纳理工大学，卡塔赫纳，西班牙

撰稿人

何塞·欧亨尼奥·纳兰霍（José Eugenio Naranjo）
马德里理工大学，马德里，西班牙

佩德罗·哈维尔·纳瓦罗（Pedro Javier Navarro）
卡塔赫纳理工大学，卡塔赫纳，西班牙

埃内科·奥萨巴（Eneko Osaba）
TECNALIA 研究院，巴斯克研究与技术联盟（BRTA），比斯开省，西班牙

尼古拉斯·帕洛马雷斯（Nicolás Palomares）
瓦伦西亚生物力学研究所，瓦伦西亚，西班牙

伊丽莎·佩雷斯（Elisa Pérez）
马德里康普顿斯大学，马德里，西班牙

约书亚·佩雷斯（Joshué Pérez）
TECNALIA 研究院，巴斯克研究与技术联盟（BRTA），比斯开省，西班牙

弗朗西斯卡·罗西克（Francisca Rosique）
卡塔赫纳理工大学，卡塔赫纳，西班牙

哈维尔·席尔瓦（Javier Silva）
瓦伦西亚生物力学研究所，瓦伦西亚，西班牙

何塞·索拉兹（José Solaz）
瓦伦西亚生物力学研究所，瓦伦西亚，西班牙

埃德加·塔拉韦拉（Edgar Talavera）
马德里理工大学，马德里，西班牙

维尼休斯·特伦廷（Vinicius Trentin）
西班牙高等科研理事会；马德里理工大学，马德里，西班牙

豪尔赫·维拉格拉（Jorge Villagra）
西班牙高等科研理事会，马德里，西班牙

作者简介

豪尔赫·维拉格拉（Jorge Villagra）于 2002 年毕业于马德里理工大学工业工程专业。2006 年获得国立巴黎高等矿业学院（法国）实时计算机科学、机器人学与自动控制博士学位。他首先获得了标致雪铁龙集团为期 3 年的法国校企联合培养博士（Conventions Industrielles de Formation par la Recherche，CIFRE）项目，然后在法国国家信息与自动化研究所（Institut National de Recherche en Informatique et en Automatique，INRIA）国立巴黎高等矿业学院（法国）联合研究单位获得博士后奖学金。维拉格拉博士于 2006 年荣获法国自动控制最佳论文奖。2007 年至 2009 年，在西班牙卡洛斯三世大学担任客座教授。随后，他在自动化与机器人中心（CSIC，西班牙）的 AUTOPIA 项目中获得了为期 3 年的 JAE-DOC 奖学金。2013 年至 2016 年，他领导伊克西翁工业与航空航天公司（IXION Industry & Aerospace SL）的 ADAS 与自动驾驶系统部，并协调欧盟研发项目的活动。他自 2016 年 10 月以来，在自动化与机器人中心（CSIC）领导 AUTOPIA 项目。

维拉格拉博士参与了 40 多个研发项目，组织并参与了多项国际顶级挑战赛和示范赛。他在同行评审的国际期刊和会议上发表了 100 多篇关于网联自动驾驶决策、规划和控制方面的论文。

他作为受邀演讲人参加了许多学术和专业活动，从 2012 年伦敦皇家学会的西班牙卓越科学代表团，到出席各种民间相关论坛传播自动出行技术的现状。他领导"CSIC 跨学科主题平台出行 2030"的自动驾驶与共享出行工作组，并代表该平台出席 2019 年联合国气候变化大会（United Nations Climate Change Conference，COP25）。他还在 CSIC 人工智能主题平台 AIHUB 的智能机器人领域担任领导职务。他为马德里争取联合国教科文组织世界遗产的候选资格与公共空间、出行和城市规划工作组展开合作。

他在激烈的竞争中获得认可，并在埃森哲和 IE 商学院主办的 Passion IE 竞赛中荣获最佳创业项目奖；三项国际研讨会和两次国家研讨会的组织者；近 5 年，担任 15 个以上会议的国际项目委员会成员；15 个以上期刊审稿人；20 余篇硕士、博士论文导师。他还是 ANEP 和欧盟委员会在道路自动化运输、机器人或物联网相关项目上的定期评审员。

费利佩·西梅内斯（Felipe Jiménez）教授分别于 2001 年、2002 年、2005 年和 2006 年获得马德里理工大学（Universidad Politécnica de Madrid，UPM）工业工程（机械）硕士学位、UPM 汽车工程硕士学位、西班牙国立远程教育大学（Universidad Nacional de Educación a Distancia，UNED）物理科学（电子与自动化）硕士学位、UPM 机械工程博士学位。

目前，他是 UPM 正教授，也是 UPM 车辆研究所（Instituto Universitario de Investigación del Automóvil，INSIA）研究副主任兼智能系统部门负责人。他感兴趣的领域是汽车工业、车辆安全、机械设计、驾驶辅助系统和智能交通系统，主要是网联自动驾驶。需要强调的是，他的教育背景及自 2008 年以来所领导的研究项目，他在研究中提出了机械、电子和控制方面的综合议题。值得注意的是，该项目有一个多学科研究小组，涵盖了智能车辆可能需要的几乎所有领域：机械、电气、电子和通信，以及信息科学。

他参与了 70 余项国内外研发项目，并为相关国家的公司开发了工程研究。此外，他还是西班牙智能汽车主题网络的领导人及 UPM 网联自动驾驶车辆硕士学位主任。

他在 JCR 相关科学期刊上发表论文 66 篇，在其他期刊上发表论文 23 篇，并参与了 160 余次国内和国际会议交流。他是 6 本书籍和 17 个书籍章节的合著者。他曾主编爱思唯尔出版的 Intelligent vehicles: Enabling Technologies and Future Developments 一书，该书涉及近 50 位专家。他指导博士论文 5 篇及硕士论文 75 篇。

他是西班牙交通工程论坛成员，也是西班牙科学与创新部研究机构交通领域的协调员。曾参加过该组织的多项科学活动，并且是多家技术期刊的编辑委员会成员。

他获得了多项与其活动有关的奖项，例如 2009 年获得工业工程领域最佳书籍"何塞·莫里略-法尔范"（José Morillo y Farfán）奖，2012 年获得最佳青年研究员奖（UPM），2014 年获得科技公司开发竞赛（UPM）"ActuaUPM"奖，2014 年获得汽车领域研究活动"Fundacion Barreiros"奖，2017 年获得第六届车辆系统、技术与应用进展国际会议最佳论文奖，2017 年获得"艾阁斯汀·德·贝当古-莫利纳"（Agustín de Betancourt y Molina）最佳青年研究员奖（西班牙工程学院），2018 年荣获"Luike"创新奖，2018 年荣获军事领域最佳论文（Cátedra Ingeniero General D. Antonio Remón y Zarco de Valle），2020 年荣获 IEEE 智能交通系统学会西班牙分会奖，2022 年荣获"车载 ITS"奖（ITS 西班牙）。

译者序

根据美国汽车工程师学会（SAE）对驾驶自动化等级的分类，自动驾驶系统分为 L0～L5 六个等级。其中，高阶自动驾驶在提高未来交通的安全性、便利性、可持续性及能源效率等方面有着巨大的潜力。然而，当前要成功部署高阶自动驾驶，需要有效解决诸多相关的实际问题，除了一些重要的社会经济层面的问题，更重要的是解决一系列技术问题。

自动驾驶车辆决策技术作为自动驾驶车辆智能化、网联化，以及高效完成各项驾驶任务的核心技术，需要有效应对复杂环境信息不确定性带来的挑战，以满足车辆安全性、经济性和乘车舒适性等需求。

《自动驾驶车辆决策技术》英文版原著是由西班牙高等科研理事会高级科学家豪尔赫·维拉格拉（Jorge Villagra）博士与马德里理工大学费利佩·西梅尔斯（Felipe Jiménez）教授联合近四十位不同领域的专家倾力打造，并由爱思唯尔（Elsevier）出版社于 2023 年出版的一部学术巨著。该书对自动驾驶车辆决策技术进行了全面的总结，围绕嵌入式决策组件、面向基础设施的决策、用户影响、部署问题进行了深入的论述和分析，内容涵盖数学、物理、心理学、人工智能（AI）等基本理论，以及基础设施、仿真平台、测试验证、法律法规、伦理、用户接受度等因素对成功部署自动驾驶的实际影响；同时，书中提供了大量的应用实例和参考文献，为自动驾驶技术未来的发展方向、潜在的挑战及其对策进行了全面的分析和讲述。本书非常适合本领域研究人员、硕士及博士研究生。另外，书中还涉及了大量心理学及其与自动驾驶应用的相关性等内容，因此，本书对于应用心理学领域的科研人员也有很大的参考价值。

在电子工业出版社获得本书中文版的翻译和出版授权后，译者团队有幸参与完成中文版的翻译工作。在翻译出版过程中，感谢电子工业出版社张迪编辑给予的大力支持和帮助，在张迪编辑的悉心指导下，本书中译版才得以顺利完成。在此，由衷表示感谢。

在本书翻译过程中，还要特别感谢爱思唯尔出版社提供原著的电子文稿，使得翻译过程更加高效；感谢本书作者豪尔赫博士和费利佩教授提供原著可编辑的插图，使得中译版插图能够高质量呈现给读者。在翻译过程中，译者对原著中的部分疑问，豪尔赫博士和费利佩教授也给予了细致详实的解答，译者再次对作者的大力支持和帮助致以诚挚的谢意。

译稿对原著中的部分勘误进行了更正；对于具有"二义性"的勘误，除更正外，还给出了注释说明。对于原著中没有对应全称的缩写、简称，为了便于读者理解和阅读，在译稿中通过注释给出了相应的解释。全书四个部分，共 15 章，整个翻译工作是在译者团队的通力协作下完成的。为了保证翻译的准确性，对于书中涉及的大量术语、专有名词、缩写及简称等，译者团队查阅了大量的国内外相关标准、参考文献；同时为了保证翻译的质量，在翻译过程中，对每章都进行了大量的核对和确认工作，具体如下：第 1 章、第 2 章、第 7 章、第 8 章、第 10 章、第 11 章、第 14 章、第 15 章由苏斌翻译；第 3 章、第 4 章、第 12 章、第 13 章由陶洁莲翻译；第 5 章、第 6 章、第 9 章由余文彬翻译；陈哲审译了部分章节，并对涉及的符号、插图做了校对工作；洪平参与了部分章节的翻译和校对工作。全书终稿由苏斌审校。本书中符号的正斜体和参考文献沿用了英文版的写作风格。

由于译者的能力和知识水平有限，译文中难免存在疏漏和不当之处，恳请广大读者不吝指正。对于译稿中的任何疑问，读者朋友都可以通过电子邮箱 subin0403@163.com 和译者交流、探讨。

译　者

2024 年 6 月

目录

第 1 章　概述 ·· 1
 1.1　引言 ·· 1
 1.2　决策、驾驶自动化等级与设计运行范围 ··· 3
 1.3　本书范围 ··· 4
 1.4　本书结构概述 ·· 6
 参考文献 ·· 9

第 2 章　具身决策架构 ·· 12
 2.1　引言 ··· 12
 2.2　具体化与认知能力 ·· 12
 2.3　认知架构及生物学上合理的人类行为模型 ····································· 14
 2.4　自动驾驶决策架构 ·· 17
  2.4.1　包容式架构实例 ··· 17
  2.4.2　面向 ADAS 的行为架构 ··· 19
  2.4.3　启发认知架构实例 ·· 20
  2.4.4　面向安全的架构 ··· 21
  2.4.5　共享控制架构 ··· 23
 2.5　常见的功能模块 ·· 25
 参考文献 ··· 26

第 3 章　行为规划 ·· 29
 3.1　引言 ··· 29
 3.2　问题描述 ·· 30
 3.3　自动机与马尔可夫过程 ··· 32
 3.4　基本的决策理论 ·· 33
 3.5　序贯决策 ·· 35
 3.6　自动驾驶车辆中的应用 ··· 37
  3.6.1　基于规则的规划 ··· 37

  3.6.2　反应式规划 ·· 38
  3.6.3　交互感知规划 ·· 39
  3.6.4　行为规划的博弈论 ·· 40
  3.6.5　人工智能行为规划 ·· 40
参考文献 ··· 41

第4章　运动预测与风险评估 ·· 45
4.1　引言 ·· 45
4.2　驾驶员特征估计 ··· 47
  4.2.1　范围 ·· 47
  4.2.2　表示 ·· 48
  4.2.3　推理方法 ··· 48
4.3　意图估计 ··· 48
  4.3.1　范围 ·· 49
  4.3.2　表示 ·· 49
  4.3.3　推理方法 ··· 50
4.4　运动预测 ··· 55
  4.4.1　范围 ·· 55
  4.4.2　表示 ·· 55
  4.4.3　建模方法 ··· 58
  4.4.4　态势感知考虑因素 ·· 63
  4.4.5　衡量指标 ··· 65
4.5　风险评估 ··· 66
  4.5.1　范围 ·· 66
  4.5.2　表示 ·· 67
  4.5.3　推理策略 ··· 67
参考文献 ··· 70

第5章　运动搜索空间 ·· 77
5.1　引言 ·· 77
5.2　图形法 ··· 78
5.3　几何法 ··· 79
  5.3.1　非基于障碍物的方法 ·· 80
  5.3.2　基于障碍物的方法 ·· 80

5.4	采样法	82
5.5	行车走廊	84
参考文献		85

第6章 运动规划 88

6.1	问题定义	88
6.2	几何法	91
	6.2.1 基于无点模板的几何策略	91
	6.2.2 基于点模板的曲线	92
6.3	变分与最优法	93
	6.3.1 MPC架构	95
	6.3.2 优化技术	96
	6.3.3 局部非凸优化	97
	6.3.4 全局非凸优化	97
	6.3.5 相关用例	100
6.4	基于采样的方法	102
	6.4.1 确定性问题的一般表述	102
	6.4.2 多查询方法与单一查询方法	104
	6.4.3 概率问题的一般表述	106
	6.4.4 带约束的采样方法	107
6.5	图搜索方法	107
6.6	认知启发方法	109
	6.6.1 进化计算	109
	6.6.2 模糊逻辑与神经网络	110
6.7	仿生方法	110
	6.7.1 人工势场	111
	6.7.2 弹性带方法	113
6.8	从跟车/CACC到独立速度规划	114
6.9	分离速度规划	115
6.10	基于联合路径与速度优化的规划	117
参考文献		119

第7章 端到端架构 125

7.1	端到端方法	125

7.2 基于深度学习的端到端方法	127
7.2.1 自动驾驶端到端架构的分类	128
7.2.2 迁移学习与 Ad-Hoc 解决方案	131
7.2.3 用于端到端解决方案建模的数据集	132
7.2.4 强化学习技术	135
7.3 专家系统	137
7.4 展望	138
参考文献	139
第 8 章 决策与控制的相互作用	**143**
8.1 引言	143
8.2 镇定理论	144
8.2.1 问题定义	144
8.2.2 自动驾驶的镇定需求	145
8.2.3 纵向控制	146
8.2.4 横向控制	147
8.3 上游与下游控制架构	149
8.4 规划与控制间的交互模型	151
8.4.1 伦理考量	152
8.4.2 规划与控制的集成与解耦	153
8.5 失效可操作考虑因素	154
参考文献	155
第 9 章 交通数据分析与路线规划	**160**
9.1 引言	160
9.2 非车载决策：从旅行商问题到车辆路径问题	161
9.3 交通数据与外生信息在预测性路线规划中的相关性	166
9.3.1 考虑交通预测	166
9.3.2 短期交通预测	167
9.3.3 长期交通预测	170
9.4 路线规划与交通数据分析融合的挑战与研究方向	171
9.4.1 从路线优化到学习路线	172
9.4.2 基于因果智能体的交通模型与路线规划	173
9.4.3 路径优化的知识迁移	174

目录　　XVII

　　　9.4.4　实现可解释与可信赖的路线规划 174
　参考文献 175
第10章　协同驾驶 181
　10.1　协同网联自动驾驶简介 181
　10.2　通信技术 183
　　　10.2.1　车用无线通信技术（V2X） 184
　　　10.2.2　专用短程通信技术（IEEE 802.11p, ETSI ITS-G5）——V2X标准概述 184
　　　10.2.3　蜂窝V2X 185
　　　10.2.4　安全 186
　10.3　网联服务 187
　10.4　决策机制对支持V2X的适应性 189
　　　10.4.1　网络攻击的网联与自动化场景（SerIoT项目） 189
　　　10.4.2　编队操作 191
　　　10.4.3　环岛汇入场景操作 192
　　　10.4.4　结论 193
　参考文献 193
第11章　基础设施影响 195
　11.1　物理基础设施的作用：从证据到指南 195
　11.2　实现不同自动驾驶等级所需的基础设施信息 200
　　　11.2.1　不同自动驾驶等级的道路基础设施规范 200
　　　11.2.2　最小风险状态 205
　参考文献 206
第12章　驾驶员行为 210
　12.1　自动驾驶中以人为中心的观点 210
　12.2　自动驾驶HAI模型视角下的人类驾驶员评估 216
　　　12.2.1　心理负荷的定义与评估 217
　　　12.2.2　态势感知能力下降 219
　　　12.2.3　自满或过度信任 220
　　　12.2.4　技能退化与权威感丧失 221
　　　12.2.5　自动驾驶与人工驾驶员之间的控制权转移 222
　12.3　自动驾驶车辆中的乘客 225
　　　12.3.1　自动驾驶车辆中乘客角色的变化 225

	12.3.2 自动驾驶车辆的接受度	226
	12.3.3 自动驾驶车辆中乘客的情绪状态	227
	12.3.4 影响乘客状态的驾驶员属性及外因	233
	12.3.5 自动驾驶车辆中的乘客人机接口	234
	12.3.6 乘坐、环境舒适、幸福感和其他服务	235
参考文献		238

第 13 章　人机交互 … 247

13.1	引言	247
13.2	人机协同与共享控制中的隐喻	248
13.3	共享控制方法	249
	13.3.1 定义	249
	13.3.2 框架	251
	13.3.3 算法	252
13.4	一种新的人机交互框架	253
13.5	交换控制机制	255
	13.5.1 交换控制的适用性	255
	13.5.2 交换控制（停用）激活原则	257
参考文献		259

第 14 章　算法确认 … 264

14.1	引言	264
14.2	确认方法论	265
	14.2.1 测试过程	265
	14.2.2 自动驾驶功能确认的主要技术	266
	14.2.3 数据集	268
14.3	仿真系统	268
	14.3.1 人在环仿真	270
	14.3.2 车辆在环仿真	272
14.4	安全保证标准	275
参考文献		275

第 15 章　法律及社会因素 … 279

15.1	引言	279
15.2	法规	279

目录

　　15.2.1　简介 ···280
　　15.2.2　国际治理 ···281
　　15.2.3　《维也纳道路交通公约》·································282
　　15.2.4　欧洲自动驾驶车辆法规现状·····························282
15.3　伦理 ···284
　　15.3.1　自动驾驶的伦理问题·······································284
　　15.3.2　面对伦理问题的方法·······································286
　　15.3.3　结论 ···289
15.4　用户接受度 ···289
　　15.4.1　简介 ···289
　　15.4.2　感知安全性 ···291
　　15.4.3　信任 ···292
　　15.4.4　人口因素 ···292
　　15.4.5　心理因素 ···293
参考文献 ··294

第1章

概述

1.1 引言

根据美国汽车工程师学会（Society of Automotive Engineers，SAE）对驾驶自动化分级标准的定义（SAE，2021），自动驾驶车辆是指配备了任意自动化系统能持续执行动态驾驶任务的车辆。从用户的角度来看，这些车辆的最终目标是具备将乘客或货物以安全和最优的方式从起点移动到终点的能力，而无须人工干预。为了实现这一目标，传统的汽车价值链（OEM、Tire1、Tire2）[①]、研究中心和新技术参与者正在大力投资多个与自动驾驶相关的研究领域。此举背后的权益与该技术的巨大变革潜力以及解决导致道路机动性指数式增长问题的必要性有关，尤其是在城市环境中。

的确，城市和大都市区是全球增长的中枢，到 2030 年，这些区域的人口将达到世界人口的 60%（UN，2022），到 2050 年，在欧盟这一数字将超过世界人口的 80%（EC，2019a）。日益加快的城市化进程正在无序增长，基础设施和服务资源不足且负担过重，货运和客运是对空气污染产生负面影响最明显的例子之一。联合国可持续发展目标中的第 11 项（UN，2022）是为所有人提供安全、实惠、便利和可持续的交通系统，并改善道路安全，特别关注弱势群体的需求，如妇女、儿童、残疾人和老人。

[①] 译者注：原始设备制造商（Original Equipment Manufacturer），简称 OEM；Tire1 和 Tire2 分别指一级供应商、二级供应商。

为实现这一目标，欧盟委员会最近签署了《欧洲绿色协议》（EC，2019a），强调道路交通的排放量占欧盟温室气体排放量的18%和颗粒物排放量的30%，将实现可持续交通作为优先事项。更具体地说，它指的是需要关注用户并为他们当前的出行习惯提供更实惠、更方便、更健康的替代方案。

避免气候变化带来负面的影响，意味着需要彻底扭转当前城市出行次数增加的趋势：2010年至2016年，伦敦的交通拥堵增加了14%，洛杉矶增加了36%，巴黎增加了9%。为实现这一目标，必须重新思考主要的城市地区，并引导它们走向零碳未来。城市机动性的创新对促进这种急迫的必要转型有着巨大的潜力。

自动出行可成为实现这些宏伟环境目标的有效工具，同时提高准入的包容性和公平性。事实上，一些用户群没有适合他们需求的有竞争力的替代出行选项。例如，到2050年，60岁以上的人将占人口的三分之一，因此需要一种灵活高效的方法来为用户提供真正的驾驶替代方案。如果（共享）自动驾驶车辆与不同形式的公共交通工具智能地集成，可为改善当前城市机动性的负面影响（拥堵和污染）做出决定性贡献，使其更实惠、更高效、对用户更友好并可供所有人使用。

根据交通事故的统计数据，90%~98%的交通事故是人为因素造成的，其中约40%发生在城市环境中。因此，引入自动驾驶具有降低事故率的巨大潜力，并且在大多数情况下都能提高安全性；然而，在城市环境中，存在更高的复杂性（参与者数量）和不可预测性（行人、微出行用户、所有类型的车辆等截然不同的行为），该技术还不够成熟，无法显著降低碰撞的风险。事实上，ERTRAC[①]（Gräter et al，2021）和NHTSA[②]（US NSTC，2020）制定的路线图预测，我们将看到辅助能力不断增强的系统逐渐出现，但它们都不敢估计具有完全自主的系统（在任何情况下均可自主运行，包括最复杂的城市环境）确切的面世日期。这种谨慎的原因在于仍有重要的社会经济层面的问题待解决，但最重要的是一些重大的技术障碍。

的确，不仅要尽可能接近零事故受害者的目标，还要能够提前准确知道碰撞风险显著增加的驾驶情况，这都极具挑战。而这种可预测性是增强用户信任的关键因素，这可能是大规模部署自动驾驶车辆最大的障碍。要了解这一挑战的范围，有必要了解自动驾驶车辆的基本运行机制。人工系统必须持续感知其环境，首先感知（处理传感器获取的所有数据），然后正确地构建获得的所有信息并确定其优先级（世界建模或解释），最后根据对场景的解释做出决策，该决策必须取决于驾驶环境。此外，这些决策所产生的动作必须在安全的几分之一秒内实施，并在任何情况下都能确保车辆的安全行为。

尽管开发可在此环境下运行的人工决策系统已取得了令人瞩目的进展，但要在越来越多的

[①] 译者注：欧盟道路交通研究咨询委员会（European Road Transport Research Advisory Council，ERTRAC）。
[②] 译者注：美国国家公路交通安全管理局（National Highway Traffic Safety Administration，NHTSA）。

第 1 章 概述

驾驶场景中产生安全高效的输出仍面临重大挑战。的确，目前的技术状态可以通过不同类型的先进驾驶辅助系统（Advanced Driver Assistance Systems，ADAS）做出令人满意的决策，但这些系统仅能在相当受限的范围内发挥作用，远未实现在任何情况下的完全自主。为了更好地理解这些系统目前在何处以及如何工作，以及还需要什么，下一节将介绍不同的驾驶自动化等级、设计运行范围（Operational Design Domain，ODD）的概念及其对决策技术的影响。

1.2 决策、驾驶自动化等级与设计运行范围

几年前，美国汽车工程师学会（SAE）提出了自动驾驶系统（Automated Driving Systems，ADS）的分级法，范围从 L0 级（无自动驾驶）到 L5 级（完全自动驾驶）（2021）。为了解它们之间的主要差异，指定了以下 4 个关键参数：
- 转向、加速和减速的执行；
- 环境监控；
- 任意动态驾驶任务中的后援性能；
- 系统能力（无自动驾驶模式、部分或完全自动驾驶模式）。

直到 L2 级，始终需要由驾驶员负责监控环境，L1 级与 L2 级之间的主要差异在于系统能力（仅一种模式与所有模式）。在 L3 级及以上等级的驾驶自动化中，自动驾驶系统负责环境监控，但驾驶员需要能够在一定时间后恢复控制（仍需精确表征），以防出现警报并请求控制权移交。在 L4 级驾驶自动化中，仍然可以请求干预，但不再是强制性的，这意味着不再将人类驾驶员作为后援性能的必要组成部分。L4 级与 L5 级驾驶自动化的主要区别在于，在前者中，自动驾驶系统仅在有限的设计运行范围（ODD）内运行，而在后者中，运行范围则不受限制。

根据 SAE（2021），ODD 的定义为："专门设计特定驾驶自动化系统或功能的运行条件，包括但不限于环境、地理和时间限制，或特定的交通或道路特征必须存在或不存在。"

任何自动驾驶系统都由多种功能或特性组成，其性能满足给定自动化等级和 ODD 的设计需求。例如，交通拥堵辅助（Traffic Jam Assist，TJA）系统是一个 SAE L3 级系统，可在交通密集的情况下以及在合理的天气和能见度条件下使用。然而，同一辆车可以在更广泛的 ODD（例如，州际公路甚至城市街道）中包含 L2 级 ADAS，或者在特定的结构化环境（例如，停车场的代客司机）中包含 L4 级驾驶自动化。因此，在未实现完全自动驾驶前，决策能力可能会有很大的不同，这取决于所考虑的自动化等级和部署的具体 ODD。下一节将专门定义本书讨论的决策技术及工具的范围。

1.3 本书范围

参考文献中有许多有价值的书籍涉及智能车辆中使用的关键技术,如文献(Jimenez, 2017; Watzenig and Horn, 2016)。其中一些提供了对架构和组件的上层描述,而另一些则专注于更具体的技术方向(如感知),在决策方面,现有专著的核心主要是规划(LaValle, 2006)与控制(Kiencke and Nielsen, 2000)技术,缺少涵盖世界建模与下层控制之间整个处理流程的著作。此外,感觉-思考-行动(sense-think-act)机器人范式无疑是自动驾驶领域的灵感来源,最近由于人们对人工智能方法的不断关注,从而推动了这一范式。全面综述涵盖经典和现代技术的原理和方法,不仅包括车载传感器提供的可能性,还包括基础设施提供的可能性,这也是本书的动机。

由于不可能深入描述所有现存的知识体系(每年发表数百部著作),我们的目标是将每项技术解决的问题规范化,然后提供现有技术的分类法和简要描述,为读者提供尽可能多的参考文献,以深入了解文献作者感兴趣的主题。换句话说,我们渴望将本书定位为一部参考著作,以使初期工程师和研究人员能够确定现有的决策方法和组件之间的交互。

为清晰起见,图 1.1 展示了自动驾驶车辆(Autonomous Vehicle,AV)的通用架构。可以理解为五个主要部分:定位、感知、决策、交互与控制。各技术模块处理的主要问题如下:我在哪?我能移动到哪?我如何移动?我如何交互?以及我如何行动?假设前两个问题有了答案(超出了本书的范围),提供第三和第四个问题的解决方案,并描述在最终处理阶段要考虑的主要因素,即下层控制,也不在本书的范围内。

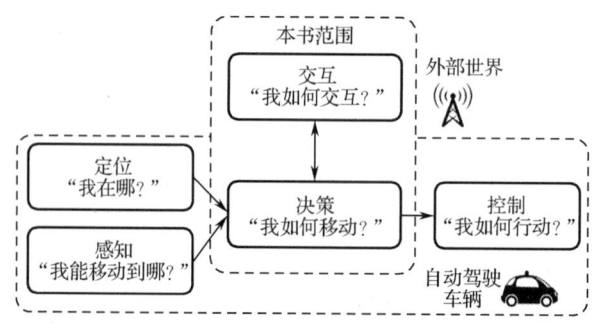

图 1.1 自动驾驶车辆通用架构

需要注意的是,决策不局限于根据多个标准(安全、效率、伦理、法规、舒适性、消耗、驾驶员偏好等)在离散的多种可能性之间进行仲裁。它超越了某种多准则优化问题,因为它不

第 1 章 概述

仅在给定的驾驶场景中选择最佳策略，此后还会在考虑周围道路智能体最有可能的演变后生成运动规划。

在详细阐述本书考虑的具体假设之前，首先给出决策的合理定义，因为可以从不同的角度理解该术语。米松（Michon）提出围绕 3 个主要抽象层构建任意的机器人决策架构（Michon，1985）：战略（也称为路径）、战术（或机动）和执行（也称为镇定或控制）。尽管会提到路线规划以及与下层控制组件的相互作用，但本书的重点无疑是战术：机动（行为）和运动规划，考虑可能影响或取代该系统的任何技术或用户相关的方面。

以下功能列表有助于定义写作结构的基线。

- 本书涵盖用于网联自动驾驶车辆（Connected and Automated Vehicles，CAV）道路导航的决策技术。因此，它不具有处理任何其他类型自主交通系统（空中、海洋、水下甚至越野地面）的特性。
- 书中描述的技术是面向完全自动驾驶的；然而，一些章节也考虑了针对 SAE L3 级和 L4 级的应用。
- 如上所述，自动驾驶车辆需要感知和定位系统才能在任何情况下做出最适合的决策。因此，在后续假设中这些系统存在，并且可以告知车辆在世界中的位姿及其周围的可行驶空间，从而为系统提供初步的态势感知（Situational Awareness，SA）能力。换句话说，必须向决策系统提供一个世界模型。这种环境表示可以由不同类型的传感器提供：外感受传感器（LiDAR、雷达、相机和超声波）和本体感受传感器（GNSS、IMU 和编码器）。除此之外，假设存在某种数字地图，可以正确处理路线规划和场景解释。
- 不确定性管理是决策系统最大的挑战之一。不确定性以传感器噪声或不精确、感知遮挡或错误的分类等形式出现，导致对道路智能体错误的位姿估计或运动预测，进而导致车辆对周围环境的理解不当。不确定性的影响以及明确地考虑这种不确定性的技术均在本书中有所描述。
- 许多现有的行为规划、运动预测、运动规划甚至控制方面的研究都是面向 ODD 的。在对每种方法或技术的描述中，都给出了特定布局（如交叉路口和公路）或场景配置（存在多个道路智能体、不同的车辆行为以及遮挡）的应用参考。
- 最复杂的驾驶场景涉及许多交互的道路使用者，他们往往被挡在后面，这对于自动驾驶车辆来说，做出高效甚至安全的决策变得极具挑战。因此，基础设施在嵌入式决策中的作用至关重要。本书不涉及交通管理系统的决策算法，但提供了以下见解：依赖于交通的路线对具身战术决策的影响；V2X 通信技术的协同可能性，以更好地理解环境动力学；应重新设计道路基础设施，以促进更可预测与更安全的行动。
- 决策的责任和伦理影响在我们社会生活的许多领域中都是重要的。将这些责任委托给基于人工智能的机器需要建立一个明确的安全框架，以实现用户的高度信任。为此，正在制定涵盖三大支柱的规则和标准：法律法规、伦理考量以及系统的确认与认证程序。本书还提供了有关这些方向最新进展的内容。
- 尽管过去二十年里，学术研究已经奠定了决策中大多技术方向的理论基础，但为了将这些方法转化为可行的产品，行业也做出了决定性的、越来越多的参与。本书内容是与来自不同领域的专家合作的结果，并得到了公开研究文献的支持。需要指出的是，目前提出的许多策略都是公司在城市限制区域开发试点服务中最先进原型的一部分；然而，这些最新自动驾驶功能的实现细节要么是机密，要么受专利保护，因此在本书中只是模糊地涵盖这些细节。

1.4 本书结构概述

从图 1.2 中可以看出，本书结构围绕具有不同相互联系的 4 个主要部分展开。
- 嵌入式决策组件：该部分内容包括使用感知和定位数据产生智能、可预测、安全、高效、舒适的决策与控制动作所需的技术和工具。这是本书更实质性的部分，详细介绍了集成在自动驾驶车辆上的所有车载组件。需要注意的是，第 3~6 章在一个数据流中相连，该数据流从路线规划系统开始，以决策与控制间的相互作用结尾。它们遵循实际的自动驾驶车载处理流水线，在图中用虚线框标出，同时还包括一个总论章节描述具身决策架构中的主要类别。随着可替代的人工智能、端到端架构越来越受到关注，本部分包含一个专门的章节以某种方式与传统的决策范式区分开来。
- 面向基础设施的决策：该部分包括基础设施中可以影响车载决策的元素，包括交通相关的路径系统、更安全驾驶的协同功能，或者为更适应现有或即将到来的自动驾驶车辆决策算法的基础设施提供指导。
- 用户影响：本部分关于自动化系统和驾驶员/乘客之间的交互，并在执行层和战术层与车辆控制自然地相连。它一方面处理共享控制的算法策略，另一方面处理基于心理学的驾驶员行为模型，这有助于正确理解人类在各种驾驶环境中移交控制权的可能性。
- 部署问题：本部分包括横向方面，这些方面不会单独影响任何特定的其他模块，但会影响整个决策架构。一方面，涵盖与决策相关的法律、伦理和接受度问题；另一方面，一些迹象表明，正在进行的使自动驾驶功能（Automated Driving Functions，ADF）确认过程系统化的举措，旨在制定安全导向的标准，这将构成信任杠杆。

需要注意的是，前两部分包括完全与技术相关的章节，而后面两部分虽然在某些情况下包

第 1 章　概述

括特定的算法和工具，但与人类方面（接受度、交互）或技术在现实世界中的适用性（法律问题和确认方面）有着明确的联系。下面简要概述每一章所包含的内容。

　　第 2 章：具身决策架构。本章介绍了具身应用（如自动驾驶车辆）中决策过程的特殊性。受到机器人学界的重要启发，最近在不同组件的编排方式方面又补充了认知启发方法。同时，安全是任何面向交通的人工智能系统的基本考虑因素，其中人在环机制预计将在较长的过渡期内存在。因此为了将这些不同的举措整合在一起，出现了不同的方法。本章将对其进行简要介绍，强调它们的特性、优点和缺点。

　　第 3 章：行为规划。在分层决策架构中除路线规划外，更上层的组件是行为规划，负责战术行动，通常涉及在给定的驾驶场景下识别最合适的机动。本章介绍了在不确定和存在多个智能体的情况下决策理论的基础知识。奠定了理论基础后，提出了不同的技术类型。这些方法侧重于与行为/规划分离相关的一项或多项挑战：机动可行性冲突、环境拓扑处理、高效安全的类人机动生成以及特定场景解决方案的可扩展性。

　　第 4 章：运动预测与风险评估。短期识别的行为极度依赖于态势理解，而态势理解又深受周围道路智能体（车辆、行人、骑自行车者等）运动预测的影响。本章介绍了这方面现有的不同技术，区分了驾驶员特征估计、意图估计、运动预测和风险评估等问题。这些现有技术都试图提供有用的信息来应对 3 个主要挑战：支配人类决策的认知过程固有的不可观性和可变性；驾驶员或其他道路使用者之间存在复杂的交互；道路场景的多样性和复杂性。需要注意的是，虽然弱势道路使用者的变化可能是最难准确预测的，但本章的重点将放在车辆上，因为行人预测方面的文献更接近感知技术。

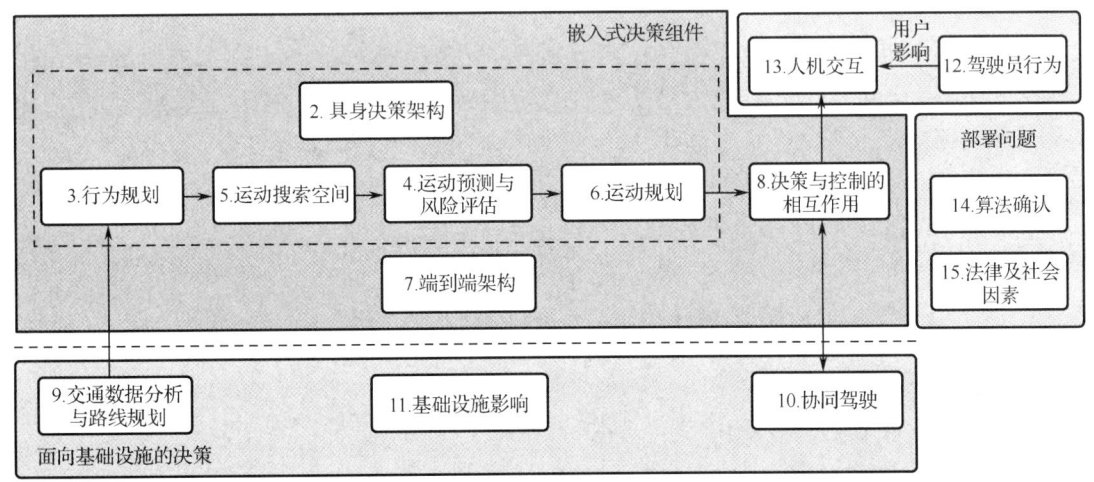

图 1.2　本书结构图

第 5 章：运动搜索空间。一旦在建模中包含了时间维度并且与行为规划并行，则对于大多数运动规划技术来说，其关键是估计可用的运动搜索空间。在本章中，从不同的角度对这些算法进行了分类和检验。

第 6 章：运动规划。为车辆控制器生成精确规划的最后一步是运动规划，运动规划通常分解为路径规划和速度规划。它由前面三章（行为规划、运动预测与风险评估、运动搜索空间）中描述的子系统生成的输出提供。本章阐述了运动规划问题，然后对使用最多的方法进行了全面的综述。首先，介绍了路径规划技术，该技术继承了机器人领域多年来的许多贡献，包括利用路网高度结构化特性的算法。这些技术都寻求（准）完备的策略，以在安全性、舒适性和实用性之间寻求最佳平衡。然后，介绍了从任意路径生成合适的速度剖面的方法。最后，综述了获得联合路径/速度优化的一些方法。

第 7 章：端到端架构。经典的模块化流水线因其出色的可解释性和稳定性在业内被广泛采用。但替代的端到端范式，由于其支持的简单性和深度学习的兴起而越来越受到关注。尽管这些方法对于未曾见过的环境仍然缺乏泛化能力，本书依然专门用一章来描述它的基础、主要方法和潜力。因此，本章中描述了模仿学习、强化学习和迁移学习，其中传感器数据在单个步骤中用来生成控制动作。

第 8 章：决策与控制的相互作用。虽然本书的范围不包括引导车辆沿参考路径和参考速度的控制技术和方法，但本章提出了镇定技术和决策策略之间几个相关的相互联系。本章分析的最重要的一些研究问题有规划和控制是否应该分开或无缝集成；若所有执行器可作为一个整体考虑，可用的控制/决策互连架构；最佳的镇定范式（若存在）；控制规范与车辆行为约束或伦理考量之间的关系。

第 9 章：交通数据分析与路线规划。本章概述了可能影响自动驾驶车辆车载决策的两个相互关联的领域，即路线规划和交通预测。首先介绍了典型的路径问题，然后介绍了一些给出有趣结果的关键算法，随后强调了交通预测在这些算法中的影响，最后为这些算法在网联自动驾驶车辆背景下的部署提供了一些前瞻性指南。

第 10 章：协同驾驶。在复杂的驾驶场景中，车载传感器数据的局限性可能会导致错误甚至不安全的决策。一些高度不确定和动态驾驶场景（例如，交叉路口、汇入以及环岛）背后的复杂性表明，在不久的将来完全自动驾驶可能会有使用限制。依赖车用无线通信技术（Vehicle-to-Everything，V2X）通信的协同服务有助于获得更完整、更可靠的态势理解。本章总结了该技术的状态，综述了已有的和即将制定的标准（从 Day-1 阶段到 Day-3+阶段）以及它们与决策的相互作用（在基础设施层面有一些，但总体上在车辆层面）。

第 11 章：基础设施影响。本章分析了网联自动驾驶车辆技术开发人员常忽视的一个方面。目前的路网是为人工驾驶车辆设计的。尽管网联自动驾驶车辆是模仿人类而设计的，具有安全层,但因传感器安装位置带来的一些具体问题与人眼明显不同,在脱离时可能会导致不良行为。在此背景下,本章从多个角度分析了基础设施的作用和影响。在此分析之后,提出了不同的智慧道路等级(Smart Road Levels,SRL)来表征所考虑的路段对安全部署自动驾驶车辆的适用性。这些等级受最小风险状态的限制,不仅有助于路政和道路运营商,还有助于自动驾驶车辆,因此车载决策能够安全地适应所考虑道路的特殊性。

第 12 章:驾驶员行为。 如前一章所述,SAE L3 级自动驾驶车辆可能仍需要脱离(机器请求人类接管控制)。本章综述了当前以人为中心的模型,以适当支持控制权在这些中级自动化车辆中的转移。事实上,人类-自动化需要认知-情绪模型来预测和理解控制权移交过程中的人类行为。本章还分析了人类乘客对该技术和相关车辆设计的反应和接受度,以确保最大的舒适性和可用性。

第 13 章:人机交互。 作为对上一章的补充,本章介绍了使用上述基于心理学的驾驶员模型以及其他输入安全地表达共享控制和交换控制的算法策略。共享控制强调驾驶员和自动化系统之间在控制层面的实时合作,并动态分配控制权。交换控制寻求人类角色在驾驶员与乘客之间的动态转换,并根据驾驶场景的复杂度具有可变的自动化等级。本章提供并介绍了这两种策略,包括框架和算法方面的最新进展。

第 14 章:算法确认。 由于网联自动驾驶车辆必须在极其广泛的运行范围内保持运行,而至少达到临界事故率所需的开放道路试验显然是不可取的。本章介绍了应对这一事实的最新方案,即(i)确认方法论,不仅包括在开放道路或封闭试验场地上进行的暴力测试,还包括不同类型的模拟平台以及实虚结合的评价机制;(ii)安全框架,依赖于新的标准,这些标准同时考虑了新颖的和即将出现的人工智能使能决策功能的场景复杂度和自适应行为。

第 15 章:法律及社会因素。 在决策系统能够在任意 ODD 中大规模部署之前,我们会面临相关的技术挑战;然而,社会和法律因素对于该技术的成功采用至少同等重要。在本章中,描述了与人工决策有关的责任问题,并在最相关的欧洲国家之间进行了比较。除此之外,由于伦理是任何人在环决策过程中不可避免的考虑因素,因此回顾了典型的伦理困境,并提供了应对这些困境的一些方法。最后,促使自动驾驶车辆上路的关键因素是用户接受度。本章还描述了影响体验和使用该技术意愿的不同因素。

参考文献

EC, 2019a. The European Green Deal. European Commission, COM, Brussels, p. 640 (12/2019).

EC, 2019b. Annual Accident Report 2018. European Road Safety Observatory, European Commission.

Gräter, A., Steiger, E., Harrer, M., Rosenquist, M., 2021. Connected, Cooperative and Automated Driving—Update of ERTRAC Roadmap. ERTRAC Working Group, Brussels, Belgium, Tech. Rep, p. 9.

Jimenez, F. (Ed.), 2017. Intelligent Vehicles: Enabling Technologies and Future Developments. Butterworth-Heinemann.

Kiencke, U., Nielsen, L., 2000. Automotive Control Systems: For Engine, Driveline, and Vehicle. Springer, Berlin, Heidelberg.

LaValle, S.M., 2006. Planning Algorithms. Cambridge University Press.

Michon, J.A., 1985. A critical view of driver behavior models: What do we know, what should we do? In: Human Behavior and Traffic Safety. Springer, pp. 485–524.

SAE, 2021. Taxonomy and definitions for terms related to on-road motor vehicle automated driving systems. SAE Stand. J 3016, 1–16.

UN, 2022. https://www.un.org/sustainabledevelopment/.

US NSTC, 2020. Ensuring American Leadership in Automated Vehicle Technologies: Automated Vehicles 4.0. vol. 25 Recuperado el, Las Vegas (2020-02).

Watzenig, D., Horn, M. (Eds.), 2016. Automated Driving: Safer and more Efficient Future Driving. Springer.

第1部分
嵌入式决策组件

第2章

具身决策架构

2.1 引言

自动驾驶车辆的决策系统架构对其性能起着至关重要的作用。受机器人学界的重要启发，最近在不同组件的编排方式方面又补充了认知-启发方法。与此同时，安全是任何面向交通的人工智能系统的基本考虑因素，其中人在环机制预计将在很长的过渡期内存在。因此，为了将这些不同的举措整合在一起，出现了不同的方法。本章将对不同方法进行简要介绍，强调它们的特殊性、优点及缺点。

本章提纲如下：首先，第 2.2 节就具体化对将用在自动驾驶车辆中的认知能力产生的影响提供了一些思考。然后，第 2.3 节建立了启发认知架构与生物学上合理的人类行为模型之间的联系，简要描述具身系统中现有的主要决策架构。第 2.4 节重点通过现有的 ADAS 和面向安全的决策系统或特定的启发认知架构，提供了先前定义的架构类型在实际车辆上的应用实例，从大多数扩展近似、包容方案到共享控制架构。最后，第 2.5 节侧重于确定大多数实例中的共性，这些共性将是本书第 3~8 章所述内容的基础。

2.2 具体化与认知能力

勒内·笛卡儿（René Descartes）因将人体当作机器进行研究，因此被称为控制论之父（Duffy

and Joue，2000）①。他认为我们的思想可以脱离身体而存在（Descartes，1999）。之后，许多人认为身体与智力无关。然而，关于具体化与智力密切相关的观点越来越流行（Brooks，1986）。

在过去的60年里，人工智能（Artificial Intelligence，AI）已经从符号计算系统或心智的计算-表征理解（Computational-Representational Understanding of Mind，CRUM）发展到现代具身认知方法。传统的人工智能系统无法处理与真实世界的无约束交互，促使人们寻求新型的自主智能体控制架构。很明显，在此过程中理解系统与环境的交互是实现可行的自主机器人的基础。在这方面，布鲁克斯（Brooks）认为在处理经典方法带来的问题时，必须研究真实世界中的具身系统（Brooks，1986）。因此，具体化对人工智能的发展至关重要（Brooks，1991）。他通过证明使难以开发成功的现实内部符号表征模型用在经典的人工智能方法中，从而支持行为主义（behaviorist）方法（详见第2.3节）。

因此，具体化是具有智能行为的智能体固有的属性（Lako，1987）。此外，当今最广泛认可的假设是，为了在智能体中实现认知能力，需要一个具体化的概念，其中环境和本体之间存在明确的交互。虽然一些人认为在机器人（自动驾驶车辆）上实施控制范式足以满足具体化准则，但另一些人认为这会导致机器人不知道自己是在模拟体内活动还是在物理体内活动。为了阐明这一困境，多滕哈恩（Dautenhahn）和克里斯塔勒（Christaller）指出："身体概念的发展对于具身行动和认知是必要的，通常将其作为获取身体形象进行讨论（Dautenhahn and Christaller，1995）。"

继麦金（McGinn）等人的研究（McGinn et al，2015）之后，具身人工智能与以下观点密切相关，即智能并非存在于智能体中的离散性、集中性，而是具有许多松耦合过程的分布式系统的涌现性（Pfeifer and Bongard，2006）。

由于认知科学经常忽视身体具体化问题，所以它同样忽视了社会环境中具体化的概念。可以说"社会智能不仅仅是智能加交互，还应该允许智能体之间发展个体关系"（Edmonds，1997）。同一环境中两个自动驾驶车辆的简单存在直接或间接地引入了社会接触的各个方面。的确，在入口匝道或换道等驾驶情况下，自动驾驶车辆必须基于对（由机器或人工驾驶的）其他车辆可能行为的理解做出决策，推断它们的意图，根据与他车的间距调整自车车速或位置。

因此，决策系统应该"感知"它们的心理状态（动机、信念、期望和意图），以便可以将心理状态归因于他人，从而可以预测和分析彼此的行为。这将既能处理高度复杂的社会关系，也可以解决抽象的问题。社会智力假说或马基雅弗利智力假说（Machiavellian Intelligence Hypothesis）（Kummer et al，1997）认为，这些智力能力是从与社会具身个体的交互中进化而来的。社会智力假说支持这样一种观点，即为了从智能体获得一定程度的智能行为，智能体必须同时体现在身体环境和社会环境中。因此，该智能体在真实世界里将处于复杂的动态社交互动

---

① 译者注：世界公认的控制论之父应该是维纳·诺伯特（Norbert Wiener，1894年11月26日—1964年3月18日），笛卡儿是公认的现代哲学之父。

中，人们认为这是形成人工智能体所必需的。

虽然非人类灵长动物社会通常使用身体接触来进行"社会理毛"(social grooming)，并使用身体和行为进行交流，但人类已经通过高度精炼的语言发展出一种更有效的方式。人们认为，在所谓的类生命智能体假说（Life-Like Agents' Hypothesis）中，语言不仅具有获取有关他人行为特征知识的功能，而且还能识别他人的内在状态（感受和态度）。为了建立车辆之间交互与协同的基础，个体必须交流并融入它们的世界模型（环境的数字表示），抽象程度以社会为基础并不断更新。因此，在这种观点下，很明显，精确和鲁棒的嵌入式传感器，以及大规模部署的车用无线通信技术（V2X）通信范式都是使决策任务智能、安全和可预测的基石。

因此，综上所述，马基雅弗利智力假说表明，适应复杂社会动力学的需求成为人类智能进化的主要驱动力。类生命智能体假说（Dautenhahn，1999）假定，通过模仿人类成功地实现了与人类交互的 AI 智能体。图 2.1 展示了这两种假设在网联自动驾驶背景下的示意图。需要注意的是，马基雅弗利智力假说和类生命智能体假说都会直接影响具身决策架构的设计，因此应当在自动驾驶车辆的决策系统中加以考虑。

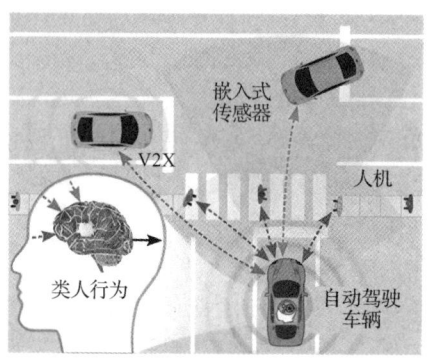

图 2.1　马基雅弗利智力假说和类生命智能体假说在自动驾驶系统中的应用示意图

2.3　认知架构及生物学上合理的人类行为模型

决策是基于感知、注意力和记忆等其他过程的高级认知过程，旨在从两个或多个相互竞争的备选方案中选择其一（Peters et al，2011）。

自动驾驶车辆的主要目标是最大限度减少人工干预，从而最大限度提高汽车本身执行给定任务的能力。与正在研究的系统相反，生物有机体除生存和繁殖外，没有其他先天目的。行为适应是一种在自然界中经常观察到的现象，并越来越多地在移动机器人和自动驾驶车辆中对其进行建模，该现象是对实时变化的环境做出的响应。的确，在驾驶过程中需要不断做出决策，每个决策都取决于上一时刻来自潜在变化环境的反馈。为了模仿在生物体中观察到的能力,以下四大决策系统类型受到了生物学的启发。

- **反应式决策(Reactive Decision)** 对环境的即时需求做出响应,而不考虑过去或未来,因此在短时间内工作。反应式决策系统使用传感器和执行器之间的直接映射关系,没有或只有极少的状态信息。它们由一组规则组成,这些规则将特定的情况与特定的动作联系起来。在纯反应式架构中,车辆传感器与执行器直接耦合,产生不同的行为,通常受环境和自动驾驶车辆动力学的影响。虽然这种方法使机器人能够以相对较低的计算量实现高水平的环境适应性,但该系统行为的复杂度很难扩展到自动驾驶车辆必须面对的大多数情况。事实上,缺少规划步骤限制了车辆能够成功处理的任务范围。
- 早期的人工智能产生了**慎思式决策(Deliberate Decision)**,通过采用目标导向的策略来解决运动问题。使用该架构的车辆首先通过推理其动作的结果来规划运动问题的解,然后执行。也就是说,慎思式决策与控制架构系统地遵循以下顺序:感知环境;基于运动模型在中长期时间尺度上预测未来;生成运动规划,然后将其转化为电机指令并由车辆执行器执行。由于这种技术严重依赖内部模型,而这种模型经常不精确和难以获得,因此在实践中会产生非常不合适的输出,而且系统无法处理高度动态的驾驶场景。为应对这种对变化和意外事件缺乏灵活性的情况,需要经常重新规划,这在许多情况下可能是不可取甚至无法接受的。
- **混合式决策(Hybrid Decision)** 涉及在单个决策系统中将反应式控制和慎思式控制结合。它结合了长时间尺度的慎思式控制和短时间尺度的反应式控制。为保留两种架构的优点,包含了三个组件:一个用于需要实时性能的低级任务反应层,一个用于涉及高级抽象任务的规划器,以及一个将这两者连接在一起的层。迄今为止,已经提出并实施了许多混合架构(Selvatici and Costa, 2007),因为它们能够考虑基于目标的策略,确保对意外变化做出快速反应,并降低规划的复杂度。为确保对行为交互很好地建模,可能涉及显著的设计复杂度。因此,把可能进一步指导这些系统设计以及系统结构的附加因素考虑进来是有帮助的。
- **基于行为的决策(Behavior-based Decision)** 是反应式控制的变体,因此同样受到生物系统的启发。这种新方法的主要动机来自于在前三个架构类型中发现的几个缺点。
  - 反应式系统对于复杂的驾驶场景不够灵活,因为它们无法进行任何类型的描述,并且它们很难允许采用新兴的学习机制。
  - 慎思式系统往往太慢,无法应对大多数驾驶情况下普遍存在的不确定性。
  - 混合式系统,尽管被认为是慎思式和反应式之间的权衡,但组件之间仍然需要复杂的交互方式。

图 2.2 展示了每一种决策中的决策流水线示意图。需要注意的是，上述四种方案中的"决策"一词在机器人学界经常用"控制"代替。然而，为避免与本书中控制的含义（见第 2.5 节或第 8 章）产生任何混淆，此后将优先使用"决策"一词。

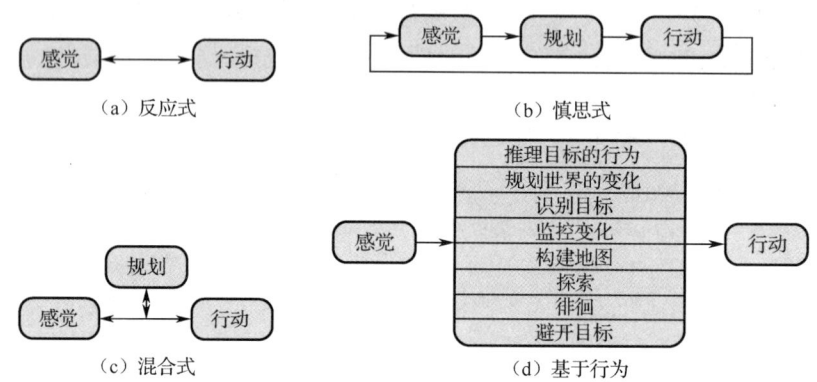

图 2.2 四种主要的生物启发决策架构的基本要素

在基于行为的系统中，一定数量相对简单的反应行为并行运行，每个行为完成一个特定的子任务（Banjanovic-Mehmedovic et al, 2013）。虽然每个行为都可以访问所有传感器，但只有一个行为可以控制车辆执行器。因此，需要一个整体组件来协调行为选择或激活，以实现期望的目标（Bräunl, 2003）。基于行为的控制在传感器和执行器之间引入强联系，并不完全依赖于精确的环境模型。行为实现具体的目标，因此，它们会延长时间，并且比动作更复杂（基于行为的控制使用了超车等策略，而不是停车或右转）。这些行为的结合可能会导致突发事件和某种不可预测的行为，最终可能会危及安全。

布鲁克斯提出的包容架构是最早且最有影响力的基于行为的架构之一（Brooks, 1986）。该架构建议对行为进行排列，以使较高优先级行为包含较低优先级行为。该架构表明简单的行为可以在没有大量处理的情况下自主运行，但如果需要，可被需要更复杂控制的行为所取代或"包含"。一些学者也将这种架构称为分层控制，具有以下有趣的特性：能够对变化做出快速反应；不需要精确的环境模型；不需要重新规划。在与驾驶相关的文献（Da Lio et al, 2017）中，一些驾驶员模型确实早就意识到了驾驶任务的分层组织结构，从上层长期的复杂目标到下层短期的简单控制动作（Michon, 1985）。继承了行为架构在可预测性和可扩展性方面的主要缺点，一个关键的问题是，在面临行动选择问题时，如何协调不同的控制层以连贯的方式行动。在机器人学的包容方案中，这一点并非一直清晰，可以通过多种方式解决。然而，在生物学中，有一种单一的统一方法的可能性，即基于进化的旧脑系统的中央选择机制：基底神经节（Redgrave et al, 1999）。戴利奥（Da Lio）等人提出利用这种可能性，考虑到大脑可以同时生成和评估许多潜在行动或行动请求,这些行动或行动请求可能源自分层架构的任何部分(Da Lio et al, 2017)。可在多偏选过程中处理这些请求,以便保留最紧急或最重要的行动,详见第 2.4.3 节。

2.4 自动驾驶决策架构

由于决策架构提供了所有系统子组件相互连接和交互的框架,因此它在高度复杂的自动驾驶系统性能中起着至关重要的作用。

米松根据决策和控制能力的技能水平,并遵循包容式架构的原则,提出对决策与控制能力进行分解(Michon, 1985):战略(路线/导航)、战术(行为/机动/制导)和执行(运动规划和控制/镇定)。拉斯穆森(Rasmussen)在追求将人类行为与自主机器相适应的过程中,区分了基于技能的行为、基于规则的行为和基于知识的行为(Rasmussen, 1983)。乌尔布里奇(Ulbrich)等人提出,这两种类别的推理能力可在不同的驾驶情况下进行映射(见表 2.1)(Ulbrich et al, 2017)。

以下各小节遵循此结构提供了一些代表性的实例。

表 2.1 驾驶任务与处理等级

驾驶任务	处理等级		
	基于技能	基于规则	基于知识
导航	每日通勤	在熟知的路线之间选择	未知城市中的导航
制导	通过熟悉的路口	超过另一辆车	潮湿路面打滑控制
镇定	拐角处的道路跟随	驾驶陌生的汽车	第一节课的学习者

2.4.1 包容式架构实例

DARPA 城市挑战赛是将理论方法或实验室实验转化为在现实生活中演示的转折点。为了使自动驾驶车辆能够完成长期任务,广泛使用了分层架构(Leonard et al, 2007;Montemerlo et al, 2008)。对于架构的每一层,将输入的上层任务分解成子任务并传递到下一层。

卡内基梅隆大学 Boss 团队(Urmson et al, 2008)凭借包容决策架构的应用赢得了比赛。行为模块[见图 2.3(a)中的行为执行]负责应用任务规划器生成的策略,并基于识别一组驾驶环境的概念,每个驾驶环境都需要车辆专注于属性的有限集。在该设计的最上层,三种场景[见图 2.3(b)]分别是道路、交叉路口和区域,它们相应的行为分别是车道驾驶、交叉路口处理和到达区域位姿。图 2.3(b)展示了具有两个主要高级行为以及辅助目标选择行为的行为架构示意图,这些行为无论是在标准的运行中还是在错误恢复中都起着至关重要的作用。

（a）总体视图　　　　　　　　　（b）行为规划

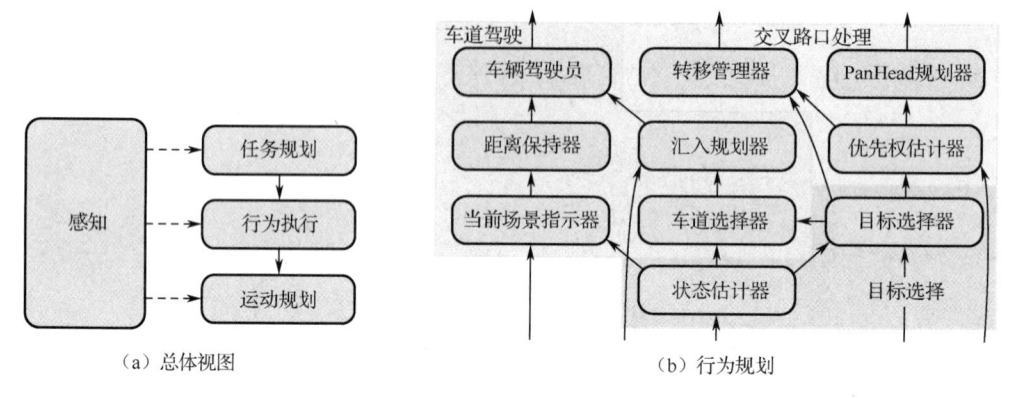

图 2.3　Boss 架构

基于该框架可以解决一些复杂的问题，但也带来了一些性能问题。该框架的其中一个缺点是上层决策模块通常没有足够详细的信息，而下层不具备重新评价该决策的权限（Wei et al，2014）。例如，当自动驾驶车辆想要使用对向车道超越缓慢移动的障碍物时，行为层做出决策。然后，输出的结果会指定车辆执行动作时应使用的速度和所需的窗口而不会阻碍对向交通。行为层的决策过程可能没有考虑急转弯，在这种情况下，下层运动规划器可能会强制以低于预期的速度行驶。然而，由于车辆靠近，这种减速可能会导致失去超车时间和空间窗口（Urmson et al，2008）。

另一个缺点是，在这种架构中大部分信息都是在运动规划器中处理的，使得规划问题非常复杂且计算量大，最终迫使牺牲性能来满足实时约束。

参加 DARPA 挑战赛的另外两个相关团队是：Annyway 团队，此后为贝尔塔·本茨纪念之路（Bertha Benz Memorial Route）的成功做出了决定性贡献（Ziegler et al，2014）；TerraMax 团队，一年后使用了 Deeva 平台（Broggi et al，2015）。他们都基于包容原理实现了经典的认知启发架构（见图 2.7），其中包含三个主要层：感知、规划和控制。然而，鲁棒性并不是主要关注的问题，如果没有一致的后援机制，每一层的不确定性都会逐渐增加。

此类架构应用于真实车辆的其他实例，如图 2.4 所示（摘自 Taş et al，2016）：乌尔姆大学的原型车（Kunz et al，2015），来自韩国的 A1 团队（Jo et al，2014）和卡内基梅隆大学的车辆（Wei et al，2013）。需要注意的是，它们都考虑存在：任务规划或路线模块，其目标是生成一组车辆应通过的构型；行为和运动规划器，通常包括用于机动选择的决策机制、能够估计周围交通智能体运动预测的组件，以及轨迹（路径和速度）规划器；车辆镇定，把获得的上层规划转化为方向盘、油门和制动器动作。在其中一些实例中，可以观测到信息流从轨迹规划器返回至决策模块，因此可以做出更明智的决策。

第 2 章 具身决策架构

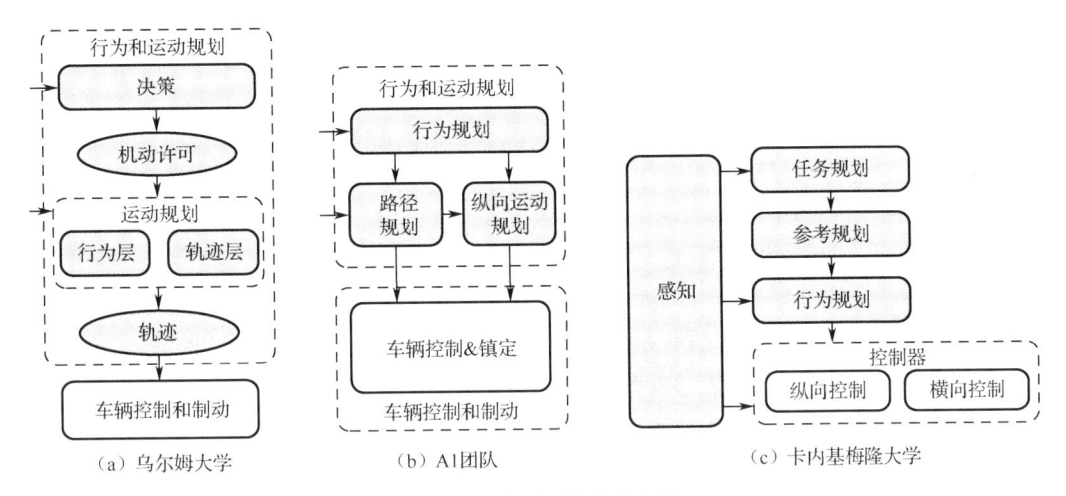

图 2.4 真实原型的决策架构

(a) 乌尔姆大学　(b) AI团队　(c) 卡内基梅隆大学

在最近的一些替代方案中（Artuñedo et al，2018；Gu et al，2013），行为规划器和运动规划器的处理方式略有不同 [见图 2.5，源自相关文献（Claussmann et al，2019）]：

- 上层预测性规划，其目标是在一系列预定义的基元中选择最适合的候选运动模式。该选择过程是在安全和舒适性约束条件下多目标优化问题的结果。这些结果既用于决定机动的类别，也用于从候选结果中生成最终的最优运动规划。根据克劳斯曼（Claussmann）等人的研究，该策略可以包括生成一组运动，然后决定行为动作或定义要采用的行为，最后拟合一组运动（Claussmann et al，2019）。该阶段得益于较长的运动预测，但非常耗时，因此通常会简化交通场景（甚至考虑无交通场景）。
- 下层反应式规划，按照反应方法使上层规划产生的运动变形，它作用于更短的动作范围，具有更快的计算速度，并包含了场景中感知到的所有潜在障碍物。

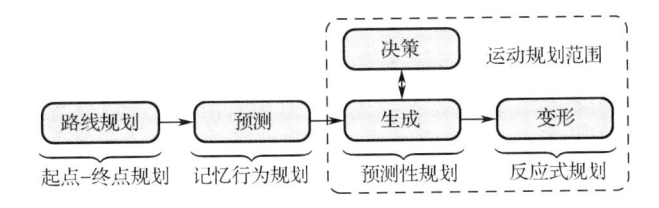

图 2.5 运动策略规划和预测层次：生成-变形法

2.4.2 面向 ADAS 的行为架构

尽管解决了较低程度的自动化问题，但针对一些半自动驾驶车辆原型提出使用依赖于现有

ADAS 构成的架构。

与之前的框架相比，该系统中的模块是独立且并行工作的，如图 2.6 所示（Wei et al，2014）。每个控制器都有专用的传感器和制动机构。例如，车道保持模块专注于使用方向盘将汽车保持在车道中心，而自适应巡航控制系统（Adaptive Cruise Control，ACC）则作用于油门和制动器，使自动驾驶车辆安全地跟随前车。这种架构的好处是：控制器可以高频且稳定地运行；在特定的应用范围提供高水平的平滑和性能；因为没有运动规划步骤，所以计算量低。然而，在很多需要协同的情况下，该框架的性能会降低。例如，当自动驾驶车辆需要汇入邻近拥挤的车道时，它可能无法适当地减速，因为速度控制器通常既无法推断周围车辆的意图，也无法推断它们未来的横向演变（Wei et al，2014）。相反，大多数最先进的运动规划器都能够让车辆减速并找到最佳的汇入间隙。

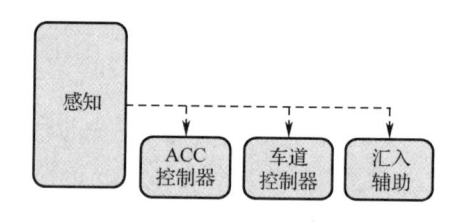

图 2.6 面向 ADAS 的架构

2.4.3 启发认知架构实例

如前所述，生物系统中的一些能力通常由人工计算系统模拟。前面的例子大多依赖于对认知过程的基本理解。然而，还有其他一些实例，其目的是更深入地复制某些认知过程。有机计算（Organic Computing）范式（Müller-Schloer and Tomforde，2017）是这些尝试的实例之一，该范式提出的架构不仅涵盖多个适应层，而且还包含协作和目标修改机制。

更具体地说，可将自动驾驶车辆看作一种认知技术系统，该系统从人类推理中汲取灵感。认知技术系统主要遵循理性主体的概念：观测其环境、计算决策，然后对其环境进行操作［见图 2.7，源自相关文献（Taş et al，2016）］。通常也把自动驾驶车辆设计为具备这些组件。对其进行更详细的描述是可能的，但是当考虑典型组件时，定位、障碍物检测、数据融合和态势理解组件可以分组在感知模块；运动预测、行为和运动规划组件分组在认知决策模块；控制和制动组件分组在行动模块。

在更抽象的层面上，共享同一路网的不同认知主体的行为，是由它们的交互以及交通规则和文化习惯施加的约束决定的（参见第 2.2 节介绍的马基雅弗利智力假说和类生命智能体假说）。因此，依赖于人类驾驶员对天气及路况的情绪状态，出现了一种社会现象。

最近，一些研究人员利用人类推理、社会行为和人工智能之间的这些联系，在包容架构的

第 2 章 具身决策架构

启发下，提出了具体的生物引导驾驶员模型。这些架构试图回答这样一个问题，即当面临行动选择问题时，如何协调不同的控制层（在包容方案中）以连贯的方式行动。为了回答该问题，戴利奥等人认为大脑中存在单一的统一选择机制（具体地说是在基底神经节中），该机制能够同时考虑许多潜在的行动（Da Lio et al, 2017）。将这些请求放在一起，并使用竞争机制来选择最紧急或最重要的行动。通过学习最合适的行为，潜在的解决方案和选择可以不断地适应当前任务。如图 2.8 所示为戴利奥等人提出的架构（Da Lio et al, 2017），该架构围绕三个主要部分构建："背侧通路"（dorsal stream），表示嵌套在层中的逆模型，从感官输入中生成"可能性"；在分层结构的多个层上运行的行动选择机制（"基底神经节"）；学习先进模型的"小脑"。

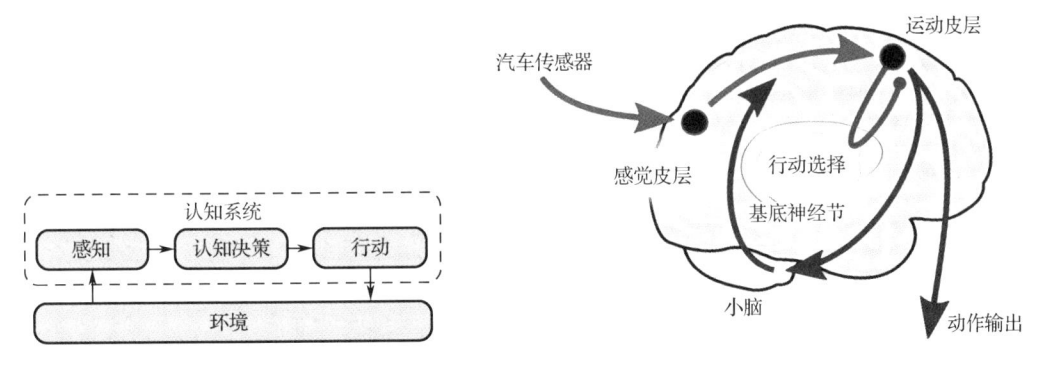

图 2.7 与环境交互的认知系统架构

图 2.8 协同驾驶员架构

在认知科学术语中，该策略使用镜像原理（依赖于类生命智能体假说）。它规定场景中涉及的智能体为可能的动作生成类人的行为，然后选择最适合人类驾驶员观察的行为。因此，根据认知模拟理论，隐性感觉运动活动是思维的基础，可以用来推断意图和交互。

2.4.4 面向安全的架构

所有上述方法旨在提供一个功能框架，以有效地将软件功能组合起来，实现自动驾驶车辆的安全部署。然而，对于一些特定的架构，在系统层面提出了具体的安全导向机制。在提供一些具体的实例之前，根据拓扑结构区分以下两种不同类型的功能架构是有用的：集中式架构；分布式架构（第 8 章从控制的角度进一步讨论）。

在集中式架构中，感知、决策、规划和控制功能在同一个计算单元内实现。这种方式节省了过多的网络连接，从而避免了潜在的信息延迟和丢包。尽管如此，如文献（Jo et al, 2014）所述，这种简单的结构有着显著的缺点。首先，将所有的这些驾驶功能整合在一个单元中需要极高的算力。除此之外，由于功能没有分离，不可能同时开发和测试每个功能。更关键的问题是难以检测和诊断失效并相应地切换到失效可操作模块。

在分布式架构中，各个主要功能嵌入在不同的计算单元中。因此，尽管存在一些潜在的延迟损失，但集中式架构的缺点被最小化了。而代价是必须确保通信不受网络问题的影响。由于自动驾驶车辆所需的安全关键架构应能够包含监控系统状态的故障检测和诊断组件（Taş et al, 2016），因此集中式架构很难应用于即将出现的自动驾驶车辆。需要注意的是，主流的分布式架构并不建议每个功能都使用单独的计算单元（例如，电动车窗或 ABS），而是将每种功能类型分组，通常称之为域（Fruehling et al, 2019）。

聚焦于一些相关的实例，莫利纳（Molina）等人考虑安全和控制的分离，提出与运行时保证框架共享几个特性（Molina et al, 2019）。所提出的架构（见图 2.9）利用了两个独立的子系统：自动驾驶车辆运行（Autonomous Vehicle Operation，AVO）和自动驾驶车辆保护（Autonomous Vehicle Protection，AVP）。AVO 子系统包括传统的感知-规划-控制框架，而 AVP 子系统包含一个安全监视器，用于评价车辆的行为，最终调整控制动作以将系统驱动至安全状态。

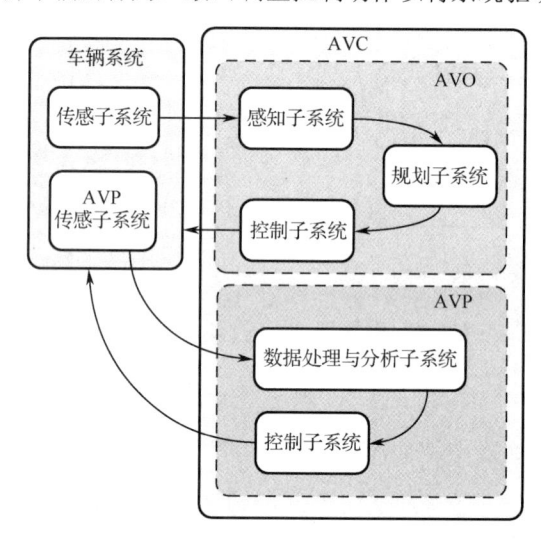

图 2.9　自动驾驶车辆控制架构图

上述 A1 原型的系统架构（Jo et al, 2014）包括监督和保证安全运行的机制，称为系统管理模块。它观测各模块的特定信号，如果关键模块的健康状态出现故障，则会触发备份模块。

在相关文献（Funke et al, 2012）中，监控系统的一个独特之处在于，它不仅通过硬件与其他模块分离，还通过编程语言与其他模块分离。这降低了在监控系统内包含被监控功能执行错误的可能性。后者又被划分为若干子模块，以便主模块可以检测关联子模块中的故障，从而提高整个系统的可靠性。

在未来的架构中，预计每个模块都将采用多个衡量指标来量化其性能状态，从而向车辆提供反馈以切换到降级运行模式。这种监控系统将用于激活替代的数据处理算法，以使系统适应环境或传感器的健康状况。各个模块将协调工作，以提高系统的鲁棒性与可靠性。因此，决策系统将能够无缝调整其输出，以适应不同功能块的状态，从而在车辆中产生安全但不过分保守的行为。

2.4.5 共享控制架构

尽管自动驾驶系统（ADS）取得了显著进步，但它们仍然需要人类驾驶员的干预，以安全地处理所有可能出现的情况。的确，尽管自动驾驶车辆在动作速度、可复制性、同时操作和短期记忆方面有可能超越人类驾驶员，但人类驾驶员在更抽象的技能方面超过了自动驾驶车辆，如政策和伦理理解、判断、归纳、临场应变和长期记忆（Xing et al，2020）。为利用这些不同的能力（在第 12 和 13 章中进一步详述）以及正确的人机交互，在过去的几年中出现了不同的架构。

根据相关文献（Abbink et al，2018）可知，自动驾驶背景下的共享控制定义为"驾驶员和自动化系统在感知-行动循环（perception-action cycle）中一致地相互作用，以执行驾驶员或系统在理想情况下可以单独执行的动态驾驶任务"。需要注意的是，这种共享控制可用在不同任务支持等级的协同框架（Flemisch et al，2019）中：执行，与控制任务相关；战术，用于机动和决策；战略，指从 A 到 B 的规划策略。

一种借鉴相关文献（Xing et al，2020）中的通用共享控制架构如图 2.10 所示，它展示了以人为中心的共享控制系统应该如何基于这些架构才能持续生成优化的共享控制模式和策略：驾驶员和自动驾驶系统之间的相互理解和相互沟通。另外，当对车辆拥有权限的行为人（自动驾驶系统或人类驾驶员）无法再处理这种情况时，交换控制适用于这些情况。与共享控制相比，交换控制是指一个特定任务完全由唯一的智能体（无论是人类驾驶员还是自动驾驶系统）执行的方案（Inagaki，2003）。为了实施交换控制，有必要决定在何时必须将控制权移交给哪个智能体。这仍然是辅助驾驶技术面临的最大挑战之一（Inagaki and Sheridan，2019）。实际上，如果在移交过程中人类驾驶员的态势感知能力不够高，这种责任切换可能会导致错误甚至不安全的行为。相互理解也是这类交换控制系统的本质。因此，自动驾驶系统应能够感知驾驶员状态，以便执行不同的驾驶任务并做出更安全的决策，而人类驾驶员必须容易地理解自动驾驶系统的目标和能力（Muslim and Itoh，2019）。

图 2.11 展示了最近由马卡诺（Marcano）等人提出的共享控制架构（Marcano et al，2020），其中经典的感知、通信、决策、控制和控制模块由特定的组件补充，以安全地仲裁对方向盘更安全的控制动作。触觉权限等级（Level of Haptic Authority，LoHA）表示自动化系统干预的强度以及共享权限等级（Level of Shared Authority，LoSA），它是一个表示自动化模式或等级的连

续值，仲裁模块计算出 LoHA，由此产生的控制动作将被发送给方向盘执行器。在这种方法中还应注意 HMI 的重要性。

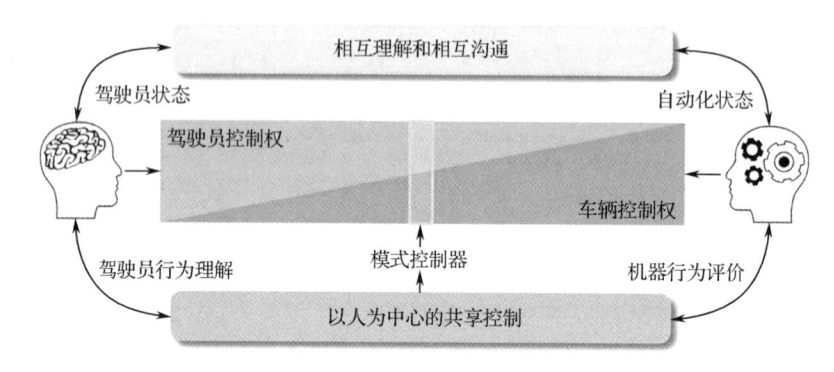

图 2.10 以人为中心的共享控制原型架构

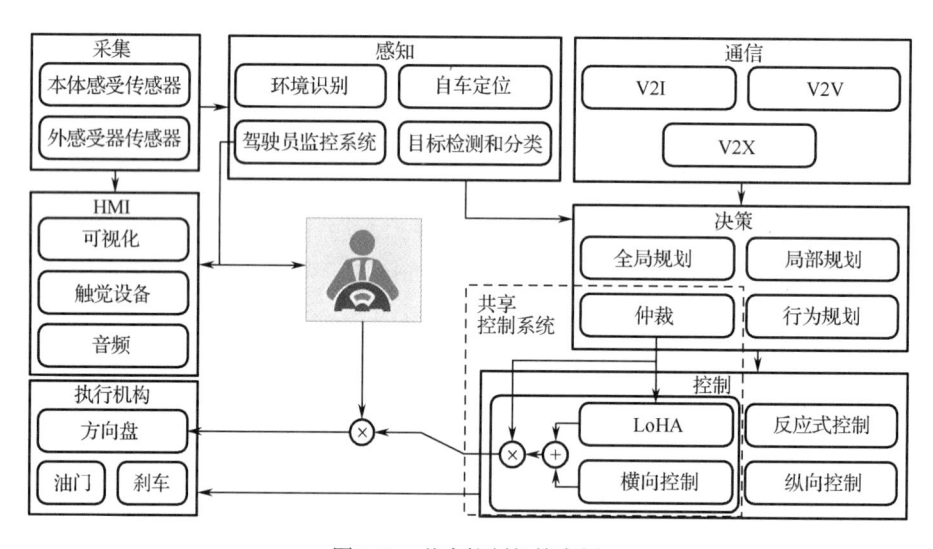

图 2.11 共享控制架构实例

交换控制架构与前一个类似，但它们实施了一种机制来决定在每种驾驶情况下谁拥有控制权。在相关文献（Medina-Lee et al, 2020）中，监督模块根据驾驶员监控系统（Driver Monitoring System，DMS）的信息和一组轨迹性能指标（Trajectory Performance Indicators，TPI），确定当前驾驶场景的场景复杂度等级、自动化等级，并最终确定驾驶员所需的人工参与等级（Human Involvement Level）（见图 2.12）。如果交通场景过于复杂，该模块会建议人类驾驶员接管方向盘和踏板，或者在人类完全脱离时执行安全停车策略。

(a)总体视图

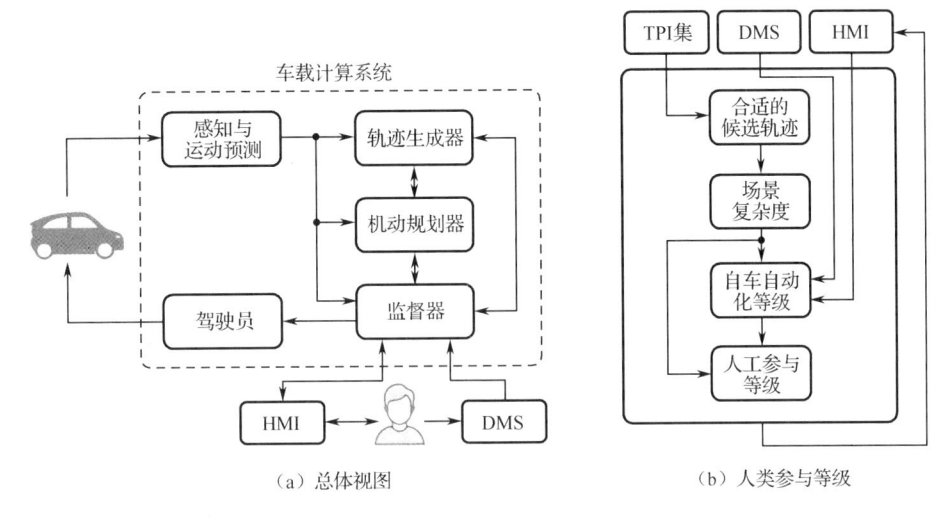

(b)人类参与等级

图 2.12　交换控制架构实例

2.5　常见的功能模块

尽管在自动驾驶车辆中有多种构建人工决策过程的方法，但有以下四个主要模块明确或隐含地出现在所有这些方法中。需要注意的是，它们在不同的时域内工作，如图 2.13 所示。

- 行为规划（详见第 3 章）：负责为给定的驾驶场景确定最合适的策略。它假定有上层路线模块和世界模型作为输入，表示自车态势及其周围环境。它在中期时域内运行，通常与运动预测和运动规划子系统相连。
- 运动预测与风险评估（详见第 4 章）：旨在对即将到来时刻的驾驶场景进行准确估计，以便有效协调运动规划和行为规划。这也是它在中期时域内的原因。
- 搜索空间识别与运动规划（分别在第 5 章和第 6 章描述）：后者将路线和机动（行为）规划转换为车辆需要通过的时空点分布。前者适用于一些特定的运动规划方案，并且通常将感知和定位信息重新调整为面向路径规划的数据结构。该模块设计的输出频率比前两个子系统更高，因此在更短的时域内求解。
- 控制：其主要目标是向车辆执行器发送必要的控制指令。它的范围是可变的，可以包括制导系统（决定出跟随运动规划器输出所需的转向角和速度），或仅限于制动器电子（机械/液压）子系统所需的电流/电压。该组件的频率越高，车辆越能精确地跟随前序构建块中生成的规划。虽然控制超出了本书的范围，但在第 8 章描述了它与决策的相互作用。

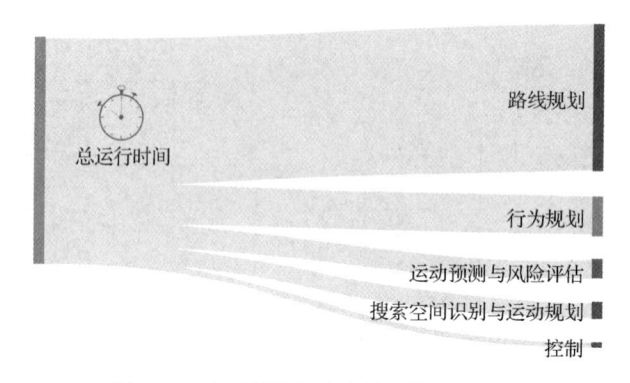

图2.13 主要的嵌入式决策组件及其时域

根据几乎正交的方法，端到端决策架构希望构建一个独特的子系统，能够针对给定的驾驶情况推断出最合适的控制动作。它们主要依赖于深度学习可能性的能力，因此依赖于驾驶数据的多样性和品质。尽管在实车上进行了非常有意义的部署，但这种一体化计算导致了更复杂的决策可追溯性和问责制，迄今为止这一特性限制了该架构的重要性。第7章总结了它们的优点和缺点。

参考文献

Abbink, D.A., Carlson, T., Mulder, M., De Winter, J.C., Aminravan, F., Gibo, T.L., Boer, E.R., 2018. A topology of shared control systems—finding common ground in diversity. IEEE Trans. Human-Mach. Syst. 48 (5), 509–525.

Artuñedo, A., Godoy, J., Villagra, J., 2018. A primitive comparison for traffic-free path planning. IEEE Access 6, 28801–28817.

Banjanovic-Mehmedovic, L., Lukac, D., Suljic, M., 2013. Biologically based behavior as inspiration for mobile robots navigations. Eurocon 2013, 1980–1987.

Bräunl, T., 2003. Embedded Robotics. Springer, p. 23.

Broggi, A., Cerri, P., Debattisti, S., Laghi, M.C., Medici, P., Molinari, D., et al., 2015. PROUD—public road urban driverless-car test. IEEE Trans. Intell. Transp. Syst. 16 (6), 3508–3519.

Brooks, R., 1986. A robust layered control system for a mobile robot. IEEE J. Robot. Autom. 2 (1), 14–23.

Brooks, R.A., 1991. Intelligence without representation. Artif. Intell. 47 (1–3), 139–159.

Claussmann, L., Revilloud, M., Gruyer, D., Glaser, S., 2019. A review of motion planning for highway autonomous driving. IEEE Trans. Intell. Transp. Syst. 21 (5), 1826–1848.

Da Lio, M., Mazzalai, A., Gurney, K., Saroldi, A., 2017. Biologically guided driver modeling: the stop behavior of human car drivers. IEEE Trans. Intell. Transp. Syst. 19 (8), 2454–2469.

Dautenhahn, K., 1999. Socially intelligent agents and the primate social brain-towards a science of social minds. Adapt. Behav. 7 (3–4), 3–4.

Dautenhahn, K., Christaller, T., 1995. Remembering, Rehearsal and Empathy-Towards a Social and Embodied Cognitive Psychology for Artifacts. GMD-Forschungszentrum Informationstechnik.

Descartes, R., 1999. Discourse on Method and Meditations on First Philosophy. Hackett Publishing.

Duffy, B.R., Joue, G., 2000. Intelligent robots: the question of embodiment. In: Proc. of the Brain-Machine Workshop.

Edmonds, B., 1997. Modelling socially intelligent agents in organisations. In: AAAI Fall Symposium on Socially Intelligent Agents.

Flemisch, F., Abbink, D.A., Itoh, M., Pacaux-Lemoine, M.P., Weßel, G., 2019. Joining the blunt and the pointy end of the spear: towards a common framework of joint action, human–machine cooperation, cooperative guidance and control, shared, traded and supervisory control. Cogn. Tech. Work 21 (4), 555–568.

Fruehling, T., Hailemichael, A., Graves, C., Riehl, J., Nutt, E., Fischer, R., Saberi, A.K., 2019. Architectural safety perspectives & considerations regarding the AI-based AV domain controller. In: 2019 IEEE International Conference on Connected Vehicles and Expo, pp. 1–10.

Funke, J., Theodosis, P., Hindiyeh, R., Stanek, G., Kritatakirana, K., Gerdes, C., et al., 2012. Up to the limits: autonomous Audi TTS. In: 2012 IEEE Intelligent Vehicles Symposium, pp. 541–547.

Gu, T., Snider, J., Dolan, J.M., Lee, J.W., 2013. Focused trajectory planning for autonomous on-road driving. In: 2013 IEEE Intelligent Vehicles Symposium (IV), pp. 547–552.

Inagaki, T., 2003. Adaptive automation: sharing and trading of control. In: Hollnagel, E. (Ed.), Handbook of Cognitive Task Design, Chapter 8. Taylor & Francis, pp. 147–169.

Inagaki, T., Sheridan, T.B., 2019. A critique of the SAE conditional driving automation definition, and analyses of options for improvement. Cogn. Tech. Work 21 (4), 569–578.

Jo, K., Kim, J., Kim, D., Jang, C., Sunwoo, M., 2014. Development of autonomous car—Part I: distributed system architecture and development process. IEEE Trans. Ind. Electron. 61 (12), 7131–7140.

Kummer, H., Daston, L., Gigerenzer, G., Silk, J., 1997. The social intelligence hypothesis. In: Hillsdale, N.J. (Ed.), Human by Nature: Between Biology and Social Sciences. Lawrence Erlbaum Assoc, pp. 157–179.

Kunz, F., Nuss, D., Wiest, J., Deusch, H., Reuter, S., Gritschneder, F., et al., 2015. Autonomous driving at Ulm University: a modular, robust, and sensor-independent fusion approach. In: 2015 IEEE Intelligent Vehicles Symposium (IV), pp. 666–673.

Lako, G., 1987. Women, Fire, and Dangerous Things. University of Chicago Press, Chicago.

Leonard, J., Barrett, D., How, J., Teller, S., Antone, M., Campbell, S., et al., 2007. Team MIT Urban Challenge Technical Report.

Marcano, M., Díaz, S., Pérez, J., Irigoyen, E., 2020. A review of shared control for automated vehicles: theory and applications. IEEE Trans. Human-Mach. Syst. 50 (6), 475–491.

McGinn, C., Cullinan, M.F., Walsh, G., Donavan, C., Kelly, K., 2015. Towards an embodied system-level architecture for mobile robots. In: 2015 International Conference on Advanced Robotics (ICAR). IEEE, pp. 536–542.

Medina-Lee, J., Artuñedo, A., Villagrá, J., 2020. Traded control architecture for automated vehicles enabled by the scene complexity estimation. In: 4th International Conference on Computer-Human Interaction Research and Applications.

Michon, J.A., 1985. A critical view of driver behavior models: what do we know, what should we do? In: Human Behavior and Traffic Safety. Springer, Boston, MA, pp. 485–524.

Molina, C.B.S.T., De Almeida, J.R., Vismari, L.F., Gonzalez, R.I.R., Naufal, J.K., Camargo, J., 2017. Assuring fully autonomous vehicles safety by design: The autonomous vehicle control (AVC) module strategy. In: 2017 47th Annual IEEE/IFIP International Conference on Dependable Systems and Networks Workshops (DSN-W), pp. 16–21.

Montemerlo, M., Becker, J., Bhat, S., Dahlkamp, H., Dolgov, D., Ettinger, S., et al., 2008. Junior: the Stanford entry in the urban challenge. J. Field Robot. 25 (9), 569–597.

Müller-Schloer, C., Tomforde, S., 2017. Organic Computing-Technical Systems for Survival in the Real World. Springer International Publishing, Cham, Switzerland.

Muslim, H., Itoh, M., 2019. A theoretical framework for designing human-centered automotive automation systems. Cogn. Tech. Work 21 (4), 685–697.

Peters, E., Dieckmann, N.F., Weller, J., 2011. Age differences in complex decision making. In: Handbook of the Psychology of Aging. Academic Press, pp. 133–151.

Pfeifer, R., Bongard, J., 2006. How the Body Shapes the Way we Think: A New View of Intelligence. MIT Press.

Rasmussen, J., 1983. Skills, rules, and knowledge; signals, signs, and symbols, and other distinctions in human performance models. IEEE Trans. Syst. Man Cybern. 3, 257–266.

Redgrave, P., Prescott, T.J., Gurney, K., 1999. The basal ganglia: a vertebrate solution to the selection problem? Neuroscience 89 (4), 1009–1023.

Selvatici, A.H.P., Costa, A.H.R., 2007. A hybrid adaptive architecture for mobile robots based on reactive behaviours. In: Mobile Robots: The Evolutionary Approach. Springer, Berlin, Heidelberg, pp. 161–184.

Taş, Ö.Ş., Kuhnt, F., Zöllner, J.M., Stiller, C., 2016. Functional system architectures towards fully automated driving. In: 2016 IEEE Intelligent Vehicles Symposium (IV), pp. 304–309.

Ulbrich, S., Reschka, A., Rieken, J., Ernst, S., Bagschik, G., Dierkes, F., et al., 2017. Towards a functional system architecture for automated vehicles. arXiv preprint arXiv:1703.08557.

Urmson, C., Anhalt, J., Bagnell, D., Baker, C., Bittner, R., Clark, M.N., et al., 2008. Autonomous driving in urban environments: boss and the urban challenge. J. Field Robot. 25 (8), 425–466.

Wei, J., Snider, J.M., Kim, J., Dolan, J.M., Rajkumar, R., Litkouhi, B., 2013. Towards a viable autonomous driving research platform. In: 2013 IEEE Intelligent Vehicles Symposium (IV), pp. 763–770.

Wei, J., Snider, J.M., Gu, T., Dolan, J.M., Litkouhi, B., 2014. A behavioral planning framework for autonomous driving. In: 2014 IEEE Intelligent Vehicles Symposium Proceedings, pp. 458–464.

Xing, Y., Huang, C., Lv, C., 2020. Driver-automation collaboration for automated vehicles: a review of human-centered shared control. In: 2020 IEEE Intelligent Vehicles Symposium (IV), pp. 1964–1971.

Ziegler, J., Bender, P., Schreiber, M., Lategahn, H., Strauss, T., Stiller, C., et al., 2014. Making bertha drive—an autonomous journey on a historic route. IEEE Intell. Transp. Syst. Mag. 6 (2), 8–20.

第 3 章

行为规划

3.1 引言

在一些复杂的工况条件下，自动驾驶车辆应有能力做出类人的决策，在这些情况下，交通法规的实施和社会智能至关重要。为此，理解驾驶环境并解码道路智能体之间的交互及其相应的演变至关重要。这些类人的能力包括判断后车是否会让行，避开看起来醉驾或疲劳驾驶的司机等（Li et al, 2018）。由于在未来很长时间内人类驾驶员仍会存在，因此，难以理解人类、类人决策能力有限的自动驾驶车辆在实际应用中可能会遇到困难。事实上，大多数自动驾驶车辆事故的背后仍然存在人为错误。

通常情况下，自动驾驶车辆实施分层规划系统（Werling et al, 2010），而不是根据轨迹优化过程进行决策。在分层规划系统中，上层行为或战术规划器根据驾驶情况（例如超车和让行）修改环境设计参数，并激活对应的局部规划策略方法（在第 6 章描述）。后者生成可执行的轨迹，前者负责生成战术决策，战术决策分为：基于规则的战术，限速、工作区、管理停车标志，以及路口优先权规则；基于路线的战术，根据全局路线的需求，选择切换到哪条车道；基于机动的战术，决定何时以及如何让行、跟车或超车。

如文献（Gu et al, 2016）中所述，基于规则和基于路线的战术规划可以使用状态机（Urmson et al, 2008）或其他行动选择机制独立于运动（轨迹）规划进行处理。然而，这种缺乏沟通的机动轨迹可能会带来一些挑战。

- 机动可行性冲突：基于机动的战术规划并不能明确保证规划的可行性，从轨迹规划器的角度来看，这可能会导致不切实际的机动决策。

- 对环境拓扑不了解：为减少系统计算量，简化甚至忽略环境结构可能导致不同周期不一致和/或保守的决策。
- 类人机动：虽然分离可能有利于平稳和保守的运动，但也使自动驾驶车辆无法选择更类人的机动，如主动加速到时间间隔内进行并线机动。
- 不可扩展的手工场景：为所有不可预见的情况预设基于机动的战术规划是不现实的，因为在存在多个移动智能体的情况下，这些情况很快就会变得难以处理。

本章首先总结了业界在过去几年中为应对这些挑战所采取的不同方法。为理解所使用的一些技术和随后的设计选择背后的思想，在第 3.2 节中提出了一个描述性问题定义。随后，第 3.4 和 3.5 节重点介绍了与最常用的自动机类型（从确定性方法到概率方法，见第 3.3 节）自然相关的基本决策理论与序贯决策的概念。最后，在第 3.6 节中描述了一些应用这些方法或其他方法的自动驾驶应用实例（基于规则、博弈论或学习使能）。

需要注意的是，本章中引用的许多文献都是从该领域的相关综述中收集的（Schwarting et al, 2018；Sharma et al, 2021）。

3.2 问题描述

决策问题可以表示为奖励或代价函数随时间的优化。未来奖励的预期总和通常称为值。策略定义了为达到值，必须选择对各种情况做出何种反应。找到合适的表示形式来解决与自动驾驶相关的决策问题及策略是一项具有挑战性的任务，原因有：需要准确地表示每一种可能的决策；为提高效率，在解决给定的决策问题时，应当将其从不重要的细节中抽象出来；必须限制并压缩计算时间，以便在任何驾驶环境中都能迅速生成正确的规划。事实上，即便是对于公路驾驶这样的简单任务，也可能很难找到符合要求的表示形式。

此外，在有多个动态智能体（正如自动驾驶车辆所体现的那样）的驾驶环境中，相关的不确定性对决策任务来说是极具挑战性的。事实上，准确预测道路智能体（不同类型的车辆和弱势道路使用者）之间复杂和紧耦合交互所产生的未来场景是一个复杂而开放的问题。与测量相关的不确定性来源包括环境遮挡、传感器噪声、跟踪数据关联误差等。除此之外，车辆规划必须考虑附近智能体状态的不确定性，尤其是它们的潜在意图（通常受与其他交通参与者交互的影响）。在交叉路口转弯或换道等驾驶情况下，传感和参与者的演变不确定性都会以多种形式出现。

如上所述，不确定性通常会干扰规划的两个方面：未来状态不一定是可预测的，因为当施加某些动作时，通常很难准确地知道未来会发生什么；状态信息是从具有内在不确定性的传感器测量和对先前施加动作的记忆中获得/推理的。这两种不确定性在许多方面是独立的，它们对决策问题有着不同的影响。为了便于理解，拉瓦列（LaValle）提出建立一个由简到繁的形式化框架，如下所述（LaValle, 2006）。

第 3 章 行为规划

- **单一决策**：可以将不确定性建模为干扰，该干扰来自称作自然（nature）的特殊决策器。其目标是在考虑自然——其决策以最坏情景（worst-case）或概率模型为特征——施加动作的情况下做出正确的决策。应注意，这些规划问题可能涉及多个理性决策器。在这种更复杂的情况下自然地就产生了博弈论，它将解进行了形式化，来处理在目标冲突时其他参与者（包括自然）行为的不确定性。
- **可预测性中的不确定性**：这一因素推动了状态转移概念的引入。状态转移方程通常定义为未来状态依赖于自然所采取的未知行动。在博弈论背景下，状态转移甚至可能取决于两个以上决策器的行动。把从任意当前状态要采取的适当行动的函数定义为规划。规划并非描述为一系列行动，因为未来的状态是未知的，并且在到达这些状态时可能需要对未来的状态做出响应。因此，对于预先设计的规划，每次的执行都可能不同：根据其他参与者的决策，采取不同的行动并到达不同的状态。规划通常采用最坏情景、预期情景（expected-case）或博弈均衡（game-equilibrium）分析进行评价。
- **传感不确定性**：如果传感、自车当前状态、周围交通智能体存在不确定性，那么将规划问题在信息空间中自然地表示（等效于第 6 章中定义的构型空间，用于传感不确定性问题）。

如图 3.1 所示为交叉路口示意图，其中根据文献（Hubmann et al，2018）中提供的示例，表示了最重要的不确定性来源。所谓的传感不确定性与定位和感知系统的不准确性有关，而图中的定位不确定性与意图/交互等原因造成的预测不精确性有关。

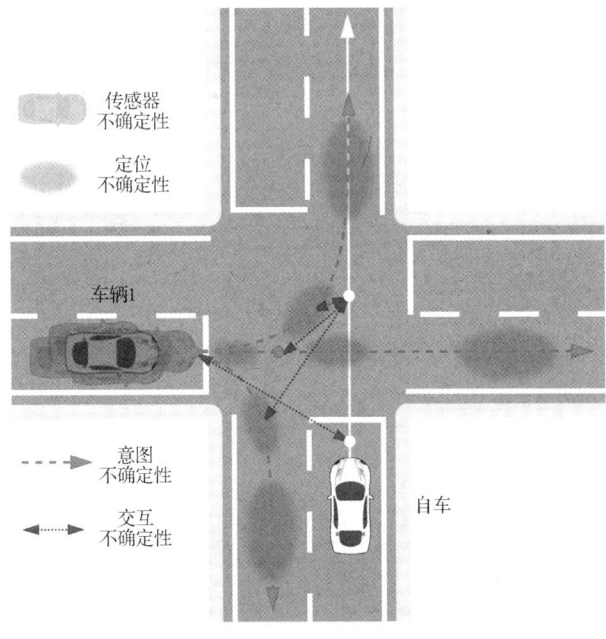

图 3.1 交叉路口不确定性来源示意图

3.3 自动机与马尔可夫过程

如第 3.6.1 节所述的一些示例，在自动驾驶车辆的早期开发中，有限状态机（Finite State Machines，FSM）为最常见的决策方法。

有限状态机是解决上层决策问题的常用方法，它依赖于计算机决策过程中常用的数学计算模型（Olsson，2016）。将有限状态机定义为一个抽象的机器，它只能存在于一组预定义状态的某个状态中，并在这些状态之间进行转移以进入不同的状态。一旦进入某个状态，在再次进入下一个状态之前执行一次行动。当应用到自动驾驶车辆的决策系统时，它对交通环境的有限态势进行建模，并基于规则获得策略。对于某些特定的情况，这是一种简单有效的策略，但它没有明确考虑环境的不确定性，因此无法应用于动态交通场景。此外，它需要对态势进行分类，并对策略进行启发式建模，这阻碍了它在异常情况下的使用。除此之外，我们知道，对于大型复杂系统来说，有限状态机变得难以管理，有时称之为状态和转移爆炸（explosion）。为了拥有一个完全反应式系统（fully reactive system），每个状态都需要转移到其他状态，从而生成一个完全连通图。这使得 FSM 的任何升级或修改都很复杂，并且容易出错。

哈雷尔（Harel）提出了分层状态机（Hierarchical state machines，HFSMs）（Harel，1987），也称为状态图（statecharts），用来减少大型 FSMs 中所需的烦琐过程，以及添加有助于理解复杂系统的结构。为此，将状态聚集在一个组（命名为超级状态）中，其中所有潜在的内部状态隐式共享同一个超级状态。HFSMs 通过多态性从超级状态继承要复制的部分转移或全部转移，显著减少了冗余信息。虽然它们比有限状态机更模块化，但它们仍然继承了一个典型的缺点，即有限的可复用性。

行为树（Behavior Trees，BTs）是 HFSM 的一种演变，并将其描述为具有树状结构的有向图。最高节点表示为根节点，它有一个或多个子节点，这些子节点也可以拥有子节点。因此，行为树类似于 HFSM，但现在层次结构中的节点是模块化、非耦合和独立的，从而为可进化的决策系统提供了一个更加可维护、可重用和可扩展的结构。行为树相对于有限状态机的另一个重要优势是状态间的转移隐含在行为树的树状结构中，从而限制了需要求解的转移数量。尽管行为树存在一些固有的局限性（例如，节点没有先前运行节点的记忆），但在考虑确定性设置的情况下，它似乎是自动驾驶功能最强大的决策工具。

考虑到真实驾驶情况（包括第 3.2 节中提到的所有不确定性来源）产生的复杂性，用基于规则的系统对最优决策进行手动建模并不简单且容易出错。马尔可夫决策过程（Markov Decision Processes，MDP）是有限状态机的一种演变，它具有随机转移函数，为不确定性下的序贯决策问题建模提供了一个强大的框架（即使是内部状态仅部分可观的问题，也能够形式化，即所谓

第 3 章 行为规划

的 POMDP）。在 MDP 中，智能体可以在每个时间步长遵循奖励策略选择一种行动，从而对态势的不确定发展产生影响。在接下来的两个小节中，回顾了静态与序贯决策理论的基本概念，以引入 MDP 的定义、计算原理以及博弈论的一些核心概念，这些概念在近期自动驾驶车辆的决策工作中非常普遍。

图 3.2 展示了简单驾驶场景的 FSM、HFSM、马尔可夫链和行为树的示意结构，其中状态限制为直行、右转以及左转。需要注意的是，为了简单起见，图 3.2（c）描绘的是马尔可夫链，而不是真实的 MDP。在这个例子中，有概率状态转移，但在 MDP 中，有行动（允许选择）和奖励（给予激励）。

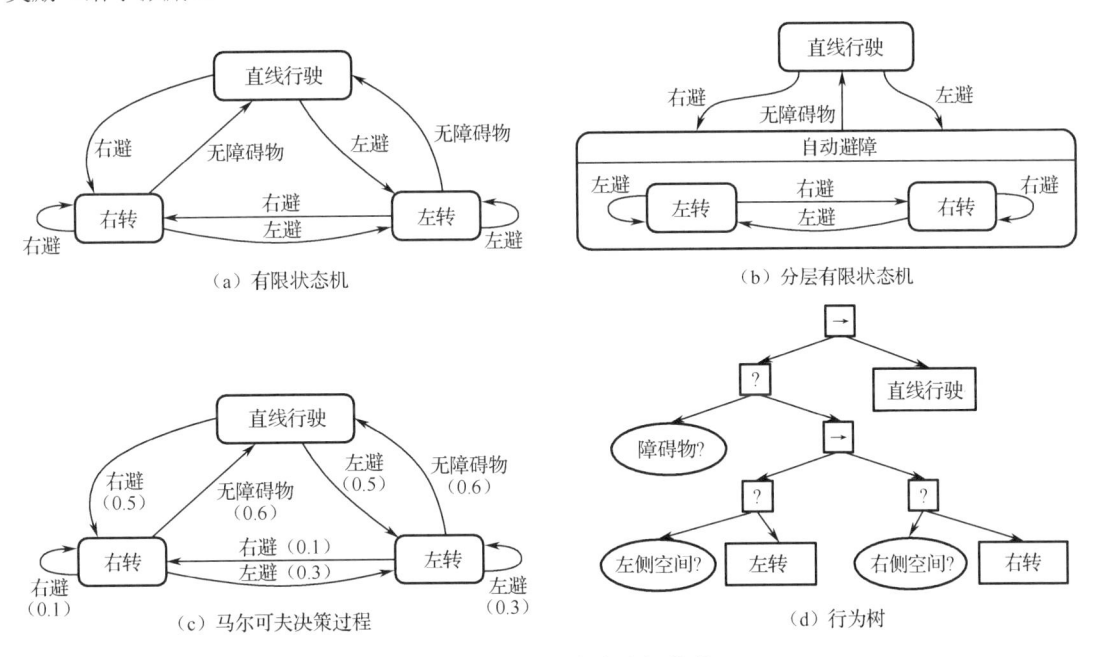

图 3.2 用于决策的自动机类型

3.4 基本的决策理论

根据相关文献（LaValle，2006）中所述，行为规划问题可以简化为决策问题。接下来，让我们为一个面临其他决策器干扰的决策器寻找最佳的选择。为简单起见，可以认为阶段的数量等于1，然后将其扩展为多阶段问题。这些决策器可能是出于自身利益做出决策的聪明对手，或是称为自然的虚拟决策器，将其用作对不确定性建模的通用方法。这种形式化产生了博弈论，在博弈论中，所有决策器（包括自车）都可以称为参与者（player）。于是，自然地出现了一个问题：当汽车与自然进行博弈时，对它来说，最佳的决策是什么？这取决于驾驶系统掌握的关于自然如何选择其行为的信息。始终假设车辆不知道自然要选择的确切行动。从自动驾驶车辆的角度来看，可以考虑两种不同的自然模型：不确定性或可能性（当不知道自然会做什么时）；概率性（当观测到自然并从这些观测中收集到统计数据时）。为简单起见，我们对下文给出的结果均采用第二个假设。

在不确定性模型下，没有额外的信息。在这种情况下，一种合理的方法是通过假设最坏情景来做出决策。在这种情况下，最佳行动 $u^* \in U$ 按照下式选择：

$$u^* = \arg\min_{u \in U}(\max_{\theta \in \Theta}(L(u, \theta))) \tag{3.1}$$

其中，θ 为自然行动；L 为代价。所选的行动 u 使用最坏情景分析来获得代价最低的选择。

在某些应用中，最坏情景分析可能过于悲观。因此，在概率性模型下假设能推断出行动发生的概率 $P(\theta)$。此时，还可以假设通过多次试验已经观测到所施加的自然行动，并且在未来，它们将继续以同样的方式进行选择。使用预期情景分析而不是最坏情景分析，优化了多次独立试验的平均代价。在这种情况下，最佳行动可以表示如下：

$$u^* = \arg\min_{u \in U}\left(\sum_{\theta \in \Theta} L(u, \theta)P(\theta)\right) \tag{3.2}$$

其中，$L(u,\theta)$可认为是每个 u 值的随机变量（它为样本空间的每个元素赋一个实值）。由于自然行动空间可能受到决策器行动的影响，反之亦然，因此应在式（3.2）中引入条件概率提供的经典框架，从而得到：

$$u^* = \arg\min_{u \in U}\left(\sum_{\theta \in \Theta(u)} L(u, \theta)P(\theta|u)\right) \tag{3.3}$$

如相关文献（Lavelle，2006）中所述，需要注意的是，上述模型并不是做出良好决策的唯一可接受的方法。在博弈论中，核心思想是将"后悔"最小化。即你在做出错误决策后感到"后悔"，并希望能在博弈结束后改变它。假设在选择了行动 u 后，告知决策器自然施加的行动 θ，那么后悔 T 是指施加行动 θ 后，若选择另一个行动本可以节省的代价。它可以建模如下：

$$T(u, \theta) = \max_{u' \in U}(L(u, \theta) - L(u', \theta)) \tag{3.4}$$

假设我们的目标是最小化后悔，而不是实际收到的代价。将式（3.3）中表示的最佳行动在此框架下稍做修改：

$$u^* = \arg\min_{u \in U}\left(\sum_{\theta \in \Theta(u)} T(u, \theta)P(\theta|u)\right) \tag{3.5}$$

现在假设另一个决策器是一个聪明的对手，它以与机器人相同的方式做出决策，这会导致一种对称的情况，其中，两个决策器在不知对方将如何行动的情况下同时做出决策。本节假设决策器具有截然相反的利益。它们是博弈的两个参与者，在博弈中，一个参与者的损失$-L_2$就是另一个参与者的收益L_1，反之亦然。从而导出博弈论的最基本形式，即零和博弈（zero-sum game）：

$$L_1(u,v) = -L_2(u,v) \tag{3.6}$$

零和博弈意味着一个参与者的代价就是另一个参与者的奖励。在这种情况下，最坏情景策略——也称为安全策略——可以用博弈双方的行动u和v来表示：

$$u^* = \arg\min_{u \in U}(\max_{u \in \Theta}(L(u,v))) \tag{3.7}$$

在这种情况下需要注意，将鞍点称为均衡解，在鞍点处参与者没有改变其选择的动机。

非零和博弈更贴近自动驾驶车辆的实际情况，并可对参与者之间任意期望的冲突程度进行建模。由于参与者不一定相互对立，因此可以对涉及任意数量参与者的博弈进行建模。在该框架下，有的决策甚至可能对所有参与者都有利，同时，为了消除后悔，用纳什均衡取代鞍点解。可使用随机策略来保证纳什均衡的存在，但也会产生一些其他的困难，例如纳什均衡的非唯一性，以及计算随机纳什均衡通常不适用于线性规划（LaValle, 2006）。

一般来说，博弈论最基本的局限性之一是每个参与者都必须知道其他参与者的代价函数。一种可能的解决方法是对与另一个参与者代价函数知识相关联的不确定性进行建模。另一个问题是，人类参与者在重复几次博弈后，可能会从根本上改变其策略，因此，人类很难模拟随机策略。

3.5 序贯决策

序贯决策（Sequential Decision-Making）旨在找到一个由一系列决策问题描述的规划。为此，先前定义的离散规划的概念可用在包含多个决策器（自然是其中之一）影响的环境中。因此，该规划需要包含状态反馈，使其能够根据当前状态选择行动。当规划确定后，还是不知道未来会出现什么状态。因此，需要反馈，而不是将规划指定为一系列行动（在上一节中定义）。

在第3.4节考虑的概率情况下，我们的任务是找到一个具有最优预期情景性能的规划。虽然单次规划执行的结果是不可预测的，但如果针对同一问题多次执行该规划，可以降低平均代价。为此，所考虑框架的最关键假设是，自然是马尔可夫的，或者换句话说，概率分布只取决于局部信息。因此，自然行动的分布$\Theta(x_k, u_k)$不仅取决于在当前阶段获得的信息，还取决于向量状态x，两者都与行动u（如上一节中定义）相关。还需要注意，在每个阶段，代价项将取决于自然行动θ_k。这种问题描述方法称为受控马尔可夫过程或马尔可夫决策过程（MDP），马尔可夫链是考虑离散阶段时使用的术语。

在考虑不确定性之前，规划的执行完全符合预期。当一系列行动施加到初始状态时，可以使用状态转移方程来计算得到的状态序列。此时由于状态转移是不确定的，因此计算了未来状态的概率分布函数。

由于自然导致的不可预测性，将规划的定义与其执行分开很重要。可以从相同的初始状态执行多次同样的规划；然而，受自然的影响，将得到不同的未来状态。这就需要使用规划 π 形式的反馈策略，将状态映射到行动。尽管受自然的影响，未来的状态可能是未知的，但如果给定 π，那么至少可以知道未来的任意状态将采取什么行动。

对于在 1 和 F 之间迭代的 k，可以获得值迭代方法（迭代计算状态空间上的最优代价函数），因此，用 G^* 表示执行最优规划后的期望代价：

$$G_k^*(x_k) = \min_{u_k \in U(x_k)} \left(\sum_{\theta \in \Theta(x_k, u_k)} (l(x_k, u_k, \theta_k) + G_{k+1}^*(f(x_k, u_k, \theta_k))) P(\theta|u) \right) \quad (3.8)$$

其中，l 是指每一步的行动代价（因此，总和表示代价历史）；f 为状态转移函数，该函数对于任意给定的 x、u 和 θ，生成状态。

值迭代结束后，在状态域上确定代价函数。由于每个 x 都需要一个行动，因此这并不完全是一个规划。这些行动是通过保留式（3.8）中产生最小代价值的行动 u 来获得的：

$$\pi^* = \arg \min_{u \in U(x)} \left(l(x, u) \sum_{x' \in X} G^*(x') P(x'|x, u) \right) \quad (3.9)$$

其中，$x'=f(x,u)$，代价函数 G^* 满足以下递推公式［动态规划的基础（Bellman，1966）］：

$$G^*(x) = \min_{u \in U(x)} \left(l(x, u) \sum_{x' \in X} G^*(x') P(x'|x, u) \right) \quad (3.10)$$

这些值迭代通过系统地更新状态空间上的代价值来工作。最优规划也可以通过在规划空间中迭代搜索来获得。这导出了一个称为策略迭代的过程，该过程表示如下。

（1）选择一个初始规划 π，其中对每个属于状态目标集的 x 施加 u_t，所有其他行动都是任意选择的。

（2）使用式（3.10）的修改形式，在规划 π 下对每个状态 x 计算 G_π：

$$G_\pi(x) = \min_{u \in U(x)} \left(l(x, \pi(x)) \sum_{x' \in X} G_\pi(x') P(x'|x, \pi(x)) \right)$$

（3）代入 G_π 的计算值来计算新的规划：

$$\pi' = \arg \min_{u \in U(x)} \left(l(x, u) + \sum_{x' \in X} G_\pi(x') P(x'|x, u) \right)$$

（4）如果 π' 至少生成一个比 c 低的代价值，则令 $\pi=\pi'$，并重复步骤（2）和步骤（3）。否则，认为 π 为最优规划 π^*。

第 3 章　行为规划

需要注意的是，在整个解释过程中，都建议将给定的代价最小化；该问题等价于最大化奖励，这通常是在一个与之密切相关的问题——强化学习中描述的。它通常将学习概率分布 $P(\theta|x,u)$ 和计算最优规划的目标结合到同一个算法中，旨在计算无限时域概率问题（Probabilistic Infinite-Horizon Problems）的最优规划。

到目前为止，所介绍的序贯决策过程仅涉及与自然的博弈。序贯博弈论（Sequential Game Theory）或动态博弈论（Dynamic Game Theory）是指两个或几个决策器之间的决策过程（不仅仅是自然）。对于一组连续的步骤，而不是离散步骤，微分博弈论（Differential Game Theory）就适用了。人们已经针对自动驾驶功能，对这些建模框架进行了广泛的研究，第 3.6.3 节将介绍其中的一些框架，其中描述了称为交互感知行为规划的应用。

3.6 自动驾驶车辆中的应用

根据文献（Ahn et al, 2020），现有的自动驾驶车辆决策策略主要可分为使用手动调整启发式（Hand-Tuned Heuristics）的基于规则或决策树的机制（Miller et al, 2008）；基于数值优化或形式化方法（Formal Methods）的反应式规划器；交互感知决策形式化（formalism），如有限状态机、马尔可夫决策过程或动态博弈；能够从传感器数据和车辆行动中自动学习策略的数据驱动（data-driven）策略（例如，强化学习）。虽然第一组和第二组策略往往无法获得交互交通智能体的耦合动力学效应，但第三组策略提供了一个基础框架来获得这些交互。然而，他们发现仍难以处理真实场景的复杂性。因为这两种策略中的大多数技术只考虑自车的当前状态，限制了它们在城市驾驶场景中的性能（城市驾驶场景需要扩展交互模型）。为了提高这些能力，可以使用训练数据和自适应机器学习（Machine Learning，ML）技术（第四组策略），但仍然很难找到用于这些目的的可靠且完备的数据集，因为它们需要昂贵的数据预处理和采集。

3.6.1 基于规则的规划

基于规则的规划是指使用周围车辆的当前状态做出决策的算法，而不预测其短期演变。在 DARPA 城市挑战赛中，大多数团队都实现了基于规则的决策系统，该系统包括针对不同城市场景的手动调整启发式算法。

在许多应用中，使用 if-then-else 结构的经典逻辑规则来表示人类决策过程。换道是一种非常有代表性的机动，基于规则的策略已经针对换道进行了深入的测试。驾驶员行为通常用数据启发模型表示（Toledo et al, 2005），根据该模型，预定义的规则通过调整某些参数控制自动驾驶车辆的行为，这些参数包含一些驾驶员特征，如攻击性。在换道和其他拥挤驾驶场景中，因基于规则的系统固有的复杂性和可变性，使用该系统对考虑所有上述特性的安全甚至最优决策进行手动建模，是非常困难且容易出错的。

如相关文献（Brechtel et al，2014）中所述，有一些状态机的替代方案通常针对具体的驾驶环境定制，即行为网络（Schroder et al，2007）、基于分布式投票（Distributed Voting）的行为架构（Rosenblatt，1997）或基于规则的决策与行为模型的混合（Rauskolb et al，2008）。DARPA城市挑战赛的获胜团队（Boss）设计了几种基于规则的手动定义策略，检查可用空间和由此产生的加速度裕度，以确保汇入等情况是安全的（Urmson et al，2008）。同样，Junior团队在同一场比赛中使用了基于速度和接近度的阈值检查，以找到车辆必须等待的关键区域（Montemerlo et al，2008）。AnnieWAY团队提出了在实车中部署分层状态机的一个实例（Gindele et al，2008）。

3.6.2 反应式规划

反应式规划包括在有限时域内根据其他车辆的预测轨迹做出决策的算法。一种常用的方法是基于自车的正向模拟（Forward Simulation）（Ahn et al，2020）。例如，当自车有一条轨迹到达相邻车道且与其他车辆的预测轨迹不重叠时，基于正向模拟的决策器允许换道行动。相关文献（Artuñedo et al，2019；Medina Lee et al，2020）中描述了如何对满足与其他车辆碰撞所需概率的轨迹进行优化。它不使用确定性模式转换，而是生成在开始时共享一条轨迹走廊的多条可能轨迹，并应用跟踪共享走廊的输入。一些正向模拟方法的一个缺点是，由于其随机性，它们不能保证持续的可行性。为了应对这一限制，人们还研究了基于可达性的反应式规划方法。奥尔索夫（Althoff）和多兰（Dolan）通过在预测时域内检查自车和周围车辆正向可达集的交集，验证由运动规划器生成的轨迹是否安全（Althoff and Dolan，2014）。在该方法中，如果一条轨迹在未来的所有时间步长中保持自车处于安全状态，则接受该轨迹，并考虑将自动驾驶车辆安全停车作为最后手段。在城市场景中，RRT也采用了直至车辆停止的规划方法（Kuwata et al，2009）。相反，森特格斯（Söntges）和奥尔索夫使用了反向可达性（Backward Reachability）工具来确定可行驶区域，该区域在未来任何时候都能保证安全，从而防止自车状态进入被其他车辆占据的区域（Söntges and Althoff，2017）。

许多研究人员通过轨迹优化的视角解决了自动驾驶的机动规划问题。德兰（Tran）和迪尔（Diehl）提出了一种凸优化方法，该方法在没有动态目标的模拟中得到了确认（Tran and Diehl，2009）。顾（Gu）和多兰使用动态规划在存在动态目标的场景中生成轨迹（Gu and Dolan，2012）。徐等人提出的轨迹优化方法（Xu et al，2012）优化了一组代价，这些代价旨在最大限度提高路径效率和舒适性，同时考虑与静态和动态障碍物的距离。他们在简单的超车机动中论证了该方法，但他们的结果仅限于静态障碍物场景。这些依赖于轨迹优化的方法在交通场景中的关键问题是，虽然考虑了周围车辆的当前位置，但无法及时判断周围车辆未来会做什么，特别是将对自车行动做何反应。

3.6.3 交互感知规划

第 3.5 节在假设问题状态完全已知的情况下介绍了马尔可夫决策过程。当应用到自动驾驶车辆时，这种技术明确地将周围车辆的反应纳入自车的规划中。然而，在许多驾驶情况下，有些状态是不可预测的。部分可观马尔可夫决策过程（Partially Observable Markov Decision Processes，POMDP）为这些动态不确定场景中的决策问题提供了数学上严格的描述（Cunningham et al, 2015）。其基本思想是，不仅在不确定的情况下将规划和预测结合在一起，而且还对其他交通参与者的意图估计进行推断与整合。

由于它在很大程度上取决于具体的任务和情况，很难用合适的符号表示，但文献中有一些 POMDP 求解器试图近似求解（Shani et al, 2013）。有了这些求解器，具有离散状态和定界观测空间的 POMDP 可以在合理的时间内近似求解。然而，即使对于状态、行动和观测空间有限的问题，它们在自动驾驶功能中的应用也需要大量的计算时间。

为了应对这种情况，人们已经提出了不同的 POMDP 求解器，求解器试图利用预先计算的初始策略，随着时间的推移对策略进行改进（Cunningham et al, 2015）。然而，这些方法投入了大量资源来计算策略集。因此，它们仅限于短规划时域和相对较小的状态空间、观测空间、动作空间。相关文献（Brechtel et al, 2013）中提供了这种使用的示例，其中，在传感器范围和能力有限的类交叉路口场景中（仅考虑两辆车及其速度）使用了数值迭代方法（已在第 3.5 节中介绍）。

另一种可能性是使用连续空间的等距离散化。乌尔布里奇和毛雷尔（Maurer）提出了用于高速公路换道决策的离散状态空间，其中状态的数量大大减少（Ulbrich and Maurer, 2013）。然而，在离散化不能表示足够的细节进行求解，或者决策问题的无关细节可能会带来不必要负担的驾驶情况下，扩展这种方法可能会有问题。

其他方法旨在确定自车的最优行动，以响应其他受影响车辆的不可观测意图。一些著作（Hubmann et al, 2018），通过将驾驶员的常规行为捕获为有限策略集，并通过沿有限预定路径集对行动进行规划，提出了计算上可行的 POMDP。

多准则决策（Multiple-Criteria Decision-Making, MCDM）（Furda and Vlacic, 2011）是 POMDP 的演变，其中考虑了不同的关键绩效指标以规划车辆行为。魏等人提出了一种两步决策方法，通过评价一组候选行动，同时考虑多个准则（如安全性、舒适性和效率），求解合适的速度剖面（Wei et al, 2014）。

班德亚帕德耶（Bandyopadhyay）等人建议，对于导航任务，还应考虑其他道路使用者的意图（Bandyopadhyay et al, 2013）。为此，他们提出了混合可观马尔可夫决策过程（Mixed Observable MDP, MOMDP）方法，将行人的意图视为隐含变量。尽管这项工作的重点是行人避让，但该建模框架也适用于车辆之间存在重要交互的情况。在这方面，白等人提出了一种基于采样的连续 POMDP 求解器（Bai et al, 2014），该求解器用广义策略图（Generalized Policy Graph，GPG）表示，适用于考虑多个智能体的交互。考虑仅能通过噪声测量观测的车辆在一个类交叉路口的场景对其进行了评价。

魏等人提出了马尔可夫决策过程中的另一种方法，即针对单车道行为提出基于 QMDP 的策略（结合无模型和基于模型方法的 POMDP 近似解）（Wei et al, 2011）。结果表明，考虑前导车的行为不确定性以及感知的局限性可以提高鲁棒性。

3.6.4　行为规划的博弈论

在第 3.4 和 3.5 节中简要介绍的博弈论基础，是自动驾驶车辆决策系统几种实现方式的核心。

分层推理博弈论，与博弈树（一种被广泛采用的序贯博弈表示）自然地相关联，用于对智能体的时空交互进行建模（Li et al, 2018）。人们已经研究了一些其他的博弈论方法，特别是基于特定的斯塔克尔伯格（Stackelberg）博弈的方法，用于车辆高速公路驾驶问题（Yoo and Langari, 2013）。尽管这些策略使用博弈论设置来表示驾驶员交互，但它们没有考虑动态场景。除此之外，如果考虑三个以上的驾驶员，则对于实时环境来说，很难获得斯塔克尔伯格解。

相关研究工作（Ali et al, 2019；Yu et al, 2018）始终在博弈论框架下，探索了考虑横向运动和转向信号的换道模型。结果表明，这种基于博弈论的控制器比基于固定规则的控制器性能更好。

3.6.5　人工智能行为规划

在前面提到的著作中，只解决了一系列简化的驾驶场景。除此之外，所提出的大多数方法都难以扩展到更复杂的场景，尤其是当决策涉及与行为不确定且难以显式建模的其他人类驾驶员交互时（Leurent and Mercat, 2019）。这一观察结果促使业界研究基于学习的方法，利用大量数据自动推断复杂的驾驶策略。基于人工智能的算法优点是其能够在不影响算法结构的情况下减少场景修改。反过来，在没有先验数据的情况下，它们仍然受到有限的可解释性和不可预测行为的影响。

在这种情况下，自然需要探索大量可用驾驶数据的可能性，以模仿人类在面对不同情况时的行为。在模仿学习方法中，可以以有监督的方式对策略进行训练，来模仿人类驾驶决策（例如，Bansal et al, 2018）。另外，第 3.5 节以其基本形式介绍的深度强化学习（Deep Reinforcement Learning，DRL）作为 MDP 的自然演进（详见第 7 章），最近已用于在某些场景中做出决策，如跟车场景（Ye et al, 2019）。

在这种情况下，人们已将交替学习使能（Alternative Learning-enabled）或近似推理（Approximate Reasoning）技术用于行为规划。

- 模糊逻辑：近似推理模仿人类推理。在这种情况下，模糊逻辑依赖于多值变量（many-valued variables），与布尔逻辑（Boolean Logic）相反，其目的是对认知推理的模糊性进行建模。模糊逻辑是基于规则的经典规划的演变，但为设计的规则提供了更高程度的灵活性和允许性，并扩展到不确定的数据，这样做的代价是当规则数量增加时，它们变得很难管理，而且与任何基于符文的机制一样，其输出高度依赖于问题描述。该技术已用在汇入场景（Milanes et al，2010）或换道场景（Balal et al，2016）。
- 支持向量机：这是用于智能体意图的分类器，依赖于给定时间的可用数据。类别的划分必须提前训练，并且需要对输入数据进行全人工标注，以获得实用的分类。它只能处理当前状态，因此无法考虑历史信息。窦（Dou）等人将该技术用于公路驾驶情况下的换道决策（Dou et al，2016）。
- 进化方法或元启发式方法：这也是受仿生学启发的具有自然理性进化过程的学习算法。奥涅瓦（Onieva）等人提供了一个使用该方法的实例（Onieva et al，2012），该研究使用变异、重组和选择机制在交叉路口环境中进行决策。
- 人工神经网络（Artificial Neural Networks，ANN）：该技术模仿生物神经网络的低级结构，通过误差反向传播实现神经连接权重的学习过程。它们在行为规划场景中展现出强大的学习能力和适应能力（Díaz-Álvarez et al，2018），但未能对所获得的解提供一致的因果解释。深度神经网络是人工神经网络的一种变体，在有大量数据可用的复杂场景中，深度神经网络表现出非常好的性能。黄等人利用这种近似构建了高速公路的换道模型（Huang et al，2018）。
- 递归神经网络（Recurrent Neural Networks，RNN）：该网络是人工神经网络的一个类别，其中神经元之间的连接沿着时间序列形成图，从而能够获得基于时间的动态行为。在一些复杂拥挤的驾驶情况下，如交叉路口，这一特征可能特别重要（Jeong et al，2020）。

除这些方法外，最近还出现了端到端架构。使用这些技术后所获得的输出，并不是像本章描述的大多数算法那样的高级行为选择，而是对车辆执行器的控制动作。换句话说，根据定位和感知传感器的输入，依赖于机器学习机制的黑盒负责在单个阶段处理行为与运动规划、运动预测以及控制。第 7 章将详细介绍这种替代决策方法最具代表性的要素和实例。

参考文献

Ahn, H., Berntorp, K., Inani, P., Ram, A.J., Di Cairano, S., 2020. Reachability-based decision-making for autonomous driving: theory and experiments. IEEE Trans. Control Syst. Technol. 29 (5), 1907–1921.

Ali, Y., Zheng, Z., Haque, M.M., Wang, M., 2019. A game theory-based approach for modelling mandatory lane-changing behaviour in a connected environment. Transport. Res. Part C: Emerg. Technol. 106, 220–242.

Althoff, M., Dolan, J.M., 2014. Online verification of automated road vehicles using reachability analysis. IEEE Trans. Robot. 30 (4), 903–918.

Artuñedo, A., Godoy, J., Villagra, J., 2019. A decision-making architecture for automated driving without detailed prior maps. In: 2019 IEEE Intelligent Vehicles Symposium, pp. 1645–1652.

Bai, H., Hsu, D., Lee, W.S., 2014. Integrated perception and planning in the continuous space: a POMDP approach. Int. J. Robot. Res. 33 (9), 1288–1302.

Balal, E., Cheu, R.L., Sarkodie-Gyan, T., 2016. A binary decision model for discretionary lane changing move based on fuzzy inference system. Transport. Res. Part C: Emerg. Technol. 67, 47–61.

Bandyopadhyay, T., Jie, C.Z., Hsu, D., Ang, M.H., Rus, D., Frazzoli, E., 2013. Intention-aware pedestrian avoidance. In: Experimental Robotics. Springer, Heidelberg, pp. 963–977.

Bansal, M., Krizhevsky, A., Ogale, A., 2018. Chauffeurnet: Learning to Drive by Imitating the Best and Synthesizing the Worst. arXiv preprint arXiv:1812.03079.

Bellman, R., 1966. Dynamic programming. Science 153 (3731), 34–37.

Brechtel, S., Gindele, T., Dillmann, R., 2013. Solving continuous POMDPs: value iteration with incremental learning of an efficient space representation. In: International Conference on Machine Learning, pp. 370–378.

Brechtel, S., Gindele, T., Dillmann, R., 2014. Probabilistic decision-making under uncertainty for autonomous driving using continuous POMDPs. In: 17th International IEEE Conference on Intelligent Transportation Systems (ITSC), pp. 392–399.

Cunningham, A.G., Galceran, E., Eustice, R.M., Olson, E., 2015. MPDM: multipolicy decision-making in dynamic, uncertain environments for autonomous driving. In: 2015 IEEE International Conference on Robotics and Automation (ICRA), pp. 1670–1677.

Díaz-Álvarez, A., Clavijo, M., Jiménez, F., Talavera, E., Serradilla, F., 2018. Modelling the human lane-change execution behaviour through multilayer perceptrons and convolutional neural networks. Transport. Res. F: Traffic Psychol. Behav. 56, 134–148.

Dou, Y., Yan, F., Feng, D., 2016. Lane changing prediction at highway lane drops using support vector machine and artificial neural network classifiers. In: 2016 IEEE International Conference on Advanced Intelligent Mechatronics (AIM), pp. 901–906.

Furda, A., Vlacic, L., 2011. Enabling safe autonomous driving in real-world city traffic using multiple criteria decision making. IEEE Intell. Transp. Syst. Mag. 3 (1), 4–17.

Gindele, T., Jagszent, D., Pitzer, B., Dillmann, R., 2008. Design of the planner of team AnnieWAY's autonomous vehicle used in the DARPA urban challenge 2007. In: 2008 IEEE Intelligent Vehicles Symposium, pp. 1131–1136.

Gu, T., Dolan, J.M., 2012. On-road motion planning for autonomous vehicles. In: International Conference on Intelligent Robotics and Applications. Springer, Berlin, Heidelberg, pp. 588–597.

Gu, T., Dolan, J.M., Lee, J.W., 2016. Automated tactical maneuver discovery, reasoning and trajectory planning for autonomous driving. In: 2016 IEEE/RSJ International Conference on Intelligent Robots and Systems (IROS), pp. 5474–5480.

Harel, D., 1987. Statecharts: a visual formalism for complex systems. Science of Computer Programming 8 (3), 231–274.

Huang, L., Guo, H., Zhang, R., Wang, H., Wu, J., 2018. Capturing drivers' lane changing behaviors on operational level by data driven methods. IEEE Access 6, 57497–57506.

Hubmann, C., Schulz, J., Becker, M., Althoff, D., Stiller, C., 2018. Automated driving in uncertain environments: planning with interaction and uncertain maneuver prediction. IEEE Trans. Intell. Vehicles 3 (1), 5–17.

Jeong, Y., Kim, S., Yi, K., 2020. Surround vehicle motion prediction using LSTM-RNN for motion planning of autonomous vehicles at multi-lane turn intersections. IEEE Open J. Intell. Transport. Syst. 1, 2–14.

Kuwata, Y., Teo, J., Fiore, G., Karaman, S., Frazzoli, E., How, J.P., 2009. Real-time motion planning with applications to autonomous urban driving. IEEE Trans. Control Syst. Technol. 17 (5), 1105–1118.

LaValle, S.M., 2006. Planning Algorithms. Cambridge University Press.

Leurent, E., Mercat, J., 2019. Social Attention for Autonomous Decision-Making in Dense Traffic. arXiv preprint arXiv:1911.12250.

Li, L., Ota, K., Dong, M., 2018. Humanlike driving: empirical decision-making system for autonomous vehicles. IEEE Trans. Veh. Technol. 67 (8), 6814–6823.

Medina-Lee, J.F., Artunedo, A., Godoy, J., Villagra, J., 2020. Reachability estimation in dynamic driving scenes for autonomous vehicles. In: 2020 IEEE Intelligent Vehicles Symposium (IV), pp. 2133–2139.

Milanes, V., Godoy, J., Villagra, J., Pérez, J., 2010. Automated on-ramp merging system for congested traffic situations. IEEE Trans. Intell. Transp. Syst. 12 (2), 500–508.

Miller, I., Campbell, M., Huttenlocher, D., Kline, F.R., Nathan, A., Lupashin, S., Fujishima, H., 2008. Team Cornell's Skynet: robust perception and planning in an urban environment. J. Field Robot. 25 (8), 493–527.

Montemerlo, M., Becker, J., Bhat, S., Dahlkamp, H., Dolgov, D., Ettinger, S., Thrun, S., 2008. Junior: the Stanford entry in the urban challenge. J. Field Robot. 25 (9), 569–597.

Olsson, M., 2016. Behavior Trees for Decision-Making in Autonomous Driving. KTH Royal Institute of Technology.

Onieva, E., Milanés, V., Villagra, J., Pérez, J., Godoy, J., 2012. Genetic optimization of a vehicle fuzzy decision system for intersections. Expert Syst. Appl. 39 (18), 13148–13157.

Rauskolb, F.W., Berger, K., Lipski, C., Magnor, M., Cornelsen, K., Effertz, J., Rumpe, B., 2008. Caroline: An autonomously driving vehicle for urban environments. J. Field Robot. 25 (9), 674–724.

Rosenblatt, J.K., 1997. DAMN: a distributed architecture for mobile navigation. J. Exp. Theor. Artif. Intell. 9 (2–3), 339–360.

Schroder, J., Hoffmann, M., Zollner, M., Dillmann, R., 2007. Behavior decision and path planning for cognitive vehicles using behavior networks. In: 2007 IEEE Intelligent Vehicles Symposium, pp. 710–715.

Schwarting, W., Alonso-Mora, J., Rus, D., 2018. Planning and decision-making for autonomous vehicles. Ann. Rev. Control Robot. Auton. Syst. 1, 187–210.

Shani, G., Pineau, J., Kaplow, R., 2013. A survey of point-based POMDP solvers. Auton. Agent. Multi-Agent Syst. 27 (1), 1–51.

Sharma, O., Sahoo, N.C., Puhan, N.B., 2021. Recent advances in motion and behavior planning techniques for software architecture of autonomous vehicles: a state-of-the-art survey. Eng. Appl. Artif. Intell. 101, 104211.

Söntges, S., Althoff, M., 2017. Computing the drivable area of autonomous road vehicles in dynamic road scenes. IEEE Trans. Intell. Transp. Syst. 19 (6), 1855–1866.

Toledo, T., Choudhury, C.F., Ben-Akiva, M.E., 2005. Lane-changing model with explicit target lane choice. Transp. Res. Rec. 1934 (1), 157–165.

Tran, D.Q., Diehl, M., 2009. An application of sequential convex programming to time optimal trajectory planning for a car motion. In: Proceedings of the 48th IEEE Conference on Decision and Control (CDC) held jointly with 2009 28th Chinese Control Conference, pp. 4366–4371.

Ulbrich, S., Maurer, M., 2013. Probabilistic online POMDP decision making for lane changes in fully automated driving. In: 16th International IEEE Conference on Intelligent Transportation Systems (ITSC 2013), pp. 2063–2067.

Urmson, C., Anhalt, J., Bagnell, D., Baker, C., Bittner, R., Clark, M.N., Ferguson, D., 2008. Autonomous driving in urban environments: boss and the urban challenge. J. Field Robot. 25 (8), 425–466.

Wei, J., Dolan, J.M., Snider, J.M., Litkouhi, B., 2011. A point-based mdp for robust single-lane autonomous driving behavior under uncertainties. In: 2011 IEEE International Conference on Robotics and Automation, pp. 2586–2592.

Wei, J., Snider, J.M., Gu, T., Dolan, J.M., Litkouhi, B., 2014. A behavioral planning framework for autonomous driving. In: 2014 IEEE Intelligent Vehicles Symposium Proceedings, pp. 458–464.

Werling, M., Ziegler, J., Kammel, S., Thrun, S., 2010. Optimal trajectory generation for dynamic street scenarios in a frenet frame. In: 2010 IEEE International Conference on Robotics and Automation, pp. 987–993.

Xu, W., Wei, J., Dolan, J.M., Zhao, H., Zha, H., 2012. A real-time motion planner with trajectory optimization for autonomous vehicles. In: 2012 IEEE International Conference on Robotics and Automation, pp. 2061–2067.

Ye, Y., Zhang, X., Sun, J., 2019. Automated vehicle's behavior decision making using deep reinforcement learning and high-fidelity simulation environment. Transport. Res. Part C: Emerg. Technol. 107, 155–170.

Yoo, J.H., Langari, R., 2013. A stackelberg game theoretic driver model for merging. In: Dynamic Systems and Control Conference. vol. 56130. V002T30A003.

Yu, H., Tseng, H.E., Langari, R., 2018. A human-like game theory-based controller for automatic lane changing. Transport. Res. Part C: Emerg. Technol. 88, 140–158.

第 4 章

运动预测与风险评估

4.1 引言

自动驾驶车辆需要在与此不同方式移动人类密切接触的情况下运行：驾驶汽车、骑自行车、骑摩托车，当然还有步行。因此，自动驾驶系统可以极大地受益于对周围交通中其他参与者未来行动的直觉。这种输入越可靠，就越有可能做出安全且社会可接受的决策。预测交通智能体运动的可预测机制不仅可以提高在研自动驾驶车辆的安全性和舒适性，还可以提高周围其他移动实体的安全性和舒适性。

对所有这些交通智能体可靠的运动预测——基于它们现在和过去的行为——可以被认为是智能交通系统（Intelligent Transportation Systems，ITS）领域的主要挑战之一。使这项任务成为一个开放性研究课题的原因是多方面的。首先，主导人类决策的认知过程本质上是不可观察的。实际上，驾驶员的技能、偏好和驾驶风格在各个驾驶员之间差异很大。除此之外，道路场景的多样性几乎是不可预测的，交通场景动态在不同甚至相似的场景中可能极其不同。此外，驾驶员之间的复杂交互在交通生态系统中无处不在。

由此产生的预测必须在车辆之间保持一致且不重叠。这只有通过深入理解场景动态和交通参与者之间相互作用的本质，其本质受交通规则的影响才能实现。

此外，虽然基于深度学习的模型已经表现出非常好的预测能力（Mozaffari et al, 2020），但最好能保留结构信息和可解释性，而不是依赖这些模型的黑盒性质。除此之外，大多数用于轨迹预测的深度学习模型仅对固定大小和固定空间组织的数据进行操作，这不利于我们在不同场景下获得能够考虑不同数量及类型的智能体的通用表示形式。

最后一个横向挑战是动态驾驶场景中出现的不确定性，这种不确定性可分为两类：环境感知和环境可预测性。前者涉及传感器测量不完美或对环境配置不完全了解而带来的不确定性，而后者则涉及场景未来状态的不确定性。

本章提供了理解上述挑战的基础，从与理解驾驶员场景相关的不同方面的问题形式化开始：驾驶员特征估计、意图推理、风险评估和预测本身（这是本章的重点）。需要注意的是，此后提出的方法和策略将面向车辆的预测；行人运动预测是一个密集的研究领域，超出了本章的范围［感兴趣的读者可以参阅相关文献（Rudenko et al, 2020）］。

在正确描述每个子问题之前，首先设道路使用者（智能体 i）在 t 时刻的物理状态为 $x_i^{(t)} \in \chi_i$，任意智能体的内部状态为 $b_i^{(t)} \in \mathcal{B}_i$，传感器的观测量为 $z_i^{(t)} \in Z_i$。状态估计是指对周围 n 辆车当前的物理状态 $x_{1:n}^{(t)}$ 进行推断的任务。**意图**和**特征估计**都涉及在特定时间推断特定道路使用者的属性。前者旨在高层次表达驾驶员在不久的将来可能打算做什么。后者旨在识别能够表示驾驶员技能、偏好和风格（例如，包括困倦或专注等属性）的模型参数值。意图和特征都可以被视为是驾驶员当前的内部状态 $b_{1:n}^t$ 的一部分。**运动预测**是指在预测时间间隔 t_f 内对周围 n 辆车未来的物理状态 $x_{1:n}^{(t+1:t_f)}$ 进行预测的任务。风险估计是指在给定的时间间隔 $b_{1:n}^{(t+1:t_f)}$ 内对驾驶员未来运动的不安全程度进行量化的任务。

图 4.1 展示了给定驾驶场景中四个问题的图形示意，包括在研输出变量的时间演变。在第一个场景图［图 4.1（a）］中，模糊的橙色车辆代表了一种攻击性特征，而绿色车辆则相当保守。特征识别在推断当前和过去数据的驾驶特征方面展开。图 4.1（b）展示了在每个时间步长中，假设橙色车辆试图变换车道时，对两名驾驶员的情况有多危险。在图 4.1（c）中，意图估计问题用离散变量（保持和改变）表示，在给定的时刻，橙色车辆是唯一打算变换车道的车辆。图 4.1（d）展示了绿色和橙色车辆在时间上的运动预测输出。

在过去的几年里，出现了几项完整的调查，涉及从不同角度进行运动预测和风险评估。勒费夫尔（Lefèvre）等人对考虑车辆的几种风险估计方法和运动预测模型进行了详细的调查（Lefèvre et al, 2014）。他们将运动建模和障碍物预测模型分类为基于物理、基于机动和基于交互意识模型。莫扎法里（Mozaffari）等人回顾了深度学习方法在车辆行为预测方法中日益重要的作用（Mozaffari et al, 2020）。与此同时，布朗等人对行人运动及其与自动驾驶车辆的交互进行了调查（Brown et al, 2020），而鲁丹科（Rudenko）等人提出了一种可能类似的行人运动预测分类（Rudenko et al, 2020）。最近，古尔扎（Gulzar）等人在自动驾驶背景下概括了行人和车辆运动预测器的分类（Gulzar et al, 2021）。

在接下来的章节中，将这些研究中提出的分类法进行协调，以概述上述子问题（驾驶员特征估计、意图估计、运动预测和风险评估）的具体范围、表示形式和推理方法。

第 4 章　运动预测与风险评估

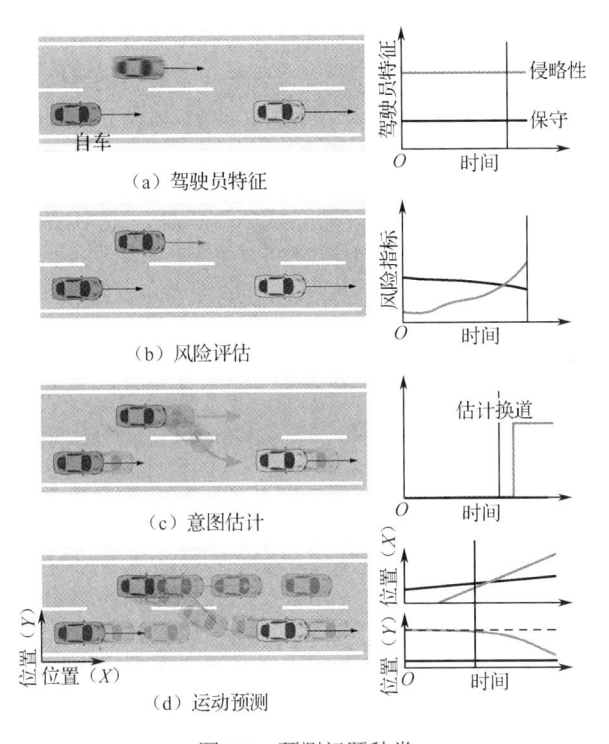

图 4.1　预测问题种类

4.2　驾驶员特征估计

4.2.1　范围

根据布朗等人的研究（Brown et al, 2020），使用最多的驾驶员模型为具有可调策略参数的简单参数控制器，这些参数代表驾驶员的行为特征。例如，智能驾驶员模型将纵向加速度表示为车辆之间的最小期望间隔、期望时间间隔、自车最大可行加速度、首选减速度和最大期望速度的函数。这些面向车辆的参数在其他模型中是以人为中心的，如著名的 MOBIL 变道模型（Kesting et al, 2007），该模型明确编码了攻击性和礼貌因素。

另外，其他一些模型将驾驶员的偏好纳入参数代价函数中，假设驾驶员无意识地将该代价函数最小化。相关的奖励函数参数在概念上与上述的策略参数不同。它们通常对应于相同的直觉概念，但影响的是奖励函数而不是反馈控制策略。

至少还有第三类模型及相关参数：机器学习黑盒表示法，默认情况下是不可解释的，其中驾驶员特征是隐式建模的。

4.2.2 表示

驾驶员特征估计算法的输出通常是确定的，只有在某些情况下才是概率分布。例如，霍曼等人的研究（Hoermann et al，2017）即概率分布的实例，该研究使用粒子分布来表示单个道路智能体策略参数的置信度 $P(b_i^{(t)})$，或者如赛迪等人的研究（Sadigh et al，2018）中所述的在驾驶员奖励函数的参数可能属于的特征簇上保持离散分布，或者如蒙特等人的研究（Monteil et al，2015）中所述的采用策略参数的连续分布。

4.2.3 推理方法

驾驶员特征估计可在不同的环境中使用。特征参数可在部署推理模型之前离线计算。在这些应用中，所选的参数值通常在运行期间保持固定，因此再现了在"训练"数据中观察到的群体行为。相反，可对当前观测的驾驶员特征进行实时参数实时操作的计算约束调整。在这些情况下可以获得比离线范式更大的灵活性，但需要考虑。根据布朗等人的研究（Brown et al，2020），一些模型首先通过离线计算先验参数分布，然后对参数在线调整，将这两种方法结合起来。

需要注意的是，特征参数通常是启发式设置的。手动指定参数值是将专业领域知识纳入模型的一种方式。为了在这个过程中在一定程度上减少"人的依赖性"，通常会使用基于优化的方法，以便获得与驾驶行为数据更精确的拟合（但始终存在过度拟合训练数据和陷入不适当的极小值的风险）。

许多特征推理模型使用优化算法将驾驶员特征参数的值拟合到数据集中。其中，一种特别相关的方法是逆强化学习（Inverse Reinforcement Learning，IRL），也称为逆最优控制，用来根据观测的车辆行为推断奖励函数的参数。加尔瑟兰（Galceran）等人没有使用优化技术，而是使用在线最大似然估计来同时估计一些策略参数和驾驶员意图（Galceran et al，2017）。

一些方法根据当前的行为模式对参数施加边界。这种随上下文变化的特征模型促成了自适应控制器的部署，其中自适应律可以是随机的或确定的。利布纳（Liebner）等人使用 K-Means 聚类技术计算一组不同的速度参数，使运动模型根据道路位置和行为模式不同地纳入这些参数（Liebner et al，2012）。

4.3 意图估计

意图估计的目标是推断周围车辆的驾驶员在不久的将来打算做什么（Brown et al，2020）。这通常需要计算上层行为模式有限集上的概率分布，如驾驶员可能在给定的驾驶情况下变更车道。尽管在许多方法中，通常将意图估计任务作为运动预测模型的一部分来处理，但本节单独介绍它。将其分开介绍的主要原因是意图估计广泛用在先进驾驶辅助系统（SAE 等级低于 L3 级的 ADAS）中，它不是运动预测的中间步骤，而是目标本身。

4.3.1 范围

近年来，不同的行为模式是业界研究的重点。
- 路线行为模式，由驾驶员打算执行的单个或一系列决策（例如，左转、直行）组成，通常根据路网的结构来定义。
- 构型意图，根据与其他车辆的空间关系来定义。该类别的一个实例是进入合并场景所需的车辆之间的间隙（Schulz et al, 2018）或另一车道上的车辆的意图（Dong et al, 2017）。
- 纵向驾驶行为（例如，跟随领航车、恒速）或横向驾驶行为模式［如保持车道、变道（Kumar et al, 2013）］。其中换道意图估计尤其重要，研究界已对此进行了深入的研究。根据用于意图推理的输入，可以考虑两类主要的方法：使用自车的内部信息（如油门踏板压力、制动踏板压力和方向盘角度等）来识别驾驶行为，并在不同类型的 ADAS 中相应地使用该信息；以自动驾驶系统为重点，使用外部信息（如车速、横向偏移和距离）（Ding et al, 2019）。
- 另外，意图估计问题还有一些不太常见的例子，如遵守交通信号的意图、可能的紧急机动和无意的机动（Hillenbrand et al, 2006）。

行为模式类别通常是组合的。例如，一些模型会推理通过路网的路径，并确定驾驶员是否打算让步给任何特定路线上的来车。适用的行为模式集合可以根据具体的情景而变化。一些模型专门针对特定的操作环境，而其他模型则会结合上下文自适应的意图机制，根据驾驶情况的观测特征限制适用的行为模式集合（Hu et al, 2018）。

4.3.2 表示

最常见的意图表示形式是所考虑的各驾驶员可能意图上的离散概率分布。一些模型计算场景的离散分布，该分布对应于给定驾驶场景中多个驾驶员意图上的联合分布（Lawitzky et al, 2013）。其他一些方法采用粒子分布（Brechtel et al, 2014）或者点估计假设。

任何特定表示形式的适用性取决于模型的使用范围。因此，在高度互动的情况下（例如，拥挤的无信号交叉路口和高速公路汇入），获取意图联合分布的假设表示法原则上更适合正确地推断交通参与者的交互感知。

4.3.3 推理方法

有四种主要类型的推理方法用于意图推理，它们以不同的方式在各种情况下表达：递归估计方法、贝叶斯方法、博弈论方法和基于学习的方法。下文将对这些方法进行简要介绍。由于最后一种方法在研究界越来越受到关注，因此将对其进行更详细的描述，重点放在最受关注的用例上：换道估计。

1. 递归估计方法

递归估计方法在每个时间步长内，根据所收到的新信息反复地对意图假设进行更新，即 $P(b^{(t)}) = f(P(b^{(t-1)}), z^t)$。它们可以利用有用的历史信息，但当驾驶员的行为发生变化时，可能无法及时反映新的意图，因为它们给整个信息历史赋予了重要性。为了解决这个问题，单次估计器在每个推理步骤中都从头开始计算一个新的假设，即 $P(b^{(t)}) = f(z^{(t-k:t)})$，其中 $k \geq 0$ 表示所考虑的观测历史长度的值。这种适应性的代价是它们对最近观测中的噪声非常敏感。

2. 贝叶斯方法

一些模型采用条件概率分布，可通过启发式方法或拟合实验数据来定义。金得勒等人提出的动态贝叶斯网络（Gindele et al，2015）是这类方法的一个实例。一些贝叶斯方法可能会整合黑匣子组件（Kumar et al，2013）以增加它们对驾驶行为或驾驶场景的适应性。这些黑匣子模型通常有大量不可解释的参数，这些参数的值通常是通过最小化训练数据集上的某些损失函数来设置的（Brown et al，2020）。

其他一些模型通过将观测到的运动轨迹与一组原型机动进行比较来操作。原型机动可以由单个轨迹（Woo et al，2017）、一组轨迹（Ward and Folkesson，2015）或轨迹上的参数化或非参数化分布（Tran and Firl，2014）表示。它们可以基于道路几何形状，从预先记录的轨迹中提取，或通过运动规划/预测方法生成（Liebner et al，2012）。

3. 博弈论方法

在这类技术中，模型在计算给定驾驶员的意图假设时，明确考虑了一个或多个其他驾驶员的可能意图 $[P(b_i^{(t)}) = f(\cdots, P(b_j^{(t)}))]$。其中一些方法提出使用交互感知模型（Schmerling et al，2018）来明确考虑它们相互决策的依赖性（关于决策的博弈论，详见第3章）。

一些使用优化方法排除驾驶员之间可能出现冲突意图概率较高的场景（Deo et al，2018）。另一些计算明确规划的游戏的纳什均衡（Talebpour et al，2015）。这一类模型与运动预测方法密切相关，因为它们依赖预测方法来指导意图估计的输出。博弈论意图模型非常适合具有高度潜在交互的拥挤场景，但在涉及大量智能体的实时环境中可能会变得棘手。

4. 基于学习的方法

通过使用学习使能技术对驾驶员的意图进行估计越来越受到人们的关注。本部分将从具体驾驶情况（车道变换）的角度对其进行讲述。在可能的驾驶员操作中，变道可视为需要对驾驶员周围环境进行最缜密分析并且需要对周围车辆行为进行预测的一种操作。此外，根据美国国家公路交通安全管理局（NHTSA）的数据，这类操作引起的事故占交通事故总数的 27%（National Highway Traffic Safety Administration，2008）。因此，作为车辆碰撞的主要原因之一，精准确预测变道意图是非常重要的。

车道变换道是什么意思？从抽象的角度来看，是指驾驶员（或自动驾驶车辆）在分析环境（如相邻车辆或道路状况）和驾驶员自身状况（如心理状态）后，从当前车道驶入相邻车道所采取的行动。与几乎任何有意识的认知决策过程一样（Wegner，2017），该机动可以分为两个阶段："意图"阶段和执行或"行动"阶段，前者被认为具有更高的认知负荷。这里的关键是，执行操作的驾驶员可以绘制一张连续的态势心理地图，在一个时域内预测最有可能的结果并采取相应的行动。对这种行为进行建模的难点不仅在于何时做出决策，还在于影响我们决策所依据的未来可能场景的诸多因素，如我们发现自己所处环境的复杂性、其他行为者行为的随机性、传感器噪声导致的数据不精确、内部（如避免碰撞、社会习俗）以及外部（如当前情景）知识的表示等。

传统的变道建模方法很少或根本不考虑车辆周围环境的状态。事实上，我们可以认为直到 20 世纪 90 年代中期（Yang and Koutsopoulos，1996），才开始积极考虑环境和周围车辆行为对变道意图本身的影响。后来，最流行的变道意图表征形式通常是决策树。例如，我们刚刚称之为"古典方法"的最新研究中，描述了该操作作为一组关于位置和横向速度的规则（Nilsson et al，2015）。尽管这些表征方法通常灵活且计算量小，但仍然只是一种表征形式，无法精确预测变道意图。

我们可以确定，自 2015 年开始，基于 AI 的算法开始大规模用于周围车辆的操作识别。但这并不意味着它们以前没有被使用过。实际上，第一批试图对行为进行建模的 AI 技术模型也可以追溯到 20 世纪 90 年代中期，尽管其规模很小，并且数据是从模拟环境中提取的（Hunt and Lyons，1994）。直到十年后，从真实环境中提取的数据才开始用于行为建模（Panwai and Dia，2007；Khodayari et al，2012）。

在基于 AI 的技术中，有两种方法可以解决对驾驶员进行建模并预测其行为的问题：显式建模和隐式建模。这些方法与基于 AI 的经典技术和基于深度学习（Deep Learning，DL）的技术直接相关。

一般来说，我们所称的经典方法主要基于两种不同的方法：贝叶斯网络（以及它们的变体）和隐马尔可夫模型（Hidden Markov Models，HMM）。

贝叶斯网络是一种用于对不同智能体之间的交互进行显式建模的极其常见的工具。可将班多等人和本德尔等人的研究（Bando et al，2013；Bender et al，2015）认为是第一次尝试从贝叶斯网络的角度结合无监督训练方案（用于聚类）解决行为建模问题，并随后对行为进行分类。这些研究专门针对行为建模，但很明显，下一步将尝试从这些模型中预测行动。因此，在贝叶斯网络领域的许多后续工作明确表示了对周围车辆的轨迹的预测（Li et al，2018、2019；Schreier et al，2014）。例如，受施莱尔等人研究（Schreier et al，2014）的启发，图4.2展示了贝叶斯网络在驾驶场景中应用于每辆车的机动识别。

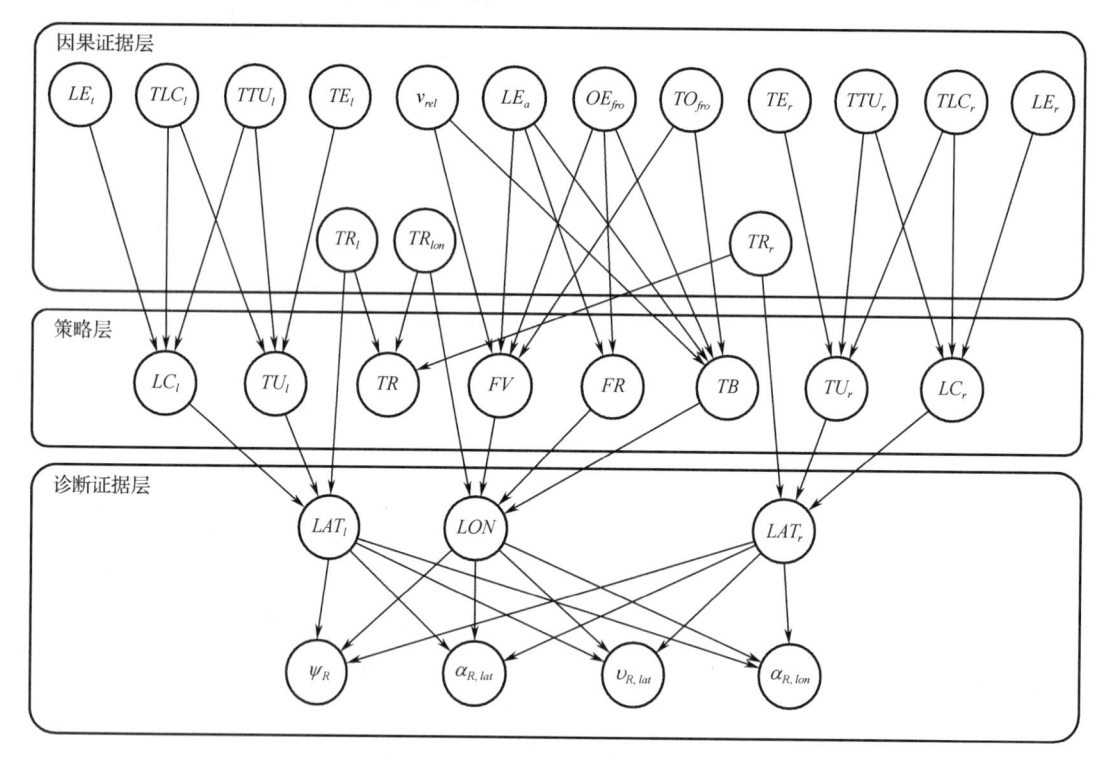

图 4.2　交通场景中用于车辆机动检测的贝叶斯网络

虽然HMM与贝叶斯网络是分开的，但由于HMM可被视为最简单的动态贝叶斯网络，因此可将其视为贝叶斯网络的一种形式。通常，专注于该主题的研究试图将系统（车辆-驾驶员元组）建模为内部参数未知的马尔可夫过程。虽然该方向的研究可以追溯到20世纪90年代（Pentland and Liu，1999），但出于几点原因，我们更愿意强调将巴赫拉姆等人的研究（Bahram et al，2016）作为一个重要的起点。在这些研究中，使用基于品质函数（需要专家）的训练方案在线发现隐含参数，并将发现的网络用作后续在贝叶斯网络中使用的知识种子，目的是简化后者的结构,并对决策提供更好的解释。

当然,这不是这方面的第一个研究,也不是最后一个。一般来说,目前有许多研究使用 HMM 对驾驶员行为的不同方面进行建模和预测,如整车运动学(Tran et al, 2018)、车道变换意图(Zhang et al, 2018)或通用的机动预测(Deo et al, 2018)。

深度学习在包括智能交通系统在内的许多领域都很受欢迎。这是合理的,因为近年来几乎所有人工智能的进步都归功于它。深度学习作为"通用问题求解器"(Universal Problem Solvers)的本质使它们能够隐含地辨识输入之间的内在关系,无须事先进行数据清洗或特征工程(输入原始数据)(Krizhevsky et al, 2012;He et al, 2016),这使其在输入具有空间(如对周围环境的识别)和时间(如当前场景随时间的演变)结构的预测问题中成为实际的应用工具。与上述技术不同,深度学习技术可以对驾驶员与环境的交互进行隐式建模,即找到涉及不同变量之间的现有关系,而无须明确陈述它们。

尽管我们可以将所有使用多层感知器(Multilayer Perceptron,MLP)和更高版本架构的神经网络技术视为深度学习,但我们可以将两种特定的深度网络架构视为深度学习在智能交通系统中应用的关键架构:卷积神经网络(Convolutional Neural Networks,CNN)和递归神经网络。

卷积网络是一种理想的网络类型,用于捕获输入数据中的空间关系。在处理相同的数据集时,卷积网络的计算效率极高,其在训练和推理方面的性能都比 MLP 高出几个数量级。因此,由于它们在图像识别方面的成就(He et al, 2016)——远远超过任何其他基于经典计算机视觉的技术,甚至超过人类——它们就被引入到了其他需要图像模式识别的领域,当然这其中也包括智能交通系统。专门使用 CNN 进行车道变换意图建模和预测的一些研究有李等人、帕万等人、迪亚兹等人发表的研究(Lee et al, 2017;Pavan et al, 2020;Díaz-Álvarez et al, 2021)。图 4.3 展示了李等人提出的自适应巡航控制框架中的推理示例(Lee et al, 2017)。

图 4.3 仅基于 CNN 的自适应巡航控制框架推理示例

值得一提的是,所使用的架构通常达不到图像识别领域所用架构的复杂程度,如 Inception-v4、Inception-ResNets 或 ResNeXt-50(Szegedy et al, 2017;Xie et al, 2017a)。这是有道理的,因为应用领域极大地限制了推理时间,所以复杂的架构不适合这种限制。

众所周知,车道变换是一个随时间持续进行的过程,它需要在基于有监督学习的训练方案中对数据进行特殊处理。顺便提一下,几乎所有试图对驾驶员的行为进行建模的方法都使用了这种方法,以预测驾驶员未来的行动。

递归神经网络（有时与卷积神经网络结合，用于对环境进行空间识别）似乎是该问题的完美解决方案，因为该网络使用数据的时间结构来工作。然而，直到诸如门控循环单元（Gated Recurrent Units，GRU）和长短期记忆（Long Short-Term Memory，LSTM）之类的新架构开始流行，解决（缓解）了 RNN 在长期信息维护方面的问题，它们才开始有效地用于解决驾驶员建模中的时间问题。

关于这些网络在车道变换行为和意图方面的首要工作可以追溯到2017年的研究（Phillips et al，2017；Zyner et al，2017；Altché and de La Fortelle，2017；Kim et al，2017），其中 LSTM 类型的网络直接应用于机动预测。在第一个案例中，机动是以左转、右转或保持在车道的形式进行的，而在第二个和第三个案例中，机动预测是以可能的轨迹形式进行预测的。在吉姆等人研究（Kim et al，2017）的具体案例中，使用了当前占有和可能未来机动的栅格图，通过将交通区域划分为大约 $5m^2$ 的方格，以降低精度为代价带来了一些不确定性。

这些研究的一个主要局限性是它们对不同布局的可推广性差。由于这些研究通常是在笔直的高速公路车道上进行的，所推断的车道变换行为和随后的意图预测很难迁移到具有不同布局（如道路曲线或拐角）和车辆密度高（如遮挡）的场景中，因此预测结果是错误的。

到目前为止，后续的研究都试图通过克服上述局限性来提高意图检测的准确性。一些研究［如新等人的研究（Xin et al，2018）］使用深度递归网络来解决高密度场景的问题；另一些研究［如组乐等人的研究（Zyner et al，2018）］，则处理不寻常的场景和布局，如在无信号交叉路口进行意图检测；最后，其他一些研究（Xing et al，2020）通过堆叠不同的模型，将问题推广到多种不同的情况，以全局的方式处理问题（见图4.4）。

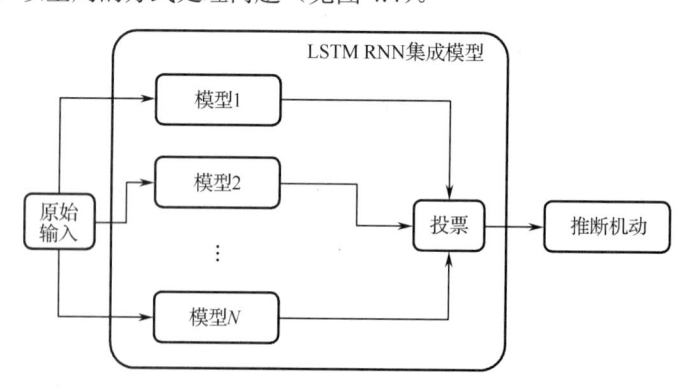

图 4.4 基于若干 LSTM 模型的集成架构

总之，基于深度学习的方法对驾驶员与环境的交互进行隐式建模，这带来了许多挑战，如不可解释性、大量的资源或者对大型数据集的依赖，这使得它们（如果可行的话）在决策完全依赖其判断的情况下（如自动驾驶车辆）的使用不可行，至少是不适当的。另一方面，贝叶斯网络或隐马尔可夫模型等基于"传统"AI 技术的方法，属于显式技术，不受（先验的）这些限制，尽管它们的预测能力往往远低于基于神经网络的同类技术。

4.4 运动预测

4.4.1 范围

正如在第 4.1 节中已经定义的那样，运动预测旨在获取附近道路智能体未来行为的分布，以便自动驾驶功能可以规划它们的演变并相应地采取行动。从各种易受伤的道路使用者到公共道路上演变的不同类型的车辆，这些智能体的行为非常多样化。因此，预测城市人群中行人的运动与预测合并驾驶情况中的车辆互动确实有很大不同。有大量的研究涉及非机动化人类（主要是行人）的预测，本书将不涵盖这些内容［详见相关研究（Rudenko et al, 2020）］。尽管在复杂的城市环境中，自动驾驶车辆会与不同类型的道路使用者（行人是其中之一）进行交互，但以下各节的重点是对可用于车辆运动预测的不同表示方式及计算策略进行概述。

车辆的运动预测受交通规则和道路几何形状的控制。车辆的运动还会受到周围其他车辆和其他道路使用者的影响，有时这些影响会带来很高的不确定性，甚至遮挡。这种复杂性通常会导致计算成本高昂的策略，由于该组件具有安全关键性质，因此研究人员会寻求输出近似值。

4.4.2 表示

在运动预测领域的原始工作中，提出的预测机制仅考虑被测试车辆的演变。然而，随着交互作用的增加，预测策略通常使用不同性质和类型的输入，这些输入与自车（Ego-Vehicle，EV）、目标车辆（Target Vehicle，TV）、周围车辆（Surrounding Vehicles，SV）以及环境有关。

图 4.5 示意了运动预测方法中使用的主要输入和输出类型。需要注意的是，虽然输出（详见下文）可以从 3 个不同的角度（输出性质、表示模式和场景类型）来定义，但输入通常是以下之一。

- **目标车辆的轨迹**：用于预测行为的传统方法是仅使用其当前状态（如位置、速度、加速度和航向）或随时间变化的状态跟踪记录。如果自车的传感器可以观测到目标车辆，则可以估计该特征。由于车辆行为的相互依赖性，从输入数据集中排除可观测周围车辆的状态可能会导致对目标车辆行为的预测不准确。
- **目标车辆与周围车辆的轨迹**：周围车辆的状态与目标车辆的状态类似，可以在自车的目标检测模块中进行估计。然而，一些周围车辆可能在自车的传感器范围之外，或者它们可能被道路上的其他车辆遮挡。这些方法的一个缺点是它们假设所有周围车辆的状态始终是可观测的,这在自动驾驶应用中并不是一个实际的假设。更现实的假设应始终考虑传感器的不准确性,如遮挡和噪声。此外,仅依赖目标车辆与周围车辆的历史轨迹不足以进行行为预测,因为环境条件和交通规则等其他因素也会改变车辆的行为。
- **鸟瞰图(Bird's Eye View,BEV)**:在该方法中,通常用一组多边形和线条来描述动态和静态物体、道路车道及其他环境元素。其结果是一个类似地图的图像,保留了目标(如车辆)的大小和位置以及道路几何形状。为了丰富 BEV 图像中的时间信息,德奥和特里维迪的研究中引入了社会张量,即围绕每辆目标车辆占据的单元格的空间栅格,该栅格用相应车辆处理后的时间数据填充(Deo and Trivedi,2018a)。因此,社会张量包含这些车辆的时间动力学以及它们之间的空间依赖性,具有可调的表示复杂度,而这是传感器所不可知的。

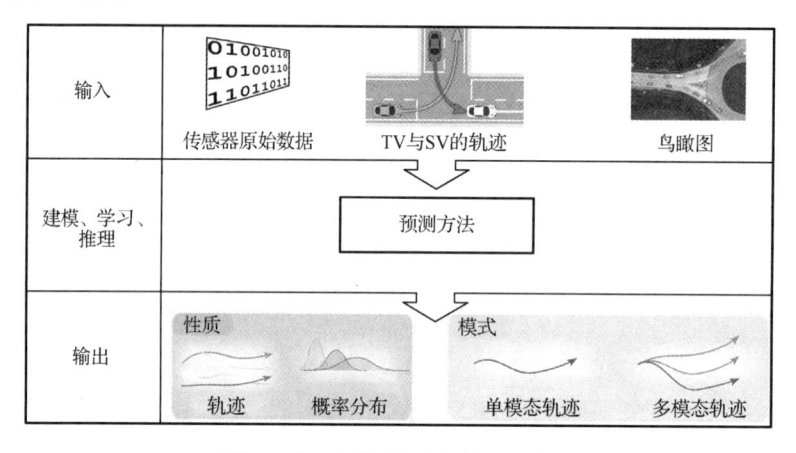

图 4.5 运动预测方法的输入与输出

- **传感器原始数据**:该方法旨在避免自车潜在的有限可观性,并避免任一类型的信息丢失。然而,与前面的表示方法相比,它具有更高的维度。因此,需要更多的计算资源来处理输入数据,这可能使其在自动驾驶车辆的内部实施中变得不切实际。

由于预测本质上是不确定的,因此在规划时,希望能表示出未来可能状态的不确定性,并对其进行推理。过去几年里,在参与预测的智能体级和发生演变的场景级上提出了许多不同的运动假设。图 4.6 从预测模型和潜在态势感知的角度对这些类型的表示形式以及不同的方法进行了示意。

1. 智能体级表示

根据布朗等人的研究(Brown et al,2020)可知,确定性运动假设的表示形式包括单个轨迹和边界框序列。以轨迹上的分布为特征的智能体级概率运动假设,包括单峰高斯分布、混合

第 4 章 运动预测与风险评估

高斯分布和粒子集。需要注意的是，给定具体的驾驶情况和车辆的运动轨迹记录，在给定的时间内，可能有多个不同的合理轨迹。在这些情况下，相应的轨迹分布具有多个模式，而不是单峰分布（详见下文）。

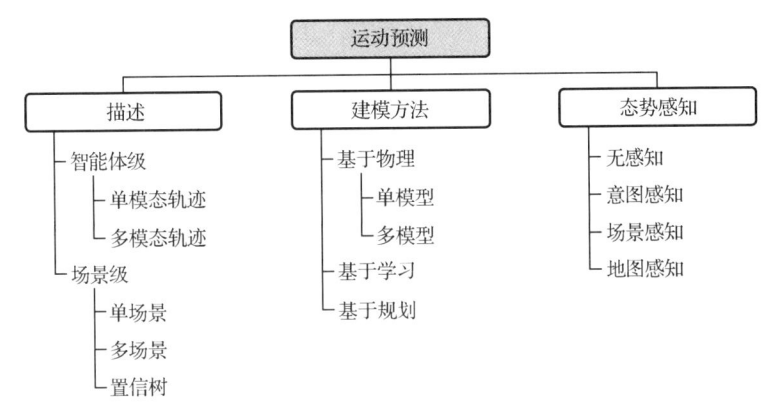

```
                        运动预测
         ┌──────────────┼──────────────┐
        描述          建模方法         态势感知
       │               │                │
      智能体级        基于物理          无感知
       │  │            │  │             │
       │ 单模态轨迹    │ 单模型         意图感知
       │ 多模态轨迹    │ 多模型         场景感知
      场景级          基于学习          地图感知
       │ 单场景       基于规划
       │ 多场景
       └ 置信树
```

图 4.6　运动预测策略的分类

单模态轨迹预测器（Unimodal Trajectory Predictors）是指仅对最有可能发生的轨迹进行预测的模型。它们可以是独立于预期机动的，或者受预期机动条件限制的。尽管它比意图能更好地表示车辆运动，但当两种行为发生的概率相等时，独立于机动的轨迹往往会在两种行为之间取平均，这可能会导致错误甚至危险的预测。与之相比，取决于预期机动的轨迹可以对车辆进行更安全、更有意义的未来估计（Mozaffari et al, 2020）。受机动限制的单模态轨迹的问题在于其探索超出预定义意图集的新轨迹的能力有限，从而在半非结构化场景和复杂场景中导致错误的行为。

单模态轨迹可以扩展为多模态轨迹输出。对于车辆而言，可以通过获得多个轨迹的输出来解决单一模式输出的局限性。在任意特定时刻，目标车辆都可以从许多正确的机动或机动分布中选择。了解这种分布，使得预测算法不太容易产生未知的轨迹输出。与单模态输出类似，这些模型也可以依赖于机动/独立于机动。前者指的是有限机动集上的概率分布，而后者可以具有独立于机动的固定数量的单模态轨迹输出。无约束多模态轨迹输出的缺点是它们通常会收敛到一种模式（模式崩溃问题）。在任何情况下，这些模式如下所示。

- 静态模式：通常以概率形式为预定义集合的每个成员预测轨迹（Deo and Trivedi, 2018b）。可将它们视为以预期机动为条件的单模态轨迹预测方法的扩展，因为它们预测所有行为模式的轨迹，而不是仅预测具有最高可能性模式的轨迹。
- 动态模式：行为模式是根据驾驶场景而动态学习的。然而，模式的动力学定义常常使这些模式收敛为单一模式（Zyner et al, 2019）。

其他一些方法使用概率占用分布,这些方法是通过将连续空间栅格化为有限单元,并在给定的时间中提出的模型是对任一单元被占据的概率进行建模来创建的(也称为占据栅格)。例如,斯里坎特等人的研究(Srikanth et al, 2019)该模型的一个实例,其中运动预测模型输出栅格地图,显示目标车辆轨迹和目标分割,从而更容易可视化并理解得到的运动预测。同样,帕卡等人的研究(Park et al, 2018)中提出的模型输出多辆车的多模态栅格占用情况。

智能体级的运动假设也可以用可达集来表示。前向可达集包含车辆在指定窗口内能够到达的所有状态,后向可达集编码了车辆能够在其中强行与另一辆车碰撞的状态集合。这两种可达集对于最坏情景分析(Brown et al, 2020)和开发能够应对任何人类驾驶行为的控制器(以更保守的运动规划为代价)都非常有用。一些模型使用经验可达集,它平衡了可达集的稳健性和概率假设的表达性。

2. 场景级表示

多场景运动预测模型考虑了目标车辆在初始交通场景中可能出现的不同驾驶情况,其中每个场景通常以预测行为模式的独特组合为特征。其他一些模型仅针对**单场景**进行推理,忽略了场景级的多模态不确定性。最后,还有一些模型仅对**局部场景**进行推理,其中在预测中只考虑交通场景中(通常是在单场景下)车辆的子集。

另外,运动假设也可以表示为**置信树**,其中来自局部场景的离散分布被建模在树的各个节点中。这种表示通常用在那些运动假设不仅限于运动预测算法,而是作为行为规划的一部分的模型中使用。

4.4.3 建模方法

如上所述,关于人类运动预测有非常好的综述,涵盖了最相关的研究工作,特别是关于行人运动预测的分析。然而,本节更侧重于分析车辆的运动预测。因此,用以下三大建模技术来尽可能精确地推断车辆的演变:基于物理的模型、基于学习(或模式)的模型以及基于规划的模型。

1. 基于物理的模型

基于物理的模型根据牛顿运动定律,考虑手工制作的显式动力学模型,生成未来的人体运动。该模型常见的形式为 $\dot{x}_i^{(t)} = (x_i^{(t)}, u_i^{(t)}, t) + \omega_i^t$,其中 ω 为过程噪声。事实上,运动预测可以看作从各种估计或观测的线索中推断出 $x_i^{(t)}$ 和 $u_i^{(t)}$。这些模型在所描述的运动类型上也有所不同,如2D或3D中的机动或非机动运动,以及目标运动学或动力学模型的复杂度和噪声模型的复杂度。这些方法可以分为以下几类。

1）单模型方法
- **2D 点质量模型**：该模型可能是车辆演变的最简单近似。它将车辆视为平面中的单个点（具有质量）。
- **运动学模型**：最简单的运动学模型是恒速（Constant Velocity，CV）和恒加速度（Constant Acceleration，CA）模型。两者都考虑了车辆在纵轴和横轴上的直线运动。恒定转弯率和速度（Constant Turn Rate and Velocity，CTRV）模型以及恒定转弯率和加速度（Constant Turn Rate and Acceleration，CTRA）模型考虑了绕 Z 轴旋转的横摆角与横摆角速度。由于速度和横摆角速度是解耦的，因此这些模型的复杂度较低。通过在状态变量中考虑转向角而不是横摆角速度，可以得到"自行车"表示法，这种表示法模型考虑了速度和横摆角速度之间的相关性。从这种表示法中可以推导出恒定转向角和速度（Constant Steering Angle and Velocity，CSAV）模型以及恒定转向角和加速度（Constant Steering Angle and Acceleration，CSAA）模型。
- **动力学自行车模型**：根据牛顿第二定律描述了车辆的运动，考虑到不同影响因素（如发动机扭矩、制动和轮胎横向力）。动力学自行车模型在复杂性和现实性之间给出了很好的折中。
- **四轮车平面模型**：用四个车轮对车辆进行建模，每个车轮的动力学都是被单独考虑的，从而以更高的算力为代价，获得更精确的行为表示。另外还有更复杂的 3D 模型，通过整合悬架和质量分布来考虑俯仰与横滚动态。然而，由于参数集合庞大且通常难以获得，它们在运动预测中的适用性非常有限。
- **基于地图的上下文信息模型**：许多方法扩展了基于物理的模型，以解释来自地图的信息，特别是用于跟踪地面车辆的任务。为此目的开发的方法在如何推导和整合道路约束到状态估计问题中存在差异。当智能体自由移动，即不遵守道路约束时，我们需要以不同的方式来表示可行驶区域（Free Space）[①]并解释地图信息。为此，一些作者提出了基于栅格以及更通用的基于图的空间离散化方法。然而，所有的这些工作仅考虑了单目标智能体，并忽略了多个智能体之间的局部交互。
- **具有动态环境信息的模型**：有多种方法可以将局部智能体交互模型纳入基于物理的预测方法中，一个流行的例子为社会力（Social Force）模型（例如，行人的群体运动）。还有一些依赖轨迹原型的方法，这些方法在匹配阶段考虑了相互影响，假设驾驶员在可能避免碰撞时有强烈的倾向（Lawitzky et al, 2013）。在更上层的抽象中，已经使用交互感

---

① 译者注：Free Space 也可译作可通行区域、自由空间、可达空间。在自动驾驶领域与可行驶空间（Drivable Space）、可行驶区域（Drivable Area）含义相通。

知的驾驶员模型来预测目标车辆的运动。智能驾驶员模型（Intelligent Driver Model，IDM）可能是代表交通环境中驾驶员行为最知名的方法（Liebner et al，2013）。由于它们主要依赖目标动力学的先验知识，因此更适合计算可能的轨迹，而不是可能性较大的轨迹。另外，运动学或动力学交互感知模型已成功地集成在动态贝叶斯网络框架内，通过该网络可以表示多个移动实体之间的依赖关系（Agamennoni et al，2012）。其他一些策略不是对成对的依赖关系进行建模，而是将交互建模为局部态势上下文的函数，从而减少计算复杂性（Gindele et al，2010），或通过引入中间变量——预期机动，进而与驾驶情况和交通规则相关联（Lefèvre et al，2012a）。这种策略已在高速公路（Trentin et al，2021a）、环形交叉路口（Trentin et al，2021b）和十字路口（Lefèvre et al，2012b）中得到了成功的测试。

2）多模型方法

在寻求道路智能体的准确行为表示时，单个动力学模型可能无法很好地描述其运动。尽管结合地图信息可以影响这些模型的输出，但它们仍然存在固有的局限性。使用多个基元运动模式（直线运动、转弯机动和突然加速）是对基于机动的预测进行建模的一种常见方法。由于其他智能体的运动模式并非总是可观测到的，因此需要一种技术对运动模式的不确定性进行推理，而多模型（MM）方法为这一需求提供了解决方案。

根据李和吉尔科夫的研究（Li and Jilkov，2005）可知，多模型方法通常由4个元素组成：固定的或在线的自适应模型集、处理离散值不确定性的策略、处理模型条件下连续分量的递归估计方案，以及从单个滤波器的融合或选择中生成整体最佳估计的机制。交互式多模型（Interactive Multiple Model，IMM）滤波器是一种应用于多模型的推理技术，该技术在运动预测中有许多应用（Xie et al，2017b）。动态贝叶斯网络（Dynamic Bayesian Networks，DBN）是混合估计问题的另一种方法，该网络从概率图模型中继承了各种建模方案和大量的推理与学习技术（Lefèvre et al，2012a）。

随机可达性分析理论（Stochastic Reachability Analysis Theory）（Althoff，2010）衍生的技术形成了计算人体运动预测的另一类混合方法。通常，这些方法将智能体建模为混合系统（具有多种模式），并通过计算随机可达集来推断智能体的未来运动。这些集合通过使用可达性分析，对其他交通参与者的未来集合过近似（Over-Approximating），提前确定风险态势。如奥尔索夫和马格迪奇或余等人的研究中使用（动态）栅格地图，有时明确考虑遮挡和不可观测的交通使用者，在某些情况下寻求策略（Althoff and Magdici，2016；Yu et al，2019）的作者以限制该策略的过度谨慎输出。大多数这些方法都采用了责任归属的概念，将安全解释为选择不会导致碰撞的轨迹（Koç et al，2021）。然而，由于其他道路智能体的意外行为，这些轨迹仍可能会导致碰撞。

2. 基于学习的模型

与基于物理的模型相比，后者仅限于运动的低层属性，几乎无法估计运动中的长期依赖性。而基于学习的模型倾向于获取并整合这些由外部因素引起的依赖关系和变化（Rudenko et al, 2020）。这些方法则通过将不同的函数逼近器拟合到数据中，以两种不同的方式来学习运动行为：序列，其中某一时刻的状态（例如，位置、速度）在条件上依赖于全部历史状态的充分统计数据；非序列（通过应用马尔可夫假设，即随机过程的无记忆性质，对轨迹上的分布进行建模）。

1）序列

在此范式下，智能体的运动可以用条件模型来描述，其中时间步长之间的转移函数通常是非参数的，并且是从统计观测中学习的，因此失去了可解释性，如存在于基于物理方法中的可解释性。此学习过程会生成以下模式的推断类型。

局部转移模式：这是一种常见的方法，如在栅格图单元格之间的转移概率中使用。该模式的应用仅考虑未来一步或几步，主要使用隐马尔可夫链或动态贝叶斯网络实现（Ballan et al, 2016）。与离散转移模式相反，一些研究使用高斯过程及其混合过程将转移动力学建模为连续函数（Joseph et al, 2011）。除栅格单元外，还可以使用工作空间的高级抽象（Rudenko et al, 2020）来推断局部转移模式，如子目标或转移点图、位置-速度点连接地图（Kalayeh et al, 2015），或瞬时拓扑地图（Vasquez et al, 2009）。

独立于位置的行为模式：与之前的技术种类相比，这里使用模式来预测智能体在通用可行驶区域（而不仅仅在特定的环境中）中的转移。几种独立于位置的方法能够学习交通参与者之间的局部交互模型 [如相关文献（Tran and Firl, 2014）]。

复杂的长期依赖性：最近提出的几种序列方法使用假设具有高阶马尔可夫性质（时间序列）的神经网络。基于时间序列的模型表示局部转移模式与非序列技术之间的自然转移（在下一节中描述）。图神经网络（Carrasco et al, 2021）、强化学习（Sun et al, 2018）和变换网络（Quintanar et al, 2021）已在这方面获得了成功的探索。然而，用于序列学习的递归神经网络（RNN）和长短期记忆（LSTM）网络最近已成为预测智能体运动最流行的建模方法。事实上，由于驾驶员会受到附近车辆的影响，LSTM 被连接在所谓的社交池化（Social Pooling）系统中，与相邻的车辆共享信息。在这种联系中，一些作者把基于物理（可解释性）和基于模式的方法的优点结合起来，使用考虑车辆运动动力学的交互感知 LSTM（Deo and Trivedi, 2018a）。

由于学习车辆位姿的不确定模型最终会产生与基本运动学不一致的结果，因此最近的一些研究开发了预测控制输入的 DNN[①]，然后通过运动学模型传播以预测未来的位置。其他一些方

[①] 译者注：深度神经网络（Deep Neural Networks, DNN）。

法使用 RNN 作为时空图的模型来解决需要空间和时间推理的问题（Dai et al，2019）。研究人员已将这些方法与不同的神经网络架构相结合，对不同方法进行了测试。冯等人训练了一个条件变分自编码器（Conditional Variational Autoencoder，CVAE）来生成未来可能轨迹的样本（Feng et al，2019）。其他一些研究使用生成对抗网络（Generative Adversarial Network，GAN）生成多条轨迹，并为每条轨迹分配概率（Zheng et al，2016）。最近的几项研究（Zhao et al，2019）结合了序列（如基于 RNN）和卷积方法的优势，用于对所观测智能体运动的空间和时间关系联合建模。

这些技术可以考虑那些传统方法很难建模的特征。然而，必须使用大量的数据用于训练，并且仅限于在与训练集条件相似的场景中才可能获得良好的结果。除此之外，结果的可解释性一般来说是不足的，这限制了这些技术在车规级解决方案中的部署。为了把机器学习策略的这种困难降至最低，引入了注意力机制。它允许在神经网络中发现输入变量之间的相互依赖关系。该架构在几项研究中已用于汽车轨迹预测，如梅萨乌德等人的研究（Messaoud et al，2019），研究出了一种称为非局部多头注意力（Multihead Attention）的机制。

2）非序列

学习复杂和多变的驾驶环境中的运动模式，需要预测模型能够泛化非均匀和依赖上下文相关的行为（Rudenko et al，2020）。因此，对于这些情况，遵循序列预测方案（具有因果约束）或基于物理方法的逻辑可能过于严格。相反，非序列方法不专注于系统的局部转移，而是旨在直接从可获得长期轨迹的数据集中学习分布。

大多数基本的非序列方法基于对观测到的轨迹进行聚类，创建一个长期运动模式集，从而在特定环境中泛化统计信息。被称为基于机动的运动模型（Lefèvre et al，2014），它们将车辆表示为独立的机动实体，或者换句话说，假设车辆在道路网络上的运动对应于一系列独立于其他车辆执行的机动动作。

确定性方法在处理假定动力学模型中的非线性和由离散决策引起的多模态时，往往表现不佳。一些研究人员已经开始探索使用高斯混合模型（Gaussian Mixture Models，GMM）来解释非线性和多个离散决策（Cunningham et al，2015）；然而，这些方法没有考虑目标车辆先前状态的历史，为每个离散假设赋予相同的可能性，导致保守的估计。

上下文和启发式方法可用来确定哪些机动在不久的将来可能以确定性的方式执行。在更复杂的场景中对机动进行分类时，判别学习（Discriminative Learning）方法非常流行，如 K 最近邻（K-Nearest Neighbors，KNN）聚类（Driggs-Campbell et al，2017）、多层感知器、逻辑回归（Klingelschmitt et al，2014）、相关向量机（Morris et al，2011）、支持向量机（Kumar et al，2013），甚至基于规则的神经网络模型（Chong et al，2013）。一种同样流行的替代方法是将每个机动分解为一系列连续的事件，并用隐马尔可夫模型（Hidden Markov Model，HMM）表示这些事件的序列。

高斯过程（Gaussian Process，GP）回归也被用于学习典型的运动模式，以便对智能体轨迹进行分类和预测（Ferrer et al, 2017）。其他研究（Fulgenzi et al, 2009）则利用逆强化学习从轨迹示范中学习驾驶风格，然后使用轨迹优化方法生成与所学习的驾驶风格相似的轨迹。

3. 基于规划的模型

基于规划的方法通过推理未来以推断智能体的运动模型来解决顺序决策问题。这种基于规划的方法（Rudenko et al, 2020）在对人体运动进行建模时，引入了理性主体的概念。通过将理性假设应用于对人体运动，用于表示人体运动的模型必须考虑当前行动对未来影响的部分。基于正向规划的方法使用预定义的代价函数来预测人体运动，基于逆向规划的方法从人类行为的观测中推断代价（或策略）函数，然后使用该代价函数。

1）正向规划

为进行基本的目标导向预测，一些方法采用了带有手工代价函数的最优运动和路径规划技术。其他方法基于代价函数值估计，对未来运动的概率进行建模（Vasquez, 2016）。为考虑其他智能体的存在，一些作者提出使用基于物理的方法或模仿学习在本地修改个体最优策略。另一些方法通过使用不同的拓扑候选结果和蒙特卡罗技术，在包含所有智能体的联合状态空间中考虑协同规划（Best and Fitch, 2015）。第 3 章详述的部分可观马尔可夫决策过程（POMDP）及其不同的变体也是进行同步预测与规划的合适方法。

2）逆向规划

这一类别包括从观测中估计智能体的奖励函数（或直接策略）的算法，使用统计数据和模仿学习技术，并考虑上下文和社会特征。

可以通过从观测中学习的随机策略将人工驾驶的车辆（甚至行人）建模为近似最优的决策器，这些决策器用来将运动预测为轨迹上的概率分布。在此前提下，逆强化学习是一种被广泛使用的关键工具（Sun et al, 2018）。尽管这是逆强化学习的普遍方法，但其他启用学习的研究使用不同的技术来学习奖励函数（Kuderer et al, 2012）。

与首先学习奖励函数然后应用规划技术生成运动预测不同，模仿学习方法直接从数据中提取策略。生成对抗模仿学习（Generative Adversarial Imitation Learning，GAIL）方法旨在通过使用一个区分专家观测的鉴别器来匹配状态和动作的长期分布。其他深度生成技术采用完全可微模型，旨在减少基于梯度的策略梯度搜索所带来的困难。需要注意的是，这些方法可以应用于单智能体或多智能体环境中，后者明确考虑了社会感知交互机制（Kuefler et al, 2017）。

4.4.4 态势感知考虑因素

环境信息和其他动态障碍物对道路智能体未来轨迹的影响通常称为上下文线索，可以将其分类如下。

1. 无感知

在运动预测之后，一些方法仅使用从各个交通参与者处获得的信息来预测参与者的行为，即它们不了解周围的静态和动态环境，并且无法融入可能受周围元素影响的行为变化。大多数基于物理学的朴素方法都属于无感知模型的范畴。前面讨论的 CV 和 CA 模型是此类模型很好的实例。其他一些实例包括使用含 CTRA 和 CTRV 过程模型的卡尔曼滤波器方法（Xie et al, 2017b）。

2. 意图感知

与无感知模型相比，交互感知（或社交）运动预测模型在估计道路智能体的未来运动之前，利用周围智能体的信息作为指导线索。这些信息可以包括场景中其他道路智能体的坐标和速度。这里的直觉是，在预测智能体的运动估计前，将此信息提供给模型将会使模型推理并考虑未来与附近智能体未来可能的交互。事实上，交互感知运动模型假设车辆的运动可能会受到场景中其他车辆运动的影响。与无感知运动模型相比，它们可以进行更长期的预测，但通常以更高的计算成本为代价。

举几个例子，金德尔（Gindele）等人通过提供周围车辆的纵向距离、横向距离和相对速度来添加态势上下文（Gindele et al, 2010）。特伦廷（Trentin）等人估计了动态贝叶斯网络中周围智能体的意图和预期行为，其输出用于提供多模态概率运动预测（Trentin et al, 2021b）。类似地，戴（Dai）等人的研究将周围车辆的空间交互嵌入 LSTM 层中（Dai et al, 2019）。

3. 场景感知

场景感知对应于环境的上下文。例如，行驶在高速公路上的车辆与处于四路交叉路口或环形交叉路口的车辆具有不同的场景上下文。同样地，穿越人行横道过马路的行人与使用人行道的行人相比，具有不同的场景上下文（Bartoli et al, 2018）。一些方法（Zhao et al, 2019）在捕捉行人和车辆的个体演变模型上，对场景上下文进行编码，以捕捉场景的整体背景。

4. 地图感知

地图感知模型是场景感知模型的延伸。它们将地图的语义信息作为上下文线索。这些语义信息包括具有车道几何形状与分布、道路结构、交通灯和道路标志等详细信息的地图。这些丰富的信息指导模型的预测，以根据道路和交通的语义规则给出逻辑轨迹输出。地图感知模型与场景感知模型的主要区别在于，地图感知模型缺少有关环境或天气状况的信息，这些信息在特定不利情况下可能会很有用。

动态占据栅格图是这些方法最常见的表示形式。为了增加编码信息的规划导向价值，语义地图可以引入以下内容：静态环境的语义属性，如街道布局和交通规则，或感知层提供的完整性信息。

4.4.5 衡量指标

由于人类决策和行为具有随机性，精确预测轨迹几乎是不可能的，因此需要采取措施来量化预测运动和实际运动之间的相似性。

不同类型的预测需要不同的度量方法：对于单条轨迹，需要轨迹相似性的几何度量或最终位移的参数和非参数分布；对于轨迹的概率分布，需要几何度量和概率分布的差异度量。

1. 几何精度衡量指标

- 平均欧氏距离（Mean Euclidean Distance，MED），也称为平均位移误差（Average Displacement Error，ADE），计算预测轨迹上与地面真实轨迹相同时间间隔的点之间的欧氏距离的平均值。许多作者通过计算预测分布下的预期 MED 来评估概率预测，称为平均值 ADE、加权平均值 ADE，或者简称为 MED 或 ADE。然而，这类评估并不衡量预测分布与实际分布的匹配程度，因此还不能成为真正的概率指标。例如，它偏向于点预测并避免较大的方差，因为后者通常会增加预期的 ADE。

- 动态时间规整（Dynamic Time Warping，DTW）计算不同长度轨迹之间的相似性度量，其计算方法是在某个距离度量下，将一条轨迹变形成另一条轨迹的最小总代价。由于 DTW 操作涉及整个轨迹，因此它很容易受到异常值的影响。

- 改进的豪斯多夫距离（Modified Hausdorff Distance，MHD）与豪斯多夫距离相关，计算的是预测轨迹点和实际轨迹点之间的最大最小距离。MHD 通过在匹配过程中允许一定的松弛度，设计成更加抗干扰的指标，可以用来比较不同长度的轨迹。

- 最长公共子序列（Longest Common Subsequence，LCS）将两个不同长度的轨迹对齐，以最大化公共子序列的长度，即两条轨迹之间匹配点的数量。通过设定一对点之间的距离和时间差的阈值来确定良好的匹配，不需要将所有点都进行匹配。

- 最终位移误差（Final Displacement Error，FDE）测量的是预测轨迹在相应时间点的最终预测位置与实际位置之间的距离。

- 预测精度（Prediction Accuracy，PA）使用二元函数来分类结果，如果预测位置满足某些标准，如与实际位置的距离在阈值范围内，则将其判定为正确然后报告正确预测轨迹的百分比。

2. 概率精度衡量指标

几何衡量指标的一个缺点是它们无法衡量预测的不确定性，并且也不能衡量预测的多模态性。

- 预测概率（Predicted Probability，PP）计算的是实际路径在预测状态分布上的概率。为此，通常使用 KL 散度（Kullback-Leibler Divergence，KLD）。
- 累积概率（Cumulative Probability，CP）计算的是预测分布中，在不同 r 的各种取值，该分布位于距离正确位置的半径 r 内。
- 最小平均位移误差（minimum Average Displacement Error，mADE）根据预测的概率分布，在 t 时刻计算智能体地面真实位置与 K 个样本中最近（或 $n\%$ 最近）的欧氏距离。
- 最小终点位移误差（minimum Final Displacement Error，mFDE）仅评价在预测时域 T 中的分布。

4.5 风险评估

4.5.1 范围

通常将风险定义为与未来关键事件相关的成本或收益的期望值（Damerow and Eggert，2015）。在智能车辆的背景下，单个车辆在道路驾驶过程中面临的风险概念通常与认为某种情况对驾驶员来说可能危险的想法有关，即该情况可能导致伤害或损伤。据此，很自然地认为碰撞是风险的主要来源，并且仅基于碰撞预测进行风险评估。

最近，一些作者认为，预测碰撞只是道路安全问题的一部分。在他们的研究中，对风险的概念提出了更通用的解释，认为危险情况是由驾驶员执行意外操作而导致的，这可能最终导致冲突事件。

由于冲突和碰撞发生在同一事件序列中，因此可以用低风险事件（冲突）的频率来预测高风险事件（碰撞）。这种估计量被称为替代安全措施（Surrogate Measures of Safety，SMoS），因为它们将典型（非碰撞）事件的初始条件描述为碰撞发生可能性的"替代"。尽管 SMoS 有其局限性，但它们与碰撞的关系已从理论上和实证上均得到证明（Mullakkal-Babu et al，2020）。

SMoS 可用于描述动态驾驶风险，即它们可以在每个时间步长计算，在危险驾驶情况下特别有用。一个典型的例子是碰撞时间（Time-To-Collision，TTC），将在"基于指标的碰撞风险"一节中进一步说明。TTC 广泛用于高速公路环境，但当冲突车辆的相对速度为非正时未定义。该问题通过结合多个连续的测量方法来处理，用于碰撞预警/避让应用（Moon et al，2009）和安全分析（Laureshyn et al，2010）。因此，可以通过组合多个 SMoS 来连续估计驾驶风险。在下一节中，将详细介绍最相关的风险指标。

4.5.2 表示

风险估计在自动驾驶（AD）系统和高级驾驶辅助系统（ADAS）中都有广泛应用，因此表达形式多种多样。

- **占据栅格**用于将可行驶空间限制在无风险区域，并最终将物体动态或进入风险区域时的时间安全边界纳入考虑。它们主要关注空间方面，并且它们对于表达时间方面的风险能力有限。
- 占据栅格的一种演进是**预测风险地图**（Damerow and Eggert，2015），它考虑了时间维度叠加不同来源的各类未来动态风险。它可以用于行为规划，通过在地图上搜索从当前状态到所需目标区域的最有利路径，同时考虑候选路径上风险与效率最小化的约束。
- 用于量化碰撞检测和未来碰撞概率的测量方法。与**预测风险地图**不同，交通参与者会收到其位置随时间变化的未来概率分布（Trentin et al, 2021a），然后将这些分布的重叠表示为碰撞概率。这些技术比空间占据栅格更适合处理多种行为选择，如在交叉路口或超车时的机动选择。
- **时间衡量指标**评估在剩余时间内对关键事件做出反应的概率，如 X 时间（Time-To-X，TTX）（详见"基于指标的碰撞风险"一节），用来衡量交通状况下未来事件的威胁，甚至考虑不确定性（Hillenbrand et al, 2006）。它们是通过对相关目标的未来行为进行建模来计算的。首先检查相关事件（如碰撞）是否会发生，然后测量事件发生之前的时间。TTX 指标直观地刻画了概率的概念，即如果事件发生在更远的未来，则该事件变得更不可能发生（出于各种不可控的原因）。TTX 指标的一个问题是，需要对未来是否会发生关键事件做出离散决策。因此，它们不能以更常规的方式使用，也不能随时间持续地使用。

4.5.3 推理策略

风险通常是通过检测危险的驾驶员意图来计算的，主要依赖于危险情况下车辆的未来的轨迹。然而，它们大多试图反映碰撞概率，这通常由于极端情况的基准数据有限而难以验证。尽管有越来越多的建议来克服这一限制（在基准和技术方面），但这个问题传统上对机器学习算法而言是一个难题，因为它们的准确性受数据的影响很大。以下内容描述了两类方法的更普遍区别：一类使用未来轨迹，另一类依赖于意外行为。

1. 基于未来轨迹的风险

潜在碰撞严重性的常用指标有车辆的速度、表示车辆形状之间的重叠量、两辆车同时占用冲突区域的概率，以及碰撞的配置。可用这些指标提供的信息确定出减轻或避免潜在碰撞的最佳方法。以下概述了三种方法。

1）二体碰撞预测

在基于线性物理模型的特殊情况下，可以通过求解运动模型的线性微分方程轻松推导出车辆在特定时间的状态解。因此，可以高效地计算出两条轨迹之间的交点（Hillenbrand 等人，2006年）。然而，在一般情况下，运动方程过于复杂，无法导出闭合解。更常见的方法是离散化轨迹，并在每个离散时间步长迭代地检查是否发生碰撞。根据这种推理，可以通过定义两条轨迹在同一时间步长上的两点距离的阈值来简单地检测碰撞（Aoude 等人，2010 年）。为了考虑车辆的形状，这个阈值可以被替换为关于"两辆车形状重叠"的条件。如果有关车辆状态不确定性的信息，并且这种不确定性是高斯分布的，则可以通过对标准差取阈值使用椭圆而不是多边形（Ammoun and Nashashibi，2009）。

一些驾驶辅助系统专注于检测不可避免的碰撞。该计算是二体碰撞预测的一种特殊情况，根据驾驶员是否可以执行无碰撞操作，将风险赋值为 0 或 1。可通过两种方式确定是否存在这种操作：第一种是计算逃脱操作（车辆应如何转向、制动或加速以避免碰撞），并检查这些操作是否可行（"可行"意味着转向、制动或加速不超过车辆的物理限制）（Brännström et al，2010）；第二种是考虑组合转向、制动和加速操作的整个空间，并对无碰撞轨迹执行优化搜索（Kaempchen et al，2009）。

2）基于指标的碰撞风险

最流行的风险指标是基于时间的变量，它基于对"X 时间"（或 TTX）的度量，其中 X 对应于碰撞过程中的相关事件（Lefèvre et al，2014）。

- 碰撞时间（**TTC**）：对应于碰撞发生前剩余的时间（Zhang et al，2006）。需要注意的是，有一个稍有不同的指标，即**车头时距**（Time Headway，TH）。它对两辆车到达同一地点的时间差进行度量，主要用于交通管理。TTC 可用来指示应该采取何种行动（如果有的话）。在 ADAS 中，可将其与为了刹车或警告驾驶员停车所需的时间进行比较。TTC 也可以作为一种工具，通过假设执行自动驾驶车辆特定轨迹的风险与最早的 TTC 成反比来识别自动驾驶车辆的最小危险机动。对于预测问题，方程中隐含地给出了一个恒速模型。该 TTC 的变体包含不同的速度剖面，如恒加速度模型。TTC 在自车暂时静止的情况下有一些限制，因为这会导致非常大的碰撞时间值，而实际上风险可能很高。一般来说，它们只适用于单车道风险评估。一些研究提出通过综合 TTC、TH 和最初构建的前方时间（Time-To-Front，TF）的风险指标来克服这一局限性（Xu et al，2019）。

- 反应时间（**Time-To-React，TTR**）：一个相关的指标是反应时间，它对应于碰撞不可避免之前驾驶员可以采取行动的时间。其核心思想是模拟不同的驾驶员动作（如制动、加速和转向），并确定能够避免碰撞的最后时刻。该指标的具体类别有制动时间（Time-To-Brake，TTB）和转向时间（Time-To-Steer，TTS），它们计算剩余的时间以进行紧急制动或转向操作，以避免纵向碰撞。
- **最近相遇时间（Time-To-Closest-Encounter，TTCE）**：为应对 TTC 中的碰撞假设，并在非碰撞场景中具有现实值，TTCE 计算一对轨迹之间的最近点，然后将其转换为时间变量，作为碰撞风险的临界指标。

3) 概率碰撞预测

不确定性是驾驶风险评估中固有的组成部分。它们源于周围人类交通参与者的行为，或者驾驶支持/自动化系统的感知和执行。SMoS 通常不考虑不确定性，假定交互车辆的运动是确定性的，并在速度/加速度不变的条件下进行。然而，存在几种概率方法来估计 SMoS，同时考虑运动不确定性。

高斯方法预测移动实体的轨迹，使用空间正态分布计算它们的重叠作为碰撞概率。一种可能更准确的策略是蒙特卡罗模拟，它通过重建纵向和横向运动的分布方差来提供重叠的近似值。该方法通过从分布函数中对位置采样并比较碰撞次数和无碰撞次数来近似估算风险。

给定了概率预测，自动驾驶车辆仍然必须对给定的规划会导致碰撞的概率进行快速评估。延迟确实是安全考量中的一个关键因素。在同时保持关注低概率事件能力的情况下，这种低延迟的需求使蒙特卡罗在计算上几乎难以处理（Young et al，2014）。为了解决这个问题，提出了自适应和重要性采样方法；这些方法用更少的样本估计这些概率（Schmerling and Pavone，2016）。然而，这些方法在实时风险评估中几乎难以实现。为应对这一主要限制，非抽样方法在风险评估问题中被广泛使用。尽管现有的非采样方法计算速度很快，但它们仅限于估计某些特定类别的不确定性（Saunier and Sayed，2008）。

2. 基于意外行为的风险[①]

该表述通过考虑驾驶员执行意外操作所造成的情绪紧张，将风险的概念扩展至碰撞以外。例如，当只有很短的间隔时，车辆在交叉路口行驶并不一定会导致碰撞，但大多数驾驶员会认为这是危险的，因为他们期望车辆等待更长的间隔。下面提出了两类方法：检测异常事件和检测冲突机动。

1) 检测异常事件

可以通过定义道路车辆的名义行为并检测与该名义行为不匹配的事件来估计态势的风险。一个直观的解决方案是定义一组规则，根据上下文来描述车辆的名义行为，并将任意偏离该名义行为的情况视为危险。这些规则可以是接近交叉路口时可接受速度的简单启发式方法（Ibanez-Guzman et al，2010），也可以包括更高级的概念，如位置语义、天气状况或驾驶员的疲劳

---

① 译者注：原著中将这部分作为第 3 级目录，即第 4.5.4 节，但考虑本章内容的上下文关系，这一节内容应包含在第 4.5.3 节当中，因此中译版在此处进行了更正。

程度。然而，基于规则的系统一个既定的限制是它们无法明确考虑（数据和模型上的）不确定性。

可使用真实数据集来学习道路使用者的典型行为，从而避免人工定义名义行为。一些模型以高斯混合模型的形式学习名义行为。观测的可能性表征了给定情况的常见程度，因此使用该可能性的简单阈值来检测异常操作。

2）检测冲突机动

一些作者提出通过估计相关驾驶员的操作意图，并检测它们之间或与交通法规之间潜在的冲突，来评估态势的风险。在这种情况下，通常用基于操作或交互感知的运动模型来表示车辆运动。

若能从违反交通法规的车辆中获得足够的数据，就有可能学习特定危险事件的模型，检测危险情况的问题就变成了分类问题，此时，观测的可能性就成了为最能解释现有观测的模型选择关键变量。该方法（Aoude et al，2012）已通过不同的分类技术（如支持向量机隐马尔可夫模型）实现。

对于涉及多辆车的交通态势，可通过将操作标记为"冲突"或"不冲突"将交通规则纳入进来。该方法已在道路交叉路口的背景下，基于优先级规则（例如，停止和让行）通过人工标记机动实现（Kurt et al，2010）。在给定交通规则和驾驶上下文的情况下，已将这种冲突操作的概念推广到自动推断目标车辆预期的操作类型（Lefèvre et al，2012b；Trentin et al，2021b）。

参考文献

Agamennoni, G., Nieto, J.I., Nebot, E.M., 2012. Estimation of multivehicle dynamics by considering contextual information. IEEE Trans. Robot. 28 (4), 855–870.

Altché, F., de La Fortelle, A., 2017. An LSTM network for highway trajectory prediction. In: 2017 IEEE 20th International Conference on Intelligent Transportation Systems (ITSC). IEEE, pp. 353–359.

Althoff, M., 2010. Reachability Analysis and Its Application to the Safety Assessment of Autonomous Cars. Doctoral dissertation, Technische Universität München.

Althoff, M., Magdici, S., 2016. Set-based prediction of traffic participants on arbitrary road networks. IEEE Trans. Intell. Vehicles 1 (2), 187–202.

Ammoun, S., Nashashibi, F., 2009. Real time trajectory prediction for collision risk estimation between vehicles. In: 2009 IEEE 5th International Conference on Intelligent Computer Communication and Processing, pp. 417–422.

Aoude, G.S., Luders, B.D., Lee, K.K., Levine, D.S., How, J.P., 2010. Threat assessment design for driver assistance system at intersections. In: 13th International IEEE Conference on Intelligent Transportation Systems, pp. 1855–1862.

Aoude, G.S., Desaraju, V.R., Stephens, L.H., How, J.P., 2012. Driver behavior classification at intersections and validation on large naturalistic data set. IEEE Trans. Intell. Transp. Syst. 13 (2), 724–736.

Bahram, M., Hubmann, C., Lawitzky, A., Aeberhard, M., Wollherr, D., 2016. A combined model-and learning-based framework for interaction-aware maneuver prediction. IEEE Trans. Intell. Transp. Syst. 17 (6), 1538–1550.

Ballan, L., Castaldo, F., Alahi, A., Palmieri, F., Savarese, S., 2016. Knowledge transfer for scene-specific motion prediction. In: European Conference on Computer Vision. Springer, Cham, pp. 697–713.

Bando, T., Takenaka, K., Nagasaka, S., Taniguchi, T., 2013. Unsupervised drive topic finding from driving behavioral data. In: 2013 IEEE Intelligent Vehicles Symposium (IV). IEEE, pp. 177–182.

Bartoli, F., Lisanti, G., Ballan, L., Del Bimbo, A., 2018. Context-aware trajectory prediction. In: 2018 24th International Conference on Pattern Recognition (ICPR), pp. 1941–1946.

Bender, A., Agamennoni, G., Ward, J.R., Worrall, S., Nebot, E.M., 2015. An unsupervised approach for inferring driver behavior from naturalistic driving data. IEEE Trans. Intell. Transp. Syst. 16 (6), 3325–3336.

Best, G., Fitch, R., 2015. Bayesian intention inference for trajectory prediction with an unknown goal destination. In: 2015 IEEE/RSJ International Conference on Intelligent Robots and Systems (IROS), pp. 5817–5823.

Brännström, M., Coelingh, E., Sjöberg, J., 2010. Model-based threat assessment for avoiding arbitrary vehicle collisions. IEEE Trans. Intell. Transp. Syst. 11 (3), 658–669.

Brechtel, S., Gindele, T., Dillmann, R., 2014. Probabilistic decision-making under uncertainty for autonomous driving using continuous POMDPs. In: 17th International IEEE Conference on Intelligent Transportation Systems (ITSC), pp. 392–399.

Brown, K., Driggs-Campbell, K., Kochenderfer, M.J., 2020. A taxonomy and review of algorithms for modeling and predicting human driver behavior. arXiv preprint arXiv:2006.08832.

Carrasco, S., Llorca, D.F., Sotelo, M.A., 2021. SCOUT: socially-consistent and understandable graph attention network for trajectory prediction of vehicles and VRUs. In: 2021 IEEE Intelligent Vehicles Symposium (IV), pp. 1501–1508.

Chong, L., Abbas, M.M., Flintsch, A.M., Higgs, B., 2013. A rule-based neural network approach to model driver naturalistic behavior in traffic. Transport. Res. C Emerging Technol. 32, 207–223.

Cunningham, A.G., Galceran, E., Eustice, R.M., Olson, E., 2015. MPDM: Multipolicy decision-making in dynamic, uncertain environments for autonomous driving. In: 2015 IEEE International Conference on Robotics and Automation (ICRA), pp. 1670–1677.

Dai, S., Li, L., Li, Z., 2019. Modeling vehicle interactions via modified LSTM models for trajectory prediction. IEEE Access 7, 38287–38296.

Damerow, F., Eggert, J., 2015. Risk-aversive behavior planning under multiple situations with uncertainty. In: 2015 IEEE 18th International Conference on Intelligent Transportation Systems, pp. 656–663.

Deo, N., Trivedi, M.M., 2018a. Convolutional social pooling for vehicle trajectory prediction. In: Proceedings of the IEEE Conference on Computer Vision and Pattern Recognition Workshops, pp. 1468–1476.

Deo, N., Trivedi, M.M., 2018b. Multi-modal trajectory prediction of surrounding vehicles with maneuver based LSTMS. In: 2018 IEEE Intelligent Vehicles Symposium (IV), pp. 1179–1184.

Deo, N., Rangesh, A., Trivedi, M.M., 2018. How would surround vehicles move? A unified framework for maneuver classification and motion prediction. IEEE Trans. Intell. Vehicles 3 (2), 129–140.

Díaz-Álvarez, A., Clavijo, M., Jiménez, F., Serradilla, F., 2021. Inferring the Driver's lane change intention through LiDAR-based environment analysis using convolutional neural networks. Sensors 21 (2), 475.

Ding, W., Chen, J., Shen, S., 2019. Predicting vehicle behaviors over an extended horizon using behavior interaction network. In: 2019 International Conference on Robotics and Automation (ICRA). IEEE, pp. 8634–8640.

Dong, C., Dolan, J.M., Litkouhi, B., 2017. Intention estimation for ramp merging control in autonomous driving. In: 2017 IEEE Intelligent Vehicles Symposium (IV), pp. 1584–1589.

Driggs-Campbell, K., Govindarajan, V., Bajcsy, R., 2017. Integrating intuitive driver models in autonomous planning for interactive maneuvers. IEEE Trans. Intell. Transp. Syst. 18 (12), 3461–3472.

Feng, X., Cen, Z., Hu, J., Zhang, Y., 2019. Vehicle trajectory prediction using intention-based conditional variational autoencoder. In: 2019 IEEE Intelligent Transportation Systems Conference (ITSC), pp. 3514–3519.

Ferrer, G., Zulueta, A.G., Cotarelo, F.H., Sanfeliu, A., 2017. Robot social-aware navigation framework to accompany people walking side-by-side. Auton. Robot. 41 (4), 775–793.

Fulgenzi, C., Spalanzani, A., Laugier, C., 2009. Probabilistic motion planning among moving obstacles following typical motion patterns. In: 2009 IEEE/RSJ International Conference on Intelligent Robots and Systems, pp. 4027–4033.

Galceran, E., Cunningham, A.G., Eustice, R.M., Olson, E., 2017. Multipolicy decision-making for autonomous driving via changepoint-based behavior prediction: theory and experiment. Auton. Robot. 41 (6), 1367–1382.

Gindele, T., Brechtel, S., Dillmann, R., 2010. A probabilistic model for estimating driver behaviors and vehicle trajectories in traffic environments. In: 13th International IEEE Conference on Intelligent Transportation Systems, pp. 1625–1631.

Gindele, T., Brechtel, S., Dillmann, R., 2015. Learning driver behavior models from traffic observations for decision making and planning. IEEE Intell. Transp. Syst. Mag. 7 (1), 69–79.

Gulzar, M., Muhammad, Y., Muhammad, N., 2021. A survey on motion prediction of pedestrians and vehicles for autonomous driving. IEEE Access 9, 137957–137969.

He, K., Zhang, X., Ren, S., Sun, J., 2016. Deep residual learning for image recognition. In: Proceedings of the IEEE Conference on Computer Vision and Pattern Recognition, pp. 770–778.

Hillenbrand, J., Spieker, A.M., Kroschel, K., 2006. A multilevel collision mitigation approach—its situation assessment, decision making, and performance tradeoffs. IEEE Trans. Intell. Transp. Syst. 7 (4), 528–540.

Hoermann, S., Stumper, D., Dietmayer, K., 2017. Probabilistic long-term prediction for autonomous vehicles. In: 2017 IEEE Intelligent Vehicles Symposium (IV), pp. 237–243.

Hu, Y., Zhan, W., Tomizuka, M., 2018. Probabilistic prediction of vehicle semantic intention and motion. In: 2018 IEEE Intelligent Vehicles Symposium (IV), pp. 307–313.

Hunt, J.G., Lyons, G.D., 1994. Modelling dual carriageway lane changing using neural networks. Transport. Res. C Emerging Technol. 2 (4), 231–245.

Ibanez-Guzman, J., Lefevre, S., Mokkadem, A., Rodhaim, S., 2010. Vehicle to vehicle communications applied to road intersection safety, field results. In: 13th International IEEE Conference on Intelligent Transportation Systems, pp. 192–197.

Joseph, J., Doshi-Velez, F., Huang, A.S., Roy, N., 2011. A Bayesian nonparametric approach to modeling motion patterns. Auton. Robot. 31 (4), 383–400.

Kaempchen, N., Schiele, B., Dietmayer, K., 2009. Situation assessment of an autonomous emergency brake for arbitrary vehicle-to-vehicle collision scenarios. IEEE Trans. Intell. Transp. Syst. 10 (4), 678–687.

Kalayeh, M.M., Mussmann, S., Petrakova, A., Lobo, N.D.V., Shah, M., 2015. Understanding trajectory behavior: a motion pattern approach. arXiv preprint arXiv:1501.00614.

Kesting, A., Treiber, M., Helbing, D., 2007. General lane-changing model MOBIL for car-following models. Transp. Res. Rec. 1999 (1), 86–94.

Khodayari, A., Ghaffari, A., Kazemi, R., Braunstingl, R., 2012. A modified car-following model based on a neural network model of the human driver effects. IEEE Trans. Syst. Man Cybern. A Syst. Hum. 42 (6), 1440–1449.

Kim, B., Kang, C.M., Kim, J., Lee, S.H., Chung, C.C., Choi, J.W., 2017. Probabilistic vehicle trajectory prediction over occupancy grid map via recurrent neural network. In: 2017 IEEE 20th International Conference on Intelligent Transportation Systems (ITSC). IEEE, pp. 399–404.

Klingelschmitt, S., Platho, M., Groß, H.M., Willert, V., Eggert, J., 2014. Combining behavior and situation information for reliably estimating multiple intentions. IEEE, pp. 388–393.

Koç, M., Yurtsever, E., Redmill, K., Özgüner, Ü., 2021. Pedestrian emergence estimation and occlusion-aware risk assessment for urban autonomous driving. In: 2021 IEEE International Intelligent Transportation Systems Conference, pp. 292–297.

Krizhevsky, A., Sutskever, I., Hinton, G.E., 2012. Imagenet classification with deep convolutional neural networks. Adv. Neural Inf. Proces. Syst. 25, 1097–1105.

Kuderer, M., Kretzschmar, H., Sprunk, C., Burgard, W., 2012. Feature-based prediction of trajectories for socially compliant navigation. In: Robotics: Science and Systems VIII. The MIT Press.

Kuefler, A., Morton, J., Wheeler, T., Kochenderfer, M., 2017. Imitating driver behavior with generative adversarial networks. In: 2017 IEEE Intelligent Vehicles Symposium (IV). IEEE, pp. 204–211.

Kumar, P., Perrollaz, M., Lefevre, S., Laugier, C., 2013. Learning-based approach for online lane change intention prediction. In: 2013 IEEE Intelligent Vehicles Symposium (IV), pp. 797–802.

Kurt, A., Yester, J.L., Mochizuki, Y., Özgüner, Ü., 2010. Hybrid-state driver/vehicle modelling, estimation and prediction. In: 13th International IEEE Conference on Intelligent Transportation Systems, pp. 806–811.

Laureshyn, A., Svensson, Å., Hydén, C., 2010. Evaluation of traffic safety, based on micro-level behavioral data: theoretical framework and first implementation. Accid. Anal. Prev. 42 (6), 1637–1646.

Lawitzky, A., Althoff, D., Passenberg, C.F., Tanzmeister, G., Wollherr, D., Buss, M., 2013. Interactive scene prediction for automotive applications. In: 2013 IEEE Intelligent Vehicles Symposium (IV), pp. 1028–1033.

Lee, D., Kwon, Y.P., McMains, S., Hedrick, J.K., 2017. Convolution neural network-based lane change intention prediction of surrounding vehicles for ACC. In: 2017 IEEE 20th International Conference on Intelligent Transportation Systems (ITSC). IEEE, pp. 1–6.

Lefèvre, S., Laugier, C., Ibañez-Guzmán, J., 2012a. Risk assessment at road intersections: comparing intention and expectation. In: 2012 IEEE Intelligent Vehicles Symposium, pp. 165–171.

Lefèvre, S., Laugier, C., Ibañez-Guzmán, J., 2012b. Evaluating risk at road intersections by detecting conflicting intentions. In: 2012 IEEE/RSJ International Conference on Intelligent Robots and Systems, pp. 4841–4846.

Lefèvre, S., Vasquez, D., Laugier, C., 2014. A survey on motion prediction and risk assessment for intelligent vehicles. ROBOMECH J. 1 (1), 1–14.

Li, X.R., Jilkov, V.P., 2005. Survey of maneuvering target tracking. Part V. Multiple-model methods. IEEE Trans. Aerosp. Electron. Syst. 41 (4), 1255–1321.

Li, J., Li, X., Jiang, B., Zhu, Q., 2018. A maneuver-prediction method based on dynamic Bayesian network in highway scenarios. In: 2018 Chinese Control and Decision Conference (CCDC). IEEE, pp. 3392–3397.

Li, J., Dai, B., Li, X., Xu, X., Liu, D., 2019. A dynamic Bayesian network for vehicle maneuver prediction in highway driving scenarios: framework and verification. Electronics 8 (1), 40.

Liebner, M., Baumann, M., Klanner, F., Stiller, C., 2012. Driver intent inference at urban intersections using the intelligent driver model. In: 2012 IEEE Intelligent Vehicles Symposium, pp. 1162–1167.

Liebner, M., Klanner, F., Baumann, M., Ruhhammer, C., Stiller, C., 2013. Velocity-based driver intent inference at urban intersections in the presence of preceding vehicles. IEEE Intell. Transp. Syst. Mag. 5 (2), 10–21.

Messaoud, K., Yahiaoui, I., Verroust-Blondet, A., Nashashibi, F., 2019. Non-local social pooling for vehicle trajectory prediction. In: 2019 IEEE Intelligent Vehicles Symposium (IV), pp. 975–980.

Monteil, J., O'Hara, N., Cahill, V., Bouroche, M., 2015. Real-time estimation of drivers' behavior. In: IEEE 18th International Conference on Intelligent Transportation Systems, pp. 2046–2052.

Moon, S., Moon, I., Yi, K., 2009. Design, tuning, and evaluation of a full-range adaptive cruise control system with collision avoidance. Control. Eng. Pract. 17 (4), 442–455.

Morris, B., Doshi, A., Trivedi, M., 2011. Lane change intent prediction for driver assistance: on-road design and evaluation. In: 2011 IEEE Intelligent Vehicles Symposium (IV), pp. 895–901.

Mozaffari, S., Al-Jarrah, O.Y., Dianati, M., Jennings, P., Mouzakitis, A., 2020. Deep learning-based vehicle behavior prediction for autonomous driving applications: a review. IEEE Trans. Intell. Transp. Syst. 23 (1), 33–47.

Mullakkal-Babu, F.A., Wang, M., He, X., van Arem, B., Happee, R., 2020. Probabilistic field approach for motorway driving risk assessment. Transport. Res. C Emerging Technol. 118, 102716.

National Highway Traffic Safety Administration, 2008. National Motor Vehicle Crash Causation Survey: Report to Congress. 811 National Highway Traffic Safety Administration Technical Report DOT HS, p. 059.

Nilsson, J., Fredriksson, J., Coelingh, E., 2015. Rule-based highway maneuver intention recognition. In: 2015 IEEE 18th International Conference on Intelligent Transportation Systems. IEEE, pp. 950–955.

Panwai, S., Dia, H., 2007. Neural agent car-following models. IEEE Trans. Intell. Transp. Syst. 8 (1), 60–70.

Park, S.H., Kim, B., Kang, C.M., Chung, C.C., Choi, J.W., 2018. Sequence-to-sequence prediction of vehicle trajectory via LSTM encoder-decoder architecture. In: 2018 IEEE Intelligent Vehicles Symposium (IV), pp. 1672–1678.

Pavan, K., Teja, M.D., Pravin, A., Jacob, T.P., Nagarajan, G., 2020. A unique adaptive framework for predicting lane changing intention based on CNN. In: International Conference on Emerging Trends and Advances in Electrical Engineering and Renewable Energy. Springer, Singapore, pp. 577–584.

Pentland, A., Liu, A., 1999. Modeling and prediction of human behavior. Neural Comput. 11 (1), 229–242.

Phillips, D.J., Wheeler, T.A., Kochenderfer, M.J., 2017. Generalizable intention prediction of human drivers at intersections. In: 2017 IEEE Intelligent Vehicles Symposium (IV). IEEE, pp. 1665–1670.

Quintanar, A., Fernández-Llorca, D., Parra, I., Izquierdo, R., Sotelo, M.A., 2021. Predicting vehicles trajectories in urban scenarios with transformer networks and augmented information. In: 2021 IEEE Intelligent Vehicles Symposium (IV), pp. 1051–1056.

Rudenko, A., Palmieri, L., Herman, M., Kitani, K.M., Gavrila, D.M., Arras, K.O., 2020. Human motion trajectory prediction: a survey. Int. J. Robot. Res. 39 (8), 895–935.

Sadigh, D., Landolfi, N., Sastry, S.S., Seshia, S.A., Dragan, A.D., 2018. Planning for cars that coordinate with people: leveraging effects on human actions for planning and active information gathering over human internal state. Auton. Robot. 42 (7), 1405–1426.

Saunier, N., Sayed, T., 2008. Probabilistic framework for automated analysis of exposure to road collisions. Transp. Res. Rec. 2083 (1), 96–104.

Schmerling, E., Pavone, M., 2016. Evaluating trajectory collision probability through adaptive importance sampling for safe motion planning. arXiv preprint arXiv:1609.05399.

Schmerling, E., Leung, K., Vollprecht, W., Pavone, M., 2018. Multimodal probabilistic model-based planning for human-robot interaction. In: 2018 IEEE International Conference on Robotics and Automation (ICRA), pp. 3399–3406.

Schreier, M., Willert, V., Adamy, J., 2014. Bayesian, maneuver-based, long-term trajectory prediction and criticality assessment for driver assistance systems. In: 17th International IEEE Conference on Intelligent Transportation Systems (ITSC). IEEE, pp. 334–341.

Schulz, J., Hubmann, C., Löchner, J., Burschka, D., 2018. Interaction-aware probabilistic behavior prediction in urban environments. In: 2018 IEEE/RSJ International Conference on Intelligent Robots and Systems (IROS), pp. 3999–4006.

Srikanth, S., Ansari, J.A., Ram, R.K., Sharma, S., Murthy, J.K., Krishna, K.M., 2019. INFER: Intermediate representations for future prediction. In: 2019 IEEE/RSJ International Conference on Intelligent Robots and Systems (IROS), pp. 942–949.

Sun, L., Zhan, W., Tomizuka, M., 2018. Probabilistic prediction of interactive driving behavior via hierarchical inverse reinforcement learning. In: 2018 21st International Conference on Intelligent Transportation Systems (ITSC), pp. 2111–2117.

Szegedy, C., Ioffe, S., Vanhoucke, V., Alemi, A.A., 2017. Inception-v4, inception-resnet and the impact of residual connections on learning. In: Thirty-first AAAI Conference on Artificial Intelligence.

Talebpour, A., Mahmassani, H.S., Hamdar, S.H., 2015. Modeling lane-changing behavior in a connected environment: a game theory approach. Transport. Res. Procedia 7, 420–440.

Tran, Q., Firl, J., 2014. Online maneuver recognition and multimodal trajectory prediction for intersection assistance using non-parametric regression. In: 2014 IEEE Intelligent Vehicles Symposium Proceedings, pp. 918–923.

Tran, D., Du, J., Sheng, W., Osipychev, D., Sun, Y., Bai, H., 2018. A human-vehicle collaborative driving framework for driver assistance. IEEE Trans. Intell. Transp. Syst. 20 (9), 3470–3485.

Trentin, V., Artuñedo, A., Godoy, J., Villagra, J., 2021a. A comparison of lateral intention models for interaction-aware motion prediction at highways. In: VEHITS, pp. 180–191.

Trentin, V., Artuñedo, A., Godoy, J., Villagra, J., 2021b. Interaction-aware intention estimation at roundabouts. IEEE Access 9, 123088–123102.

Vasquez, D., 2016. Novel planning-based algorithms for human motion prediction. In: 2016 IEEE International Conference on Robotics and Automation (ICRA), pp. 3317–3322.

Vasquez, D., Fraichard, T., Laugier, C., 2009. Incremental learning of statistical motion patterns with growing hidden Markov models. IEEE Trans. Intell. Transp. Syst. 10 (3), 403–416.

Ward, E., Folkesson, J., 2015. Multi-classification of driver intentions in yielding scenarios. In: 2015 IEEE 18th International Conference on Intelligent Transportation Systems, pp. 678–685.

Wegner, D.M., 2017. The Illusion of Conscious Will. MIT press.

Woo, H., Ji, Y., Kono, H., Tamura, Y., Kuroda, Y., Sugano, T., Asama, H., 2017. Lane-change detection based on vehicle-trajectory prediction. IEEE Robot. Autom. Lett. 2 (2), 1109–1116.

Xie, S., Girshick, R., Dollár, P., Tu, Z., He, K., 2017a. Aggregated residual transformations for deep neural networks. In: Proceedings of the IEEE Conference on Computer Vision and Pattern Recognition, pp. 1492–1500.

Xie, G., Gao, H., Qian, L., Huang, B., Li, K., Wang, J., 2017b. Vehicle trajectory prediction by integrating physics-and maneuver-based approaches using interactive multiple models. IEEE Trans. Ind. Electron. 65 (7), 5999–6008.

Xin, L., Wang, P., Chan, C.Y., Chen, J., Li, S.E., Cheng, B., 2018, November. Intention-aware long horizon trajectory prediction of surrounding vehicles using dual LSTM networks. In: 2018 21st International Conference on Intelligent Transportation Systems (ITSC). IEEE, pp. 1441–1446.

Xing, Y., Lv, C., Wang, H., Cao, D., Velenis, E., 2020. An ensemble deep learning approach for driver lane change intention inference. Transport. Res. C Emerging Technol. 115, 102615.

Xu, C., Zhao, W., Wang, C., 2019. An integrated threat assessment algorithm for decision-making of autonomous driving vehicles. IEEE Trans. Intell. Transp. Syst. 21 (6), 2510–2521.

Yang, Q., Koutsopoulos, H.N., 1996. A microscopic traffic simulator for evaluation of dynamic traffic management systems. Transport. Res. C Emerging Technol. 4 (3), 113–129.

Young, W., Sobhani, A., Lenné, M.G., Sarvi, M., 2014. Simulation of safety: a review of the state of the art in road safety simulation modelling. Accid. Anal. Prev. 66, 89–103.

Yu, M.Y., Vasudevan, R., Johnson-Roberson, M., 2019. Occlusion-aware risk assessment for autonomous driving in urban environments. IEEE Robot. Autom. Lett. 4 (2), 2235–2241.

Zhang, Y., Antonsson, E.K., Grote, K., 2006. A new threat assessment measure for collision avoidance systems. In: 2006 IEEE Intelligent Transportation Systems Conference, pp. 968–975.

Zhang, Y., Lin, Q., Wang, J., Verwer, S., Dolan, J.M., 2018. Lane-change intention estimation for car-following control in autonomous driving. IEEE Trans. Intell. Vehicles 3 (3), 276–286.

Zhao, T., Xu, Y., Monfort, M., Choi, W., Baker, C., Zhao, Y., Wu, Y.N., 2019. Multi-agent tensor fusion for contextual trajectory prediction. In: Proceedings of the IEEE/CVF Conference on Computer Vision and Pattern Recognition, pp. 12126–12134.

Zheng, S., Yue, Y., Hobbs, J., 2016. Generating long-term trajectories using deep hierarchical networks. In: Advances in Neural Information Processing Systems, 30th Conference on Neural Information Processing Systems (NIPS 2016), Barcelona, Spain. vol. 29. Neural Information Processing Systems Foundation.

Zyner, A., Worrall, S., Ward, J., Nebot, E., 2017. Long short term memory for driver intent prediction. In: 2017 IEEE Intelligent Vehicles Symposium (IV), pp. 1484–1489.

Zyner, A., Worrall, S., Nebot, E., 2018. A recurrent neural network solution for predicting driver intention at unsignalized intersections. IEEE Robot. Autom. Lett. 3 (3), 1759–1764.

Zyner, A., Worrall, S., Nebot, E., 2019. Naturalistic driver intention and path prediction using recurrent neural networks. IEEE Trans. Intell. Transp. Syst. 21 (4), 1584–1594.

第5章

运动搜索空间

5.1 引言

当车辆在道路上行驶时,从传感器获得的数据和从数字地图获得的信息被用于构建道路网络的表示形式,这是规划的配置(可行驶)空间(Katrakazas et al, 2015)。这种离散化必须在效率、密度和表达性方面得到妥善处理(Howard, 2009),因为高密度网络可能会导致高的计算成本和能耗。同样,不适当的表示方式可能会在传感器数据融合阶段产生不确定性/不准确性,最终可能导致碰撞风险。

运动搜索空间策略旨在找到和描述车辆状态演变的可行空间(位置、方向、速度及其他任何感兴趣的量)。其目标是通过为运动规划器定义适当的演变空间来降低态势理解的复杂度。物理空间到构型空间的这种变换(参见第6章的定义)可能会引入不同类型需要正确理解的次优性。本章针对环境建模(通常称为"世界模型"),描述了不同技术的基础,以便将其用于运动规划甚至行为规划(分别在第6章和第3章中形式化),分析每一种技术的优点和局限性。为此,从许多研究中,特别是从最近的相关研究(Claussmann et al, 2019;Paden et al, 2016)中收集信息。

尽管大多数方法寻求对空间进行分解,但还有一些方法(如驾驶走廊)(行车走廊)侧重于将道路边界作为运动规划策略的约束条件(不仅主要用在变分方法当中,还用在其他一些仿生或认知启发策略中)。在所有这些方法中,搜索空间与运动规划阶段之间的连接遵循类似的高层次过程:

(1)对演化空间进行采样和离散化(或表征);

（2）排除与障碍物碰撞或不可行的点、单元格或晶格；

（3）将这些空间分解作为可行驶区域的约束发送，或者将生成的空间构型与寻路算法（参见第 6 章，其中总结了典型的策略）或曲线规划器一起使用，其中曲线规划器负责为给定的运动基元找到最合适的路点、连通单元集或在前两个点中找到的晶格。

本章是根据用于实现所谓的空间分解的技术性质进行组织的。第 5.2、5.3 和 5.4 节描述了构建搜索空间的基本机器人方法：图形法、几何法和采样法。第 5.5 节描述了行车走廊的主要特征，这是一种诞生于并主要应用于自动驾驶的方法。

5.2 图形法

图形法将搜索空间建模为离散化车辆构型空间 C_{free} 的图，该图可以描述为 $G=(V,E)$，其中 V 是一组离散的选定构型，称之为顶点，$E=f(o_i,d_i,\sigma_i)$ 为图的边集，$\sigma_i \in V$ 为边的原点，d_i 为边的目的地，o_i 为连接 σ_i 和 d_i 的路径段。假设初始构型 x_{init} 是图的一个顶点。边的构造方式使得与其相关的路径段完全位于 C_{free} 中，并最终能够满足微分约束（与车辆运动学甚至舒适动力学相关）。考虑到这些定义，我们将路线图视为 C_{free} 的图形离散化，描述其连通性，并且具有以下特性：C_{free} 中的任何点都可以从路线图的某些顶点到达［见图 5.1（a）中的示例］。因此，通过连接图中与路径边相关联的路径段，路线图上的任何路径都可以转化为自动驾驶车辆的可行路径。

在结构化道路网络中，充分离散化的图形可由表示自动驾驶车辆在每条车道内应跟随路径的边，以及穿过最终交叉路口的路径组成。这些数据结构称为道路车道图，部分由更高级的街道网络地图生成，部分由人工监督员编辑。在开源社区中，一个众所周知的例子是 OpenStreetMap (Bennett, 2010)，由于数据稀疏性而主要用于路线规划。图 5.1（b）展示了交叉路口鸟瞰图顶部密集的道路车道图的可视化表示。

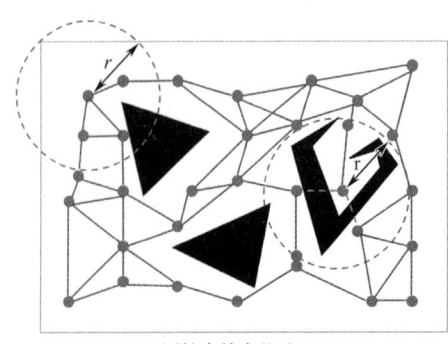

（a）图搜索技术基础 　　　　　　　　（b）OpenStreetMap 中使用的道路车道图

图 5.1　图搜索技术基础和 OpenStreetMap 中使用的道路车道图

尽管在道路车道图中编码的路径可能足以让自动驾驶车辆在无交通的环境中导航，但它必须能够处理在设计道路网络图时未考虑到的障碍物，或者在图中未涵盖的环境中行驶。有不同的策略来克服这些局限性，一些策略依赖于这些无交通图，而另一些策略则使用了其他方法。一般的路径规划方法（在第6章中深入描述），根据环境中障碍物的表示方式，可以大致分为两类。
- 几何或组合方法适用于障碍物的几何表示，在实践中，障碍物最常用多边形来描述。
- 基于采样的方法不关心障碍物的内部表示方式，而是确定出给定的路径是否与任意障碍物发生碰撞。

以下各小节将详细介绍这两类方法族中的不同搜索空间技术。

5.3 几何法

当可以使用某种代数模型对可行驶空间进行几何描述时，可通过算法构建不同类型的路线图。这些方法首先使用几何结构将空间分解为单元格，然后生成**占据栅格**或**连通图**。

在连通图方法中，驾驶环境和障碍物用来设置单元格分解。图中的节点表示单元格，边模型表示单元格之间的邻接关系。

占据栅格的基本思想是将环境表示为覆盖构型空间形状的空间镶嵌，并在某些情况下，覆盖其中存在的障碍物［参见图5.2（a）中的示例］。在考虑不确定性的情况下，将权重添加到单元格以获得与占据概率成正比的代价地图表示形式。这些栅格不仅可以用概率填充(Saval-Calvo et al, 2017)，还可以用证据（Moras et al, 2011）、间隔（Weiherer et al, 2013）或多于2D的表示（Danescu and Nedevschi, 2013）来填充。它们通常不仅限于表示静态障碍物，还包含和表征动态物体。它们甚至可以引入其他信息，如自车定位对每个栅格单元的影响（Artuñedo et al, 2020）。

需要注意的是，**代价地图**是一个栅格图，其中每个单元格都有一个与障碍物距离相关的指定代价，通常该代价值越大意味着距离障碍物越近［见图5.2（b）］。占据栅格的主要缺点是内存需求大、相关的计算时间长、对移动障碍物的虚假占用指示——尽管这些可以通过动态占据栅格来解决（Godoy et al, 2021）。此外，如果车辆在具有多重交互和有限可见性的复杂环境中运行，每个单元格不仅需要建模占用情况，还需要考虑从相关传感器获得的一些品质或完整性度量（Sanchez et al, 2021）。

可以考虑两类主要的栅格或图：基于障碍物的和非基于障碍物的。障碍物的表示对于单元格分解算法起着关键作用。根据障碍物的尺寸及其速度，用不同的近似来表示障碍物，即凸多边形、矩形、三角形、圆形或椭圆形［如酷安等人的研究（Kuan et al, 1985）中所述］。对非基于障碍物的表示，可以离线确定单元格的组织结构，然后在线填充。这种方式可以快速获取网格，但无法充分利用环境的特性。另一方面，基于障碍物的表示构建了一个在线栅格，计算上更加复杂，因为需要重新规划以考虑环境的动态特性。

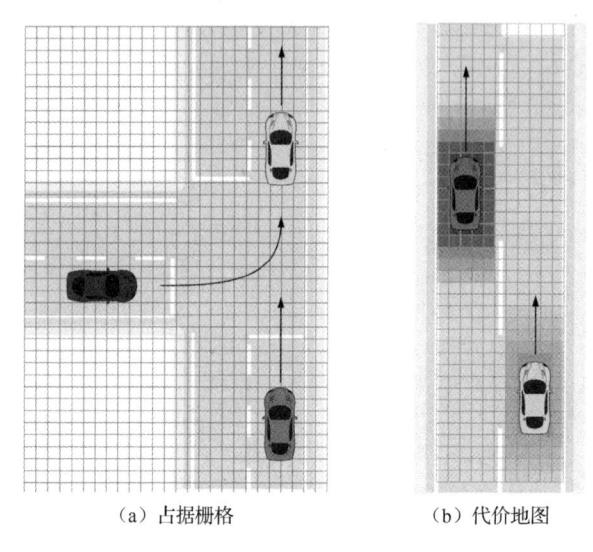

（a）占据栅格　　　　　　（b）代价地图

图 5.2　占据栅格和代价地图

5.3.1　非基于障碍物的方法

最直观的非基于障碍物的方法是精确分解，它使用垂直和水平段来分割空间。

考虑到车辆的非完整特性，**曲线栅格或极坐标栅格**（Moras et al，2011）在自我车辆周围提供了更为真实的分解。然而，由于非基于障碍物的占用栅格无法根据障碍物的动态而演变，它们在进行精细分解时很快变得过时，因为这会带来很高的计算成本。另一个缺点是，当单元格尺寸太大时，障碍物的位置缺少准确性。

考虑到环境的不确定性，**向量场直方图**（Vector Field Histograms，VFH）用速度直方图占用栅格作为极坐标直方图，对演变空间进行统计建模（Borenstein and Koren，1991）。VFH 方法主要用于反应式规划器中的变形函数（Deformation Function），因为它们对传感器的不确定性具有鲁棒性（Lee et al，2014）。为了减少搜索空间，减少计算时间，并处理那些难以建模或未建模的动态障碍。动态窗口（Fox et al，1997）在短时间间隔内将搜索空间缩小为可达速度空间，因此也用作轨迹变形的反应式规划器。

5.3.2　基于障碍物的方法

沃罗诺伊（Voronoi）分解（Takahashi and Schilling，1989）在表示每个障碍物的特定点之

第 5 章 运动搜索空间

间构建单元格。它可以扫描整个构型空间，并在没有障碍物的情况下给出完全解［见图 5.3（a）］。在广义沃罗诺伊图（Aurenhammer，1991）中，考虑了多边形障碍物，生成一个不规则栅格，并将该栅格解释为与每个障碍物等距的路线（沿着边的路线）。不同的研究已经提出了其在（半）结构化环境中的使用，如受限导航区域（Villagra et al，2012）或停车场（Dolgov et al，2010），以及动态计算车辆轨迹（Lee et al，2014）。沃罗诺伊分解的主要缺点包括在某些情况下难以限制穷举采样、由此产生的异构单元的大小、连接相邻单元的运动学可行性及其动态演变，这将导致耗时的重规划。为了应对这些问题，当障碍物较近时，近似方法会将单元格分成更小的单元，以获得更精确的占用栅格。一种利用这种性质的经典方法是**四叉树分解**（Burlet et al，2004）。在图 5.3（c）中，可在一般多边形的周围看到这种集中的分解。然而，沃罗诺伊方法和近似方法的一个共同缺点是难以构建动态单元格分解，限制了该方法在许多汽车设计运行范围（ODD）中的使用。

可见性分解是一种在机器人学界广泛开发的构建搜索空间的技术，它在场景表示中选择兴趣点，如果这些点不与障碍物相交，则将它们与片段连接（Lozano-Pérez and Wesley，1979）。图 5.3（b）展示了该方法在一般情况下的使用示例。对自动驾驶车辆可能有用的一些变体有，可见性分解对路径速度表示的扩展（Kant and Zucker，1986），或者用障碍物的顶点和道路边界作为兴趣点（Johnson and Hauser，2013）。

需要注意的是，基于栅格的表示方法可能包含大量不相关的细节，如不可达的可行驶区域，以及表示动态目标的能力有限。为了克服这些局限性，最近的一些研究提出同时构建两个参数化且连续的表示形式：动态实体的动态目标图和静态环境的**参数化可行驶区域**图（Schreier et al，2015）。该方法利用了栅格的紧凑性，同时提供了更容易的环境解释，因为它抑制了不相关的细节，并将静态行驶环境与动态行驶环境分开［见图 5.3（d）］。

（a）Voronoi 分解　　（b）可见性分解　　（c）四叉树分解　　（d）参数化可行驶区域

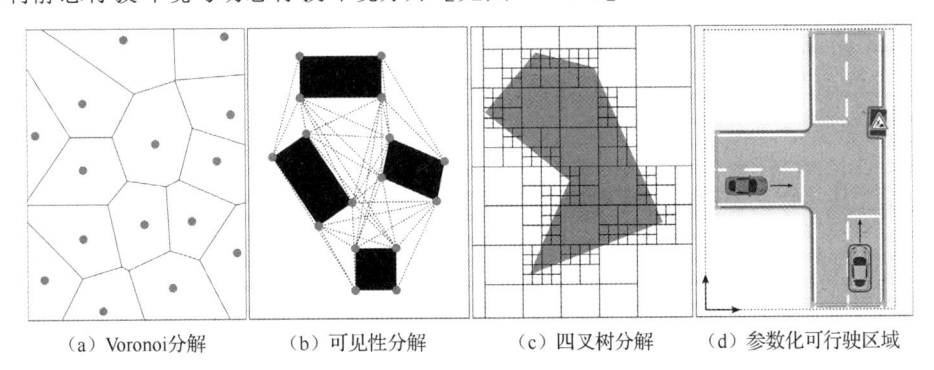

图 5.3　Voronoi 分解、可见性分解、四叉树分解和参数化可行驶区域

5.4 采样法

障碍物的几何模型并不总是可用的,并且待规划的路径通常需要比几何搜索空间法考虑更多的约束(如最大曲率)。为了应对这些限制,基于采样的方法不强制执行自由构型集和动态约束的具体表示。相反,它们使用转向和碰撞检查程序来探索自由构型空间的可达性。转向函数返回一条从初始位姿 x_{init} 到目标构型 x_{end} 的路径段,确保路径满足车辆的非完整约束。该转向函数一些典型的实现方式如下所述(Paden et al, 2016):

- **随机转向**:该函数返回一条路径,这个路径是在给定状态下应用随机控制输入后车辆模型得出的(LaValle, 1998)。
- **启发式转向**:它生成一条路径,该路径是通过启发式构建的控制产生的,用于引导系统从 x_{init} 向 x_{end} 移动(Petti, 104)[①]。
- **精确转向**:该函数获得将系统从 x_{init} 引导至 x_{end} 的路径,作为两点边值问题的解。对于某些系统和成本函数,这样的路径可以通过解析方式获得;对于另一些系统,则需要使用近似策略(如第 6 章运动规划的变分法所述)来获得路径。

有了转向和碰撞检查函数后,主要的挑战就变成了生成一个能很好地近似 C_{free} 连通性的离散化方案,而无须获得其几何的显式模型。

一种简单的方法是选择一组运动模式,并通过从车辆的初始位姿 x_{init} 开始,递归应用运动模式来生成搜索图。可以使用多种技术来生成这样的运动基元,从具有有趣几何特性的曲线(详见 6.2 节内容)到由专业司机所驾驶车辆的运动推导而来的曲线 [如王等人的研究(Wang et al, 2018)],或者形成类似于格子的规则弧线(详见下文)。

通过生成覆盖构型空间的离散样本集,并利用精确的转向过程获得的可行路径段将它们连接起来,可以实现类似于从初始构型递归应用运动基元的效果。可以使用不同的基于采样的路线图构建机制,其选择因以下两个方面而异:从配置空间选择 n 个点(采样)和对于给定顶点的一组相邻顶点,算法将尝试利用上述转向函数(邻居搜索)将它们连接到该顶点。

- **采样**:最常见的实现方式是选择在规则栅格中排列的 n 个点、选择符合车辆运动学约束的点,以及随机生成 n 个采样点。随机采样具有经济高效、对动态重规划灵活的优点,但它可能是不完备、不可复制的,并且对于随机点分布敏感。相反,已证明苏哈列夫(Sukharev)栅格(LaValle et al, 2004)可以实现最佳分散,在内部没有采样点的情况

[①] 译者注:原著中的文献引用格式有误,读者朋友可以参考本章参考文献(Paden et al, 2016)中的内容(102~104)。

第 5 章 运动搜索空间

下将最大空球的半径最小化。
- **搜索邻居**：两种最常用的策略是采用到所选顶点的 k 个最近邻集，或者位于圆内的点集，该圆的中心位于给定的顶点处，且具有预定义的半径。

最流行的采样方法是概率路线图，因为它可以以任何方式自然运行（Kavraki et al, 1998），即为规划器提供了一种简单的方法来控制其处理时间，而不会产生显著的额外开销。它使用随机采样和在固定半径球内选择的邻居来创建一个无障碍路线图［参见图 5.4（a）中的示例］。已经证明 PRM 在没有微分约束的系统中是概率完备的（如果存在解，则规划器将找到它），并且在渐近优化方面也是最优的（Karaman and Frazzoli, 2011）。为了应对原始 PRM 的计算负担，有几种改进的策略。

- PRM*提出通过连接球中的相邻顶点来保持渐近最优性和计算有效性，球的半径随着样本数量的增加而减小（Karaman and Frazzoli, 2011）。
- 快速扩展随机图是一种增量离散化策略，可以在保持渐近最优性的同时随时终止［图 5.4（b）展示了一个示例，其中一些子图可以用不同颜色来理解］。
- 快速行进树（Janson et al, 2015）是 PRM*的一种渐近最优替代方案，因为它对一组采样顶点执行动态规划递归，然后使用这些顶点来确定从初始构型到目标区域的路线，将离散化和搜索合并到一个过程中。图 5.4（c）展示了该策略的扩展示意图。

更复杂的方法是在分解中同时考虑空间和时间两个维度。在非结构化和高动态环境中，这些方法通常是自动驾驶车辆的首选方法，其中时空采样点使获得用于杂乱环境的预测采样策略成为可能。

如上所述，特定运动基元的递归应用可能会生成与晶格类似的规则图（Pivtoraiko and Kelly, 2005）。因此，晶格是一种规则的空间结构，它是栅格的泛化，其中状态的可达性以图的形状表示［参见图 5.4（d）及其与第 5.2 节中所述概念的联系］。

经典的晶格表示形式基于最大转弯策略（Schubert et al, 2008），仅将自车的转弯半径离散化，以提出不同的曲线路径。为了应对这种限制，速度也被明确考虑进来，使用了曲率速度法（Gu et al, 2016）。

晶格策略的主要优点有：
- 与基于树的策略相反，它们生成的基元使搜索图的顶点均匀地覆盖构型空间。
- 对运动学和时空约束的考虑，由晶格上的运动基元隐式处理（Pivtoraiko et al, 2009）。
- 它们可以离线计算，以便快速在线重规划（尽管在规避操作中并不总是非常有效）。

由于其固有的固定结构和显著的内存需求，这种搜索空间策略的主要缺点在于对反应式规划的局限性。此外，在一些复杂的环境中，到达目标位置所需的高密度运动图可能是难以计算的。为了克服后一种限制，可以定义一个适应环境的晶格。例如，使用由车道标识和中心线定义的时空演变上的规则采样点（Xu et al, 2012）。其他方法则提出通过学习晶格来模拟真实驾驶员行为，以进行预设的操控动作（Yao et al, 2012）。

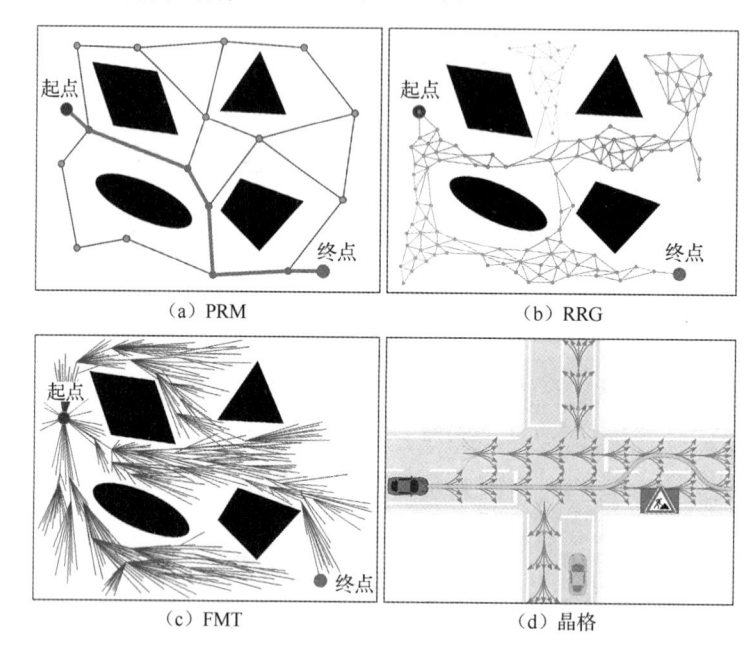

（a）PRM

（b）RRG

（c）FMT

（d）晶格

图 5.4　PRM、RRG、FMT 和晶格

5.5　行车走廊

行车走廊表示法使用基于图技术的替代技术来表示构型空间。与前面提到的大多数技术相反，它并没有出现在机器人学界，而是作为道路路径规划特性的具体解决方案。

哈迪（Hardy）等人提出，可以使用基于栅格的离散表示形式，在非结构化环境中定义无障碍行车走廊（Hardy et al, 2008）。在结构化环境中，如在路网中行驶，则可以使用先验信息（如车道的数量和宽度）与感测障碍物信息的组合来识别无障碍行车走廊（Godoy et al, 2019）。

这些走廊利用道路边界和障碍物位置来生成一组自由的时空演变走廊，一些作者称之为预测走廊（Trentin et al, 2021）。在该技术的一种变体中，从初步的静态分解中构建了一个带有速度障碍（Velocity Obstacles，VO）的动态走廊。该方法返回自车所有可能导致碰撞的速度集合（Fiorini and Shiller, 1998）。在时空表示之外的速度可以确保在假设障碍物速度预测正确的情况下不会发生碰撞。然后，通过连接图或基于约束的优化方法来解决通行通道。

第 5 章　运动搜索空间

环境中障碍物的存在将运动规划问题的搜索空间分割成不同的"轨迹集",这些轨迹集在不与障碍物发生碰撞的情况下,可以通过逐渐弯曲和拉伸相互转换(Manzinger et al, 2020)。行车走廊非常适合对这些集合进行建模并施加各自的时空约束[见图 5.5(a)]。基于集合的可达性分析——旨在确定从初始状态开始,随着时间的推移车辆所能到达的状态集——特别适用于在复杂场景中开发行车走廊的表示形式[见图 5.5(b)]。

类似于本德尔等人的研究(Bender et al, 2015),提出了分割构型空间并构建相应驾驶走廊的替代策略;前者使用同伦法从路径速度分解中枚举可能的机动变体,后者提出了一种无碰撞四单元分割方法来设计时空转移图。尽管这些方法有很大差异,但它们都有一个主要的缺点:计算时间长。

值得注意的是,在有数字地图的一般驾驶环境中,存在有助于构建这些行车走廊的工具。实际上,该数字地图在拓扑和几何方面都必须是完备的,提供其元素及其关系的精确描述。Lanelet 模型(Bender et al, 2014)通过 Lanelet 元素对环境的相关部分进行探索。这些元素是原子性、相互连接的可行驶路段,在几何上用点列表近似的左右边界来表示,最终产生一条折线。Lanelet 可以组成任何具有车道、道路和交叉路口的道路网络,并可作为任意行车走廊(甚至一些基于图或采样的)搜索空间方法的基础。

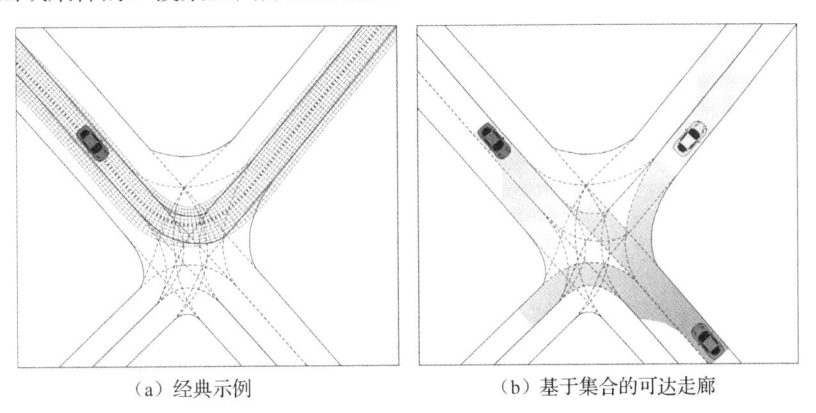

（a）经典示例　　　（b）基于集合的可达走廊

图 5.5　行车走廊示例

参考文献

Artuñedo, A., Villagra, J., Godoy, J., Del Castillo, M.D., 2020. Motion planning approach considering localization uncertainty. IEEE Trans. Veh. Technol. 69 (6), 5983–5994.

Bender, P., Ziegler, J., Stiller, C., 2014. Lanelets: efficient map representation for autonomous driving. In: 2014 IEEE Intelligent Vehicles Symposium Proceedings, pp. 420–425.

Aurenhammer, F., 1991. Voronoi diagrams—a survey of a fundamental geometric data structure. ACM Comput. Surv. (CSUR) 23 (3), 345–405.

Bender, P., Taş, Ö.Ş., Ziegler, J., Stiller, C., 2015. The combinatorial aspect of motion planning: Maneuver variants in structured environments. In: 2015 IEEE Intelligent Vehicles Symposium (IV), pp. 1386–1392.

Bennett, J., 2010. OpenStreetMap. Packt Publishing Ltd.

Borenstein, J., Koren, Y., 1991. The vector field histogram-fast obstacle avoidance for mobile robots. IEEE Trans. Robot. Autom. 7 (3), 278–288.

Burlet, J., Aycard, O., Fraichard, T., 2004. Robust motion planning using Markov decision processes and quadtree decomposition. In: IEEE International Conference on Robotics and Automation, 2004. Proceedings. ICRA'04. vol. 3, pp. 2820–2825.

Claussmann, L., Revilloud, M., Gruyer, D., Glaser, S., 2019. A review of motion planning for highway autonomous driving. IEEE Trans. Intell. Transp. Syst. 21 (5), 1826–1848.

Danescu, R., Nedevschi, S., 2013. A particle-based solution for modeling and tracking dynamic digital elevation maps. IEEE Trans. Intell. Transp. Syst. 15 (3), 1002–1015.

Dolgov, D., Thrun, S., Montemerlo, M., Diebel, J., 2010. Path planning for autonomous vehicles in unknown semi-structured environments. Int. J. Robot. Res. 29 (5), 485–501.

Fiorini, P., Shiller, Z., 1998. Motion planning in dynamic environments using velocity obstacles. Int. J. Robot. Res. 17 (7), 760–772.

Fox, D., Burgard, W., Thrun, S., 1997. The dynamic window approach to collision avoidance. IEEE Robot. Autom. Mag. 4 (1), 23–33.

Godoy, J., Artuñedo, A., Villagra, J., 2019. Self-generated OSM-based driving corridors. IEEE Access 7, 20113–20125.

Godoy, J., Jiménez, V., Artuñedo, A., Villagra, J., 2021. A grid-based framework for collective perception in autonomous vehicles. Sensors 21 (3), 744.

Gu, T., Dolan, J.M., Lee, J.W., 2016. Runtime-bounded tunable motion planning for autonomous driving. In: 2016 IEEE Intelligent Vehicles Symposium (IV), pp. 1301–1306.

Hardy, J., Campbell, M., Miller, I., Schimpf, B., 2008. Sensitivity analysis of an optimization-based trajectory planner for autonomous vehicles in urban environments. In: Unmanned/Unattended Sensors and Sensor Networks V. vol. 7112, p. 711211.

Howard, T.M., 2009. Adaptive Model-Predictive Motion Planning for Navigation in Complex Environments. Carnegie-Mellon Univ Pittsburgh PA Robotics Inst.

Janson, L., Schmerling, E., Clark, A., Pavone, M., 2015. Fast marching tree: A fast marching sampling-based method for optimal motion planning in many dimensions. The International journal of robotics research 34 (7), 883–921.

Johnson, J., Hauser, K., 2013. Optimal longitudinal control planning with moving obstacles. In: 2013 IEEE Intelligent Vehicles Symposium (IV), pp. 605–611.

Kant, K., Zucker, S.W., 1986. Toward efficient trajectory planning: the path-velocity decomposition. Int. J. Robot. Res. 5 (3), 72–89.

Karaman, S., Frazzoli, E., 2011. Sampling-based algorithms for optimal motion planning. Int. J. Robot. Res. 30 (7), 846–894.

Katrakazas, C., Quddus, M., Chen, W.H., Deka, L., 2015. Real-time motion planning methods for autonomous on-road driving: state-of-the-art and future research directions. Transport. Res. Part C: Emerg. Technol. 60, 416–442.

Kavraki, L.E., Kolountzakis, M.N., Latombe, J.C., 1998. Analysis of probabilistic roadmaps for path planning. IEEE Trans. Robot. Autom. 14 (1), 166–171.

Kuan, D., Zamiska, J., Brooks, R., 1985. Natural decomposition of free space for path planning. In: Proceedings. IEEE International Conference on Robotics and Automation. vol. 2, pp. 168–173.

LaValle, S.M., 1998. Rapidly-Exploring Random Trees: A New Tool for Path Planning. The Annual Research Report. Computer Science Department, Iowa State University.

LaValle, S.M., Branicky, M.S., Lindemann, S.R., 2004. On the relationship between classical grid search and probabilistic roadmaps. Int. J. Robot. Res. 23 (7–8), 673–692.

Lee, U., Yoon, S., Shim, H., Vasseur, P., Demonceaux, C., 2014. Local path planning in a complex environment for self-driving car. In: The 4th Annual IEEE International Conference on Cyber Technology in Automation, Control and Intelligent, pp. 445–450.

Lozano-Pérez, T., Wesley, M.A., 1979. An algorithm for planning collision-free paths among polyhedral obstacles. Commun. ACM 22 (10), 560–570.

Manzinger, S., Pek, C., Althoff, M., 2020. Using reachable sets for trajectory planning of automated vehicles. IEEE Trans. Intell. Veh. 6 (2), 232–248.

Moras, J., Cherfaoui, V., Bonnifait, P., 2011. Credibilist occupancy grids for vehicle perception in dynamic environments. In: 2011 IEEE International Conference on Robotics and Automation, pp. 84–89.

Paden, B., Čáp, M., Yong, S.Z., Yershov, D., Frazzoli, E., 2016. A survey of motion planning and control techniques for self-driving urban vehicles. IEEE Trans. Intell. Veh. 1 (1), 33–55.

Pivtoraiko, M., Kelly, A., 2005. Efficient constrained path planning via search in state lattices. In: International Symposium on Artificial Intelligence, Robotics and Automation in Space, pp. 1–7.

Pivtoraiko, M., Knepper, R.A., Kelly, A., 2009. Differentially constrained mobile robot motion planning in state lattices. J. Field Robot. 26 (3), 308–333.

Sanchez, C., Xu, P., Armand, A., Bonnifait, P., 2021. Spatial sampling and integrity in lane grid maps. In: 2021 IEEE Intelligent Vehicles Symposium Workshops, pp. 190–196.

Saval-Calvo, M., Medina-Valdés, L., Castillo-Secilla, J.M., Cuenca-Asensi, S., Martínez-Álvarez, A., Villagrá, J., 2017. A review of the Bayesian occupancy filter. Sensors 17 (2), 344.

Schreier, M., Willert, V., Adamy, J., 2015. Compact representation of dynamic driving environments for ADAS by parametric free space and dynamic object maps. IEEE Trans. Intell. Transp. Syst. 17 (2), 367–384.

Schubert, R., Scheunert, U., Wanielik, G., 2008. Planning feasible vehicle manoeuvres on highways. ET Intelligent Transport Systems 2 (3), 211–218.

Takahashi, O., Schilling, R.J., 1989. Motion planning in a plane using generalized Voronoi diagrams. IEEE Trans. Robot. Autom. 5 (2), 143–150.

Trentin, V., Artuñedo, A., Godoy, J., Villagra, J., 2021. Interaction-aware intention estimation at roundabouts. IEEE Access 9, 123088–123102.

Villagra, J., Milanés, V., Pérez, J., Godoy, J., 2012. Smooth path and speed planning for an automated public transport vehicle. Robot. Auton. Syst. 60 (2), 252–265.

Wang, B., Li, Z., Gong, J., Liu, Y., Chen, H., Lu, C., 2018. Learning and generalizing motion primitives from driving data for path-tracking applications. In: 2018 IEEE Intelligent Vehicles Symposium (IV), pp. 1191–1196.

Weiherer, T., Bouzouraa, S., Hofmann, U., 2013. An interval based representation of occupancy information for driver assistance systems. In: 16th International IEEE Conference on Intelligent Transportation Systems (ITSC 2013), pp. 21–27.

Xu, W., Wei, J., Dolan, J.M., Zhao, H., Zha, H., 2012. A real-time motion planner with trajectory optimization for autonomous vehicles. In: 2012 IEEE International Conference on Robotics and Automation, pp. 2061–2067.

Yao, W., Zhao, H., Davoine, F., Zha, H., 2012. Learning lane change trajectories from on-road driving data. In: 2012 IEEE Intelligent Vehicles Symposium, pp. 885–890.

第 6 章

运动规划

6.1 问题定义

运动规划功能负责从决策系统的行为层提供的当前状态到目标构型之间计算出一条安全、舒适且动态可行的轨迹。它考虑车辆周围静态和动态障碍物的信息,并生成一个无碰撞轨迹,满足车辆运动的动态和运动学约束。根据所选择的策略,运动规划器不仅可以最小化给定的目标函数(通常考虑行驶时间),还能够惩罚危险或不舒适的运动。在控制理论研究(LaValle,2006)中,运动规划有时是指构建非线性动力系统的输入,将系统从初始状态驱动到指定的目标状态。在机器人学界,这些与时间相关的输入通常与车辆动力学解耦,因此建议首先解决路径规划问题,然后构建最终的轨迹。

路径规划问题在于从车辆的可行驶空间 χ_{free} 中找到一条路径 $\sigma(\alpha):[0,1] \to \chi$,该路径从初始构型开始到达目标区域,同时满足给定的全局和局部约束。该定义包含三个关键概念,这些概念将贯穿整章内容。

初始构型与目标构型:规划问题通常涉及初始状态和目标状态或状态集(区域)。车辆的初始构型为 $x_{init} \in \chi$,并且要求路径在目标区域 $X_{goal} \subseteq \chi$ 结束。

构型空间:车辆所有允许构型的集合称为自由构型(或可行驶)空间 χ_{free}。自由构型是那些不会导致与障碍物碰撞的构型,但也可以包括强加给路径的其他运动学甚至动力学约束。

约束:路径上的微分约束由谓词 $D(x, x', x'', \cdots)$ 表示,可用于确保车辆路径的平滑度。通常考虑的动力学约束有车辆能够应对的最大曲率(甚至曲率导数)和曲率沿规划路径的连续性。

第6章 运动规划

特别需要强调的是曲率沿规划路径的连续性,因为曲率的不连续会使自动驾驶车辆无法跟踪路径。除这些约束外,还需要车辆能够舒适地行驶,即方向盘转角和转速不应导致车辆横向强加速。

根据是否考虑路径解的质量,使用可行和最优来描述路径。可行路径规划是指这样一类问题,即在不关注解的质量的情况下,确定出一条满足某些给定问题约束的路径;而最优路径规划是指这样一类路径求解问题,即求解一条优化质量标准 $J(\sigma):E(\chi) \to \mathbb{R}$ 的路径,并满足给定的约束 $D(x, x', x'', \cdots)$。

在上述路径规划框架中,所述的解并没有规定应该如何跟随最终的路径。因此,需要为该路径生成合适的速度剖面。在轨迹规划框架内,明确考虑了控制执行时间。这种考虑允许直接对车辆动力学和动态障碍物进行建模。在这种情况下,求解的轨迹由时参函数 $\pi(t):[0,T] \to \chi$ 表示,其中 T 为规划时域。与路径不同,轨迹规定了车辆的构型如何随时间演变,同时考虑车辆运动学和动力学约束(速度约束、加速度/加加速度约束,以及最终的导航舒适性);动态环境约束(如周围车辆的演变,采用确定性或概率性方法进行建模)。

文献中描述的大多数导航方法都依赖于对世界的确定性表示(假设其他车辆或行人的轨迹事先已知)。在这种假设下,静态环境中使用的路径规划方法可以通过添加时间维度扩展到动态情况(Fox et al, 1997)。一些策略适应驾驶场景的动态性,增强了世界模型或路径规划基础数据结构(Ferguson and Stentz, 2005)。另外,也可以明确考虑动态环境的时间约束(Petti and Fraichard, 2005),从而可以在任意时刻提供安全的路径。

概率世界模型比确定性模型需要更多信息,但它们也更具表现力,能够量化车辆在每种构型下的风险(见第5章)。将系统的状态和控制空间离散化,不确定性被建模为特定智能体所采取的行动(关于不确定性条件下的规划,详见第3章)。这种行动会影响系统的下一个状态,通常是未知的,这取决于系统的可观性及对驾驶场景和障碍物的了解,从而可能导致一个复杂的问题需要解决。

绝大多数在接下来的章节中描述的策略是由机器人学界设计并至今仍在使用的。的确,道路车辆与轮式机器人有很多相似之处,下面引用的许多研究方法最初就是为这些平台设计的。然而,汽车在有交通和具体规则的道路上行驶,引入了许多考虑因素和约束条件,这些因素和约束条件是本章的指导性主线。近年来,一些有意义的研究试图收集该领域产生的大部分知识(Paden et al, 2016;Claussmann et al, 2019;González et al, 2015)。以下内容深受这些研究的影响。在考虑完整约束和微分约束的情况下寻找最优路径的问题被称为 PSPACE[①]难题。最初的

---

① 译者注:多项式空间(Polynomial Space,PSPACE):在计算复杂性理论中,PSPACE 是确定型图灵机可在与输入大小有关的多项式空间中求解的所有决策问题的集合。

研究主要集中在多边形环境中完整车辆模型的可行路径规划上。坎尼在其研究（Canny，1988）中证明了在用多项式表示的自由空间中进行可行路径规划的问题属于 PSPACE 问题，并将无微分约束的可行路径规划决策表示为 PSPACE 完全问题。

在最优规划的形式化中，其目标是找到最短的无障碍路径。人们早就知道，在具有多边形障碍物的平面环境中，可在多项式时间内求出完整约束车辆的最短路径（Storer and Reif，1994）。相比之下，拉扎德等人认为，通过多边形障碍物寻找最短曲率受限路径问题是 NP[①]难题（Lazard et al，1998）。

一个特殊情况是在无障碍环境中可以有效计算的最短曲率受限路径。杜宾斯证明了在给定的两点之间曲率有界且具有起点/终点方向约束的最短路径是一条最多由三段路径组成的曲线，每段路径都为圆弧段或直线（Dubins，1957）。波松纳特和拉扎德将这一结果进一步应用于有障碍物的类车机器人，他们提出了一种多项式时间算法，用于在障碍物具有有界曲率边界的环境中求解精确的曲率有界路径（Boissonnat and Lazard，1996）。

除以上两个例子外，在大多数自动驾驶场景中，路径规划问题的精确解在计算上是难以求解的（Lazard et al，1998）。因此，人们常采用数值逼近方法。这些方法通常试图求解令人满意的解或一系列收敛到最优解的可行解。其中最流行的数值方法如下所述。

- 利用合适的参数化和半参数化曲线的几何方法（第 6.2 节）。
- 将问题表述为函数空间中的非线性优化的变分方法（第 6.3 节）。
- 基于采样的方法，逐步构建从车辆初始状态到可达状态的树形结构，然后选择这样一棵树的最佳分支（第 6.4 节）。
- 构建车辆运动的图形离散化的图搜索方法（第 6.5 节）。
- 基于认知启发的方法，依赖于对特定情况先前知识的评估（第 6.6 节）。需要注意的是，这些方法通常提供更高级别的规划方案，因此与行为规划密切相关（第 3 章）。
- 仿生方法，模拟自然界中的物理现象（第 6.7 节）。

在采样法中，搜索空间是离散的，在小且难以到达的搜索空间中可能无法求解。优化技术被应用来克服这些离散化效应，通过最小化与一组状态和输入约束相关的成本函数。这些方法因能够快速收敛至局部最优解而具有吸引力。然而，由于它们仅收敛到局部极小值，因此其适用性受到限制。图搜索方法试图通过在路径空间的离散形式中执行全局搜索来解决该问题，其中的路径空间是由运动基元生成的。在某些具体情况下，这种固定的图离散化可能会导致错误或次优解，此时，增量搜索技术可能会有用，该技术对于任意运动规划问题实例（如果存在）能给出更具适应性和可行性的路径。作为代价，验证此完备性所需的计算时间对于实时系统来

---

① 译者注：非确定型多项式（Non-Deterministic Polynomial，NP）。

说可能是难以接受的。机器学习方法已成功应用于解决路径规划问题（Aradi，2022）。然而，这些方法尚未适应汽车应用中所需的临界安全性，主要因为它们难以验证（Schwarting et al，2018）。

所有这些方法都旨在为精确（最优）路径规划问题找到最合适的近似解。在规划轨迹时，时空间的相互关系出现在计算适应速度曲线（第 6.8 和 6.9 节）或同时处理路径和速度规划（第 6.10 节）时。

6.2 几何法

几何法已通过参数和半参数基元广泛用于结构化驾驶环境中。该方法采用率之所以很高的两个主要原因为：大多数道路都是由一系列简单且预定义的曲线[直线、圆和回旋曲线（Fleury et al，1995）]建造的；预定义曲线集很容易作为候选解集进行实施和评价。此外，由于其中一些基于曲线的算法固有地考虑了车辆的运动学约束，因此广泛用于解释中低保真度的车辆动力学，从而补充了其他方法（如采样法或图搜索方法）。

这些基于模板的方法可以通过不同的方式加以利用：无点曲线用来从一组候选解中建立运动学上可行的路径；基于点的曲线用来拟合一组选定的路点（采样点或单元格）。第一个例程通常需要决策器返回最实用的机动，而第二个例程在拟合路径或轨迹之前需要进行空间分解（详见第 5 章）。

6.2.1 基于无点模板的几何策略

基于无点模板的几何策略指的是利用触须的晶格原理：触须不是用给定的空间分解来搜索潜在的路点的，而是基于基元的参数曲线，如直线、圆、回旋曲线、S 形曲线或不同类型的多项式（如图 6.1 所示为其中的一些示例）。每个触须都是通过改变车辆朝向参数（如方向盘角度或加加速度）或更多几何设计参数（如曲率和曲率导数的范围）获得的。与依赖于先前搜索空间分解的其他方法相比，该方法的一个重要优势是降低了计算量。除此之外，还可以离线计算触须作为轨迹数据库。如上所述，直线和圆路径是对曲率及起点/终点位置有约束的最小长度曲线解。尽管该方法在低速下操作简单且性能良好，但由此产生的路径曲率导数是不连续的，因此非完整约束（可以瞬间向前或向后移动，但不能横向移动）的道路车辆无法跟踪该路径。

为了解决这个问题，提出了不同的策略。金山和哈特曼的研究（Kanayama and Hartman，1997）表明，使用代价函数，如对曲率或曲率导数的平方积分，可以得到拼接的回旋曲线或三次螺旋线。回旋曲线是一种曲率为其弧长的线性函数的曲线。事实上，道路的设计就是以这种方式将直线和圆与回旋曲线函数连接起来，得到一个曲率连续的函数。艾莉娅（Alia）等人根据间距、曲率变化和轨迹朝向准则选择回旋曲线触须，用于超车轨迹（Alia et al，2015）。

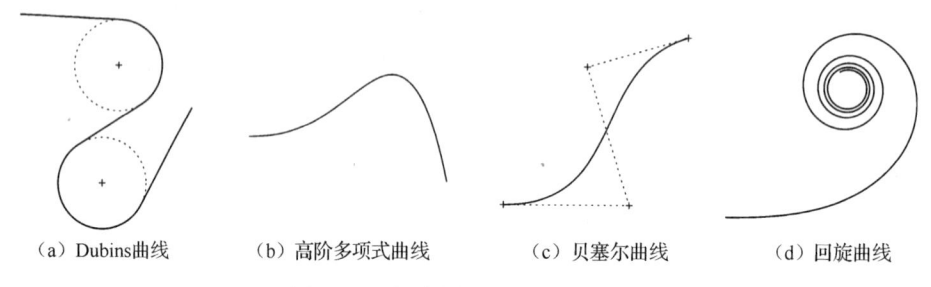

（a）Dubins曲线　　（b）高阶多项式曲线　　（c）贝塞尔曲线　　（d）回旋曲线

图6.1　几何路径规划基元图示方案

苏斯曼提出了Dubins曲线的改进形式，其中控制量是角加速度而不是角速度（Sussmann，1997）。弗雷夏尔和朔伊尔使用苏斯曼论文中描述的一组最优曲线（直线段、圆弧和回旋曲线）来实现基于Dubins曲线族的算法，将简单的转向修改为曲率连续的转向（借助回旋曲线）（Fraichard and Scheuer，2004）。使用此策略，沿路径的曲率剖面是连续的梯形。然而，在回旋曲线生成的圆弧与直线段间的每次过渡中，路径都呈现出方向盘角速度的不连续性。它的生成需要一个迭代构造的过程，这会增加计算时间，从而得到许多可供选择的基本基元。

- 坐标具有闭合表达式的曲线：B样条曲线（Komoriya and Tanie，1989）、极坐标样条曲线（Nelson，1989）、心形曲线（Vendittelli et al，1999）、G^2样条曲线（Villagra and Mounier，2005）、η^n样条曲线（Bianco and Gerelli，2009）、S形曲线（Claussmann et al，2015）和贝塞尔曲线（Artuñedo et al，2018）。
- 曲率为其弧长函数的曲线：回旋曲线（Villagra et al，2012）、三次螺旋线（McNaughton et al，2011）和本征样条曲线（Delingette et al，1991）。

需要注意的是，上述的许多研究不仅提出了基元类型，而且经常将其用在考虑了中间路点的更上层规划中。因此，它们也可以包含在下一节中，其中假设相关控制点是在构型空间内识别的。

6.2.2　基于点模板的曲线

基于点模板的曲线非常适合几何约束环境，并确保符合自车的动力学约束。其基本原理是确定环境中的控制点，并将它们与特定的基元相匹配。它们还可以用于其他运动规划算法中的平滑。在这方面，值得一提的是人们对半参数样条曲线的关注，这类曲线描述了对多项式插值的改进。该方法依赖于将曲线定义为一组拼接的分段低阶多项式。例如，齐格勒和斯蒂勒生成了适应道路形状的五次样条轨迹（Ziegler and Stiller，2009）。

第 6 章 运动规划

在某些情况下,曲率连续性无法保证,而在许多其他情况下,基元要么难以参数化,要么是非解析的,因此计算复杂且不可预测。贝塞尔曲线具有闭式表达式,从而降低了计算量,并提供了选择参数的直观方法。的确,它们的解析性质不仅可以计算快速曲线和曲率表达式,还可以利用特定的曲线特性,如凸包性质或曲线交点,计算极其有效的碰撞检查策略。

一些研究中提出了对称贝塞尔曲线的组合(Yang and Sukkarieh,2010),或三次贝塞尔曲线与线段的平滑连接(Choi et al,2008);还有一些提出了均匀松弛 B 样条(Artuñedo et al,2017),对曲率连续的贝塞尔曲线进行拼接,以便获得更加可行的解。在其他应用环境中,如陈等人的研究(Chen et al,2013)提出了使用贝塞尔曲线从几个路点中对基元路径进行平滑处理以确保运动学可行性,从而规避静态障碍物并最大限度地降低乘坐舒适性标准。

一旦选择了一组路径基元,无交通路径规划就变成了一个优化问题,其目标是选择连接起点和终点所需的最小路点数,同时考虑道路几何形状与舒适性约束。一般可以表示如下:

$$\arg\min_{\sigma \in E(\chi)} J(\sigma)$$
$$\text{subj.} \sigma(0) = x_{\text{init}} \text{ 且 } \sigma(1) \in X_{\text{goal}}$$
$$\sigma(\alpha) = \chi_{\text{free}}, \forall \alpha \in [0,1]$$
$$D(\sigma(\alpha), \sigma(\alpha)', \sigma(\alpha)''), \forall \alpha \in [0,1]$$

为此可以应用多个优化准则和方法(Ziegler et al,2014)。然而,由于没有绝对的轨迹质量指标,因此很难确定最合适的优化准则。最常见的准则为考虑以下函数:路径曲率及其一阶和二阶导数,以及从路径到行车走廊中心线的垂直距离。

插值曲线规划器利用车辆的当前姿态和曲率,以及一些路径点来获取最终要遵循的路径。该路径需要具有连续的曲率,并且必须尽可能高效。为此,可使用不同的插值方法,始终保证路径上的几何连续性。在贝塞尔曲线的特定情况下,可能会出现不同的稳定性问题,导致一个路径点位置的微小局部变化对整个曲线形状产生无限影响。通常来说,对于插值样条,在稳定性和高阶之间存在一种权衡。阿图涅多(Artuñedo)等人对不同的优化方案和算法进行了深入比较。结果表明,当有两个优化阶段时:首先撒点,然后执行参考点,性能趋势会增加——有时会导致计算量过大(Artuñedo et al,2018)。同样值得注意的是,最好的结果是通过五次贝塞尔曲线获得的。这可能是由于三次 B 样条曲线的可调性与稳定性低于五次贝塞尔曲线。

6.3 变分与最优法

如前文所述,杜宾斯的开创性工作首次提出了一种从一个点到另一个点的最短路径集(由圆弧和线段组成)。在此范围内(自由环境中的路径规划),人们已对该结果进行了若干扩展[如瑞兹和谢普的研究(Reeds and Shepp,1990)中提出将杜宾斯的结果推广到前向/后向移动]。

所有这些结果在实际轮式机器人上实施时都不尽如人意，因为在圆-线段过渡过程中，路径曲率剖面不连续。的确，方向盘的角度在经过连接点时必须立即被改变，这在物理上是不可能，也是不可取的。当使用庞特里亚金极大值原理求解该问题时，初步的分析表明，由解得到的机动轨迹是砰砰[①]轨迹（就像简单的杜宾斯问题中的情况一样），并且可以合理地猜测这些轨迹将具有有限次数的切换。然而，可以证明这种系统的最优轨迹包含无限的颤振。为了解决这个问题，已经有一些研究中提出利用变分法求近似解。在这种情况下，使用非线性连续优化技术求解以下通用的轨迹规划问题（请注意，可将路径规划描述为单位时间间隔内的轨迹优化）：

$$\arg\min_{\pi \in \Pi(\chi,T)} J(\pi)$$
$$\text{subj.} \pi(0) = x_{\text{init}} \text{ 且 } \pi(T) \in X_{\text{goal}}$$
$$\pi(t) = \chi_{\text{free}}, \forall t \in [0,T]$$
$$D(\pi(t), \pi'(\alpha), \pi''(\alpha)), \forall t \in [0,T]$$

该问题的解不再表示为几何描述（路径），它还包括时间约束，可以获得速度剖面（在某种意义上，下面描述的方法也可以包含在第 6.10 节中）。为此，有必要将轨迹的无限维函数空间投影到有限维向量空间，并将其重新表述为

$$\arg\min_{\pi \in \Pi(\chi,T)} J(\pi)$$
$$\text{subj.} \pi(0) = x_{\text{init}} \text{ 且 } \pi(T) \in X_{\text{goal}}$$
$$f(\pi(t), \pi'(\alpha), \pi''(\alpha)) = 0, \forall t \in [0,T]$$
$$g(\pi(t), \pi'(\alpha), \pi''(\alpha)) \leq 0, \forall t \in [0,T]$$

其中完整约束和微分约束表示为方程和不等式组。获得（次）最优轨迹的通用技术可以分成两类：直接法和间接法。

- **直接法**：将最优解的近似解限制在 (χ, T) 的有限维子空间，该子空间具有通过不同类型的非线性连续优化技术获得的一组参数，所述的非线性连续优化技术通常为基于配置的积分器（Ziegler et al，2014）、伪谱法，甚至微分动态规划（Differential Dynamic Programming）（Huang et al，2014）。
- **间接法**：通过求解满足庞特里亚金极小值原理建立的最优性条件的解来解决该问题。为此，该方法将状态/控制变量离散化，并将轨迹问题转换为参数优化问题，通过非线性规划（Dolgov et al，2010）或随机技术（Haddad et al，2007）进行求解。

前面描述的大多数方法都可以在（准）静态环境中对路径规划问题进行求解。因此，尽管这些变分法在多种情况下有用，但它们的适用性受到收敛至局部极小值的限制。由于许多驾驶场景是动态且随机的，无法完全先验地预测，因此模型预测控制（Model Predictive Control，

[①] 译者注：砰砰（bang-bang）一词多用在控制工程领域，如 bang-bang 控制，也称为起停式控制、开关控制、继电器式控制等，本文的砰砰轨迹是指轨迹的曲率不连续。

MPC）方法常用于自动驾驶功能中的路径规划。MPC 以递归的方式求解一系列有限时间的轨迹优化问题，并且在其规划过程中可以考虑环境状态的演变。事实上，MPC 基于动力学模型预测未来的状态和控制参数，前面描述的车辆模型可以使用这种方法来实现。MPC 的主要优势是可以根据车辆模型和交通场景显式定义和更新动力学约束。车辆运动的安全性（其特征为保持在道路边界内或避免与其他交通参与者发生碰撞等）也可以由鲁棒模型预测控制公式来约束。

6.3.1 MPC 架构

MPC 架构解决方案基于最小化过程，整合了系统的未来状态信息，以生成驾驶环境中的最优轨迹。优化（最小化）过程由目标函数、简单或复杂的自车运动模型及约束组成。约束有多种类型，包括车辆动力学、控制动作极限及自车周围的状态（车辆、行人、障碍物等）。MPC 系统的两个主要组成部分——预测模型和目标函数，详细描述如下。

- **预测模型**：预测模型对于生成高质量的解非常重要，因为有必要对系统中涉及的过程进行详细建模。该模型对自车在未来时刻的状态进行评估。数学符号更具扩展性，用 $x(t+k|t)$ 表示在时刻 t，未来 $t+k$ 时刻的过程状态。未来样本的数量和空间分布是为了求解而需要确定的重要参数。如果样本的数量多，计算时间会增加，而如果空间分布广，则可能影响参考信号的调整。当速度大于 5m/s 时，自行车模型和动力学模型因其简单性及对车辆行为的正确描述，是与自车相关的 MPC 架构中最常用的模型。车辆的侧偏角、轮胎横向力及车辆的功率比等因素仅在动力学模型中考虑。强调使用基于人工智能技术的模型对自车周围动态目标的状态进行估计，因为它们可以改进 MPC 决策。

- **目标函数定义**：有多种方式可以定义目标函数，以获得控制法则、控制动作或需要遵循的路径。其目的是在定义的预测时域内，预测输出 $\hat{y}$ 跟随参考信号 y_{ref}。同时，控制量 Δu 必须为实现此目标而受到惩罚。实现该目标的通用表达式描述如下，参数 N_1 和 N_2 分别是预测时域的最小值和最大值，N_u 是控制时域，控制时域不必与预测时域的最大值一致。边界 N_1 和 N_2 表示期望输出能紧密跟随参考轨迹的间隔。系数 $\sigma(j)$ 和 $\lambda(j)$ 是对未来行为加权的序列，通常为常数或由指数表达式定义。例如，表达式 $\delta(j) = \alpha^{N_2-j}$，其中 α 的定义区间为[0, 1]，远处误差比近处误差受到更多惩罚，从而生成软控制动作和较小的控制量。如果 $\alpha>1$，附近的误差会受到更多惩罚，得到更严格的控制动作。另一种选择是在目标函数中包含一个自适应人工势场。势场的构建考虑了加速度、减速度、车体质量和道路的结构元素。当势场考虑车道几何形状、障碍物及自车周围的车辆时，优化器为路径规划系统实现最优解。优化过程使用势场值并选择值最小的路径。因此，目标函数不仅只有二次元素，如下式：

$$J(N_1, N_2, N_u) = \sum_{j=N_1}^{N_2} \delta(j)(\hat{y}(t+j|t) - \omega(t+j))^2 + \sum_{j=1}^{N_u} \lambda(j)(\Delta u(t+j-1))^2$$

此外，向优化过程添加约束时，还考虑了安全性或驾驶舒适性等因素。下式描述了一种常规的表示方式，θ 为一组设计参数，N 为与车辆动力学和障碍物/道路限制相关的约束数量：

$$\arg\min_{\theta} J(\theta)$$
$$\text{subj.} g_i(\theta) \leq 0, i = 1, N$$

在实践中，MPC 技术在优化过程中加入了约束，因为执行器对其最大范围和响应速度有限制。然而，在优化过程中考虑这些约束还有其他原因：将设计变量限制到给定模型、满足系统的动力学限制、阻止最终的路径与障碍物发生碰撞等。加入约束使优化过程更加复杂，增加了计算时间。

6.3.2 优化技术

MPC 系统根据解的质量，为含约束的优化过程提供了两种类型的解，即最优解和可行解。一个灵活的优化过程在没有得到最优解的情况下，总是在满足限制或约束的情况下得到可行解。然而，在其他一些情况下，可能需要最优解来解决路径规划问题，这是改进系统特性的结果。

优化过程可以分为凸优化和非凸优化问题。在凸优化问题中，解对应于目标函数的全局最小值，而在二维问题中，解由旋转抛物面表示。相反，非凸优化问题的解具有多个局部极小值或驻点极小值。根据问题和约束的线性特征，使用线性规划（Linear Programming，LP）或非线性规划（NonLinear Programming，NLP）技术解决凸优化问题。当今最常见的非凸优化问题之一与学习神经网络有关。尽管神经网络由凸元素的矩阵乘法块组成，但是这些块级联的联合将优化问题转换为非凸优化问题，如图 6.2 和图 6.3 所示。

权重矩阵相乘 → 非线性凸元素 → 权重矩阵相乘 → 非线性凸元素

图 6.2　CNN 训练顺序

（a）非凸函数曲面　　　　（b）局部极小值问题

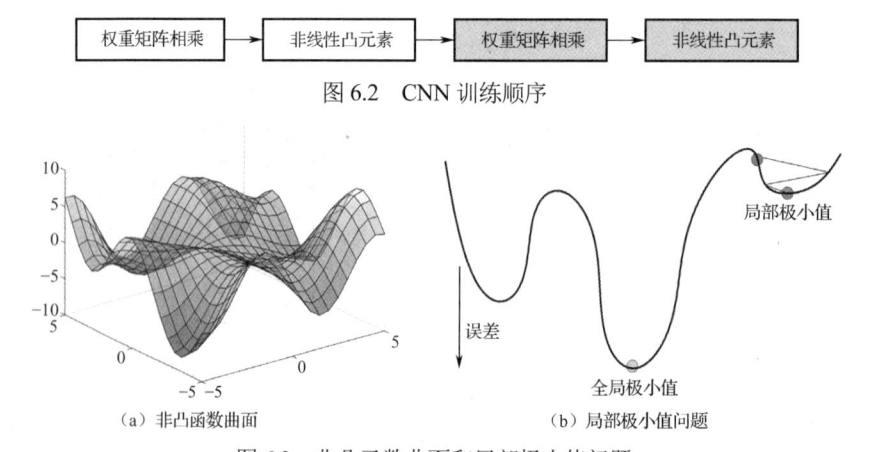

图 6.3　非凸函数曲面和局部极小值问题

现有技术描述了两种求解**非凸优化问题**的策略：局部非凸优化和全局非凸优化。

6.3.3 局部非凸优化

大多数优化问题是非凸的［见图 6.3（a）中的示例］，导致算法的解为局部极小值，而不是最优解。因此，通过改进梯度下降算法部分解决该问题，因为它不能保证达到全局最小值。增强梯度下降算法的两个最知名的提议是动量法和随机梯度下降。动量法在其搜索中对优化变量的变化速度进行评估，随机梯度下降对优化变量或权重随机地进行迭代更新。这两种技术都有助于避免陷入问题的局部极小值。另外，基于牛顿法的优化技术也展示了避免求解局部极小值的变体，尽管这也不能保证。图 6.3（b）展示了优化过程中局部最小值的问题。

在求解带约束的目标函数最小值的情况下，上述技术并不适用，而会应用线性规划问题或非线性规划问题方法将作为直接的约束优化方法。这些方法基于导数、偏导数、向量、矩阵、梯度、雅可比矩阵和黑塞矩阵，因为它们可以通过数值技术来求解。在实践中，由于目标函数和约束的非线性性质，MPC 技术通常使用带约束的 NLP 算法来求解。目前有多种求解方法，如序列线性规划（Sequential Linear Programming，SLP）、序列二次规划（Sequential Quadratic Programming，SQP）、序列最小二乘规划（Sequential Least Squares Programming，SLSQP）或广义约化梯度（Generalized Reduced Gradient，GRG）。由于在工作点处对目标函数和约束都进行了线性化处理，因此序列线性规划算法被称为割平面法（Cutting Plane Method）。这种交互过程通过约束线及表示待优化变量的轴所受到的切割对待优化变量的值进行限制。图 6.4 展示了算法的迭代过程及其操作图解演变。

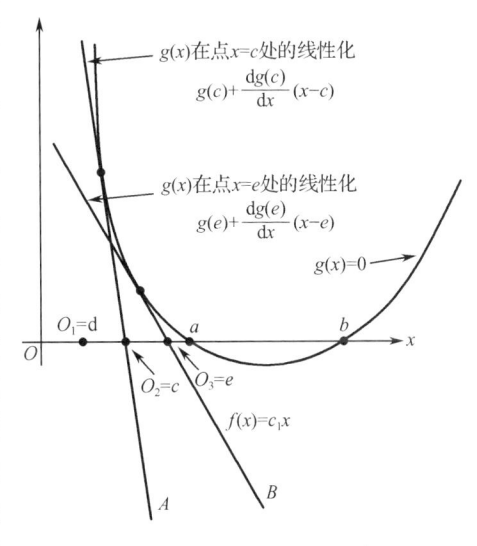

图 6.4 带约束的 1 维优化过程

6.3.4 全局非凸优化

元启发式技术通常应用于没有求解算法或无法实现最优方法的问题。大多数元启发式技术旨在解决优化问题。用于解决路径规划问题的基于种群的元启发式算法如下所述。

- **模拟退火**：其是一种全局随机搜索优化算法。这意味着该算法利用随机性作为搜索过程的一部分。这使得该算法适用于其他局部搜索算法运行效果不佳的非线性目标函数。与随机爬山局部搜索算法一样，它修改单个解，并对搜索空间的相对局部区域进行搜索，直到找到局部最优值。与爬山算法不同，它可能会接受较差的解作为当前的有效解。在搜索开始时接受较差解的可能性很高，并随着搜索的进行而降低，从而使算法有机会首先找到全局最优解的区域，避免局部最优解，然后爬升到最优解本身。王等人设计了一种基于多项式参数化的路径规划器，使用模拟退火算法对规划轨迹进行优化，规划出一条绕过障碍物并避免碰撞的躲避轨迹（Wnag et al, 2017）。规划的轨迹是一个六阶多项式，由七个参数参数化以满足约束条件。模拟退火优化技术在每个特定情况下对定义路径规划多项式的参数进行评估。下图[①]展示了该技术的超车行为。该研究没有应用 MPC 技术来跟踪多项式，尽管它定义了有车的运动模型、生成预测，并对其控制动作进行了评价。

- **遗传算法**：该算法属于基于个体群体的元启发式优化技术。该算法包括以下几个阶段，即种群的初始化，遵循问题的探索标准以避免过早收敛；通过应用适应度函数对个体进行评估，找出所提出的解决方案有多"好"；评估终止条件，以在到达最优解时停止该过程，保证最大迭代次数（代）或种群变化的阈值；只要其中一个终止条件未满足，就会进入以下阶段。
  - 选择：选择具有最高适应度值的个体。这些个体将用在交叉阶段。
  - 交叉：它是主要的遗传算子，表示有性繁殖，作用于两个个体，在结合父母双方特征的情况下产生两个后代。
  - 变异：对应于第二个遗传算子，随机对个体进行修改，使能够到达搜索空间中当前种群个体没有覆盖的区域。
  - 替换：一旦应用了遗传算子，就会选择最好的个体来形成下一代种群。

上述过程很容易适应 MPC 技术。在预测时域内排列的解或控制动作包含在遗传算法的种群概念中。因此，在遗传优化过程结束时，得到的结果代表满足适应度函数的最佳个体，对应于预测时域内的最佳控制动作。遗传算法的交叉和变异技术被应用于自车的控制动作上。遗传技术要求的计算时间较少，符合实时约束。此外，可以将约束引入遗传交叉和变异过程，以改善收敛性和计算时间，如以下策略。

- 道路的数学结构被定义为三次埃尔米特样条（Cubic Hermite Spline，CHS），其采用了动态的纵向和横向车辆行为模型，输入为方向盘转角和加速器压力（Arrigoni et al, 2022）。模型中涉及的所有变量都指定了上下界，并在优化过程中予以考虑。相对于车辆自身，还考虑了所检测到的障碍物需满足的约束条件。目标函数包括四项：成本函数的初值、车辆状态及其参考值之间的误差、模型和控制输入变量的变化，以及障碍物避障策略。每项都关联有一个权重。应用遗传算法技术，得到控制动作的值，用以生成车辆自身的

[①] 译者注：原著中未给出所述的插图，读者朋友可参阅本章参考文献（Wnag et al, 2017）。

第6章 运动规划

轨迹规划和瞬时控制动作。针对初始化阶段的设计，提出了三种方法。评估的适应度值对应于上面定义的目标函数的倒数。选择通常通过特定的数学方法进行适应度排序评估。文献中有许多不同的选择方法，如玻尔兹曼（Boltzmann）选择、排序选择和稳态选择。该研究使用轮盘赌选择（Roulette Wheel Selection）法进行选择。在交叉阶段，从种群中剔除不合理的解。然而，精英主义技术适用于保留最佳个体。变异过程根据变异准则随机修改种群，以免在收敛过程中引入过多的计算时间。最后，进行了时间分析，得出的结论是，所实现的算法对实时系统有效。

○ 杜等人通过应用遗传算法技术实现了非线性 MPC 控制器（Du et al, 2016）。与之前的研究类似，他们采用了动态的纵向和横向车辆行为模型。设计的目标函数不考虑障碍物避让。遗传算法在设计上进行了修改，不使用交叉操作。在评估目标函数时考虑约束，而不是在遗传过程中考虑，从而提高了遗传算法的收敛速度。初始化是随机的，并且依赖于之前的解。适应度函数为目标函数的倒数，它是方向盘转角和油门压力的函数。终止过程由最大收敛时间或适应度函数中的最大值定义。系统设计满足实时约束，并在模拟驾驶环境与自然驾驶环境中进行了验证测试。

● **粒子群优化（Particle Swarm Optimization，PSO）**是一种基于解集合（称为"粒子"）的元启发式算法。每个粒子根据数学规则在搜索空间中移动，考虑定义问题的每个粒子位置和速度，对粒子可以移动的位置和速度设置限制。每个粒子的运动是目前为止找到的最佳局部位置和其他粒子找到的最佳全局位置的函数。其目的是将粒子群快速推向收敛的最佳解。如果算法的具体参数选择不当，算法可能会产生局部极小值。基本的 PSO 算法产生了多种变体，如通过修改粒子初始化位置和速度的方法，或者通过改变速度调节技术，更新每个粒子的最佳已知位置和最佳全局位置等。PSO 对 MPC 架构的适用性在相关研究（Arrigoni et al, 2019）中得到了证明，该研究提出了一种基于加速粒子群优化（Accelerated Particle Swarm Optimization, A-PSO）算法的自动驾驶车辆非线性 MPC 运动规划器。所提出的算法由 MPC 公式优化问题组成，通过加速粒子群优化进行数值求解。它能够在考虑存在移动障碍物和约束（例如，车辆动力学和道路边界）的情况下充分应对城市环境。该系统提出了一个纵向和横向动态模型来估计自车运动，模型的输入变量为方向盘转角和加速器位置。目标函数考虑了车辆的实际状态和预测状态与参考状态之间的误差，以及与到检测到的物体的最小距离。

因此，到目前为止得出的结论如下。

● 非凸优化问题可以来自于神经网络系统学习过程中出现的级联凸优化问题。此外，通过应用基于 SLP 的优化技术（该问题在作用点上线性化）或使用元启发式优化技术来解决模型和约束非线性问题。所提出的大多数基于 MPC 的路径或轨迹规划系统在问题表述中都考虑了动态障碍物，确保了自车的鲁棒规划与控制。

- 所有 MPC 系统都定义了一个目标函数。我们可以考虑两类输入变量，即与自车控制动作相关的参数（方向盘角度和车辆加速度），或与评估自车待跟随路径规划相关的其他参数（多项式系数或特征）。在成本函数中考虑车辆控制变量的策略能够在一个过程中同时解决路径、轨迹规划和控制，简化了问题。然而，需要确保优化过程符合实时约束。
- 另一方面，基于评估超车操作的最佳样条解并不能解决控制或跟踪问题，其优势在于实时系统的限制较少。
- 通常，优化成本函数在其定义中引入二次项，也可以考虑其他选项。人工势场是一种策略，它在成本函数中不考虑二次项，只需优化场值即可。使用这种策略获得的结果非常有前景。

6.3.5 相关用例

MPC 已被广泛应用于许多领域。在下面的章节中，将详细描述两种互补的应用，包括迄今为止研究的不同策略：明确考虑舒适性和安全性的路径规划，以及避免静态和动态障碍物，包括超车操作。由于算法的复杂性，一些针对上述用例的研究不满足实时约束。然而，它们已经在模拟驾驶系统中得到验证，并且在真实汽车中的加速部署是一个开放的研究课题。

1. 考虑舒适性和安全性的策略

有两种方法可以满足舒适性和安全性约束。第一种方法是基于使用预测自车行为的纵向和横向模型，允许在求解过程中对轮胎受到的横向力进行限制，避免打滑和机动性失控。在需要紧急机动的情况下，如紧急转向，还需要考虑车辆的动力学限制，确保在任何时候都不会失控，保护乘客和环境的完整性。在路径规划和控制过程中也会考虑加速或减速限制，这将意味着舒适驾驶。第二种方法是通过限制规划轨迹的曲率和速度达到合理的舒适性和安全标准。在这方面，武尔茨等人开发了一种高速避障系统，可在尽可能短的时间内机动并促使车辆在其安全极限内运行（Wurts et al, 2018）。当车辆没有足够时间停止时，将执行这些机动操作，需要使用涉及侧向轮胎力和侧滑角分析的四轮动态模型，在其中定义非线性约束以解决问题。在优化过程中考虑的大量约束意味着系统不能充分收敛，因此应用 p-范数聚合技术来改善计算时间。在帕尔米埃里等人的研究（Palmieri et al, 2009）中，集成了线性时变模型预测控制（Linear-Time-Varying Model-Predictive-Control，LTV-MPC）算法，在突然变道或弯道超速进入时使用侧偏角控制器稳定车辆。使用 3DOF 非线性车辆模型设计 MPC 控制器来满足优化过程中的动力学约束，如侧偏角或轮胎横向力。

2. 避障和超车机动

由于其复杂性，避障和超车机动对自动驾驶和驾驶辅助系统来说特别有意义。列举的机动由三个串联的动作组成，包括换道、车道保持和车道返回。所描述的机动依赖于许多因素，如

第 6 章　运动规划

道路状况、天气状况、交通状况、底层车辆、车辆间的相对速度及车辆动力学。许多研究将其归类为动态避障机动，并应用势场技术作为解决方案。然而，势场为自车生成参考轨迹，而将轨迹的跟踪留给第二阶段。虽然该技术非常成熟，但其缺点是没有将车辆动力学纳入参考轨迹的选择中，并且在规划中缺乏灵活性或速度参考。

因此，获得的参考轨迹通常被称为次优轨迹。然而，通过 MPC 控制器和势场技术可以实现最优解。为此，将车辆的动力学行为和优化过程集成到解决方案中。在这种框架下，通过目标运动预测来处理避障或超车，遵循驾驶员的决策机制，试图预测目标的运动以便通过控制动作进行预测。这样，强大的短期和长期路径规划解决方案将考虑对自车周围元素的意图预测。在这一领域中，一些典型的研究将问题分解为两个阶段，一个是初始规划阶段，另一个是监控或控制阶段。

- 可米（Kim）等人（2017 年）和卢（Lu）等人（2020 年）提出了基于势场和 MPC 控制器的避障系统。这两个系统都基于两个阶段：轨迹规划和轨迹跟踪。轨迹规划阶段利用人工势场，考虑周围环境中的车辆、道路边界和车道中心。周围车辆的势场根据其相对速度自适应地调整形状。在可米等人的研究（2017 年）中，算法生成了若干可能的车辆跟随轨迹，根据周围环境的势场状态选择其中一个，通过解决优化问题生成问题的次优解。随后，使用 MPC 控制器跟踪在前一阶段选择的次优轨迹。卢等人的研究（Lu et al, 2020）则通过动态自车模型寻找势场的最小值，使路径规划和控制任务在同一阶段完成。
- 迪克西等人提出了一种用于执行自主超车操作的情境感知和轨迹规划框架。该方法结合势场函数和车辆可达集，识别道路上车辆可以向其导航的安全区域。MPC 控制器将评估过的安全区域作为参考，生成最优超车轨迹。该过程始终满足车辆的动态约束，是高速超车的强大解决方案。提议的系统包括人工势场、安全区域评估模块和自车规划与控制模块。人工势场映射了车辆的相邻区域，考虑了障碍物的位置、方向和相对速度。通过分析人工势场和车辆动态，确定了自车可以安全通行的兼容区域。最后，应用 MPC 控制器，安全区域作为参考，执行自车的超车控制动作，同时保持参考速度。
- 拉塔鲁洛（Lattarulo）和佩雷斯·拉斯泰利（Pérez Rastelli）（2021 年）将乘客的舒适性与贝塞尔曲线的平滑度及 MPC 的可靠性相结合，以应对意外情况，如车道上的障碍物、超车和基于换道的机动等。他们采用解耦的线性模型用于 MPC 的制定，以确保较短的计算时间。该方法考虑了模型预测控制和道路区域的时空预留来解决该问题。由此产生的协商提高了安全性，同时减少了对交通的影响。
- 伯恩托普（Berntorp）（2017 年）强调了动力学和运动学模型在解决路径规划问题中的重要性，因为在某个阶段，需要了解车辆的大致行为。统一路径规划与控制有巨大的潜力，但会使问题变得更加复杂且难以求解。因此，提出了分别使用以下两种计算成本可承受的技术来解决路径规划和控制问题：图搜索和基于采样的路径规划方法。

6.4 基于采样的方法

在机器人领域，基于采样的方法已被广泛研究和应用（Elbanhawi and Simic，2014）。本节将重点讨论该方法在自动驾驶车辆领域中的应用，特别是作为自主导航过程中决策制定的基础部分。

这类方法的出现是为了以一种通用的方式处理连续构型空间中的运动规划问题。在这方面，存在一些挑战，例如可能状态的无限不可数性，或者使用某些特定算法的困难性。车辆行驶的环境必须符合使用领域的描述：一个多维的连续构型空间或状态空间，此外，该空间还将受到车辆非完整运动和动态环境障碍物的限制（交通、行人、交通标志等）。

这些方法与本章中的其他方法大不相同，它们试图在自由空间（χ_{free}）中对有效的车辆构型进行采样，并避免这些构型与障碍物空间（χ_{obs}）发生碰撞。因此，它们与其他算法不同，其中有必要制定策略来避免陷入局部极小值，或设计某些具有单个最小值的势函数。

基于采样的方法有一个共同点，即对离散状态空间进行采样，其中每辆车可能的构型数量是有限的或可数无穷（在连续空间的情况下）。然而，在这些方法中可以强调以下两种不同的方法。

- 确定性方法：不考虑不确定性，通过图形表示不同的状态和转移。
- 概率方法：重点基于考虑不确定性的模型找到最优决策，允许动态规划。

6.4.1 确定性问题的一般表述

在确定性方法中，决策将主要基于行动的顺序而不是考虑时间。此外，对于下面的一般表述，假设状态空间是离散和连续的，并且在 χ_{free} 中邻近的构型容易到达（有一条容易计算的路径）。

基于采样的确定性方法的一般表述旨在避免对 χ_{free} 空间的完全计算和对 χ_{obs} 的显式构造。相反，它们对可能的不同构型进行采样，并以探索 χ_{space} 的方式将它们连接（LaValle，2006）。基于采样的方法能够有效地将状态空间离散化，但不能保证完备性。

为基于采样的方法定义完备性的概念很有意义。如果方法在有限时间内找到解（如果解存在的话），并且能够说出无解，那么它被认为是完备的。然而，这些方法无法达到这种完备性。相反，它们假设了更弱的完备性概念（概率完备性的松弛属性），即方法在无限运行时间内能够收敛到解，如果解存在的话。在这种情况下，密集性的概念变得很重要。这个通用概念是指随着迭代次数趋于无穷，计算的样本必须接近任意有效构型，因此可以认为它们是概率完备的（具有足够的点，求得存在解的概率趋于1）；然而，重要的是要考虑收敛速度，它有时很难估计。

1. 度量状态和测量函数

所有基于采样的方法都需要通过一个函数来测量状态空间中两个连通点之间的距离,这就产生了度量空间的定义。最常见的度量空间如下:$\mathbb{R}^n$ 中的 L_2 或欧几里得度量;$\mathbb{R}^2$ 和 $L_{\inf}$ 中的 L_1 或曼哈顿度量。

建立与所采用的采样策略一致的度量空间和测量函数至关重要,因为方法的性能在很大程度上取决于这种选择。一般来说,良好的选择有利于更有效地找到相邻解,因为该度量表明了连接不同构型的难度(Kingston et al,2018)。此外,根据采用的度量标准,可以使用一种类型的数据结构。

2. 采样策略

由于大多数基于采样的方法在有限的运行时间内终止,因此如何在 χ_{free} 中进行采样变得至关重要。所有采样技术的共同目标是实现密集的样本序列。从这个意义上说,密集的序列指的是在有限的时间内最终获得一个接近 χ_{free} 中所有点的任意序列。

其中一种最简单的应用的采样技术被称为随机采样,因为它可以很容易在 χ_{free} 中组合样本。该策略的一种替代方法是低分散性采样(Low-Dispersion Sampling),其中样本以最小化未覆盖区域的方式放置。这个想法与栅格分辨率有关。需要注意的是,在这两种情况下,采样方法仍被认为是确定性的。

3. 碰撞检测和路径段确认

一旦确定了采样策略,就有必要知道生成的构型是否与障碍物发生碰撞。通过碰撞检测模块可以探测 χ_{space} 中的有效连通性,其中运动规划方法单独考虑碰撞检测(就像一个黑盒)。这种方式,运动规划方法不依赖具有特定几何或运动学的模型(例如,3D 三角形、非凸多面体等)。这一思想可以解决许多其他执行 χ_{obs} 显式计算的方法无法解决的问题(LaValle,2006)。了解碰撞检测模块的内部工作原理很重要,因为大多数情况下方法执行时间的大部分都花费在这个阶段。这些方法可以非常多样化,从分层、增量到启发式方法不一而足。

最后,基于采样的运动规划方法需要确认计算出的整个路径是否在 χ_{free} 内。碰撞检测模块仅定义构型是否在 χ_{free} 中,因此在规划器和碰撞检测模块之间需要一个中间组件,用于执行路径段检查,而不是点到点确认,以避免涉及大量计算成本。因此,在路径确认的定义中,需要考虑所用方法的采样分辨率(Δx),以避免过多地调用碰撞检测步骤(小的 Δx),同时避免与小的障碍物发生碰撞(大的 Δx)。有一些经验策略用于定义 Δx,但通常难以实施并保证良好的性能。此外,在路径检查步骤中要考虑的另一个重要因素是确认样本的顺序。有研究表明,递归二进制策略是最佳选择(Geraerts and Overmars,2004)。

6.4.2 多查询方法与单一查询方法

需要注意的是，运动规划背景中的采样有两种含义：一种是状态空间的离散化，另一种是从一组无限的可能性中选择单个样本（Naumann，2021）。

第一种情况产生了图搜索方法，其中构型空间是连续但有限的。在这种情况下，图是构造出来的，并可以重复使用或多次查询，因此通常称为多查询方法，它是一种两步操作方法。

相反，关于第二种定义的采样，存在适用于连续和开放构型空间的单次查询方法。在这种情况下，为每个机器人和一组障碍物提供了一个初始点-目标点对（分别为 x_{init} 和 x_{goal}）。在这种情况下，不预先计算网络，因此不需要进行两步操作。

1. 单一查询方法

单一查询方法通常采用图 6.5 中所示的流程（LaValle，2006）。一般来说，它们类似于搜索方法。

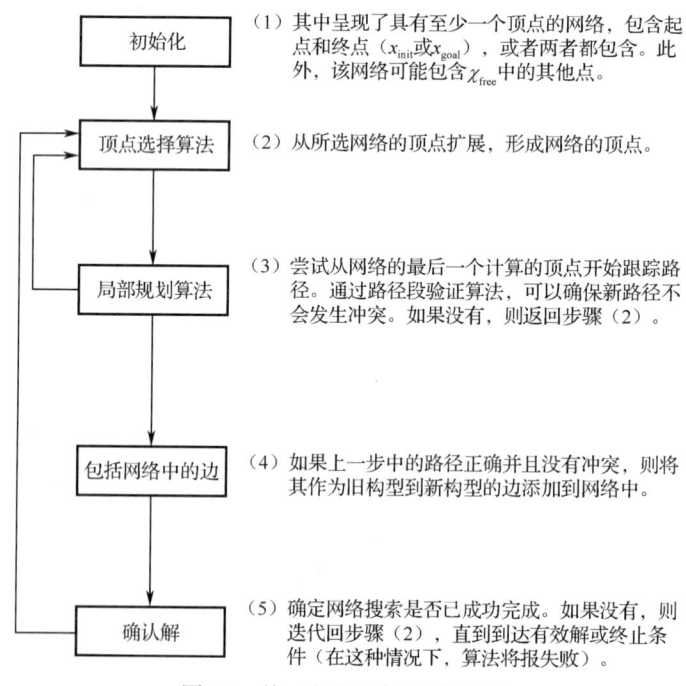

（1）其中呈现了具有至少一个顶点的网络，包含起点和终点（x_{init} 或 x_{goal}），或者两者都包含。此外，该网络可能包含 χ_{free} 中的其他点。

（2）从所选网络的顶点扩展，形成网络的顶点。

（3）尝试从网络的最后一个计算的顶点开始跟踪路径。通过路径段验证算法，可以确保新路径不会发生冲突。如果没有，则返回步骤（2）。

（4）如果上一步中的路径正确并且没有冲突，则将其作为旧构型到新构型的边添加到网络中。

（5）确定网络搜索是否已成功完成。如果没有，则迭代回步骤（2），直到到达有效解或终止条件（在这种情况下，算法将报失败）。

图 6.5 单一查询方法通用的流程

2. 多查询方法

多查询方法的目标是构建一个被称为路线图的拓扑图，以便快速找到每个给定的初始-目标点对(x_{init},x_{goal})的有效解决方案。与前面只给出一个点对的情况不同，这种情况下我们从几个初始-目标点对查询开始，形成了运动规划基于采样的方法的多查询形式。因此，它证明了在网络计算中投入的时间是合理的，并将对未来的查询提供快速响应。

这些方法开始在卡夫拉基等人提出的概率路线图（Probabilistic Roadmaps，PRM）研究（Kavraki et al，1996）中变得重要。它们可以实现前面定义的概率完备性。在这种情况下，通用的基于采样的多查询采样方法可以分成两个不同的阶段。

（1）路线图计算：在这种情况下，大量时间花在拓扑图的构建上，其中拓扑图的顶点集和边集包含在 χ_{free} 中，旨在提高未来查询的响应效率，并建立一个 χ_{free} 中的任意构型都可以访问的路线图。

① 初始化网络。

② 添加新的顶点。如果新搜索的位置在 χ_{free} 中的条件是满足的，则添加该顶点，否则（属于 χ_{obs}）迭代。

③ 搜索相邻的度点：通过局部规划算法（Local Planning Methods，LPM），尝试找到初始位置与相邻顶点间的连接。在这种情况下，实现方式通常多种多样（K-近邻、K 分量、半径、可见性等）。如果找到的路径没有碰撞，则连接有效。

④ 相同分量条件。验证新构型和相邻顶点不是网络的同一分量，以提高算法的效率。

⑤ 创建一条新的边。如果满足上述两个条件，则在网络中创建新的有效边。

（2）路径搜索：给定已成功连接到网络的一对 x_{init} 和 x_{goal}，它们之间存在的路径已经对应于 χ_{free} 中的路径。然后通过离散图搜索方法（见下文），选择构成解的顶点序列。

3. 自动驾驶中的确定性方法

在自动驾驶的背景下，使用了不同的确定性方法。例如，已经提到的路线图或基于栅格的规划，这两种方法都属于多查询方法。与这些方法相反的是快速扩展随机树（Rapidly Exploring Random Tree，RRT）和 RRT*方法（Kuffner and LaValle，2000；Hsu et al，1997；Ladd and Kavraki，2005；Sucan and Kavraki，2011）。RRT 构建一棵从 x_{init} 到 x_{goal} 的有效构型树，并且在每次迭代时从当前构型的随机样本中生成扩展。如果创建的分支成功连接到 x_{goal}，则算法终止。图 6.6 以图的方式展示了 RRT 在四个不同阶段迭代求解的方式。该方法的一种变体同时构建两棵树，一棵从起点开始，另一棵从目标点开始。另一种也是确定性但属于单一查询的方法，是基于增量采样的方法或者直接方法。在这种情况下，网络按所选的采样策略（如随机采样）递增，但必须确保没有后向轨迹。

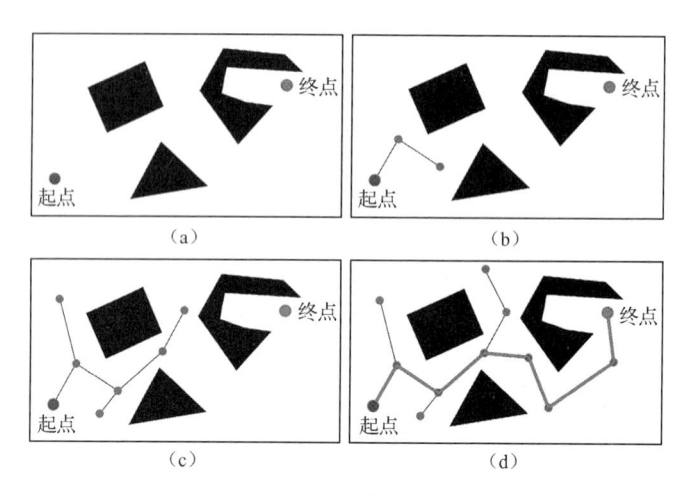

图 6.6　RRT 过程简介示意图

6.4.3　概率问题的一般表述

与之前的确定性方法相反，这里介绍了一种概率方法，因为在许多情况下，我们无法获得关于状态和转移的确切知识。此外，这种方法还包括与状态本身相关的不确定性，旨在寻找最优决策。

这类方法的一般表述指出，从一个离散状态空间开始，考虑了转移的概率模型，从而可以动态规划。更具体地说，应用于当前状态的动作将得到转移到下一个车辆构型的概率。

触发转移的这种概率涉及定义一个代价函数，通常也称为奖励。在这种概率方法中，奖励必须被最大化，不允许建立最佳路径序列，因为这完全依赖于当前的状态和转移。在这个意义上，问题被重新定义，不再集中于寻找一系列可能的构型，而是寻找基于车辆处于特定状态时采取的决策序列。因此，焦点在于决策制定发生的时间，而不是网络中行动的顺序。

因此，由于这种非确定性的表述，从相同条件下的初始状态出发并不一定会导致相同的结果、状态或行动序列。此外，在动态环境中，同一状态下采取的行动随时间可能会发生变化，因为问题并非静态的（Russell and Norvig，2002）。

在概率方法中，追求动态规划，并且从一种构型转移到另一种构型仅取决于当前状态和动作。从这个意义上说，决策过程是通过所谓的马尔可夫决策过程（MDP）来实现的，其描述与一般表述中介绍的类似（详见第 3 章）。对这种方法可以应用不同的变体。例如，当包含与状态本身相关的不确定性时，可以使用部分可观马尔可夫决策过程（POMDP）。这种方法的另一个例子是强化学习，一些作者认为它属于这种概率方法，因为每个样本通常是通过蒙特卡罗模拟（基于模拟的规划）生成的（LaValle，2006）。

6.4.4 带约束的采样方法

自动驾驶车辆的环境特点在于其动态性和一系列规则，这些规则限定了驾驶方式，从而决定了决策。可将这些条件和环境的动态性视为约束条件，必须将其纳入运动规划方法中，增加了求解满足约束函数的构型的难度。这些约束可以来自交通标志，阻止通过特定位置的轨迹、其他参与者（车辆或行人）的行为以避免碰撞、车辆自身的行为，甚至是车辆的运动学和动力学。

在这种情况下，基于采样的方法因其易于包含约束而被广泛实施。这些方法被描述为非常模块化和适应性强，各个阶段之间有明确的区分，因此可以在不影响解的情况下对决策实施限制。一般来说，它们是包含约束的方法的修改版本，以满足这些约束。

作为处理带有约束的问题的一般方法，通常将速度和加速度包含在相位空间中（Naumann, 2021）。通过这种方式，控制转移的方程被它们的可微表达式所代替。例如，为了满足速度约束并使方法能够找到有效的构型，如果约束由可微分或解析可导函数描述，那么这些构型将更容易生成。

这种可微分的约束表示对方法在解决新迭代中的效率有直接影响。例如，在基于增量 RRT 的规划器中，要考虑车辆非完整运动的约束，剩下的任务就是找到一个在新状态空间中能有效确定连接的局部规划器［例如，通过 Dubins 曲线（Dubins, 1957）］。包含这些可微分约束的一种选择是将状态空间离散化为晶格空间（Pivtoraiko and Kelly, 2005）。在齐格勒和斯蒂勒的研究（Ziegler and Stiller, 2009）中，他们提出了另一个可以包含动态障碍物约束的例子。值得一提的是，在同一个函数中对必须同时满足的不同约束进行组合并不是一项简单的任务。

除所提供的具体实例外，需要注意的是，对于哪种方法最适合整合这些约束，目前还没有达成共识，因此建议进行深入研究，以在基于采样的方法中评价使用某种方法的相对优势。

6.5　图搜索方法

如第 5 章所述，图搜索方法依赖图的形式将车辆的构型空间离散化，然后在该图上搜索代价最小的路径。为了在这种离散化中获得实际的最优路径，必须使用以下图搜索方法。

在图中求解最短路径最广泛应用的策略是 Dijkstra 方法（Dijkstra, 1959）。它采用最佳优先搜索的方式，构建一棵树来表示从给定源顶点到图中所有其他顶点的最短路径。尽管该算法通过均匀地探索所有方向来寻找与代价函数相关的最优路径，但其计算时间较长。当只需要计算到单个顶点的路径时，可以使用启发式搜索方法来指导搜索过程。最著名的启发式搜索方法是由哈特等人开发的 A*方法（Hart et al, 1968）。启发式函数应该是乐观的，即实际代价（时间或距离）应高于启发式代价，否则最短路径将失真。如果提供的启发式函数是可接受的，则已经证明了 A*方法是最为有效的，并能保证给出最优解。一些成功的应用实例已在舒伯尔等人的研究（Schubert et al，2008）中进行了介绍，该文选择了对自车道边界的距离和 Dijkstra 方法中的行驶距离作为代价函数，或者在博鲁詹等人的研究（Boroujeni et al，2017）中，将行程时间函数添加到目标距离和危险运动惩罚中。

在麦克诺顿和厄姆森的研究（McNaughton and Urmson，2009）中，他们提出了 Focused A* 启发式重计算（Focused A* Heuristic Recomputation，FAHR），在使用 A*获得的代价与实际的真实代价函数之间存在较大差异的情况下，引入 A*增强搜索。FAHR 能够在探索搜索空间时通过重新计算部分的启发式函数来避免陷入局部极小值。齐格勒和斯蒂勒使用加加速度表示的代价函数，将该策略用在真实的原型中（Ziegler and Stiller，2009）。

在许多问题中，使用加权 A*方法可以用较少的计算量获得有界的次优解，该方法保证能够找到一个不可接受启发式的解决方案。可以证明，使用这种膨胀启发式的求解路径保证仅比最优路径稍差。另一种考虑自动驾驶车辆实际约束（不仅是时间，还包括平滑度）的策略是混合状态 A*搜索，它应用第一个启发式来考虑非完整约束，然后使用障碍物地图的第二个启发式。在这方面，多尔戈夫等人针对未知环境和非结构化环境中的导航问题提出了混合 A*方法，使用 A*找到可行的轨迹，然后使用非线性优化技术对解进行完善（Dolgov et al，2010）。

Dijkstra 方法和 A*方法在动态环境中存在缺陷。事实上，如果车辆在真实的驾驶场景中运动，则必须在每个时间步长内对图进行重建，以求出从车辆位姿到目标状态或区域的最短路径。为了避免计算时间过长，在处理具有动态变化权重的部分已知环境时，启发式改进包括动态代价图搜索，如 D*方法（Stentz，1997）及其不同变体：Focused D*（Stentz，1995）和 D* Lite（Koenig and Likhachev，2005）。它们被用来利用每次更新通常只影响图的一小部分这一事实，因此每次都从头开始运行整个搜索是低效的。换句话说，D*是 A*的一种修改，使得在探索过程中代价参数可以变化。图 6.7 用一个简化的例子展示了两种算法在避障时的行为。需要注意的是，在这种情况下，D*和 A*的主要区别在于各中间路点的选择上。

任意时间搜索方法试图以更高的计算代价快速给出第一条次优路径并不断改进这个解。任意时间 A*（Hansen and Zhou，2007）使用加权启发式搜索求得第一个解，并以第一条路径的代价为上界，以可接受的启发式作为下界，通过持续搜索来实现任意时间的行为。任意时间修复 A*（Anytime Repairing A*，ARA*）（Likhachev et al，2003）通过使用先前迭代中的信息，通过膨胀的启发式方法进行多次搜索。任意时间动态 A*（Likhachev et al，2005）结合了 D* Lite 和 ARA*背后的思想，从而生成用于动态环境中实时重规划的任意时间搜索方法。

使用方法在构型空间的离散图上搜索路径的一个重要限制是，得到的最优路径可能比构型空间中真实的最短路径长得多或更陡峭。为了缓解这一缺点，Nash 等人在他们的研究中提出了

第 6 章　运动规划

任意角度路径规划方法（Nash et al, 2007），即在搜索过程中考虑图顶点之间的截断。此外，Field D*在搜索过程中引入线性插值以生成平滑的路径（Ferguson and Stentz, 2006）。

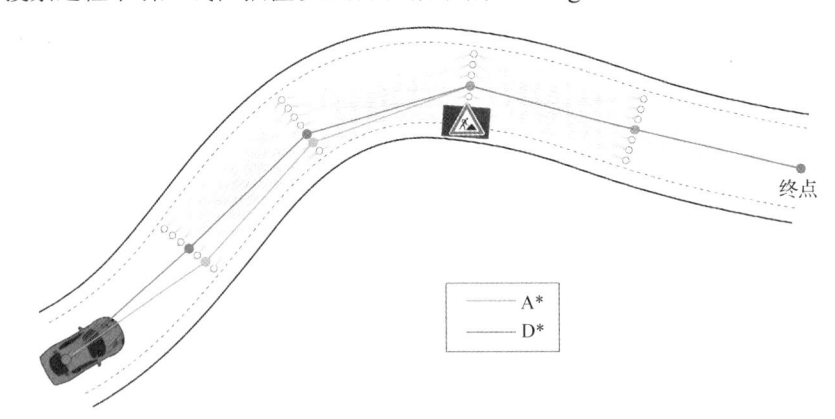

图 6.7　主要的图搜索方法：A*与 D*

6.6　认知启发方法

软计算（Soft Computing, SC）是人工智能的一个分支，它包括用于解决处理不完整、不确定和不准确信息问题的各种技术。因此，它非常适合解决路径规划问题，并且已经有一些技术被应用于地面无人车并进行了测试。受伊巴涅兹等人研究（Sánchez-Ibáñez et al, 2021）的启发，下面将介绍轮式机器人的一些相关应用实例，但需要强调的是，它在自动驾驶车辆中的应用仍然非常有限，主要是由于所生成输出的不可预测性。

软计算方法允许调整一系列重复元素（基于自然的个体、模糊规则或人工神经元）以生成路径。通常，这些方法便于调整特定参数，以适应环境的特性。它们能够处理动态环境，适合涉及大量变量和自由度的问题（Mac et al, 2016）。然而，一般来说，它们需要大量的计算资源，并且很少用在真正的自动驾驶车辆（更多地用在地面机器人）中。现有的方法可以分为进化方法、模糊控制和机器学习方法。

6.6.1　进化计算

进化方法也被称为元启发式方法，受生物学启发，它们生成的路径是由个体群体的演化结果形成的，其行为模仿自然界的行为。这些行为可能涉及个体自身的修改和与其他个体的交互。在某些情况下，这些操作意味着个体在构型空间中的运动。在执行完一系列这样的操作后，进化方法给出最优解的近似值。生成的路径及其收敛所需的时间取决于分配给个体的策略、场景的性质，以及用户为某些可配置参数（如考虑的个体数量）所赋的值。最具代表性的策略如下。

- 遗传方法：与建模为染色体的个体一起工作，这些染色体经过三个过程（繁殖、交叉和变异）进行进化。通过不断重复这些过程，该方法最终会收敛。这些方法自1997年（Han et al, 1997）起就被用于在动态障碍环境中寻找最短路径，直至最近的研究（Lamini et al, 2018），其中规划器的性能通过包含路点的初始选择得到增强。
- 群优化器通常使用建模为动物的智能体在自由空间中移动和激励。经过一系列迭代后，这些个体朝向目标点的运动创建了一种收敛至最终路径的模式。粒子群优化（PSO）方法的灵感来自某些动物群体的行为，如鱼群（Zhang et al, 2013）。它会创建一系列影响所有其他粒子运动的粒子，直到方法收敛。另一个著名的方法是蚁群优化器（Ant Colony Optimizer，ACO），模拟蚂蚁的行为，它们在寻找食物时留下信息素的路径。含有更多信息素的地方构成了最佳路径的路点。众所周知，这些策略的一个缺点是容易陷入局部极小值及相关的收敛时间无限增长。为了克服这些限制，近年来提出了启发式函数和具体的设计方案（Luo et al, 2020）。

6.6.2 模糊逻辑与神经网络

软计算策略也可以通过使用模糊规则和神经网络来开发运动规划器。在这两种情况下，基本动机都是模仿人类推理，要么使用规则和模糊逻辑，要么使用受大脑结构启发的机制。模糊逻辑在多项研究［例如，塞尔吉和霍华德的研究（Seraji and Howard, 2002）］中被用来在非结构化和动态环境中导航。另外，恩格迪和霍瓦特提出了一种路径规划器，用神经网络规避静态和动态障碍物（Engedy and Horváth, 2010），该方法也已经与遗传方法结合使用（Xin et al, 2005）。文献中的其他作品结合了模糊逻辑和神经网络（Joshi and Zaveri, 2011）。最后，强化学习的使用（详见第7章）也已与概率路线图方法结合使用并进行了研究与分析（详见第6.4节）。

6.7 仿生方法

仿生方法受自然界中的物理现象启发。它们模拟一种反应，根据与障碍物的距离，在每一时刻考虑吸引力和斥力。下面详细介绍的不同表述具有一个共同特征，即生成反应所需的低计算需求，通常以转向或速度命令的形式呈现。

第 6 章　运动规划

6.7.1　人工势场

考虑势场的路径规划属于反应式规划的范畴，由于其简单且计算量小，因此可用于实时决策。多年来，该方法在机器人领域得到了广泛的应用（Padilla et al, 2008）。这类技术使用一组输入数据（主要是到障碍物和目标的距离，从中可以获得行动），并在障碍物和客观场景发生变化的下一时刻对其进行检查。这种决策非常直观，因为在道路上驾驶车辆是为了避免与障碍物发生碰撞并试图到达某个目标点。无论是在特定机动的短期规划层面（如超车或换道），还是在较长时域内（如准备进入高速公路出口车道），都可以使用这些技术非常直观地建模。最简单的表述考虑所有车辆都沿同一方向行驶的假设，该假设在双向车道上有明显的局限性，并且该假设意味着包含问题的其他制约因素。

该方法的理论背景基于将车辆视为带有电荷的粒子，其中粒子会产生静电场。这个粒子被所有与其电荷相同的粒子所斥力，并被与其电荷相反的粒子所吸引。因此，障碍物被表示为与车辆电荷相同的电荷，而轨迹的目标则被建模为与车辆电荷相反的强电荷。由于斥力随着车辆接近障碍物而趋向无限大，除了基于时间的计算过程固有的限制，任何碰撞可能性都会被避免。类似地，车辆总是会倾向于接近目标，除非受到非常强烈的斥力或某些特定情景的影响［见图 6.8（a）中的高速公路变道机动的图形表示］。这些条件决定了运动的方向，因此轨迹并非预先编程。该方法属于反应式技术的一部分。需要考虑的是，电势的计算是在每一时刻进行的，并且没有进行初始全局处理来从头计算完整的轨迹。该方法除了电势的吸引和斥力，并不意味着任何额外的规则。这一事实简化了计算方法，尽管可能会使得考虑特殊情况变得困难，而这些情况可能对车辆的行为产生重要影响。

引力势可以用不同的方式表示，尽管最传统的方式是将势表示成与车辆和目标点间距成比例。这样，当车辆接近目标点时，势趋于零，因此车辆会减速，避免了超调的情况。在每种情况下对比例常数进行调整。力由矢量给出，矢量的大小是势函数在某点的导数，方向沿该点势导数取最大值的方向。

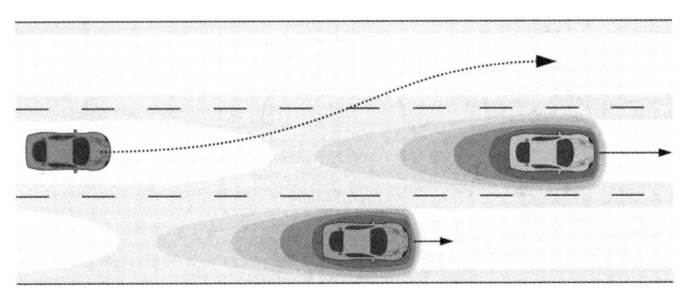

(a) 人工势场法

图 6.8　仿生规划方法

（b）弹性带法

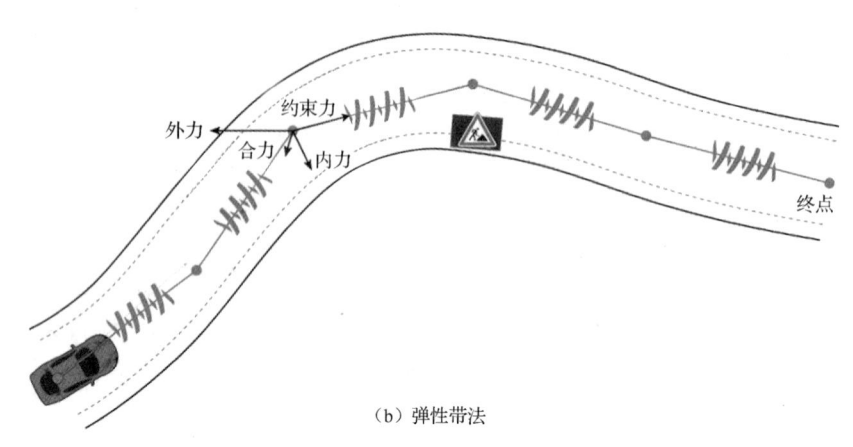

图 6.8　仿生规划方法（续）

表 6.1 展示了势与合力的不同表达形式，其中 x 为车辆的位置，G 为目标点的位置。与第一种选择相比，第二种情况（圆锥势）使车辆接近目标点时更平滑地改变势。在第三种情况中（混合势），根据距离是否大于或小于某个参数 d' 应用混合解，其中实现了平滑接近目标点的效果，但当车辆距离过远时，可以避免过大的值。其他备选方案在相关研究（Kim and Khosla，1991）中可以看到。

表 6.1　引力势

	势	力
二次	$U_\mathrm{a} = \dfrac{1}{2} k_\mathrm{a} \|x - G\|^2$	$F_\mathrm{a} = k_\mathrm{a}(x - G)$
圆锥	$U_\mathrm{a} = k_\mathrm{a} \|x - G\|$	$F_\mathrm{a} = k_\mathrm{a} \dfrac{(x - G)}{\|x - G\|}$
混合	$U_\mathrm{a} = \dfrac{1}{2} k_\mathrm{a} \|x - G\|^2$　若 $\|x - G\| \leqslant d'$ $U_\mathrm{a} = d' k_\mathrm{a} \|x - G\| - \dfrac{1}{2} k_\mathrm{a} d'^2$　若 $\|x - G\| > d'$	$F_\mathrm{a} = k_\mathrm{a}(x - G)$　若 $\|x - G\| \leqslant d'$ $F_\mathrm{a} = d' k_\mathrm{a} \dfrac{(x - G)}{\|x - G\|}$　若 $\|x - G\| > d'$

对排斥势进行建模，使其与障碍物和车辆之间的距离成反比，因此当距离减小时，排斥势趋于无穷大。由于距离很远的障碍物对轨迹没有影响，因此通常认为只有距离小于 d^* 的障碍物才会产生非零势。在这些情况下，势和力由下式给出，其中 o_i 是障碍物 i 的位置：

$$U_\mathrm{r} = \frac{1}{2} k_\mathrm{r} \left(\frac{1}{\|x - o_i\|} - \frac{1}{d^*} \right)^2$$

$$F_\mathrm{r} = -k_\mathrm{r} \left(\frac{1}{\|x - o_i\|} - \frac{1}{d^*} \right) \frac{(x - o_i)}{\|x - o_i\|^2}$$

第 6 章 运动规划

由于在驾驶场景中可能会出现多个障碍物,因此提出了两种方法:第一种方法只考虑由最近的障碍物产生的势和力;另一种方法计算由所有障碍物产生的所有势的总和与所有力的总和。

总势由引力势和排斥势的总和给出,合力是该势的导数,对应于力矢量的和。车辆移动以使势最小化,并在到达包含零力的等势情况下停止。然而,该方法并不能保证到达目标点,但车辆有可能停在局部极小值处。该问题的一些解决方法可以参阅相关研究(Liu et al, 2000; Zou and Zhu, 2003)。一种策略是应用扰动使车辆脱离这些局部极小值,但不能保证在所有情况下都成功。

在前面的理论基础上,车辆的运动规划可以分为纵向规划和横向规划。纵向规划涉及速度控制和跟随道路车道,而横向规划则涉及车道变换机动。为了使车辆在不同场景中做出更为真实的响应,一些作者提出了一般方法的替代方案。因此,在卡拉的研究(Kala, 2016)中展示了一种基于以下电势的方法,并被马丁内斯和希门尼斯用于自动驾驶车辆的决策制定中(Martínez and Jiménez, 2019):

- 自车前方第一辆车在纵轴上产生的前向势;
- 位于自车侧方、道路或车道边界的车辆产生的横向势;
- 位于与自车纵轴成 45° 的直线上的障碍物产生的对角线势,允许提前进行一些修正;
- 位于自车后方的车辆产生的后向势。

总势由上述势的总和得出,但对每个势应用了灵敏度参数,因为尺度是不可比较的,并且我们感兴趣的是确定车辆的影响,以允许速度和方向盘或多或少地突然发生变化。

基于势方法的主要优点是计算量低,并且能够处理不确定的环境,在这些环境中并非所有参数从一开始就已知。至于缺点,我们可以强调由于存在局部极小值而无法到达目标点的可能性,在狭窄的走廊中可能发生不切实际的振荡(一种在驾驶中很常见的情况,因为车辆在车道线之间移动),实际上当检测到障碍物的移动时,以反应的方式计算动作可能无法达到最优解,并且难以对交通中的常见情况进行建模,如超车机动或某些场景下需要车辆之间的协同(Koren and Borestein, 1991)。其中的一些缺点可以通过引入平滑方法来使其最小化,通过加入启发式方法用随机路径退出极小值,或通过将环境建模为弹簧-质量系统,考虑施加势力的离散节点,从而克服动力学推理的不足。

6.7.2 弹性带方法

弹性带是一种基于势能方法的替代方案(Khatib et al, 1997),它不仅受到障碍物的排斥力(外力)影响,还受到内部弹性的作用力,后者倾向于使带尽可能缩短(内力)。该带表示车辆的轨迹。每当障碍物的相对位置发生变化时,就会重新计算带的形状。这是一种非常有用的解决方案,可以在场景变化时进行重新规划,而无须全局执行方法。

由障碍物产生的外部势能往往会把带扩大，从而使轨迹尽可能远离障碍物。但是，如果仅考虑这些力，最终的解将表明带的长度过长，这是不可接受的。因此，把试图收缩带的内力包括在内，当带被拉伸时，会产生内应力。如果仅考虑这些内部作用，生成的轨迹将是一条直线。对带形状的调整是通过两个固定点（原点和目标点）连续地进行的，因此障碍物的存在往往会把带拉长，而去除障碍物意味着把带缩短，以实现外力和内力之间的平衡。图 6.8（b）展示了一般驾驶机中涉及的不同元素示意图：外力、内力和约束力。

其中一个最重要的特性是，弹性带可以采用任意形状，因此可以受到多个约束点的影响，尽管它们有一个最大限制，超过这个限制就不能再延展而不会断裂。另一个特性是，如果消除了其中一个限制因素，弹性带会立即返回到系统中仍然存在的其他点之间的空闲状态，因为它具有弹性属性。

该方法的主要优点是能够实时优化解决方案，促进车辆之间的协作，并确保在几乎所有情况下都能到达目标点。由于生成轨迹的几何特征可能无法完全由车辆跟踪，因此提出了一种扩展方法，名为时间弹性带（Timed Elastic Bands）（Rösmann et al, 2012），以包含时间和动力学约束。

6.8 从跟车/CACC 到独立速度规划

巡航控制系统是 20 世纪末大规模部署的首批先进驾驶辅助系统之一。该系统允许驾驶员设置行驶速度，由控制算法负责调节制动踏板位置，然后调节油门，以便无论道路形状如何都能达到所需的车速。从那时起，又引入了许多增强功能，以释放驾驶员对车辆纵向动力学的影响。自适应巡航控制（ACC）系统自动调节车速与前方车辆保持安全距离；当没有目标车辆时，它会一直加速到预设速度。由于该系统通常在速度高于 30km/h 时工作，因此在城市场景中，一种称为"走走停停"的 ADAS 可以处理这一功能，该功能会频繁，有时甚至急停和急加速。这两种情况都存在不同的舒适性和安全性约束，但它们包括相似的控制方案，其中包括某种速度规划。为了实现平滑地控制动作，一些方法试图用数据拟合的速度多项式模型再现人类行为。通常，这些方法在 ACC 场景中能产生可接受的结果。然而，在前车突然减速时，两车会出现较大的瞬时相对速度，实际的间距也会突然减小。因此，这种动态场景不适合用静态多项式模型表示，而是由某种间距动力学模型表示（Villagra et al, 2010）。其他一些作者［例如，相关研究（Brackstone and McDonald, 1999；Wang et al, 2018）的作者］使用不同类型的时间多项式对参考间距进行建模，其中，多项式系数是通过安全加速度和加加速度约束获得的。

第 6 章　运动规划

此外，协同自适应巡航控制（Cooperative Adaptive Cruise Control，CACC）系统是上述技术的进一步发展，它加入了车与车通信，为之前的系统提供了更多、更好的目标车辆信息（Shladover et al，2015）。有了这类信息，控制器能够更好地预测问题，使车辆更安全，并表现出更平顺的响应。为解决不同的问题，如组成编队、优化燃料消耗或确保系统的稳定性，已经提出了不同的纵向控制器。可以按照以下三种主要的速度规划策略对它们进行分组。

- 恒定间距或恒定距离间隔（Constant Distance Gap，CDG）：车辆之间紧密且恒定的耦合可最大限度地提高公路通行能力并减少空气阻力。只有当每辆车接收到的通信包含编队领航车或序列中第一辆车的行为时，该策略才能实现稳定性（Swaroop et al，1994）。
- 恒定时间间隔（Constant Time Gap，CTG）：车辆之间的距离与其速度成正比，也称为车头时距。该时间值通常设置为 2s 左右，以保持与人类反应时间成比例的距离（Moon et al，2009）。在确保平稳加速/减速的同时，保证了系统的队列稳定性，即系统状态的扰动不会沿着车队放大。有时选择恒定安全系数标准来保证即使最严重的事故也不会影响孤立编队以外的其他车辆。为此，编队间的最小距离是通过考虑后续编队中领航车辆最弱可接受制动来设定的，这样就可以避免不同编队中车辆之间的碰撞。
- 可变车头时距（Variable Time Headway，VTH）：根据车辆的相对速度对期望的距离进行调节。在这种情况下，"时间间隔"值是连续变化的。

这些不同的功能和策略依赖于控制方案，如 MPC（Stanger and del Re，2013）或一致性控制（Consensus Control）（Ren and Atkins，2005），其目标是独立或集中地确定每辆相关车辆的速度剖面。它们的部署正处于不同程度的进展当中，但它们是为自动化水平不一定太高的应用而设计的（SAE L1~L2）。如果以高度自动驾驶车辆为目标，则速度规划需要更高的灵活性，并与路径和机动规划器建立更紧密的联系（在上述系统中通常不存在）。下面几个小节描述了应对这一挑战的两种不同方法：能够从任意路径生成速度剖面的函数；联合计算路径和速度的系统。

6.9　分离速度规划

尽管一些现有的方法同时解决了路径和速度规划问题（Ziegler and Stiller，2009），但获得安全可行轨迹的复杂性使这个问题通常分为两个不同的过程：路径规划，根据运动学约束计算无碰撞且可行的路径；速度规划，在考虑车辆约束的情况下，为满足动力学可行性和舒适性要求的给定路径生成速度剖面。

在相关的自动驾驶研究中，大多数速度规划方法都涉及速度和加速度约束。在利普和博地的研究（Lipp and Boyd，2014）中，他们应用一种考虑车辆动力学的可实现加速度限制速度曲线方法，利用优化技术获得给定路径的最短行驶时间。在章等人的研究（Zhang et al, 2018）中，也采用了类似的加速度限制速度规划方法，其中提出了一种在车辆动力学约束、滑移圆约束和执行器限制条件下求解沿固定路径行驶的最短时间速度曲线策略。

与加速度限制速度规划方法不同，在自动驾驶的最新技术中，很少有方法提出获得加加速度限制速度曲线。在维拉格拉等人的研究（Villagra et al, 2012）中，他们提出的方法能够在给定由回旋曲线、圆弧和直线组成的分段路径的情况下计算加加速度限制速度曲线。在佩芮等人的研究（Perri et al, 2015）中，加加速度限制速度规划问题被描述为非线性和非凸问题。为了有效求解，他们提出在不同阶段使用易于求解的线性近似。带加加速度约束的速度规划可以转化为非线性优化问题，该问题使用内点优化器求解，目标是最小化行程时间。在最近的一项研究（Raineri and Bianco, 2019）中，提出了一种启发式方法，用于仓库环境中激光制导车辆的加加速度限制速度规划。该方法需要递归运行才能达到接近时间最优的解，并且该解被限制在轨迹中的恒定加加速度间隔内。可以看出，大多数研究的自动驾驶车辆加加速度限制速度规划方法都使用了代价高昂的优化过程，当计算时间有限时，这些过程无法保证收敛到全局最小值。这使得它们在速度曲线的计算时间至关重要的应用程序中难以使用。

与生成后续跟踪轨迹不同，其他现有方法依赖于模型预测控制（MPC）技术（在下一节中详述）。这些方法通过生成一组满足安全性和舒适性约束条件的未来控制动作来共同解决规划与控制问题（Cesari et al, 2017）。基于 MPC 的方法的计算复杂度在很大程度上取决于所使用的模型、优化约束、优化问题的定义，更重要的是规划的时间跨度。在这种背景下，必须在这些因素之间找到平衡，以实现在闭环特性行为、稳定性、鲁棒性和计算时间方面的可接受性性能。在某些情况下，规划的时间跨度会减少（通常为 2～5s），因此降低了轨迹的预测能力。为了解决这些限制，其他方法（Gu et al, 2016），基于长期运动规划，用于提供更长的轨迹，增强车辆的预测能力，从而防止突发事件突然改变轨迹的情况发生。

如上所述，许多限制速度、加速度和加加速度的自动驾驶（Autonomous Driving，AD）速度规划方法会生成非时间最优解和经常使用计算量大的方法。此外，通常会降低基于 MPC 的方法的预测能力，以应对实时环境中为预定义路径生成的加加速度限制速度曲线。在这方面，最近的一项研究（Artuñedo et al, 2021）使用初始的时间最优加速度限制速度曲线来自动构建加加速度限制速度规划，考虑后援策略来管理无法满足初始或最终约束的危急驾驶情况。图 6.9 展示了弯曲道路的应用示例，首先在考虑曲率约束的情况下生成速度限制曲线（红色曲线，在印刷版中为浅灰色曲线）；然后自动构建一条加速度有界曲线（蓝色虚线、在印刷版中为深灰色虚线），并获得最终的加加速度有界剖面（蓝色实线、在印刷版中为深灰色曲线）。

第 6 章 运动规划

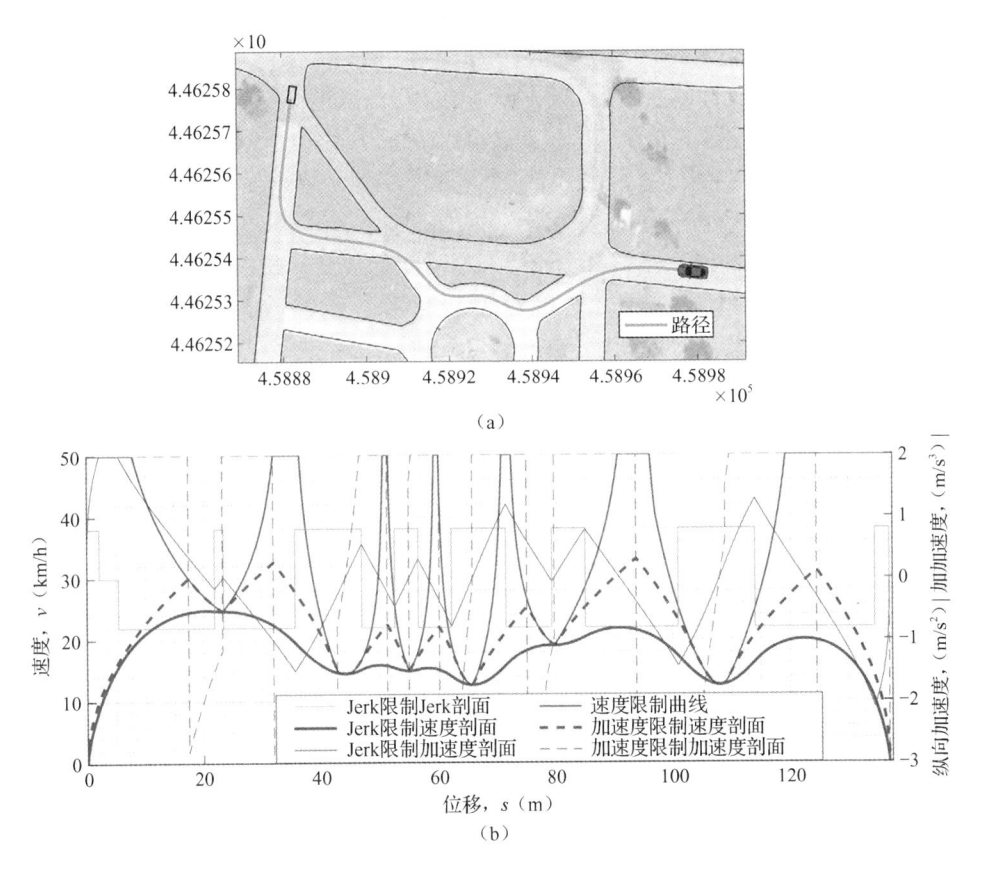

图 6.9 任意路径的速度规划图解说明

6.10 基于联合路径与速度优化的规划

路径-速度分解方法的主要缺点在于处理动态障碍物时存在困难；将路径规划和速度规划任务分离可能导致对动态障碍物在与自车的关系中演变的错误或次优管理。为了最小化这个问题，钱等人开发了一个分层运动规划系统（Qian et al, 2016），其第一阶段处理路径规划，第二阶段处理速度规划。路径规划阶段为每个自由空间生成一条五次贝塞尔曲线，每个点的关联最优速度曲线使用 MPC 技术计算（Qian et al, 2016）。在此基础上，伊达尔戈等人提出了一种通过贝塞尔曲线结合 MPC 来解决环形交叉口并线问题的方法，以确保安全的未来状态。将这个问题分成两个不同的任务可以减少计算时间，同时不牺牲两种技术的性能，并在执行机动时提供和验证安全性。

最近,这种混合轨迹也被用在两个编队的合并过程中,以进行协同 ACC 机动(Hidalgo et al,2021)。在这种方法中,模拟了五辆车(在未来可以改进),缩短车道变更的执行时间,并在换道车道变更完成后调整车辆的位置。对于未来的实施,特别是在环形交叉口等复杂场景中,不需要任何调整,规划可以考虑不同的道路组件,以便在不传播速度变化的情况下调整车辆间隔。

面对高度动态的驾驶环境时,路径和速度解耦可能会导致车辆响应不完整甚至不安全。为了克服这些限制,人们提出了一些非线性模型预测控制(Nonlinear Model Predictive Control,NMPC)方法。由于 NMPC 处理多输入多输出(MIMO)系统的能力,同时考虑车辆的非线性动力学,以及对状态和输入变量的约束,NMPC 非常适合于轨迹生成问题。研究中可用的各种方法主要因车辆模型的复杂度、静态和动态障碍物的存在,以及用于解决每个 MPC 迭代的优化方法而不同。图 6.10 展示了基于(N)MPC 的运动规划的示意图,展示了路径和速度约束对总体规划的影响。

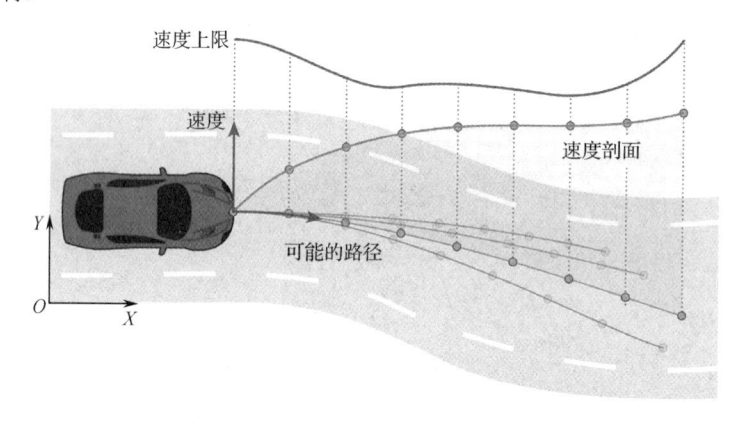

图 6.10 基于 MPC 的轨迹规划的示意图

在高等人的研究(Gao et al,2012)中,一个双层非线性模型控制预测(NMPC)利用单轨车辆模型和空间坐标作为约束函数,生成合适的参考轨迹。同样的空间表达式在弗拉施等人的研究(Frasch et al,2013)中也得到了实施,该研究通过采用基于复杂模型的单级 NMPC 将轨迹生成和跟踪任务合并,解决了双层方案中轨迹追踪的次优性问题。这两项工作采用的策略表明了一些重要的限制:车辆的速度必须始终不为零,并且积分是在空间中进行的。此外,当考虑动态障碍物时,上述空间重构(Spatial Reformulation)的优势会大大减少。在林格等人的研究(Liniger et al,2015)中,轨迹规划也采用单级 NMPC。在这种情况下,移动障碍物被视为在每个 MPC 步骤中都是固定的,从而降低了控制器的预测能力。在古田佳等人的研究(Gutjahr et al,2016)中,基于运动学车辆模型实现了单层线性时变 MPC。考虑了静态和移动障碍物,

第 6 章　运动规划

并通过智能公式和二次规划求解器解决了最优控制问题。在米什兰等人的研究（Micheli et al, 2021）中，提出了一种替代的单级 NMPC 轨迹规划器，用来处理多个静态和移动障碍物。引入了一种新的改进滑移计算方法，允许在城市驾驶中常见的低速和停车-起步场景中避免切换到不同的模型。

参考文献

Alia, C., Gilles, T., Reine, T., Ali, C., 2015. Local trajectory planning and tracking of autonomous vehicles, using clothoid tentacles method. In: 2015 IEEE Intelligent Vehicles Symposium (IV), pp. 674–679.

Aradi, S., 2022. Survey of deep reinforcement learning for motion planning of autonomous vehicles. IEEE Trans. Intell. Transp. Syst. 23 (2), 740–759.

Arrigoni, S., Trabalzini, E., Bersani, M., Braghin, F., Cheli, F., 2019. Non-linear MPC motion planner for autonomous vehicles based on accelerated particle swarm optimization algorithm. In: 2019 AEIT International Conference of Electrical And Electronic Technologies for Automotive, pp. 1–6.

Arrigoni, S., Braghin, F., Cheli, F., 2022. MPC trajectory planner for autonomous driving solved by genetic algorithm technique. Vehicle System Dynamics, 60 (12), pp. 4118–4143. https://doi.org/10.1080/00423114.2021.1999991.

Artuñedo, A., Godoy, J., Villagra, J., 2017. Smooth path planning for urban autonomous driving using OpenStreetMaps. In: 2017 IEEE Intelligent Vehicles Symposium (IV), pp. 837–842.

Artuñedo, A., Godoy, J., Villagra, J., 2018. A primitive comparison for traffic-free path planning. IEEE Access 6, 28801–28817.

Artuñedo, A., Villagra, J., Godoy, J., 2021. Jerk-limited time-optimal speed planning for arbitrary paths. IEEE Trans. Intell. Transp. Syst. https://doi.org/10.1109/TITS.2021.3076813.

Berntorp, K., 2017. Path planning and integrated collision avoidance for autonomous vehicles. In: 2017 American control conference (ACC), pp. 4023–4028.

Bianco, C.G.L., Gerelli, O., 2009. Generation of paths with minimum curvature derivative with η3-splines. IEEE Trans. Autom. Sci. Eng. 7 (2), 249–256.

Boissonnat, J.D., Lazard, S., 1996. A polynomial-time algorithm for computing a shortest path of bounded curvature amidst moderate obstacles. In: Proceedings of the Twelfth Annual Symposium on Computational Geometry, pp. 242–251.

Boroujeni, Z., Goehring, D., Ulbrich, F., Neumann, D., Rojas, R., 2017. Flexible unit A-star trajectory planning for autonomous vehicles on structured road maps. In: 2017 IEEE International Conference on Vehicular Electronics and Safety (ICVES), pp. 7–12.

Brackstone, M., McDonald, M., 1999. Car-following: a historical review. Transport. Res. F: Traffic Psychol. Behav. 2 (4), 181–196.

Canny, J., 1988. The Complexity of Robot Motion Planning. MIT Press.

Cesari, G., Schildbach, G., Carvalho, A., Borrelli, F., 2017. Scenario model predictive control for lane change assistance and autonomous driving on highways. IEEE Intell. Transp. Syst. Mag. 9 (3), 23–35.

Chen, J., Zhao, P., Mei, T., Liang, H., 2013. Lane change path planning based on piecewise Bézier curve for autonomous vehicle. In: Proceedings of 2013 IEEE International Conference on Vehicular Electronics and Safety, pp. 17–22.

Choi, J.W., Curry, R., Elkaim, G., 2008. Path planning based on Bézier curve for autonomous ground vehicles. In: Advances in Electrical and Electronics Engineering-IAENG Special Edition of the World Congress on Engineering and Computer Science 2008, pp. 158–166.

Claussmann, L., Carvalho, A., Schildbach, G., 2015. A path planner for autonomous driving on highways using a human mimicry approach with binary decision diagrams. In: 2015 European Control Conference (ECC), pp. 2976–2982.

Claussmann, L., Revilloud, M., Gruyer, D., Glaser, S., 2019. A review of motion planning for highway autonomous driving. IEEE Trans. Intell. Transp. Syst. 21 (5), 1826–1848.

Delingette, H., Hebert, M., Ikeuchi, K., 1991. Trajectory generation with curvature constraint based on energy minimization. In: Proceedings of the IEEE-RSJ International Conference on Intelligent Robots and Systems, vol. 1, Osaka, JP. 1991, pp. 206–211.

Dijkstra, E.W., 1959. A note on two problems in connexion with graphs. Numer. Math. 1 (1), 269–271.

Dixit, S., Montanaro, U., Fallah, S., Dianati, M., Oxtoby, D., Mizutani, T., Mouzakitis, A., 2018. Trajectory planning for autonomous high-speed overtaking using MPC with terminal set constraints. In: 21st International Conference on Intelligent Transportation Systems (ITSC), pp. 1061–1068.

Dolgov, D., Thrun, S., Montemerlo, M., Diebel, J., 2010. Path planning for autonomous vehicles in unknown semi-structured environments. Int. J. Robot. Res. 29 (5), 485–501.

Du, X., Htet, K.K.K., Tan, K.K., 2016. Development of a genetic-algorithm-based nonlinear model predictive control scheme on velocity and steering of autonomous vehicles. IEEE Trans. Ind. Electron. 63 (11), 6970–6977.

Dubins, L.E., 1957. On curves of minimal length with a constraint on average curvature, and with prescribed initial and terminal positions and tangents. Am. J. Math. 79 (3), 497–516.

Elbanhawi, M., Simic, M., 2014. Sampling-based robot motion planning: a review. IEEE Access 2, 56–77.

Engedy, I., Horváth, G., 2010. Artificial neural network based local motion planning of a wheeled mobile robot. In: 2010 11th International Symposium on Computational Intelligence and Informatics (CINTI), pp. 213–218.

Faust, A., Oslund, K., Ramirez, O., Francis, A., Tapia, L., Fiser, M., Davidson, J., 2018. Prm-rl: Long-range robotic navigation tasks by combining reinforcement learning and sampling-based planning. In: 2018 IEEE International Conference on Robotics and Automation (ICRA). IEEE, pp. 5113–5120.

Ferguson, D., Stentz, A., 2005. Anytime RRTs. In: 2006 IEEE/RSJ International Conference on Intelligent Robots and Systems, pp. 5369–5375.

Ferguson, D., Stentz, A., 2006. Using interpolation to improve path planning: the field D* algorithm. J. Field Rob. 23 (2), 79–101.

Fleury, S., Soueres, P., Laumond, J.P., Chatila, R., 1995. Primitives for smoothing mobile robot trajectories. IEEE Trans. Robot. Autom. 11 (3), 441–448.

Fox, D., Burgard, W., Thrun, S., 1997. The dynamic window approach to collision avoidance. IEEE Robot. Autom. Mag. 4 (1), 23–33.

Fraichard, T., Scheuer, A., 2004. From Reeds and Shepp's to continuous-curvature paths. IEEE Trans. Robot. 20 (6), 1025–1035.

Frasch, J.V., Gray, A., Zanon, M., Ferreau, H.J., Sager, S., Borrelli, F., Diehl, M., 2013. An auto-generated nonlinear MPC algorithm for real-time obstacle avoidance of ground vehicles. In: 2013 European Control Conference (ECC), pp. 4136–4141.

Gao, Y., Gray, A., Frasch, J.V., Lin, T., Tseng, E., Hedrick, J.K., Borrelli, F., 2012. Spatial predictive control for agile semi-autonomous ground vehicles. In: Proceedings of the 11th International Symposium on Advanced Vehicle Control, no. 2, pp. 1–6.

Geraerts, R.J., Overmars, M.H., 2004. Sampling Techniques for Probabilistic Roadmap Planners. Institute of Information and Computing Sciences, Technical Report UU-CS-2003-041. Utrecht University.

González, D., Pérez, J., Milanés, V., Nashashibi, F., 2015. A review of motion planning techniques for automated vehicles. IEEE Trans. Intell. Transp. Syst. 17 (4), 1135–1145.

Gu, T., Dolan, J.M., Lee, J.W., 2016. On-road trajectory planning for general autonomous driving with enhanced tunability. In: Intelligent Autonomous Systems. 13. Springer, pp. 247–261.

Gutjahr, B., Gröll, L., Werling, M., 2016. Lateral vehicle trajectory optimization using constrained linear time-varying MPC. IEEE Trans. Intell. Transp. Syst. 18 (6), 1586–1595.

Haddad, M., Chettibi, T., Hanchi, S., Lehtihet, H.E., 2007. A random-profile approach for trajectory planning of wheeled mobile robots. Eur. J. Mech. A. Solids 26 (3), 519–540.

Han, W.G., Baek, S.M., Kuc, T.Y., 1997. Genetic algorithm based path planning and dynamic obstacle avoidance of mobile robots. In: 1997 IEEE International Conference on Systems, Man, and Cybernetics. Computational Cybernetics and Simulation. vol. 3, pp. 2747–2751.

Hansen, E.A., Zhou, R., 2007. Anytime heuristic search. J. Artif. Intell. Res. 28, 267–297.

Hart, P.E., Nilsson, N.J., Raphael, B., 1968. A formal basis for the heuristic determination of minimum cost paths. IEEE Trans. Syst. Sci. Cybern. 4 (2), 100–107.

Hidalgo, C., Lattarulo, R., Pérez, J., Asua, E., 2019. Hybrid trajectory planning approach for roundabout merging scenarios. In: 2019 IEEE International Conference on Connected Vehicles and Expo (ICCVE), pp. 1–6.

Hidalgo, C., Lattarulo, R., Flores, C., Pérez Rastelli, J., 2021. Platoon merging approach based on hybrid trajectory planning and CACC strategies. Sensors 21 (8), 2626.

Hsu, D., Latombe, J.C., Motwani, R., 1997. Path planning in expansive configuration spaces. In: Proceedings of International Conference on Robotics and Automation. vol. 3. IEEE, pp. 2719–2726.

Huang, W., Wu, X., Zhang, Q., Wu, N., Song, Z., 2014. Trajectory optimization of autonomous driving by differential dynamic programming. In: 2014 13th International Conference on Control Automation Robotics & Vision (ICARCV), pp. 1758–1763.

Joshi, M.M., Zaveri, M.A., 2011. Reactive navigation of autonomous mobile robot using neuro-fuzzy system. Int. J. Robot. Autom. (IJRA) 2 (3), 128.

Kala, R., 2016. On-Road Intelligent Vehicles. Elsevier, Amsterdam, The Netherlands.

Kanayama, Y.J., Hartman, B.I., 1997. Smooth local-path planning for autonomous vehicles1. Int. J. Robot. Res. 16 (3), 263–284.

Kavraki, L.E., Svestka, P., Latombe, J.C., Overmars, M.H., 1996. Probabilistic roadmaps for path planning in high-dimensional configuration spaces. IEEE Trans. Robot. Autom. 12 (4), 566–580.

Khatib, M., Jaouni, H., Chatila, R., Laumond, J.P., 1997. Dynamic path modification for car-like nonholonomic mobile robots. In: Proceedings of International Conference on Robotics and Automation (ICRA). IEEE, pp. 2920–2925.

Kim, J.-O., Khosla, P.K., 1991. Real-time obstacle avoidance using harmonic potential functions. In: Proceedings. 1991 IEEE International Conference on Robotics and Automation, Sacramento, CA, USA, 9–11 April 1991.

Kim, D., Kim, H., Huh, K., 2017. Local trajectory planning and control for autonomous vehicles using the adaptive potential field. In: 2017 IEEE Conference on Control Technology and Applications (CCTA), pp. 987–993.

Kingston, Z., Moll, M., Kavraki, L.E., 2018. Sampling-based methods for motion planning with constraints. Annu. Rev. Control Robot. Autonomous Syst. 1, 159–185.

Koenig, S., Likhachev, M., 2005. Fast replanning for navigation in unknown terrain. IEEE Trans. Robot. 21 (3), 354–363.

Komoriya, K., Tanie, K., 1989. Trajectory design and control of a wheel-type mobile robot using B-spline curve. In: Proceedings. IEEE/RSJ International Workshop on Intelligent Robots and Systems'. (IROS'89)'The Autonomous Mobile Robots and Its Applications, pp. 398–405.

Koren, Y., Borenstein, J., 1991. Potential field methods and their inherent limitations for mobile robot navigation. In: Proceedings of the 1991 IEEE International Conference on Robotics and Automation, Sacramento, CA, USA, USA, 9–11 April 1991. 2, pp. 1398–1404.

Kuffner, J.J., LaValle, S.M., 2000. RRT-connect: an efficient approach to single-query path planning. In: Proceedings 2000 ICRA. Millennium Conference. IEEE International Conference on Robotics and Automation. Symposia Proceedings (Cat. No. 00CH37065). Vol. 2. IEEE, pp. 995–1001.

Ladd, A.M., Kavraki, L.E., 2005. Motion planning in the presence of drift, underactuation and discrete system changes. In: Robotics: Science and Systems. Vol. 1, pp. 233–240.

Lamini, C., Benhlima, S., Elbekri, A., 2018. Genetic algorithm based approach for autonomous mobile robot path planning. Procedia Comput. Sci. 127, 180–189.

Lattarulo, R., Pérez Rastelli, J., 2021. A hybrid planning approach based on MPC and parametric curves for overtaking maneuvers. Sensors (Basel) 21 (2), 595.

LaValle, S.M., 2006. Planning Algorithms. Cambridge University Press.

Lazard, S., Reif, J., Wang, H., 1998. The complexity of the two dimensional curvature-constrained shortest-path problem. In: Third International Workshop on Algorithmic Foundations of Robotics, pp. 49–57.

Likhachev, M., Gordon, G.J., Thrun, S., 2003. ARA*: anytime A* with provable bounds on sub-optimality. In: Proceedings of the 16th International Conference on Neural Information Processing Systems. Neural Information Processing Systems Foundation, pp. 767–774.

Likhachev, M., Ferguson, D.I., Gordon, G.J., Stentz, A., Thrun, S., 2005. Anytime dynamic A*: an anytime, Replanning Algorithm. In: ICAPS. 5, pp. 262–271.

Liniger, A., Domahidi, A., Morari, M., 2015. Optimization-based autonomous racing of 1: 43 scale RC cars. Optimal Control Appl. Methods 36 (5), 628–647.

Lipp, T., Boyd, S., 2014. Minimum-time speed optimization over a fixed path. Int. J. Control. 87 (6), 1297–1311.

Liu, C., Ang, M.H., Krishnan, H., Lim, S.Y., 2000. Virtual obstacle concept for local-minimum-recovery in potential-field based navigation. In: Proceedings of the 2000 ICRA. Millennium Conference. IEEE International Conference on Robotics and Automation. Symposia Proceedings (Cat. No.00CH37065), San Francisco, CA, USA, 24–28 April 2000. vol. 2, pp. 983–988.

Lu, B., Li, G., Yu, H., Wang, H., Guo, J., Cao, D., He, H., 2020. Adaptive potential field-based path planning for complex autonomous driving scenarios. IEEE Access 8, 225294–225305.

Luo, Q., Wang, H., Zheng, Y., He, J., 2020. Research on path planning of mobile robot based on improved ant colony algorithm. Neural Comput. Applic. 32 (6), 1555–1566.

Mac, T.T., Copot, C., Tran, D.T., De Keyser, R., 2016. Heuristic approaches in robot path planning: a survey. Robot. Auton. Syst. 86, 13–28.

Martínez, C., Jiménez, F., 2019. Implementation of a potential field-based decision-making algorithm on autonomous vehicles for driving in complex environments. Sensors 19 (15). 16 pp.

McNaughton, M., Urmson, C., 2009. Fahr: Focused A* heuristic recomputation. In: 2009 IEEE/RSJ International Conference on Intelligent Robots and Systems, pp. 4893–4898.

McNaughton, M., Urmson, C., Dolan, J.M., Lee, J.W., 2011. Motion planning for autonomous driving with a conformal spatiotemporal lattice. In: 2011 IEEE International Conference on Robotics and Automation, pp. 4889–4895.

Micheli, F., Bersani, M., Arrigoni, S., Braghin, F., Cheli, F., 2023. NMPC trajectory planner for urban autonomous driving. Vehicle System Dynamics, 61 (5), pp. 1387–1409. https://doi.org/10.1080/00423114.2022.2081220.

Moon, S., Moon, I., Yi, K., 2009. Design, tuning, and evaluation of a full-range adaptive cruise control system with collision avoidance. Control. Eng. Pract. 17 (4), 442–455.

Nash, A., Daniel, K., Koenig, S., Felner, A., 2007. Theta*: any-angle path planning on grids. In: AAAI. 7, pp. 1177–1183.

Naumann, M., 2021. Probabilistic Motion Planning for Automated Vehicles. KIT Scientific Publishing, p. 194.

Nelson, W., 1989. Continuous-curvature paths for autonomous vehicles. In: Proceedings, 1989 International Conference on Robotics and Automation, pp. 1260–1264.

Paden, B., Čáp, M., Yong, S.Z., Yershov, D., Frazzoli, E., 2016. A survey of motion planning and control techniques for self-driving urban vehicles. IEEE Trans. Intell. Vehicles 1 (1), 33–55.

Padilla, M.A., Savage, J., Solís, A., Aranbula, F., 2008. Local autonomous robot navigation using potential fields. In: Jing, X.-J. (Ed.), Motion Planning. InTech, Rijeka, Croatia.

Palmieri, G., Barbarisi, O., Scala, S., Glielmo, L., 2009. A preliminary study to integrate LTV-MPC: lateral vehicle dynamics control with a slip control. In: Proceedings of the 48h IEEE Conference on Decision and Control (CDC) Held Jointly with 2009 28th Chinese Control Conference, pp. 4625–4630.

Perri, S., Bianco, C.G.L., Locatelli, M., 2015. Jerk bounded velocity planner for the online management of autonomous vehicles. In: 2015 IEEE international conference on automation science and engineering (CASE). IEEE, pp. 618–625.

Petti, S., Fraichard, T., 2005. Safe motion planning in dynamic environments. In: 2005 IEEE/RSJ International Conference on Intelligent Robots and Systems, pp. 2210–2215.

Pivtoraiko, M., Kelly, A., 2005. Efficient constrained path planning via search in state lattices. In: International Symposium on Artificial Intelligence, Robotics, and Automation in Space. Munich, Germany, pp. 1–7.

Qian, X., Navarro, I., de La Fortelle, A., Moutarde, F., 2016. Motion planning for urban autonomous driving using Bézier curves and MPC. In: 2016 IEEE 19th International Conference on Intelligent Transportation Systems (ITSC), pp. 826–833.

Raineri, M., Bianco, C.G.L., 2019. Jerk limited planner for real-time applications requiring variable velocity bounds. In: 2019 IEEE 15th International Conference on Automation Science and Engineering (CASE), pp. 1611–1617.

Reeds, J., Shepp, L., 1990. Optimal paths for a car that goes both forwards and backwards. Pac. J. Math. 145 (2), 367–393.

Ren, W., Atkins, E., 2005. Second-order consensus protocols in multiple vehicle systems with local interactions. In: AIAA Guidance, Navigation, and Control Conference and Exhibit, p. 6238.

Rösmann, C., Feiten, W., Wösch, T., Hoffmann, F., Bertram, T., 2012. Trajectory modification considering dynamic constraints of autonomous robots. In: ROBOTIK 2012; 7th German Conference on Robotics, pp. 1–6.

Russell, S., Norvig, P., 2002. Artificial Intelligence: A Modern Approach. Prentice Hall.

Sánchez-Ibáñez, J.R., Pérez-del-Pulgar, C.J., García-Cerezo, A., 2021. Path planning for autonomous mobile robots: a review. Sensors 21 (23), 7898.

Schubert, R., Scheunert, U., Wanielik, G., 2008. Planning feasible vehicle maneuvers on highways. IET Intell. Transp. Syst. 2 (3), 211–218.

Schwarting, W., Alonso-Mora, J., Rus, D., 2018. Planning and decision-making for autonomous vehicles. Annu. Rev. Control Robot. Auton. Syst. 1, 187–210.

Seraji, H., Howard, A., 2002. Behavior-based robot navigation on challenging terrain: a fuzzy logic approach. IEEE Trans. Robot. Autom. 18 (3), 308–321.
Shladover, S.E., Nowakowski, C., Lu, X.Y., Ferlis, R., 2015. Cooperative adaptive cruise control: definitions and operating concepts. Transp. Res. Rec. 2489 (1), 145–152.
Stanger, T., del Re, L., 2013. A model predictive cooperative adaptive cruise control approach. In: 2013 American Control Conference, pp. 1374–1379.
Stentz, A., 1995. The focussed D* algorithm for real-time replanning. In: IJCAI. 95, pp. 1652–1659.
Stentz, A., 1997. Optimal and efficient path planning for partially known environments. In: Intelligent Unmanned Ground Vehicles. Springer, Boston, MA, pp. 203–220.
Storer, J.A., Reif, J.H., 1994. Shortest paths in the plane with polygonal obstacles. J. ACM 41 (5), 982–1012.
Sucan, I.A., Kavraki, L.E., 2011. A sampling-based tree planner for systems with complex dynamics. IEEE Trans. Robot. 28 (1), 116–131.
Sussmann, H.J., 1997. The Markov-Dubins problem with angular acceleration control. In: Proceedings of the 36th IEEE Conference on Decision and Control. 3, pp. 2639–2643.
Swaroop, D., Hedrick, J.K., Chien, C.C., Ioannou, P., 1994. A comparison of spacing and headway control laws for automatically controlled vehicles. Veh. Syst. Dyn. 23 (1), 597–625.
Vendittelli, M., Laumond, J.P., Nissoux, C., 1999. Obstacle distance for car-like robots. IEEE Trans. Robot. Autom. 15 (4), 678–691.
Villagra, J., Mounier, H., 2005. Obstacle-avoiding path planning for high velocity wheeled mobile robots. IFAC Proc. 38 (1), 49–54.
Villagra, J., Milanés, V., Pérez, J., González, C., 2010. Model-free control techniques for stop & go systems. In: 13th International IEEE Conference on Intelligent Transportation Systems, pp. 1899–1904.
Villagra, J., Milanés, V., Pérez, J., Godoy, J., 2012. Smooth path and speed planning for an automated public transport vehicle. Robot. Auton. Syst. 60 (2), 252–265.
Wang, Z., Wu, G., Barth, M.J., 2018. A review on cooperative adaptive cruise control (CACC) systems: architectures, controls, and applications. In: 2018 21st International Conference on Intelligent Transportation Systems (ITSC), pp. 2884–2891.
Wnag, C., Zhao, W., Xu, Z., Zhou, G., 2017. Path planning and stability control of collision avoidance system based on active front steering. Sci. China Technol. Sci. 60 (8), 1231–1243.
Wurts, J., Stein, J.L., Ersal, T., 2018. Collision imminent steering using nonlinear model predictive control. In: 2018 Annual American Control Conference (ACC), pp. 4772–4777.
Xin, D., Hua-hua, C., Wei-kang, G., 2005. Neural network and genetic algorithm based global path planning in a static environment. J. Zhejiang Univ.-Sci. A 6 (6), 549–554.
Yang, K., Sukkarieh, S., 2010. An analytical continuous-curvature path-smoothing algorithm. IEEE Trans. Robot. 26 (3), 561–568.
Zhang, Y., Gong, D.W., Zhang, J.H., 2013. Robot path planning in uncertain environment using multi-objective particle swarm optimization. Neurocomputing 103, 172–185.
Zhang, Y., Chen, H., Waslander, S.L., Gong, J., Xiong, G., Yang, T., Liu, K., 2018. Hybrid trajectory planning for autonomous driving in highly constrained environments. IEEE Access 6, 32800–32819.
Ziegler, J., Stiller, C., 2009. Spatiotemporal state lattices for fast trajectory planning in dynamic on-road driving scenarios. In: 2009 IEEE/RSJ International Conference on Intelligent Robots and Systems, pp. 1879–1884.
Ziegler, J., Bender, P., Dang, T., Stiller, C., 2014. Trajectory planning for Bertha—a local, continuous method. In: 2014 IEEE Intelligent Vehicles Symposium Proceedings, pp. 450–457.
Zou, X., Zhu, J., 2003. Virtual local target method for avoiding local minimum in potential field based robot navigation. J. Zhejiang Univ.-Sci. A 4, 264–269.

第7章

端到端架构

7.1 端到端方法

智能决策系统旨在使车辆能够自主执行驾驶任务，这些系统非常复杂且必须极其可靠。尽管过去十年取得了重大进展，但自动驾驶仍然是一个巨大的挑战。传统上，自动驾驶车辆由许多不同的系统组成，每个系统都有特定的任务，如导航系统、感知系统和控制系统（Borraz et al，2018）。这些系统非常复杂，必须被精心组合以覆盖驾驶的各个方面并执行复杂的决策任务（Schwarting et al，2018）。这通常被称为模块化方法，该方法最初是从车载自主移动机器人系统演变而来的（Tampuu et al，2022），如今在行业中广泛使用。使用的一些技术包括模糊系统、基于规则的方法和进化算法。

近年来，端到端（E2E）驾驶方法在自动驾驶研究中日益流行，大大简化了模块化方法。深度学习技术以其强大的图像特征提取能力而闻名，并且在包括汽车行业在内的广泛领域内越来越受欢迎。端到端驾驶技术的主要优势在于，许多在模块化自动驾驶方法中使用的子系统可以被深度人工神经网络取代，这些神经网络能够类似于人脑进行决策（见图7.1）。这些深度神经网络一旦经过适当的训练和连接，用于预测车辆控制变量时能够获得 95%或更高的高性能（Kocić et al，2019）。

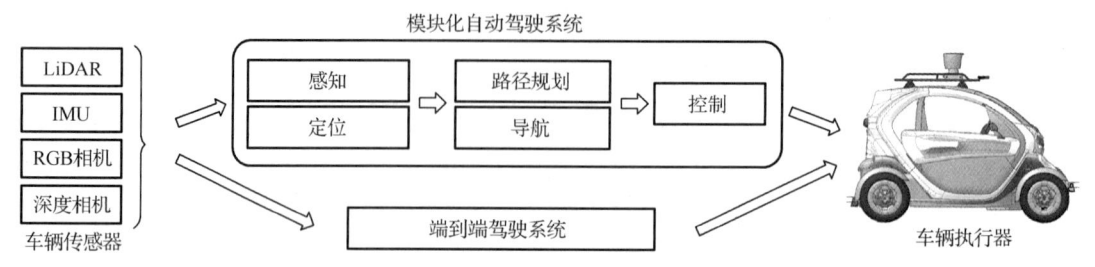

图 7.1 传统自动驾驶系统与端到端自动驾驶系统

目前存在多种端到端驾驶方法，包括模仿学习、强化学习和迁移学习。通常将这些方法结合起来使用，以实现更高的准确性和更为稳健的模型。

模仿学习：这种方法的核心是基于先前的数据和结果训练模型来执行特定任务的。在驾驶中，这些任务可以包括车辆的控制动作，如加速、制动和转向。与其他学习方法相比，模仿学习通常在计算方面更简单、更高效（Hussein et al, 2017）。基于该方法进行自动驾驶研究，将端到端系统设计用来模仿人类的驾驶行为，旨在将自动驾驶适应到真实道路条件和人类驾驶员的环境中。

强化学习：这种方法基于训练模型实现一个目标，应用奖励和惩罚系统，模型学习通过互动环境来行动以最大化奖励。模型在与环境互动中学习，并且没有关于周围环境的先前知识。

迁移学习：这是端到端驾驶的另一种方法，它利用现有的、先前训练过的深度学习模型，将模型适应于不同的数据集。在端到端驾驶中，一个例子是利用驾驶模拟器获取大量数据进行训练，并使用迁移学习将模型调整到更少量的真实驾驶数据。这降低了真实世界驾驶测试和数据收集带来的风险。

深度学习技术从 2012 年开始受到了人们的关注，特别是克里舍夫斯基（Krizhevsky）等人（2012 年）使用深度卷积神经网络进行图像分类赢得 ImageNet 挑战赛之后。硬件方面的重要进步，如强大的 GPU 和更易获取的数据集，也促使深度学习更受欢迎。人们正在探索用于自动驾驶的端到端学习方法，并将其用于车辆和道路标识的分类。例如，休瓦尔（Huval）等人（2015 年）使用 LiDAR 和雷达数据检测车辆，并将边界框应用于前视图像。这些初步结果非常有前景，意味着端到端学习可成为自动驾驶系统的一个非常有用的工具。

端到端学习的优势之一是，深度学习模型只需一台 RGB 相机就能获得良好的结果，这意味着研究机构更容易获取大量真实的驾驶图像（Yurtsever et al, 2020）。在博亚尔斯基（Bojarski）等人的研究（Bojarski et al, 2016）中，他们提出了一种新颖的方法，即使用 CNN 从 RGB 图像中计算转向角，用前视相机获取的图像作为 CNN 的输入，并在转向角输出方面获得 98%的准确率。基于这种方法，Yang 等人（2018 年）在 Udacity 公共驾驶数据集的 RGB 图像序列上进一步发展，不仅预测转向角度，还使用 CNN 预测车辆是否加速、减速或保持速度。

尽管端到端系统仅使用图像即可获得良好的结果，但可以通过添加来自其他传感器的数据使系统更加稳健，如深度图像、惯性测量单元（Inertial Measurement Units，IMU）、GPS、LiDAR 和雷达数据。李（Li）等人（2018 年）使用 3D LiDAR 作为输入，设计了一个模型来模仿人类行为，以更好地适应与人类驾驶员相似的实际道路情况。当在模拟驾驶环境中进行测试时，与人类驾驶员相比，CNN 生成的转向与速度指令能够减少事故的发生。除使用不同类型的传感器外，如将摄像头安装在车辆合适的位置，以覆盖盲点区域，也有助于构建更稳健的模型。Hecker 等人（2018 年）在一项研究中进行了实验，安装了环视摄像头和前视摄像头来获取真实的驾驶数据。结果表明，额外的摄像头在低速时获得了更好的效果；然而，在更快的速度下，没有显著差异。

许多研究还使用了长短时记忆（LSTM）模型。这些模型利用视频帧、图像流及单个图像来预测控制动作，如转向和运动。同时，也有一些重要的研究由埃拉奇（Eraqi）等人（2017 年）、徐（Xu）等人（2017 年），以及赤（Chi）和牧（Mu）（2017 年）进行。

7.2 基于深度学习的端到端方法

自动驾驶端到端解决方案中使用的基于深度学习的架构在分类、目标检测或语义分割方面使用了与其他学习应用相同的组件。通常，端到端系统由一系列堆叠在一起的基本组件组成，创建的模型可对车辆的控制元件（加速器、方向盘或制动器）生成直接的动作。

图 7.2 展示了用于创建深度学习架构的一组基本元素，各元素描述如下。

- 输入层和序列输入层监督从车辆感知系统获得的必要信息。
- 卷积层具有通过应用不同尺寸的级联卷积从输入数据中提取特征的功能。根据输入数据的维度，这些卷积可以是 2D 或 3D 的，它们生成这些数据的特征图。卷积的输出提供给激活函数（如 Sigmoid、Tanh、ReLU 等）。
- 全连接（Fully Connected，FC）层是所有神经元通过不同的阶段或隐含层相互接连的层。
- 批归一化（Batch Normalization，BN）层用于在应用非线性激活函数之前和卷积阶段之后对网络数据进行归一化处理，从而改善网络的稳定性和收敛时间。

I	输入层
S	序列输入层
$d \times k \times k$	2D 卷积层，核大小 $k \times k$，深度 d
FC	全连接层
C	拼接或融合层
FT	展平层
RNN	递归神经网络
BN	批归一化层
MP, AP	最大池化层，平均池化层
O	输出层

图 7.2 E2E 深度学习架构的元素

- 最大池化（Max Pooling，MP）层或平均池化（Average Pooling，AP）层对输入数据执行下采样操作。最大池化计算输入数据的最大值，而平均池化计算输入数据的平均值。
- 展平（Flatten，FT）层。该层执行多维数据到一维数据的变换。
- 拼接（Concatenated，C）层允许连接相同维度的不同层。
- 输出（Output，O）层是网络的输出，在端到端网络中，这一阶段具有线性激活函数，并且输出的数量等于网络预测变量的个数。
- 递归神经网络，这些网络允许将先前的输出用作隐含层的输入，并允许对数据之间的时间关系进行建模。

7.2.1 自动驾驶端到端架构的分类

自动驾驶的端到端架构可以根据应用类型、使用的神经结构类型（CNN、RNN 或 Transformer），或者网络输入数据的类型进行分类。在纳瓦罗（Navarro）等人（2021 年）的研究中，他们基于车辆感知系统向 DNN 传递的数据类型，对端到端架构进行了分类。根据网络输入数据的类型，这些架构分成三类：单数据端到端（Single-Data E2E，SiD-E2E）架构、混合数据端到端（Mixed-Data E2E，MiD-E2E）架构、序列数据端到端（Sequential Data E2E，SeD-E2E）架构。下面对每一类架构进行更详细的描述。

1. SiD-E2E 架构

SiD-E2E 架构因其简单性和多功能性而被广泛采用，特别是在利用现有模型和单一车辆数据源信息方面。大部分引用文献中基于这种类型架构的模型，使用来自一个或多个车载摄像头的视觉信息作为网络输入数据的来源（Bojarski et al，2017；Diaz Amado et al，2019；Pan et al，2018）。图 7.3 给出了一个示例（Bojarski et al，2016），其中从左、右和中心摄像头获取的图像被串联起来形成一个单一的 66×200×3 像素的图像，供网络使用。在该模型中，可以清晰地区分出两个不同深度的卷积块，其核大小分别为 5×5 和 3×3。接着应用一个调整大小阶段，然后是一个最终的全连接层堆叠块。

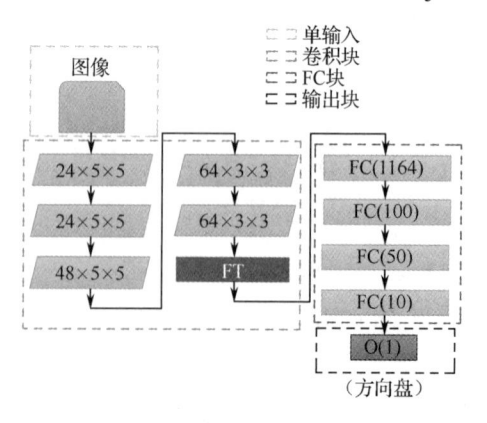

最后，输出层具有一个单神经元，使用线性激活函数，能够推断出方向盘的旋转角度，给定一个输入图像。

图 7.3 单数据端到端（Single-Data E2E，SiD-E2E）架构

通常来说，卷积块可以从图像中提取特征，小卷积核 $k×k$（3×3 或 5×5）可以提取边缘和角

落，随着卷积核尺寸的增加，可以提取更大的结构。关于核的大小、深度、顺序或数量的设计并没有硬性规定。在纳瓦罗等人的研究（Navarro et al，2021）中，他们通过修改 SiD-E2E 架构核的大小和顺序来考察其性能。结果表明，随着核序列的增加，在架构中可以获得更高的性能。

2．MiD-E2E 架构

MiD-E2E 架构支持车辆感知系统的不同数据来源，如摄像头、LiDAR、雷达或超声波传感器。此外，它们还可以包括来自其他系统的数据，如导航系统（如地图）（Hecker et al，2018）或定位系统（如角速度、加速度或 GPS 位置）。输入数据的丰富性增加了模型的复杂性，以及创建训练数据集任务的复杂性。然而，多个数据来源提高了模型的性能，使其能够预测具体情况或异常驾驶，并且增加了数据源产生的故障的容忍度（Codevilla et al，2018）。

图 7.4 展示了一种 MiD-E2E 架构，它利用来自车辆前视摄像头的数据，以及惯性测量系统提供的 X、Y 和 Z 轴角速度数据，这些数据由车辆定位系统提供。

在图 7.4 的左侧，可以看到与上一节中显示的 SiD-E2E 相似的结构，用于图像特征提取。在图 7.4 的右侧，可以看到与角速度数据 $\{\omega_x, \omega_y, \omega_z\}$ 相对应的数据被提供给一个完全连接的块，执行决策任务。两个分支在进入最终的全连接块和线性输出层之前，会合并到一个一维拼接层中，该层可以预测方向盘的转速和旋转角度。该架构使用由图像和角速度数据组成的 78 000 个样本集进行训练，并在测试数据集上获得了 1.06%的预测平均误差（Navarro et al，2021）。

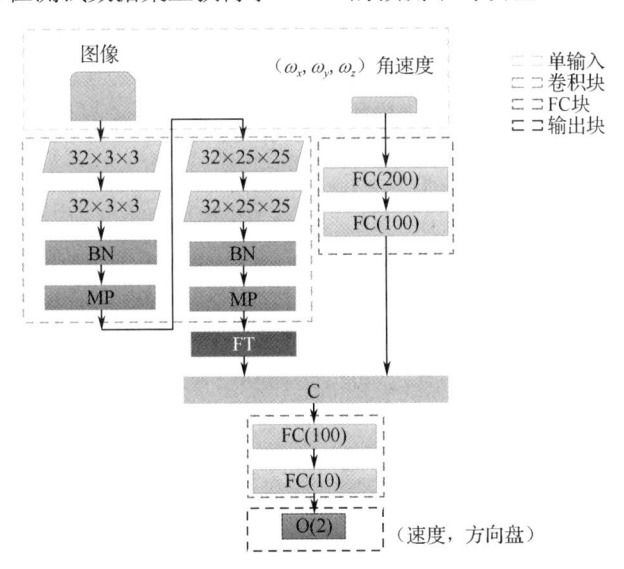

图 7.4 混合数据端到端（Mixed-data E2E，MiD-E2E）架构

3. SeD-E2E 架构

驾驶中的许多方面受到动作按照时间顺序发生的影响，如由摄像头捕捉到交通灯由绿灯变为黄灯的序列会导致车辆减速；然而，从黄灯变为红灯的序列意味着车辆必须停车。可以通过时间序列分析对驾驶的各方面进行建模，为此，有一些神经结构能够对数据的时间方面进行建模，这些结构被称为递归神经网络（Kuutti et al，2021），最常用的是 RNN、LSTM（Xu et al，2017；Eraqi et al，2017）和 GRU（Navarro et al，2021）。

根据应用的领域，将其分为以下类型。

- 一对一：对于输入值$\{x\}$，网络预测出输出值$\{y\}$，在分类或回归应用中可以使用这些结构，而不是基于卷积网络的架构。
- 一对多：给定输入值$\{x\}$，网络可以生成输出序列$\{y^{<1>},\cdots,y^{<T>}\}$。
- 多对一：网络接收时间序列$\{x^{<1>},\cdots,x^{<T>}\}$，并预测单个输出值$\{y\}$。
- 多对多：在这类结构中，网络的输入序列$\{x^{<1>},\cdots,x^{<T_x>}\}$和输出序列$\{y^{<1>},\cdots,y^{<T_y>}\}$可以具有相同的维数$(T_x=T_y)$或不同的维数$(T_x \neq T_y)$。

在解决自动驾驶问题时最有意义的结构是多对一和多对多结构。两者都可以根据从车辆感知系统获得的序列数据构建端到端架构。图 7.5 展示了一种 SeD-E2E 架构，该架构具有多对一结构，能够根据从车载前视摄像头获取的图像序列预测出速度和方向盘角度。该架构提供了一个卷积块，然后是由两个 GRU 型神经结构组成的递归块，这两个神经结构对卷积块提取的特征之间的时间关系进行建模。最后，提供了一个全连接块，全连接块的结尾为两个具有线性激活函数的神经元。该模型使用从包含 78 000 张图像的数据集中提取的五个图像序列进行训练，并在测试数据集上获得了 1.51% 的平均预测误差（Navarro et al，2021）。

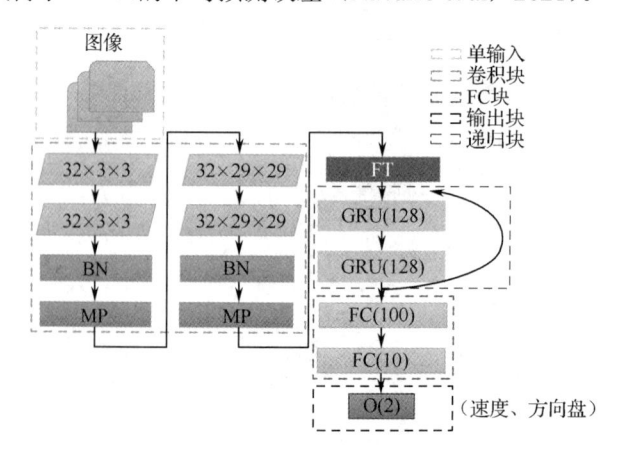

图 7.5 SeD-E2E 架构

7.2.2 迁移学习与 Ad-Hoc 解决方案

在一般情况下使用深度学习技术解决问题，特别是基于端到端架构的解决方案时，我们有两个选择：第一种是应用预训练模型的迁移学习技术，第二种是为我们的问题设计一个特定的自定义（Ad-Hoc）架构。下面将讨论这两种解决方案及其各自相关的优缺点。

1. 迁移学习

迁移学习技术基于利用不同大学、机构和公司在开发深度神经网络模型方面的成果，解决具体的图像分类、目标检测或自然语言分析等问题。这些预训练模型可供科学界使用，并且难以复制，因为它们在使用多个基于 GPU 的节点进行数千小时的训练期间，已经用庞大的数据集进行了训练和整定。迁移学习的核心在于利用这些为特定任务创建的模型在类似任务或领域的训练过程中获得的部分特征映射。该技术基于在不同应用领域中检查某些模型的层权重时发现的相似性。在这些模型中可以看到，这些相似性在模型中的最后一层消失了。得出的结论是，第一个卷积层执行泛化任务，而最后一个全连接层执行特定的任务（Yosinski et al，2014），并且第一层的内容可以在新模型中迁移和复用。

迁移学习过程包括利用一个用数据集 A 训练的模型 M1 的权值来初始化第二个模型 M2，后者将使用数据集 B 进行训练。执行这一过程的阶段包括：选择预训练模型（见表 7.1）；修改预训练模型的最后全连接层，以使其适应我们的情况。为了创建用于自动驾驶的端到端架构，最后的全连接层应包括线性激活函数；冻结模型 M1 中的初始层权重以供模型 M2 使用；使用我们希望转移知识的数据集（数据集 B）对架构的新层进行重新训练。

表 7.1 用于图像分类的预训练模型

模型名称	参数数量/百万	精度/%	作者
Inception	23.62	78.1	Szegedy et al，2015
Xception	22.85	79.0	Chollet，2017
VGG	138	71.5	Simonyan and Zisserman，2015
ResNet	23	77.0	He et al，2016

迁移学习的优点包括：（1）显著减少了最终解决方案的设计时间，因为无须从头开始设计模型；（2）公开提供了大量的预训练模型，这些模型使用了海量数据；(3) 训练时间大大缩短，因为新模型是通过模型 M1 的权重初始化的，并且只需用新数据集 B 训练新的全连接层。然而，迁移学习的缺点包括：（1）这些模型并不总能提供预期的性能，这取决于数据集 A 和数据集 B 应用领域之间的相似性；（2）预训练模型通常由复杂的架构组成，设计这些架构用来对数千个

目标进行分类或执行非常通用的功能，这会转化为由数百万个参数组成的模型（见表 7.1），对于有时间限制或处理大量数据（如大量图像或视频）的应用程序来说，这可能是一种限制；自动驾驶领域中使用的预训练模型主要处理图像，这限制了它们的使用，并且使得从车辆感知系统（如 LiDAR 和雷达）集成更多数据源集变得更加复杂（Rosique et al，2019）。

2．Ad-Hoc 解决方案

设计一个端到端架构来解决自动驾驶问题并不是一项轻松的任务，这是因为需要大量的层次、不同类型的层间连接，以及每一层中必须调整的参数数量。在大多数情况下，首先会测试几种类型的架构，并使用少量数据进行初始训练，采用不同的层配置（例如，卷积和全连接）。一旦对结果进行了度量评估，就会进行网络超参数的微调，以便在完整数据集上实现更高的性能。

Ad-Hoc 解决方案可以减轻迁移学习技术中出现的问题：（1）它们是具有更高性能的模型，因为它们已针对特定的数据集进行了调节；（2）与表 7.1 中所示的架构相比，它们是具有较少参数的模型，这使得它们非常适合具有时间限制或大量数据的移动应用程序；（3）它们允许将模型设计为访问车辆感知系统不同类型的数据。此类解决方案的主要缺点是架构的设计和网络超参数的配置非常耗时。

7.2.3　用于端到端解决方案建模的数据集

在为自动驾驶车辆执行决策任务而设计的系统中，端到端解决方案的使用越来越重要，特别是由于深度学习方法在图像处理中的优势。因此，输入数据的关注焦点发生了变化，现在更重要的是使用多模态系统和直接来自传感器的大量数据（Bojarski et al，2016；Wang et al，2021）。与单模态系统相比，这些多模态系统受到了特别的关注，因为单一传感器无法完全感知周围环境，这可能导致错误的决策。此外，在这些系统中使用最多的传感器，如摄像头、LiDAR 或 GPS/IMU，提供了互相补充的数据，它们的协同作用可以确保更好地理解场景。

这些数据可以从不同的来源获取，主要使用以下两类来源。

- 自动驾驶测试：为进行此类测试，需要大量的资源，如一辆或多辆车辆、昂贵的传感系统（如 LiDAR），以及能够安装、集成和调试复杂传感器和数据记录系统的人员。此外，必须对数据进行后处理，并且需要同步车辆的不同信息源。
- 公开数据集：一些公司和高校为自动驾驶开发的公开数据集也可供使用，这些数据集包含从其车辆感知系统获取的数据。其中一些数据集展示了不同光照和气象条件下的多样化场景。

这些数据，无论其来源如何，都可以通过合成生成或来自真实世界。通过计算机仿真或算法生成的合成数据为真实世界数据提供了一种廉价的替代方案，并且越来越多地被用于创建准确的人工智能模型。

第 7 章 端到端架构

在此背景下,已公开了大量的数据集,其中 KITTI(Geiger et al,2013)和 Cityscapes(Cordts et al,2016)被认为是面对真实挑战的第一批参考数据集。2019 年,nuScenes(Caesar et al,2020)发布了就预期传感器数量而言最完整的数据集之一,因为它包含了 LiDAR、雷达、摄像头和 IMU/GPS 等多种传感器。现有数据集在交通条件、应用焦点、传感器配置、数据格式、大小、工具支持等许多方面存在显著差异。表 7.2 展示了现有的主要多模态数据集,从中可以看出人们对多模态学习的兴趣,以及 LiDAR 与其他检测设备的普及化。近年来,随着更多标记类别和 3D 边界框的出现,标签也得到了完善。

表 7.2 自动驾驶车辆多模态数据集特征总结

参考	年份	数据		传感器				注释		多样性			
		合成	真实	C	L	I/G	O	3D	2D	U	H	W	T
A2D2	2019	—	√	√	√	√	—	√	√	√	√	√	—
Apollo synthetic	2019	√	—	√	√	√	—	√	√	√	√	√	√
ApolloScape	2018	—	√	√	√	√	—	√	√	√	√	√	√
Argoverse	2019	—	√	√	√	√	—	√	√	√	—	—	√
Astyx HiRes2019	2019	—	√	√	√	√	√	√	√	√	√	√	√
Cityscapes	2016	—	√	√	—	—	—	—	√	√	√	√	—
IDDA	2020	√	—	√	—	—	—	√	√	√	√	√	—
KITTI	2012	—	√	√	√	√	—	√	√	√	√	√	√
Lyft L5	2019	—	√	√	√	—	—	√	√	√	√	—	—
nuScenes	2019	—	√	√	√	√	—	√	√	√	√	√	√
OLIMP	2020	—	√	√	—	—	√	—	√	—	—	√	—
PandaSet	2019	—	√	√	√	√	—	√	√	√	√	√	—
PreSIL	2020	√	—	√	√	—	—	√	√	√	√	√	√
SYNTHIA	2016	√	—	√	—	—	—	√	√	√	√	√	—
Udacity	2015	—	√	√	√	√	—	—	√	√	√	√	—
VKITTI	2016	√	—	√	√	√	—	√	√	√	√	√	—
Waymo Open	2019	—	√	√	√	—	—	√	√	√	—	√	√

最后,值得一提的是,由模拟器生成的合成数据集正在兴起,这些数据集包括 Apollo 合成数据集(Apollo,n.d.)、VKITTI 数据集(Gaidon et al,2016)和 Waymo 数据集(Waymo,n.d.)。虽然采集数据和创建数据集本身就是一项具有挑战性的任务,但仅凭这些还不足以训练自

动驾驶车辆。学习控制车辆通常需要强化学习，其中智能体必须从与环境和真实世界实验的集成中学习。这是合成数据显著优势的另一个领域，因为一旦具备能够生成合成数据的 3D 仿真环境，就可以考虑与这个环境进行积极的互动。因此，在大多数从事自动驾驶技术开发的公司中，都使用了交互式仿真环境，这些环境不仅用于数据生成，还用于 AI 算法测试和一般测试。

这些合成数据的生成与仿真平台主要分为两类。

- 类型Ⅰ：基于合成数据，用于模拟环境、感知和车辆。这里所述的感知，大部分是图像级别的感知。此类模拟器多用于感知与规划算法的初步开发。
- 类型Ⅱ：基于真实数据的复制。这里所述的真实数据包括来自各种传感器（如摄像头、LiDAR、雷达等）的数据。此类模拟器通常用于测试无人驾驶中数据融合的效果，评估不同车辆组件的性能。

目前存在多种模拟器，从使用游戏和物理引擎进行仿真的通用解决方案，到著名的 Gazebo（Afanasyev et al, 2015）等机器人模拟器，再到专门用于自动驾驶的任务特定解决方案。在后者中，一些非常流行的开源模拟器包括 AirSim、CARLA（CARLA, 2020）和 Deepdrive（Deepdrive, n.d.）。这些模拟器被设计为研究平台，利用强化学习或生成机器学习的合成数据。此外，还有几个用于专业和商业用途的模拟器，其中包括 Cognata、Metamoto（最近更名为 Foretellix）（Foretellix，n.d.）和英伟达的 Drive Constellation（NVIDIA, 2020）。然而，由于这些模拟器不是开源的，因此很难针对具体项目进行定制。

在表 7.3 中，可以比较这些模拟器的主要特征，以及可以模拟的传感器。

表 7.3　自动驾驶车辆专用模拟器特性总结

模拟器	类型	物理引擎	传感器 C	传感器 L	传感器 I/G	传感器 O	端到端 支持	功能
AILiveSim	Ⅰ	虚幻引擎	√	√	√	√	√	驾驶、影响评估、测试
AirSim	Ⅰ	虚幻引擎	√	√	√	√	√	驾驶、影响评估、HIL、SIL
Anyverse	Ⅰ Ⅱ	专用引擎	√	√	—	—	—	驾驶、感知
Autoware	Ⅱ	rFpro 模拟器	√	√	√	√	√	规划、基于 ROS 的定位、HIL、SIL
Carcraf/Waymo	Ⅰ Ⅱ	专用引擎	√	√	—	√	√	驾驶
CARLA	Ⅰ Ⅱ	虚幻引擎	√	√	√	√	√	驾驶、影响评估
Cognata	Ⅱ	专用引擎	√	√	√	√	√	驾驶、合成生成、商用
DataGen	Ⅱ	u	√	—	—	√	√	驾驶、人体运动

续表

模拟器	类型	物理引擎	传感器 C	传感器 L	传感器 I/G	传感器 O	端到端 支持	功能
DeepDrive	I、II	虚幻引擎	√	√	√	√	√	驾驶、影响评估
Foretellix	I、II	专用引擎	√	√	√	√	√	驾驶、商用、XIL
Gazebo	I	Ogre3D	√	√	√	√	—	通用机器人模拟器
Helios		猴子引擎	√	√	—	√		多用途 LiDAR 模拟器
LGSVL	I、II	Unity	√	√	√	√	√	驾驶、SIL
LIDARSim	II	u	√	—	—	—		LiDAR 仿真
NVIDIA DriveConstelation	I、II	专用引擎	√	√	√	√		驾驶、商用、SIL、HIL、XIL
Millbrook	I、II	专用引擎					√	仿真套件、VIL
OPAL-RT	II	Orchestra	√	√	√	√	√	HIL、SIL、测试
RADSim	II	u	—	—	—	√		雷达仿真
SIMSonic	II	u	—	—	—	√		超声波仿真
TORCS	I	Custom	√	√		√		赛车仿真
Udacity	I	Unity	√	√	√	√		驾驶
VISTA	II	u	√	√		√	√	HIL、SIL
Webots	II	OD 引擎	√	√	√	√	—	通用机器人模拟器

7.2.4 强化学习技术

强化学习（Reinforcement Learning，RL）是机器学习算法中的另一个类别。在这种技术中使用的 Q 学习方法在传统游戏（如征兵、国际象棋或围棋）及各种 ATARI 游戏中已经超越了专业的人类玩家（Kiran et al，2022）。

强化学习算法基于马尔可夫决策过程，其中定义了一个状态集 S、动作集 A、奖励函数 $r(a,A)$、转移模型 $P(s'|s,a)$ 和折扣因子 γ。对于智能体做出的每个决策 $a \in A$，都会收到奖励 r，然后智能体会到达新的状态 s'。强化学习算法利用策略 $\pi(a|s)$ 将每个状态空间映射到动作空间。

转化到自动驾驶领域，车辆（智能体）通过使用由复杂函数建模的奖惩策略与环境（城市环境、公路环境或乡村环境）交互来学习。

式（7.1）应用策略 E_π，在状态-动作对 (s,a) 和状态 s 之后，以预期回报的形式定义了车辆（智能体）行为：

$$\begin{cases} Q^\pi(s,a) = E_\pi\left[\sum_{i=0}^{\infty} \gamma^i r_{t+i} \mid s_t = s, a_t = a\right] \\ V^\pi(s) = E_\pi\left[\sum_{i=0}^{\infty} \gamma^i r_{t+i} \mid s_t = s\right] \end{cases} \tag{7.1}$$

$$\begin{cases} Q^*(s,a) = \max_\pi E_\pi Q^\pi(s,a) \\ V^*(s) = \max_\pi E_\pi V^\pi(s) \end{cases} \quad (7.2)$$

式（7.2）将最优状态-动作值和状态值定义为在搜索空间 Q^π 和 V^π 中获得的最大值。最优动作由著名的贝尔曼方程（7.3）计算得出：

$$Q^*(s,a) = E_{s'}[r(s,a) + \gamma \max_{a'} Q^*(s',a')] \quad (7.3)$$

深度神经网络因其能够对任何类型的复杂函数建模，因此在强化学习技术中发挥了巨大的作用。在复杂场景中，状态-动作值（Q 表）的数量呈指数级增长，变成一项高维任务，该问题被称为"维数灾难"（Curse of Dimensionality）。自动驾驶是一个高维问题，目前使用深度 Q 网络（Deep Q-network，DQN）算法（Mnih et al, 2015）来近似复杂的动作值集。目前有不同的 Q 学习变体使用深度神经网络来解决这个问题。在奖励策略的复杂建模中，已经证明了双深度 Q 网络（Double Deep Q-Network，DDQN）（Mnih et al, 2015）、双 DQN（Van Hasselt et al, 2016）和决斗 DQN（Wang et al, 2016）方法的成功。

图 7.6 展示了基于决斗 DQN 算法的自动驾驶端到端网络（Peng et al, 2021）。该模型使用了一个基于 CNN 的策略网络，该网络相当于车辆的大脑。作者使用了"开源赛车模拟器"（The Open Racing Car Simulator，TORCS），这是一个广泛用在自动驾驶车辆研究中的工具，用于训练和测试自动驾驶的端到端神经网络。TORCS 允许用户轻松地获取车辆周围环境的数据（如图像和速度），并操纵车辆的动力学和控制。

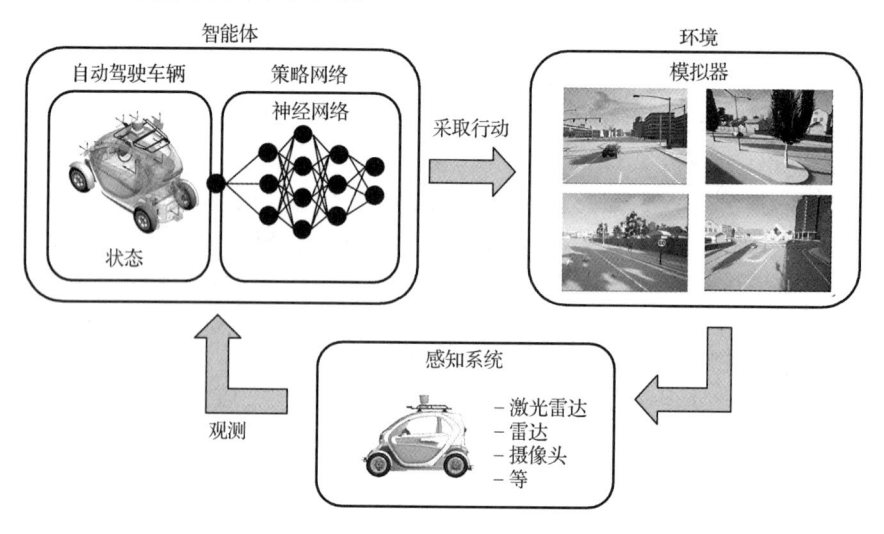

图 7.6 E2E 架构和决斗 DQN

对策略建模的深度神经网络，使用从车辆提供的前视图像中提取的特征，以及具有车辆动力学信息的向量来近似 $Q(s,a)$ 函数。本书中使用的决斗 DQN 对应于 MiD-E2E 架构（参见第 7.2.1 节）。MiD-E2E 网络使用由三个核递减的卷积层组成的块从模拟器提供的图像中提取信息。在通过负责决策的全连接块之前，将这些特征与速度矢量拼接（见图 7.7）。

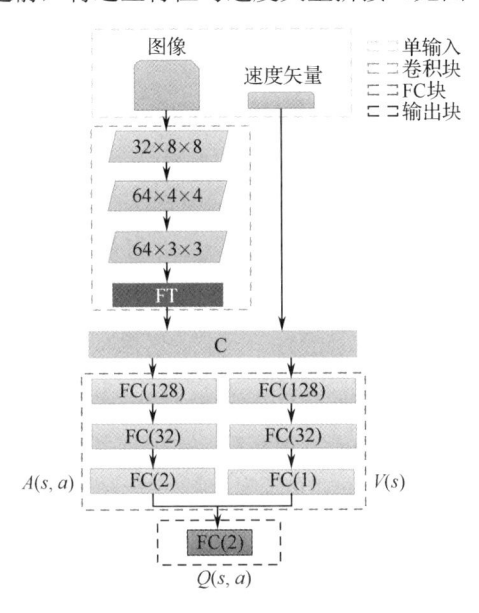

图 7.7　用于 E2E 架构的决斗网络

7.3　专家系统

专家系统被认为是当前人工智能的前身，是试图模仿某一特定主题专家决策的程序。过去，这通常意味着创建表示决策模型的树状结构。而现在，随着诸如机器学习或神经网络等技术的发展，专家系统提供了前所未有的能力。

在驾驶领域，我们如何定义专家呢？是行驶百万公里的司机？专业司机？赛车手？这个问题无疑会引起广泛的讨论。从人工智能的角度来看，答案很简单：在特定驾驶情境下能够提供适当响应（遵守规则、避免事故、高效驾驶等）的那个人。这就引出了将某些输入（交通环境）与某些输出（车辆控制）相关联的需求，并且让我们接触到人工智能领域中称为模糊逻辑的方面，它基于概率获得输出。模糊逻辑是专家系统中的人为因素。在自动驾驶领域中，应用于专家系统的三种技术如下所述。

逆强化学习：强化学习技术在人工智能中被广泛应用（Arora and Doshi，2021）。观察系统对不同输入的响应，并优先考虑每种情况下与预期最符合的响应。驾驶车辆固有的某些情况并不能使这项任务变得容易，如当在高速公路上面临车道数量减少时，有数千种方法可成功解决车辆汇入问题。在这些情况下，术语"逆"定义的改进意味着反转问题：利用一些观察到的输出来设计代价函数，如使用基于 x-margin 的判决特征（Discriminative Feature），该特征利用概率映射从数据集中提取相关特征。在这些专家系统中，专家被满意的输出所取代。学习系统提供了人类行为固有的模糊特性。

生成对抗网络：生成对抗网络的基本思想是使用两个在竞争中工作的神经网络，即为两者提供了一组训练数据，一个网络试图创建称为假数据的合成数据，另一个网络专门区分真实数据与合成数据（Creswell et al，2018）。将该网络应用到驾驶车辆的问题上，有点类似于逆强化学习，从某种意义上说，其目标是推断人类在驾驶时的行为（Kuefler et al，2017）。第一个网络创建合成的驾驶数据，而第二个网络试图区分该数据和真实驾驶员提供的数据。这项技术可以帮助我们完善网络中最能定义良好驾驶员特征的那些特征。

这些网络一个有意义的应用在于生成虚拟仿真环境，在该环境中可以测试自动驾驶模型，这一思想来自苹果公司的 SimGan（Shrivastava et al，2017）。其目标是创建逼真的环境，以便在多种交通场景中生成用于仿真所需的所有必要数据，从而通过生成同一场景的不同视角来获得定义车辆驾驶特性的附加特征。

数据集聚合：简而言之，该技术包括将已知数据外推到新场景。观察专家的行为，并从中导出规则。当观察到类似行为时，尝试根据以前行为推导出的规则配置系统，从而逐步获得场景数据集（Vangumalli et al，2021）。

在面对未知场景时，模拟器生成的车辆控制动作可能无法成功解决发生驾驶错误的情况。根据错误，系统对必要的修正做出确定性假设，以使其不会再次发生，这将有助于增加人们可接受的执行场景，即提高模拟器技能。简而言之，该过程非常类似于真实司机会做的试错过程（该行为的典型案例是 F1 车手在赛前的自由练习）。

7.4 展望

从传统的角度来看，自动驾驶问题的解决方案是通过一组相互作用的分层系统（感知、定位、导航、跟踪和控制）解决的，在没有人工干预的情况下将车辆从 A 点驾驶到 B 点。将问题划分为子系统降低了复杂度，但同时也增加了与每个新子系统相关联的失效概率。这些系统容易传播错误，如特斯拉自动驾驶模式的感知系统未能对重型卡车进行分类并将其误认为地平线时所证明的那样。不确定性将错误传播到控制系统，并导致了一场后果非常严重的事故。

端到端系统试图通过将执行自动驾驶所需的知识封装在单个复杂的神经结构中来模仿人脑的行为。其思想是基于深度神经网络的神经系统接收来自感知系统的信息，并生成直接作用于车辆操纵元件的控制动作。沃尔沃、梅赛德斯或特斯拉等大型制造商正在开发端到端的神经网络，该网络从车载传感器接收原始数据，并直接作用于车辆控制器。这些公司面临着为其车辆乘员和其他道路使用者开发安全的端到端系统的巨大挑战。

执行驾驶任务所需知识或智力的提取可以以有监督的方式，从昂贵的真实世界任务或使用模拟器创建的数据集中推断出来。尽管提供数据集创建服务和模拟器的公司数量显著增加（见表7.2和表7.3），但仍然只有少数公司提供感知数据及用于操纵车辆的所有基本控制动作（方向盘、油门和制动器）。创建数据集作为驾驶任务的手段，需要改装车队配备昂贵的感知系统和正确同步的数据采集应用程序；不幸的是，这只有大公司才能负担得起。由此，强化学习技术的出现意味着未来有很大前景的解决方案。基于强化学习技术的端到端系统用深度神经网络取代了从数据集中提取的知识，能够在模拟器上学习状态-动作-值的关系。该技术面临的一个巨大挑战是，提高模拟器的逼真度，以减少与真实世界的学习适应差异，包括对气象条件和多传感器建模的要求。

参考文献

Afanasyev, I., Sagitov, A., Magid, E., 2015. ROS-based SLAM for a gazebo-simulated mobile robot in image-based 3D model of indoor environment. In: Lecture Notes in Computer Science (Including Subseries Lecture Notes in Artificial Intelligence and Lecture Notes in Bioinformatics). Springer, Cham, pp. 273–283.

Apollo, n.d. Apollo Synthetic (WWW Document).

Arora, S., Doshi, P., 2021. A survey of inverse reinforcement learning: challenges, methods and progress. Artif. Intell. 297, 1–28. 103500.

Bojarski, M., Del Testa, D., Dworakowski, D., Firner, B., Flepp, B., Goyal, P., Jackel, L.D., Monfort, M., Muller, U., Zhang, J., Zhang, X., Zhao, J., Zieba, K., 2016. End to end learning for self-driving cars. arXiv. arXiv:1604.07316.

Bojarski, M., Yeres, P., Choromanska, A., Choromanski, K., Firner, B., Jackel, L., Muller, U., 2017. Explaining how a deep neural network trained with end-to-end learning steers a car. arXiv. arXiv:1704.07911.

Borraz, R., Navarro, P.J., Fernández, C., Alcover, P.M., 2018. Cloud incubator car: a reliable platform for autonomous driving. Appl. Sci. 8, 303.

Caesar, H., Bankiti, V., Lang, A.H., Vora, S., Liong, V.E., Xu, Q., Krishnan, A., Pan, Y., Baldan, G., Beijbom, O., 2020. Nuscenes: a multimodal dataset for autonomous driving. In: Proceedings of the IEEE Computer Society Conference on Computer Vision and Pattern Recognition, Seattle, WA, USA, 13–19 June, pp. 11618–11628.

CARLA, 2020. CARLA Simulator (WWW Document). Website: http://carla.org/.

Chi, L., Mu, Y., 2017. Learning end-to-end autonomous steering model from spatial and temporal visual cues. In: VSCC 2017—Proceedings of the Workshop on Visual Analysis in Smart and Connected Communities. Mountain View, CA, USA, 23–27 October, pp. 9–16.

Chollet, F., 2017. Xception: deep learning with depthwise separable convolutions. In: Proceedings—30th IEEE Conference on Computer Vision and Pattern Recognition, CVPR 2017, pp. 1800–1807.

Codevilla, F., Müller, M., López, A., Koltun, V., Dosovitskiy, A., 2018. End-to-end driving via conditional imitation learning. IEEE.

Cordts, M., Omran, M., Ramos, S., Rehfeld, T., Enzweiler, M., Benenson, R., Franke, U., Roth, S., Schiele, B., 2016. The cityscapes dataset for semantic urban scene understanding. In: Proc. IEEE Comput. Soc. Conf. Comput. Vis. Pattern Recognit. 2016-Decem, pp. 3213–3223.

Creswell, A., White, T., Dumoulin, V., Arulkumaran, K., Sengupta, B., Bharath, A.A., 2018. Generative Adversarial Networks: An Overview. IEEE Signal Process. Mag.

Deepdrive, n.d. (WWW Document).

Diaz Amado, J.A., Gomes, I.P., Amaro, J., Wolf, D.F., Osorio, F.S., 2019. End-to-end deep learning applied in autonomous navigation using multi-cameras system with RGB and depth images. In: IEEE Intelligent Vehicles Symposium, Proceedings, Paris, France, 9–12 June, pp. 1626–1631.

Eraqi, H.M., Moustafa, M.N., Honer, J., 2017. End-to-end deep learning for steering autonomous vehicles considering temporal dependencies. arXiv. arXiv:1710.03804.

Foretellix, n.d. Foretellix (WWW Document). https://www.foretellix.com/.

Gaidon, A., Wang, Q., Cabon, Y., Vig, E., 2016. VirtualWorlds as proxy for multi-object tracking analysis. In: 2016 IEEE Conf. Comput. Vis. Pattern Recognit. 2016-Decem, pp. 4340–4349.

Geiger, A., Lenz, P., Stiller, C., Urtasun, R., 2013. Vision meets robotics: The KITTI dataset. Int. J. Robot. Res. 32.

He, K., Zhang, X., Ren, S., Sun, J., 2016. Identity mappings in deep residual networks. In: Lecture Notes in Computer Science (Including Subseries Lecture Notes in Artificial Intelligence and Lecture Notes in Bioinformatics), pp. 630–645.

Hecker, S., Dai, D., Van Gool, L., 2018. End-to-end learning of driving models with surround-view cameras and route planners. arXiv. arXiv:1803.10158v2.

Hussein, A., Gaber, M.M., Elyan, E., Jayne, C., 2017. Imitation learning: a survey of learning methods. ACM Comput. Surv. 50, 1–35.

Huval, B., Wang, T., Tandon, S., Kiske, J., Song, W., Pazhayampallil, J., Andriluka, M., Rajpurkar, P., Migimatsu, T., Cheng-Yue, R., Mujica, F., Coates, A., Ng, A.Y., 2015. An Empirical Evaluation of Deep Learning on Highway Driving. arXiv.

Kiran, B.R., Sobh, I., Talpaert, V., Mannion, P., Sallab, A.A.A., Yogamani, S., Perez, P., 2022. Deep reinforcement learning for autonomous driving: a survey. IEEE Trans. Intell. Transp. Syst. 23, 4909–4926.

Kocić, J., Jovičić, N., Drndarević, V., 2019. An end-to-end deep neural network for autonomous driving designed for embedded automotive platforms. Sensors 19, 2064.

Krizhevsky, A., Sutskever, I., Hinton, G.E., 2012. ImageNet classification with deep convolutional neural networks. In: NIPS'12: Proceedings of the 25th International Conference on Neural Information Processing Systems. vol. 1. Curran Associates Inc., Red Hook, NY, pp. 841097–901105.

Kuefler, A., Morton, J., Wheeler, T., Kochenderfer, M., 2017. Imitating driver behavior with generative adversarial networks. In: IEEE Intelligent Vehicles Symposium, Proceedings, pp. 204–211.

Kuutti, S., Bowden, R., Jin, Y., Barber, P., Fallah, S., 2021. A survey of deep learning applications to autonomous vehicle control. IEEE Trans. Intell. Transp. Syst. 22, 712–733.

Li, L., Ota, K., Dong, M., 2018. Humanlike driving: empirical decision-making system for autonomous vehicles. IEEE Trans. Veh. Technol. 67, 6814–6823.

Mnih, V., Kavukcuoglu, K., Silver, D., Rusu, A.A., Veness, J., Bellemare, M.G., Graves, A., Riedmiller, M., Fidjeland, A.K., Ostrovski, G., Petersen, S., Beattie, C., Sadik, A., Antonoglou, I., King, H., Kumaran, D., Wierstra, D., Legg, S., Hassabis, D., 2015. Human-level control through deep reinforcement learning. Nature 518, 529–533.

Navarro, P.J., Miller, L., Rosique, F., Fernández-Isla, C., Gila-Navarro, A., 2021. End-to-end deep neural network architectures for speed and steering wheel angle prediction in autonomous driving. Electronics 10, 1266.

NVIDIA, 2020. NVIDIA DRIVE Constellation (WWW Document). https://developer.nvidia.com/drive/drive-constellation.

Pan, Y., Cheng, C.-A., Saigol, K., Lee, K., Yan, X., Theodorou, E., Boots, B., 2018. Agile autonomous driving using end-to-end deep imitation learning. In: Robotics: Science and Systems 2018. arXiv.

Peng, B., Sun, Q., Li, S.E., Kum, D., Yin, Y., Wei, J., Gu, T., 2021. End-to-end autonomous driving through dueling double deep Q-network. Automot. Innov. 4, 328–337.

Rosique, F., Navarro, P.J., Fernández, C., Padilla, A., 2019. A systematic review of perception system and simulators for autonomous vehicles research. Sensors 19, 648.

Schwarting, W., Alonso-Mora, J., Rus, D., 2018. Planning and decision-making for autonomous vehicles. Annu. Rev. Control. Robot. Auton. Syst. 1, 187–210.

Shrivastava, A., Pfister, T., Tuzel, O., Susskind, J., Wang, W., Webb, R., 2017. Learning from simulated and unsupervised images through adversarial training. In: Proceedings—30th IEEE Conference on Computer Vision and Pattern Recognition, CVPR 2017, pp. 2242–2251.

Simonyan, K., Zisserman, A., 2015. Very deep convolutional networks for large-scale image recognition. In: 3rd International Conference on Learning Representations, ICLR 2015—Conference Track Proceedings. International Conference on Learning Representations. ICLR.

Szegedy, C., Liu, W., Jia, Y., Sermanet, P., Reed, S., Anguelov, D., Erhan, D., Vanhoucke, V., Rabinovich, A., 2015. Going deeper with convolutions. In: Proceedings of the IEEE Computer Society Conference on Computer Vision and Pattern Recognition, pp. 1–9.

Tampuu, A., Matiisen, T., Semikin, M., Fishman, D., Muhammad, N., 2022. A survey of end-to-end driving: architectures and training methods. IEEE Trans. Neural Netw. Learn. Syst. 33, 1364–1384.

Van Hasselt, H., Guez, A., Silver, D., 2016. Deep reinforcement learning with double Q-learning. In: 30th AAAI Conference on Artificial Intelligence, 2016. AAAI, pp. 2094–2100.

Vangumalli, D.R., Nikolopoulos, K., Litsiou, K., 2021. Aggregate selection, individual selection, and cluster selection: an empirical evaluation and implications for systems research. Cybern. Syst. 52, 553–578.

Wang, Z., Schaul, T., Hessel, M., Van Hasselt, H., Lanctot, M., De Frcitas, N., 2016. Dueling network architectures for deep reinforcement learning. In: 33rd International Conference on Machine Learning, ICML 2016. International Machine Learning Society (IMLS), pp. 2939–2947.

Wang, Y., Mao, Q., Zhu, H., Zhang, Y., Ji, J., Zhang, Y., 2021. Multi-Modal 3D Object Detection in Autonomous Driving: A Survey. arXiv.

Waymo, n.d. Waymo (WWW Document). https://waymo.com/.

Xu, H., Gao, Y., Yu, F., Darrell, T., 2017. End-to-end learning of driving models from large-scale video datasets. In: Proceedings—30th IEEE Conference on Computer Vision and Pattern Recognition, CVPR 2017, Honolulu, HI, USA, 21–26 July, pp. 3530–3538.

Yang, Z., Zhang, Y., Yu, J., Cai, J., Luo, J., 2018. End-to-end multi-modal multi-task vehicle control for self-driving cars with visual perceptions. In: Proceedings—International Conference on Pattern Recognition, Beijing, China, 20–24 August 2018, pp. 2289–2294.

Yosinski, J., Clune, J., Bengio, Y., Lipson, H., 2014. How transferable are features in deep neural networks? In: Advances in Neural Information Processing Systems. Neural Information Processing Systems Foundation, pp. 3320–3328.

Yurtsever, E., Lambert, J., Carballo, A., Takeda, K., 2020. A survey of autonomous driving: common practices and emerging technologies. IEEE Access 8, 58443–58469.

第8章 决策与控制的相互作用

8.1 引言

前几章描述了在道路环境中为车辆导航确定最合适的计划所需的各种方法、技术和各个模块之间的交互。尽管文献中广泛使用了"控制"一词，涵盖了从嵌入式决策架构到交通管理系统能力的广泛范围，但本章中所使用的含义主要与负责将上述计划高效转化为适当动作以控制车辆方向盘、制动或加速器的子系统相关。然而，这是一个关键的组成部分：它不能独立于上下文运行，有望调节规划子系统甚至上层安全决策机制的输出。因此，在本章的特定部分将引出控制与整体认知启发式决策架构的连接，以及与其他道路智能体行为的交互。

由于本书的重点是决策制定，而与车辆导向相关的控制技术文献相当广泛，因此本书并非旨在对自动驾驶车辆或机器人的稳定技术进行全面审查。相反，本章提供了一些关于这些稳定方案与上游组件交互的基本思想。为了表达这些考虑，我们提出了三个研究问题：

- 规划和控制是否需要分开或无缝集成？如果分开，是否应将控制分成横向控制和纵向控制？自主导航是否可以考虑其他控制动作（例如，暂停）？
- 尽管有多种控制技术，但哪一种才是最佳的镇定范式（如果有的话）？
- 一旦确定了控制与决策架构，所实施的控制技术的设计需求应该是纯技术性的，还是也可以在这一点上以某种方式引入伦理？

为深入了解这些开放性问题，本章组织结构如下。第 8.2 节回顾了镇定问题的定义，给出了控制需求中需考虑的核心问题，并简要回顾了纵向和横向控制的现有技术。第 8.3 节通过对下层组件的描述，介绍了现有的不同控制架构，以理解控制、规划和决策组件之间潜在的相互作用。在第 8.4 节中，从两个不同的角度描述了这种相互作用（伦理如何自然地影响控制方案和分离/整合的困境）。第 8.5 节介绍了在这些相互作用中要考虑的补充要素：失效-可操作机制。它没有使用通用的下游通信信道，而是利用控制和监督之间的上游连接使后者更高效。

8.2 镇定理论

8.2.1 问题定义

通常情况下，为了使车辆尽可能接近规划系统计算的参考路径或轨迹，会使用反馈控制器。该控制器的作用是，当存在系统建模误差和其他形式的不确定性时，将车辆稳定在参考路径或轨迹上。根据运动规划器提供的参考，控制目标可以是路径镇定或轨迹镇定，根据帕登等人的研究（Paden et al, 2016），可以概括如下。

路径镇定问题：给定一个由 $\dot{x} = f(x,u)$、参考路径 x_{ref} 和参考速度 v_{ref} 建模的系统，求得一个反馈控制律 $u(x)$ 使闭环系统 $\dot{x} = f(x,u(x))$ 的解满足：$\forall \varepsilon > 0$ 和 $t_1 > t_2$，存在 $\delta > 0$ 和可微的 s 使得：

- $\| x(t_1) - x_{\text{ref}}(s(t_1)) \| \leq \delta \Rightarrow \| x(t_2) - x_{\text{ref}}(s(t_2)) \| \leq \varepsilon$
- $\lim\limits_{t \to \infty} \| x(t) - x_{\text{ref}}(s(t)) \| = 0$
- $\lim\limits_{t \to \infty} \dot{s} = v_{\text{ref}}(s(t))$

轨迹镇定问题：给定一个由 $\dot{x} = f(x,u)$、参考路径 x_{ref} 建模的系统，求得一个反馈控制律 $u(x)$ 使得闭环系统 $\dot{x} = f(x,u(x))$ 满足：$\forall \varepsilon > 0$ 和 $t_1 > t_2$，存在 $\delta > 0$ 使得：

- $\| x(t_1) - x_{\text{ref}}(s(t_1)) \| \leq \delta \Rightarrow \| x(t_2) - x_{\text{ref}}(s(t_2)) \| \leq \varepsilon$
- $\lim\limits_{t \to \infty} \| x(t) - x_{\text{ref}}(s(t)) \| = 0$

在这两种情况下，第一个条件旨在确保：如果在考虑的时间间隔开始时存在一个小的初始跟踪误差，则它在结束时也必须保持较小。同时，第二个条件强制跟踪误差收敛到零。在路径镇定问题中，第三个条件旨在使车辆沿参考路径前进过程中的速度收敛到路径的名义速度 v_{ref}。然而，在轨迹镇定问题中，速度是状态向量的一部分。

注意，尽管控制器规格通常用时间趋于无穷大时的渐近跟踪误差来表示，但参考轨迹是有限的。因此，在控制系统设计中，系统的瞬态响应也非常重要（下一节对此进行更深入的探讨）。

在规划运动执行的过程中，所产生的跟踪误差部分是由于所考虑车辆模型的不准确性（如果使用基于模型的控制技术）。因此，闭环系统的稳定性并不是控制工程师需要考虑的唯一设计变量集；为了在任何驾驶环境中都能够成功部署，还必须仔细分析系统的稳健性。下一小节将从系统级的角度对此及其他相关的控制需求进行考察。

8.2.2 自动驾驶的镇定需求

确定镇定算法的质量并非易事，因为它必须在不同的视角下表现良好，而这通常是冲突的。的确，从车辆的角度来看，最终的闭环特性必须在安全性、舒适性、稳健性和更广泛的影响之间（如能源消耗，与效用或效率直接相关）进行权衡。

可将安全机动和尊重乘客舒适性的目标表示为用户需求，这些需求可以转化为对车辆状态和输入的约束，无论是在显式包含这些约束的控制方案中（例如，MPC），还是在使用这些约束选择运动基元的采样规划机制中（Medina-Lee et al, 2021）。

由于车辆可行驶区通常是非凸的，且其数学表征可能导致约束条件不可微，因此躲避碰撞的问题描述通常具有挑战性。无论如何，车辆需要提供基本的安全性，安全性可以用偏离中心线、与障碍物的距离、碰撞时间或与任意障碍物最接近的相遇时间来表征（详见第 6 章）。

瓦岑尼希和霍恩的研究（Watzenig and Horn, 2016）表明，从乘客的角度来看，车辆的舒适性比跟踪性能更重要。可考虑以下因素来指定舒适性：由控制动作引起的振荡频率和振幅，甚至在更极端的驾驶环境中表示侧滑概率的指标。如在卡瓦略等人的研究（Carvalho et al, 2015）中所述，这可以通过将横向加速度限制在人类可接受的范围内（通常不超过 $2m/s^2$）或将车轮的侧偏角限制在给定范围内（几度）来强制实施。

需要注意的是，这些规格与独立的自动驾驶车辆相关，但将它们扩展后也可用于车载网络。因此，在协同自适应巡航控制系统（CACC）中，安全性和稳健性指标通常用队列稳定性来衡量（详见第 8.2.3 节），而面向道路的效率通常用道路吞吐量来量化。

在任何情况下，尽管一些系统级要求可以很容易地转化为典型的基于模型的最优问题控制方案中的约束或成本函数，但一些替代的镇定方法需要更具体的时间响应要求。因此，参考轨迹规划与控制层之间的分离，不仅有利于简化自动驾驶控制系统的设计，还可以更好地追踪车辆的稳定性。尽管在第 8.4.2 节提出了一些对这一范式的有趣替代方案，接下来的部分将专门描述迄今为止在镇定层面使用的最相关策略。需要注意的是，在这方面，车辆控制通常分为纵向（通过控制制动器和油门执行器来调节车速的能力）控制器和横向（车辆转向调节，以跟踪或跟随参考路径）控制器。

例如，图 8.1 给出了一个经典方案，其中纵向和横向控制是分离的，并且在后者的情况下还分为两个层次：一个系统提供适当的方向盘位置，另一个选择的电动机电流或电压变量以跟踪更高层次的参考值。

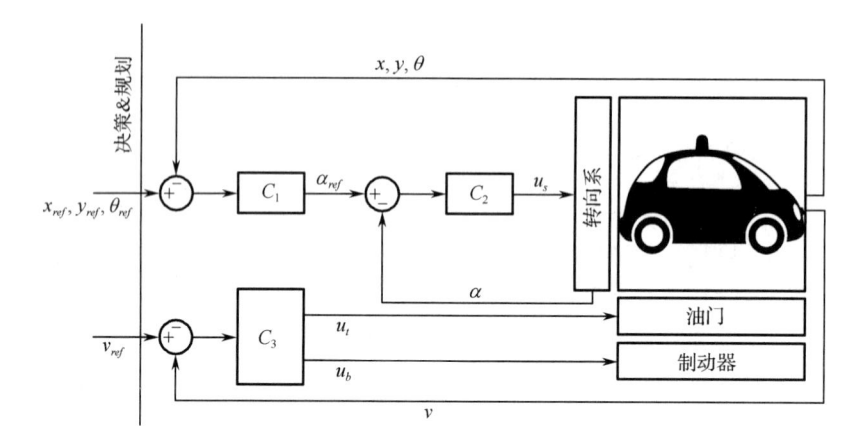

图 8.1 横纵向控制方案

8.2.3 纵向控制

在研究中可以找到许多解决车辆纵向动力学问题的控制技术。最基础的纵向控制问题表述通常被称为巡航控制，其目标是通过节气门和制动器来调节汽车的速度，不考虑附近其他车辆的存在（Villagra et al, 2010）。这种方法的进化形式是引入预览信息，以生成某种上下文感知的参考速度（Asadi and Vahidi, 2010）。这些信息可以是静态的（如道路坡度和速度限制），也可以是动态的但变化缓慢的（考虑某种平均交通速度）。生态驾驶是一个与之相关的问题，它不是利用感知传感器或合作生成速度曲线，而是最大限度减少能源消耗（Chen et al, 2018）。

这些速度控制方案的自然演变是自适应巡航控制（ACC）生成速度曲线，该系统可以检测前方的任何车辆，并调整自身速度以保证安全间距（Xiao and Gao, 2010）。如今，在许多量产汽车中都包含了 ACC 功能，该功能旨在增强乘客的安全性和舒适性。这些汽车在特定地区大量使用可能会产生更广泛的影响，如提高道路通行能力和能源效率。

在 ACC 中，通常假设前车随时可以完全制动；然而实际上，这种策略可能过于保守（Guanetti et al, 2018）。为了解决在注重能效的应用中的这种局限性，常见的方法是考虑较小的车间距；在较高速度下，如果车辆紧密行驶，可以显著减少空气动力阻力（Alam et al, 2015）。为了在效率和安全性之间找到平衡，车间距策略发挥了重要作用（Santhanakrishnan and Rajamani, 2003）。车间距策略可以是恒定的距离策略或恒定的车头时距策略（也称为时间间隔）。

协同自适应巡航控制（CACC）是一种借助车辆间通信（V2V）实现的 ACC 增强版。由于 ACC 的性能受感知系统的限制，后者只能测量相对距离和速度，而 V2V 通信可以实现车辆加速度信息的交换。CACC 利用这种附加信息源来确保更高的安全性，并实现更小的车间距（Milanés et al, 2013）。除提高安全性外，在高速公路驾驶场景中还可以获得其他积极影响，如较低的能耗、更高的道路通行能力和乘客舒适性提升。

如引言所述，纵向控制可以设计为单智能体，或者在多车队形成的框架下被建模为一维网络化动态系统。正如李等人（2017年）提出的那样，这些自动驾驶车辆编队系统的控制设计与综合主要受以下四类因素的影响。

- 将每个自动驾驶车辆和车队的动力学作为一个整体。
- 信息流网络，即信息流的拓扑结构和质量，以及交换的信息类型。交换的信息可以是当前速度和加速度，或者包括横向运动的预测信息。
- 使用嵌入式反馈控制器中的车载信息。
- 编队配置，即车辆次序、巡航速度和车间距。

关于反馈控制的特性，每辆自动驾驶车辆都必须是稳定的，并具有足够的稳健性余量。由于作用在编队领航车上的扰动可能会在跟驰车中放大［如队列不稳定性，参见斯瓦鲁普等人的研究（Swaroop et al，1994）］，因此需要对系统级的"设计稳定"控制算法进行综合。正如瓜内蒂等人的研究（Guanetti et al，2018）中所述，线性一致性控制和分布式稳健控制技术能够提供深入的理论分析，并能够保证队列的稳定性；然而，它们的应用领域是线性系统，限制性太强。这一缺点，再加上在约束条件存在时缺乏保证，推动了模型预测控制（MPC）在这一领域的发展。实际上，在MPC方法中，可以自然地包含非线性动力学、输入/状态约束和预测信息（Turri et al，2016）。

8.2.4 横向控制

自动驾驶车辆的横向控制负责将车辆相对于参考路径/轨迹的横向和航向跟踪误差（包含航向误差的时间维度）最小化。这些自动化转向系统应当能够处理任何驾驶情况（例如，在车辆相对于参考轨迹有显著误差的情况下激活功能或执行车道变更操作）。一般而言，车辆运动的稳定性由反馈控制过程保证，该过程能够将上层的规划转化为方向盘动作（最终与制动和油门指令相结合）。

在没有侧风、斜坡和坑洞等典型道路扰动的情况下，简单的控制结构已足以确保路径跟踪的性能，且已在20世纪90年代通过实验验证（Shladover，2007）。事实上，对于指定的车速，固定参数控制器可以处理给定范围的轮胎侧偏刚度、车辆质量和实车运行中典型的轮胎-路面摩擦系数。针对车道跟随问题，人们提出了不同的控制策略，既有依赖于数据驱动的控制方法，也有依赖于模型的控制方法。第一类控制方法包括PID控制器（Marino et al，2009）、模糊控制器（Jin et al，2017）等。在第二类控制方法中，线性二次调节器（LQRs）和模型预测控制器（MPC）是应用最多的策略，MPC由于具有包含车辆动力学约束和可行驶空间约束的能力，显然正在发展当中。在真实驾驶平台上实施的测试表明，这些控制器大部分在特定的驾驶环境中都能提供合适的横向控制，但当试图将其推广到其他环境时，控制效果则会受到影响。为了应对这些限制，近年来提出了不同的反馈策略。塞纳尔（Zainal）等人（2017 年）应用单轨模型来适配两个 PID 调节器，一个用于低速，另一个用于高速；刘（Liu）等人（2018 年）用它来综合一个稳健的 LQR；蒋（Jiang）和阿斯托尔菲（Astolfi）（2018 年）基于 Lyapunov 理论在扩展模型上得到一个渐近稳定的调节器。Atoui 等人的研究中使用了稳健的线性变参数（Linear Parameter-Varying，LPV）方法，以明确限定速度对关键车辆动力学参数的影响。此外，不同的模型预测控制（MPC）策略也已经开发并在实际车辆上进行评估，以解决这一问题。其中一些依赖于更复杂的模型（Zanon et al, 2014），而其他一些则专注于共同解决路径规划和控制问题（Laghmara et al, 2019）（详见第 8.4.2 节内容）。

当突发情况和重要的设定值需要变化时，必须重新设计或调整这些方法。模糊控制器及其他不同的优化技术已用于在换道与躲避碰撞之间实现良好的性能权衡（Atoui et al, 2022a）。然而，为了应对这两种情况并使控制器在较宽的速度范围内运行，需要实现渐进切换机制。为此，在不同的控制分配方案中，考虑了典型路径跟随问题的车道跟踪器和具有显著横向误差情况下的换道控制器［如马赫图等人的研究（Mahtout et al, 2018）中基于 Youla-Kucera 的自适应控制器参数化］。除这些具体的解决方案外，为应对横向控制器对速度和其他相关运行条件的必要调整，研究中还反复使用了三种互补策略。

- 调整反馈控制器的前视距离。实际上，如果选择离车辆最近的点作为控制的目标点，则在高速、大的曲率变化等情况下，执行器可能无法将相应的横向误差最小化。这是由传感器（摄像头、雷达和 GNSS）和执行器中的延时导致的。因此，用前视法预测所选前视距离处的横向误差。正如阿图伊等人的研究（Atoui et al, 2022b）中所述，当车速增加时，闭环零点和极点向虚轴移动，导致极点阻尼不足。增加前视距离会使零点更靠近实轴，从而改善闭环极点的阻尼。但代价是车辆可能无法处理近处的障碍物或机动动作。因此，选择合适的前视距离对于闭环系统的稳定性和性能至关重要。Chen 和 Tan（1998 年）提出了用自动机制来自动地使前视距离适应运行条件（主要考虑速度和横向/航向跟踪误差）。
- 为最大限度减少扰动、不确定性或未建模动态的影响，并放宽对路径跟踪控制器反馈部分的调整，可采用前馈控制项。现有的用于路径跟踪的前馈控制器，主要的限制是它们对状态估计器的依赖，即状态估计器的输出必须平滑（这通常是不可能的）。机器学习技术、自适应控制和传感器融合可以极大地帮助解决这项具有挑战性的任务（Sorniotti et al, 2017）。
- 通过设计，确保对模型不确定性和快速变化环境的稳健性（Falcone et al, 2008；Moreno et al, 2022）。在其中一些方法中，利用了横向控制和运动规划之间的深层联系，因为两者通常基于相同的模型和测量（关于这种集成的详情，参见第 8.4.2 节内容）。

第 8 章 决策与控制的相互作用

如引言中提出的一个核心研究问题，在某种程度上很自然地考虑将任何可用的执行器普遍用于车辆的整体稳定性。最近的研究活动集中在尝试用车内所有可用的作用方式来泛化横向控制方案。因此，自动转向和直接横摆力矩控制之间的相互作用成为极端瞬态条件下跟踪路径的一种非常有效的方式。直接横摆力矩控制可通过稳定性控制系统中的制动器间歇性地产生（Van Zanten, 2000）。该实例以及其他一些可能的执行器组合（Park and Gerdes, 2015）引发了关于最有效的控制架构及其相关泛化可能性的问题。下一节将阐明这一方向以及所谓的底盘全局控制范式与更上层决策组件之间的相互作用。

8.3 上游与下游控制架构

车辆动力学具有很强的耦合性，尤其是在激进的驾驶中。为了充分引导车辆并处理其安全性和稳定性问题，在设计车辆控制器时，可以将这些动力学耦合作为一个整体来考虑。在这方面，一些最近的研究工作一直在应对设计一种最优架构的挑战，以充分发挥可用执行器的优势，实现自主导航。

为了提供最优的人机交互，工程界一方面认识到人类具有出色的能力，但另一方面也意识到人类固有的性能限制。这一认知已被利用在基于认知启发的控制架构的定义中。需要注意的是，第 2 章从具身决策架构的角度描述了最新技术，其中提到的一些思想在这里重新提及，但现在将把重点放在执行器和镇定部件与决策架构中更上层的监督、协调与规划阶段的交互上。

在拉斯穆森的研究（Rasmussen, 1983）中，其区分了人类活动中的三种认知负荷类型：基于知识的行为、基于规则的行为和基于技能的行为。这些机制可以按照工程观点由多涅斯提出的三级层次结构（Donges, 1999）映射到驾驶任务中，并在温纳等人的研究（Winner et al, 2014）中被提及。

- 导航：从可用路网中选择合适的行驶路线。采用基于知识的行为。
- 制导：根据前方交通场景生成目标路径和速度。如本书前几章所述，其输出依赖于基于知识、基于规则和基于技能的行为组合。
- 镇定：将车辆运动与所选的制导输出对齐，由基于技能的行为组件提供。

如第 2 章所述，在自动驾驶领域许多解决方案的架构中都能找到这种层次结构，有时也称之为战略/战术/执行。事实上，在导航层做出的决策会影响整个任务，因此称为战略层。在制导层，制定战术驾驶决策，如选择特定的驾驶动作。为此，评估当前的驾驶情况并生成下层镇定层的输入变量。镇定层中的模块负责驾驶任务中最具操作性的方面，向执行器发送合适的指令动作。

根据这一方案，根据不同的考虑因素对不同的架构进行分类。在戈登等人的研究（Gordon et al, 2003）中，他们提出将集成控制方法分为以下几类：分散式、集中式、监督式、递阶式和协调式控制。在塞尔比的研究（Selby，2003）中，则确定了另一个不同的因素：协调层在控制流中的位置。从这个观点出发，可采用下面两个主要方法来处理子系统组合问题：在子系统操作之后处理交互和可能的冲突；控制对不同子系统的指令分配，以产生所需的协同效应并避免冲突。第一种方法被基赛（Kissai）等人（2017年）称为下游协调，而第二种被称为上游协调。

下游架构中的主要方案是分散式控制［见图8.2（a）］。在上游架构类别中，协调是在子系统的上游进行的，其中指令以避免与子系统下游冲突的方式分配。为此，在决策系统指令与底盘系统之间设置了一个多变量控制器。集中式架构［见图8.2（b）］和监督式架构［见图8.3（a）］是此类架构的经典案例。后者是分散结构的演进，其中加入了一个监督层以便在过程中加入更多信息，从而引入了潜在的优势，如容错性、可扩展性和模块化。这些允许的特性可以围绕三个主要层构建（Vivas-Lopez et al，2015）。

（1）决策层：首先识别当前的驾驶情况，然后决定如何协调子系统行动，同时确保安全性。
（2）控制层：将上一层生成的控制目标转化为每个局部控制器的参考。
（3）物理层：包含不同的执行器和传感器。

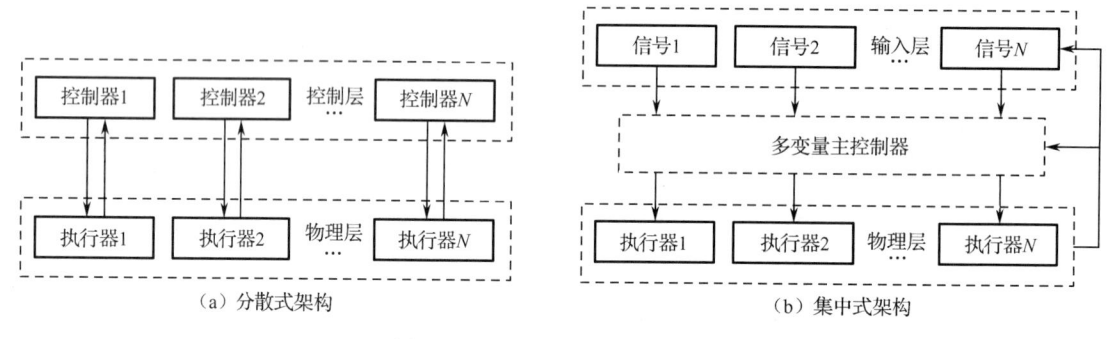

图8.2 分散式架构和集中式架构

多层协调架构是该架构的扩展［见图8.3（b）］，包括自动驾驶车辆的以下层（Mazzilli et al，2021）。

（1）监督层：确定正确的控制模式，并根据动力学状态和输入计算出参考信号。
（2）上层控制层：计算全局控制输入来跟踪选定的参考信号。
（3）协调层：根据监督层定义的模式选择底盘控制系统。
（4）控制分配层：在可用的底盘驱动系统之间分配控制输入。
（5）控制层：跟踪上一层导出的参考信号并将局部控制动作发送给硬件。
（6）物理层：通过智能执行器执行各种操作。

需要注意的是，多个执行器的存在使它们可以协调操作，这些执行器通常有方向盘、制动器和油门,但也可以考虑悬架或其他底盘执行器。这种集成/全局底盘控制能够实现以下目标:补偿单个执行器的局限性;利用协同效用;通过传感器和信息共享降低成本及复杂性(Schmidt and König, 2020)。

在马齐利等人的研究(Mazzilli et al, 2021)中,他们对架构进行了深入比较,由于这种多层协调架构具有模块化的特性,如允许扭矩矢量控制器中轮胎-路面摩擦条件的显式变化(为每个车轮分配单独的扭矩设定值)。因此,该架构是最适合自动驾驶应用的架构。

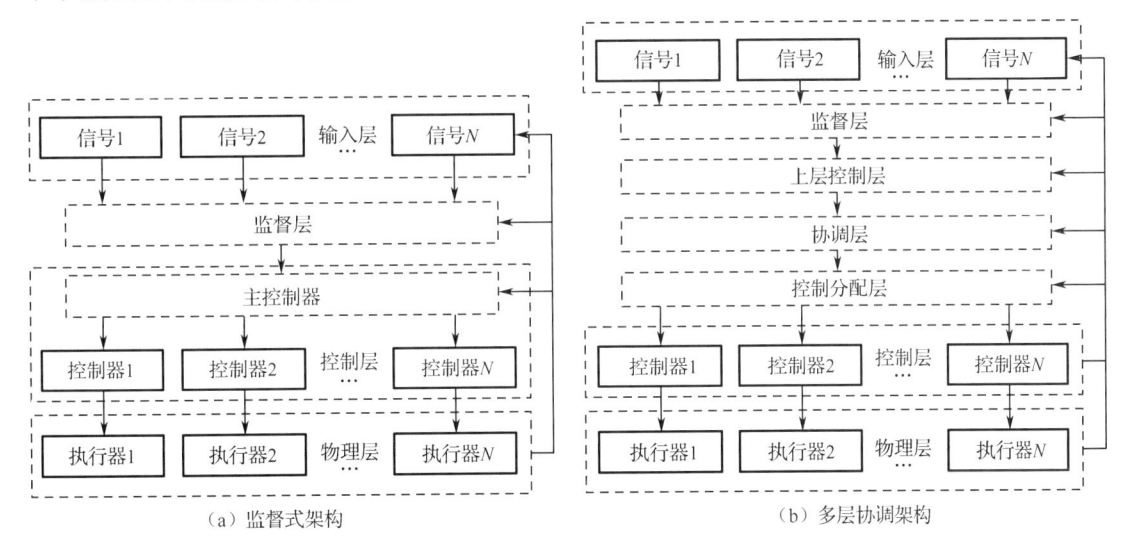

(a)监督式架构 (b)多层协调架构

图 8.3 监督式架构和多层协调架构

8.4 规划与控制间的交互模型

如前几章所述,决策和运动规划组件需要根据具体的应用进行设计,如车辆的类型和环境中可能出现的障碍物(Guanetti et al, 2018)。在运动规划模块和横纵向控制模块的复杂度之间存在一种折衷。如果运动规划模块基于自动驾驶车辆的精确动力学模型,则可以简化运动控制。或者可以在运动规划中使用简化模型,而考虑更复杂的运动控制策略。至今尚未确定出一个系统的、有根据的框架供系统设计人员为这两个相互联系的功能模块分配复杂度(Guanetti et al, 2018)。然而,近年来已经有许多研究对其进行了有意义的分析,从不同的角度明确运动规划与控制之间相互作用的形式。接下来的两小节整理了在这种相互作用中考虑伦理问题的一些见解,以供随后关于模型/规划集成方法的讨论。

8.4.1 伦理考量

根据桑顿等人的观点（Thornton et al, 2016），事故避免的动机源于关爱生命和避免伤害的理念，这是道德推理的基本原则（Haidt and Joseph, 2004）。除遵守交通法规外，驾驶员还秉承尊重、公平公正和与其他道路使用者的互惠互利等道德原则，展示了自动驾驶车辆与社会期望与哲学之间的联系。

这些因素及其他道德原则可以转化为工程决策，从而产生合理的自动驾驶车辆行为。桑顿等人提出使用控制和规划技术，能够将伦理纳入其中，将驾驶目标适当地表述为规则/约束或成本（这两种元素出现在最优控制问题中）（Thornton et al, 2016）。事实上，对于任意优化问题，为不同的目标选择合适的权重都是一个挑战。在这些选择中可以自然地引入伦理理论来协助解决规划/控制问题。桑顿等人提出使用易于用数学框架映射的两种不同的伦理框架（Thornton et al, 2016）。

- 在道义论中，严格遵守确定正确行动的规则集。这些规则类似于决策和控制算法中用于限制系统行为的约束条件。
- 在结果论（更具体地说是功利主义）中，评估场景的预期效用，以确定出能带来最大利益的行动方案。它提供了将伦理决策表示为优化问题的基础。事实上，在最优控制设置中，最终的控制动作（伦理上正确的决策）是将代价函数最小化（如对车辆乘客造成的伤害）的可行解。

下面用结果论或道义论规则来描述一些相关的实例。

乍一看，跟随路径是一种基于位置差异测量的物理条件，因此道义约束似乎是确保路径跟踪性能最合适的解决方案。然而，跟随路径不一定是严格的安全需求。因此，路径跟踪需求应以结果论的方式建模，允许车辆最终偏离（如果需要）。或者，换句话说，由于道义论背后的基本思想要求严格遵守规则，因此应选择结果论中更灵活的原则并将其映射到路径跟踪的具体目标（代价函数）中。

如第 8.2.2 节所述并在第 12 和 13 章中论证的那样，驾驶平顺性是决策算法中的一个重要考虑因素，因为大多数乘客都期望基本的舒适性。与路径跟踪考虑因素类似，这是一个理想的特性，不应将其编码为硬约束，因为它可能会危及安全。因此，必须将其作为一种结果论考虑因素进行阐述，并将转向平顺性项（与横向加速度和加加速度有关）关联到总的代价函数中。

相反，由于方向盘、制动器和油门必须在其执行器限制范围内运行，因此应该在控制方案中优先考虑，所以按照道义论的观点强制将其作为约束（Thornton et al, 2016）。这些道义论规则也应适用于保证车辆在可行驶区域内行驶。

为了确保车辆轨迹避免碰撞，可以用名义路径最大和最小横向偏移的一组时变约束对安全专用车道的演变包络进行建模。

交通法在基于规则和基于代价的设计之间做出了最模糊的选择（或者换句话说，分别在道义论和结果论框架之间）。尽管应该将交通法自然地界定为道义论，但出于实际原因，它们可能需要放宽。事实上，人类经常决策是否要严格遵守某些规则（如与前车的安全距离）。因此，人类遵守交通法似乎适用于结果论权重。实际上，遵守交通法作为一项规则很快就会导致拥堵，而将其视为一种代价时，则很容易被打破。桑顿等人提出打破这种困境，在违反约束时创建可扩展的代价（Thornton et al, 2016）。当代价明显低于其他目标时，在结果论框架下处理约束；当代价被赋予非常高的权重时，该约束以道义论的方式优先于所有其他目标。

8.4.2　规划与控制的集成与解耦

如第 6 章以及第 8.1 和 8.2 节所述，业界围绕规划与控制领域的双重分解进行了重要的研究活动。

（1）规划/控制分解，在第 2 章和第 8.3 节中进行了描述，这是大多数具身决策架构的核心。尽管使用这种方法有许多优点（如模块化、故障诊断和失效可操作，如第 8.5 节所述），但最近关于模型预测控制（MPC）的工作已经在许多驾驶环境中产生了很好的功能性能。

（2）运动规划和控制子系统中的路径/速度分解（如果采用第一个分解）。路径-速度规划分解方法的主要局限性之一在于动态障碍物的最优处理，因为障碍物是随时间变化的（Qian et al, 2016）。除此之外，如第 8.2 节所述，如果轨迹镇定没有与上述速度规划器正确地集成，会产生次优的结果[速度属于要跟踪的矢量状态，因此它需要一定的平滑性和可跟踪性（Menhour et al, 2014）]。

近年来，算法和算力的进步使（线性甚至非线性）MPC 在自动驾驶车辆中的应用得到扩展，无论是跟踪任务（Falcone et al, 2007）还是轨迹生成任务（Liniger et al, 2015）。从算法的角度来看，这种进步的原因在于新算法处理多输入多输出系统的能力，同时考虑车辆动力学以及对状态和输入变量的约束。最后一个方面使我们能够自然地引入第 8.2.2 和 8.4.1 节中分别描述的技术需求和伦理考量。在这方面，值得一提的是模型预测轮廓控制（Model Predictive Contouring Control，MPCC），它是 MPC 的一种变体，用于精确跟踪几何路径，同时最大化行驶的距离（动态规划和跟踪最优速度）。近年来，已经发表了一些 MPCC 在自动驾驶车辆横向控制中的应用（Schwarting et al, 2017）。

尽管如今嵌入式系统中可用的计算资源更多，但许多城市驾驶环境隐含的复杂性使一些基于 MPC 的方法难以处理。减少轨迹生成与跟踪任务计算量的常见方法是，将问题分解为两个分层递阶 MPC：上层控制器采用简化的车辆模型规划长时域轨迹，而下层控制器使用更复杂的车辆模型在短时域内跟踪此轨迹（Micheli et al, 2021）。这种方法的主要风险在于，由于未建模动态，上层控制器可能会生成下层控制器无法跟踪的轨迹。

上述问题的一个可能的解决方案（尽管不是最优的）是在上层 NMPC 中使用预计算的基元轨迹（Gray et al, 2012）。另外，弗拉施等人还提出了一种空间重构方法，通过采用基于复杂模型的单级 NMPC 将轨迹生成和跟踪任务合并，解决了两层方案中跟踪不可行的问题（Frasch et al, 2013）。规划与跟踪模型的复杂度因解决方案而异，从运动学表示到动力学表示，甚至还包括 Pacejka "魔术公式"轮胎模型（Pacejka and Bakker, 1992）。这些研究中采用的空间重构引入了一些性能限制，由于这两个任务的集成是在空间中进行的，因此在存在动态障碍物的情况下，最终会产生安全问题。

假设基于 NMPC 的完全集成解决方案存在计算限制，一些研究，如米什兰等人的研究（Micheli et al, 2021），他们提出将重点放在可以处理多个移动障碍物的单级 NMPC 轨迹规划算法上，然后使用任意的反馈控制策略。

8.5 失效可操作考虑因素

第 8.3 节描述的大多数控制架构以及第 2 章范围更广的总体决策架构，展示了监督/规划与控制间的层次结构。常见的交互是自上而下的，但人们对促进自下而上的交流也越来越关注。这一关注背后的根本原因是，不仅需要使一些规划或决策参数适应控制器级别的信息传感与管理（例如，轮胎/路面摩擦估计），还需要监督系统并实施失效可操作（Fail-Operational）策略。

拉什卡等人在最近的一项研究中提出了一种监控系统，该系统会影响车辆的控制和驾驶策略，以应对系统故障（Reschka et al, 2018）。持续监测特定性能指标以识别导致系统降级行为的异常情况，从而限制或启用某些驾驶策略（例如，最小风险策略）并/或调整规划参数（例如，舒适性约束）。在拉什卡等人的研究（Reschka et al, 2015）中，他们还提出用技能图作为实现自动驾驶车辆故障弱化的方法。技能图可以提供系统当前能力的描述，因此最终在决策方面可以重新配置系统。

虽然这些策略有效，但其中的大部分策略都假设自动驾驶系统只能在给定的设计运行范围（ODD）内运行。然而，人们对 ODD 的估计和管理越来越关注，以便车辆能够根据每个 ODD 的特性及其功能边界进行导航。为此，科尔韦尔提出了图 8.4 描述的架构（Colwell, 2018）。其中监督层负责对系统进行监控并通过与系统层的交互对故障做出响应，根据可用功能的等级协调动态驾驶任务（Dynamic Driving Task, DDT）后援。当需要降级运行模式（Degraded Operation Mode, DOM）时，系统健康监视器负责启用受限运行范围（Restricted Operational Domain, ROD）内的管理和监测。假设系统层中存在冗余，自动驾驶系统可以一直启用 DDT 后援，包括在最坏情景下风险最小的靠边停车策略（Medina-Lee et al, 2020）。

第 8 章　决策与控制的相互作用

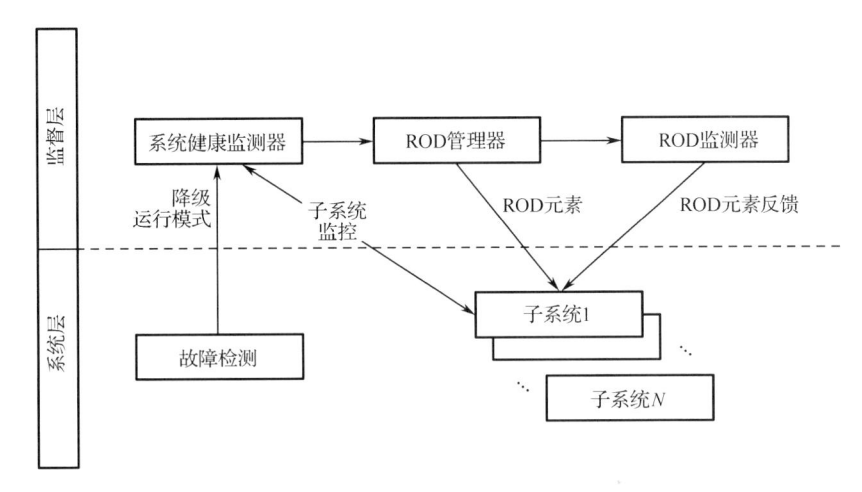

图 8.4　用于失效可操作规划/控制交互的 ODD 感知架构

明确完整地定义 ODD 是一项具有挑战性的任务（更不用说精确识别），目前仍处于初期研究阶段（Gyllenhammar et al, 2020）。然而，已经有一些有趣的实例通过这种自下而上的控制与规划模块间的交流来传输变量。一个经典的案例是 GNSS 遮挡检测——通常用于镇定过程。它在不同的上游适配中非常有用，如运动规划算法中的设计速度或加速度限制，或避免换道的多功能车道模型的参数化（详情分别见第 6 章和第 3 章）。

参考文献

Alam, A., Mårtensson, J., Johansson, K.H., 2015. Experimental evaluation of decentralized cooperative cruise control for heavy-duty vehicle platooning. Control. Eng. Pract. 38, 11–25.

Asadi, B., Vahidi, A., 2010. Predictive cruise control: utilizing upcoming traffic signal information for improving fuel economy and reducing trip time. IEEE Trans. Control Syst. Technol. 19 (3), 707–714.

Atoui, H., Sename, O., Milanés, V., Martinez, J.J., 2022a. LPV-based autonomous vehicle lateral controllers: a comparative analysis. IEEE Trans. Intell. Transp. Syst. 23 (8), 13570–13581.

Atoui, H., Milanés, V., Sename, O., Martinez, J.J., 2022b. Real-time look-ahead distance optimization for smooth and robust steering control of autonomous vehicles. In: 2021 29th Mediterranean Conference on Control and Automation, pp. 924–929.

Carvalho, A., Lefévre, S., Schildbach, G., Kong, J., Borrelli, F., 2015. Automated driving: the role of forecasts and uncertainty—a control perspective. Eur. J. Control. 24, 14–32.

Chen, C., Tan, H.S., 1998. Steering control of high speed vehicles: dynamic look ahead and yaw rate feedback. In: Proceedings of the 37th IEEE Conference on Decision and Control, pp. 1025–1030.

Chen, H., Guo, L., Ding, H., Li, Y., Gao, B., 2018. Real-time predictive cruise control for eco-driving taking into account traffic constraints. IEEE Trans. Intell. Transp. Syst. 20 (8), 2858–2868.

Colwell, I., 2018. Runtime Restriction of the Operational Design Domain: A Safety Concept for Automated Vehicles. University of Waterloo.

Donges, E., 1999. A conceptual framework for active safety in road traffic. Veh. Syst. Dyn. 32 (2–3), 113–128.

Falcone, P., Borrelli, F., Asgari, J., Tseng, H.E., Hrovat, D., 2007. Predictive active steering control for autonomous vehicle systems. IEEE Trans. Control Syst. Technol. 15 (3), 566–580.

Falcone, P., Borrelli, F., Tseng, H.E., Asgari, J., Hrovat, D., 2008. A hierarchical model predictive control framework for autonomous ground vehicles. In: 2008 American Control Conference. IEEE, pp. 3719–3724.

Frasch, J.V., Gray, A., Zanon, M., Ferreau, H.J., Sager, S., Borrelli, F., Diehl, M., 2013. An auto-generated nonlinear MPC algorithm for real-time obstacle avoidance of ground vehicles. In: 2013 European Control Conference (ECC), pp. 4136–4141.

Gordon, T., Howell, M., Brandao, F., 2003. Integrated control methodologies for road vehicles. Veh. Syst. Dyn. 40 (1–3), 157–190.

Gray, A., Gao, Y., Lin, T., Hedrick, J.K., Tseng, H.E., Borrelli, F., 2012. Predictive control for agile semi-autonomous ground vehicles using motion primitives. In: 2012 American Control Conference (ACC), pp. 4239–4244.

Guanetti, J., Kim, Y., Borrelli, F., 2018. Control of connected and automated vehicles: state of the art and future challenges. Annu. Rev. Control. 45, 18–40.

Gyllenhammar, M., Johansson, R., Warg, F., Chen, D., Heyn, H.M., Sanfridson, M., Ursing, S., 2020. Towards an operational design domain that supports the safety argumentation of an automated driving system. In: 10th European Congress on Embedded Real Time Systems.

Haidt, J., Joseph, C., 2004. Intuitive ethics: how innately prepared intuitions generate culturally variable virtues. Daedalus 133 (4), 55–66.

Jiang, J., Astolfi, A., 2018. Lateral control of an autonomous vehicle. IEEE Trans. Intell. Vehicles 3 (2), 228–237.

Jin, X., Yin, G., Wang, J., 2017. Robust fuzzy control for vehicle lateral dynamic stability via Takagi-Sugeno fuzzy approach. In: 2017 American Control Conference (ACC), pp. 5574–5579.

Kissai, M., Monsuez, B., Tapus, A., 2017. Review of integrated vehicle dynamics control architectures. In: 2017 European Conference on Mobile Robots (ECMR), pp. 1–8.

Laghmara, H., Boudali, M.T., Laurain, T., Ledy, J., Orjuela, R., Lauffenburger, J.P., Basset, M., 2019. Obstacle avoidance, path planning and control for autonomous vehicles. In: 2019 IEEE Intelligent Vehicles Symposium (IV), pp. 529–534.

Li, S.E., Zheng, Y., Li, K., Wu, Y., Hedrick, J.K., Gao, F., Zhang, H., 2017. Dynamical modeling and distributed control of connected and automated vehicles: challenges and opportunities. IEEE Intell. Transp. Syst. Mag. 9 (3), 46–58.

Liniger, A., Domahidi, A., Morari, M., 2015. Optimization-based autonomous racing of 1: 43 scale RC cars. Optimal Control Appl. Methods 36 (5), 628–647.

Liu, Q., Liu, Y., Liu, C., Chen, B., Zhang, W., Li, L., Ji, X., 2018. Hierarchical lateral control scheme for autonomous vehicle with uneven time delays induced by vision sensors. Sensors 18 (8), 2544.

Mahtout, I., Navas, F., Gonzalez, D., Milanés, V., Nashashibi, F., 2018. Youla-kucera based lateral controller for autonomous vehicle. In: 2018 21st International Conference on Intelligent Transportation Systems, pp. 3281–3286.

Marino, R., Scalzi, S., Orlando, G., Netto, M., 2009. A nested PID steering control for lane keeping in vision based autonomous vehicles. In: 2009 American Control Conference, pp. 2885–2890.

Mazzilli, V., De Pinto, S., Pascali, L., Contrino, M., Bottiglione, F., Mantriota, G., Sorniotti, A., 2021. Integrated chassis control: classification, analysis and future trends. Annu. Rev. Control. 51, 172–205.

Medina-Lee, J., Artuñedo, A., Villagrá, J., 2020. Traded control architecture for automated vehicles enabled by the scene complexity estimation. In: 4th International Conference on Computer-Human Interaction Research and Applications.

Medina-Lee, J., Artuñedo, A., Godoy, J., Villagra, J., 2021. Merit-based motion planning for autonomous vehicles in urban scenarios. Sensors 21 (11), 3755.

Menhour, L., Dandréa-Novel, B., Fliess, M., Mounier, H., 2014. Coupled nonlinear vehicle control: flatness-based setting with algebraic estimation techniques. Control. Eng. Pract. 22, 135–146.

Micheli, F., Bersani, M., Arrigoni, S., Braghin, F., Cheli, F., 2021. NMPC trajectory planner for urban autonomous driving. Vehicle System Dynamics, 61 (5), pp. 1387–1409. https://doi.org/10.1080/00423114.2022.2081220.

Milanés, V., Shladover, S.E., Spring, J., Nowakowski, C., Kawazoe, H., Nakamura, M., 2013. Cooperative adaptive cruise control in real traffic situations. IEEE Trans. Intell. Transp. Syst. 15 (1), 296–305.

Moreno, M., Artuñedo, A., Villagra, J., Join, C., Fliess, M., 2022. Speed-adaptive model-free lateral control for automated cars. In: Proc. of 8th IFAC Symposium on System Structure and Control.

Pacejka, H.B., Bakker, E., 1992. The magic formula tyre model. Veh. Syst. Dyn. 21 (S1), 1–18.

Paden, B., Čáp, M., Yong, S.Z., Yershov, D., Frazzoli, E., 2016. A survey of motion planning and control techniques for self-driving urban vehicles. IEEE Trans. Intell. Vehicles 1 (1), 33–55.

Park, H., Gerdes, J.C., 2015. Optimal tire force allocation for trajectory tracking with an over-actuated vehicle. IEEE, pp. 1032–1037.

Qian, X., Navarro, I., de La Fortelle, A., Moutarde, F., 2016. Motion planning for urban autonomous driving using Bézier curves and MPC. In: 2016 IEEE 19th International Conference on Intelligent Transportation Systems (ITSC), pp. 826–833.

Rasmussen, J., 1983. Skills, rules, and knowledge; signals, signs, and symbols, and other distinctions in human performance models. IEEE Trans. Syst. Man Cybern. 3, 257–266.

Reschka, A., Bagschik, G., Ulbrich, S., Nolte, M., Maurer, M., 2015. Ability and skill graphs for system modeling, online monitoring, and decision support for vehicle guidance systems. In: 2015 IEEE Intelligent Vehicles Symposium (IV), pp. 933–939.

Reschka, A., Bagschik, G., Maurer, M., 2018. Towards a system-wide functional safety concept for automated road vehicles. In: Automotive Systems Engineering II. Springer, pp. 123–145.

Santhanakrishnan, K., Rajamani, R., 2003. On spacing policies for highway vehicle automation. IEEE Trans. Intell. Transp. Syst. 4 (4), 198–204.

Schmidt, F., König, L., 2020. Will driving still be fun in the future? Vehicle dynamics systems through the ages. In: 10th International Munich Chassis Symposium 2019, pp. 21–36.

Schwarting, W., Alonso-Mora, J., Paull, L., Karaman, S., Rus, D., 2017. Safe nonlinear trajectory generation for parallel autonomy with a dynamic vehicle model. IEEE Trans. Intell. Transp. Syst. 19 (9), 2994–3008.

Selby, M.A., 2003. Intelligent Vehicle Motion Control (Doctoral dissertation). University of Leeds.

Shladover, S.E., 2007. PATH at 20—history and major milestones. IEEE Trans. Intell. Transp. Syst. 8 (4), 584–592.

Sorniotti, A., Barber, P., Pinto, S.D., 2017. Path tracking for automated driving: a tutorial on control system formulations and ongoing research. In: Automated Driving. Springer, pp. 71–140.

Swaroop, D.V.A.H.G., Hedrick, J.K., Chien, C.C., Ioannou, P., 1994. A comparison of spacing and headway control laws for automatically controlled vehicles. Veh. Syst. Dyn. 23 (1), 597–625.

Thornton, S.M., Pan, S., Erlien, S.M., Gerdes, J.C., 2016. Incorporating ethical considerations into automated vehicle control. IEEE Trans. Intell. Transp. Syst. 18 (6), 1429–1439.

Turri, V., Besselink, B., Johansson, K.H., 2016. Cooperative look-ahead control for fuel-efficient and safe heavy-duty vehicle platooning. IEEE Trans. Control Syst. Technol. 25 (1), 12–28.

Van Zanten, A.T., 2000. Bosch ESP systems: 5 years of experience. SAE Trans, pp. 428–436.

Villagra, J., Milanes, V., Perez, J., de Pedro, T., 2010. Control basado en PID inteligentes: aplicación al control de crucero de un vehículo a bajas velocidades. Rev. Iberoam. Autom. Inform. Ind. (RIAI) 7 (4), 44–52.

Vivas-Lopez, C.A., Tudon-Martinez, J.C., Hernandez-Alcantara, D., Morales-Menendez, R., 2015. Global chassis control system using suspension, steering, and braking subsystems. Math. Probl. Eng. 2015, 263424.

Watzenig, D., Horn, M., 2016. Automated Driving: Safer and More Efficient Future Driving. Springer.

Winner, H., Hakuli, S., Lotz, F., Singer, C. (Eds.), 2014. Handbook of Driver Assistance Systems. Springer International Publishing, Amsterdam, The Netherlands, pp. 405–430.

Xiao, L., Gao, F., 2010. A comprehensive review of the development of adaptive cruise control systems. Veh. Syst. Dyn. 48 (10), 1167–1192.

Zainal, Z., Rahiman, W., Baharom, M.N.R., Tun, U., Onn, H., 2017. Yaw rate and sideslip control using pid controller for double lane changing. J. Telecommun. Electron. Comput. Eng 9, 99–103.

Zanon, M., Frasch, J.V., Vukov, M., Sager, S., Diehl, M., 2014. Model predictive control of autonomous vehicles. In: Optimization and Optimal Control in Automotive Systems. Springer, Cham, pp. 41–57.

第 II 部分
面向基础设施的决策

第9章

交通数据分析与路线规划

9.1 引言

未来自动驾驶车辆在路网中的出现将带来许多新的挑战。物流和运输几乎所有的方面都将以某种方式受到这种新范式的影响。到目前为止,自动驾驶车辆仍处于起步阶段,在这类车辆成为日常路网中的一部分之前,还有大量的工作要做。在此背景下,人工智能(AI)被视为促进这一领域进步的理想工具。从这个意义上说,有多个方面需要考虑,同时也有多种研究途径,其中包括车载和非车载功能。本章特别关注两个经典的非车载功能:路线规划和交通预测,这两个功能也应该适应这一新范式,并且可以说在未来几年对于把自动驾驶车辆正确地添加至我们的日常框架中至关重要。这两个功能一旦适应了自动驾驶车辆范式,则也会被纳入不同的决策过程中。

因此,本章内容的主要贡献可以分为以下三个不同的要点。

首先,我们简要概述了路径问题,从经典的旅行商问题(Traveling Salesman Problem,TSP)(Lawler et al, 1985)到面向真实世界的车辆路径问题(Vehicle Routing Problem,VRP)的变体(Christofides, 1976)。我们着重强调了这些著名的运筹学问题的最具代表性的变体,并特别强调与自动驾驶相关的最新研究成果。

其次,探讨了交通预测对改进路线规划的益处。预测短期交通行为(Kubek et al, 2016)以及不同情况下的交通拥堵程度(Kwoczek et al, 2014),将为获得最优路线提供新的视角。综述了有关这些方面的一些最新研究。

第 9 章 交通数据分析与路线规划

最后，与上述贡献同样重要的是我们提供的挑战前景，将指导相关研究界在未来几年的研究投入。这些概述的机会是在对当前的技术现状进行彻底审查，并对可能应用于该领域的不同技术的适应性与混合性进行分析后发现的。

本章其余部分的结构如下：第 9.2 节与路径问题及其多年来的发展有关，强调其在面向真实世界的应用和专注于自动驾驶的场景。之后，第 9.3 节专门强调了交通数据和外生信息对预测性路线规划的重要性。第 9.4 节给出了本章的结论，重点介绍了我们在路线规划与交通数据分析融合方面所设想的挑战。

9.2 非车载决策：从旅行商问题到车辆路径问题

在当前的优化与交通运输领域中，人们对路径问题进行了深入的研究。对这种范式感兴趣的主要原因有两个方面：已证实的适用性，使路径问题不仅在商业和物流环境中，而且在与旅游和休闲相关的情况下，都可以用来给出有效的解决方案；复杂度，使这些问题即使在合理的情况下也难以最优地求解。

毫无疑问，这类问题的设计灵感来自真实的运输情况。这就是为什么对它的正确处理通常意味着商业和社会效益。研究中有许多不同的路径问题范式，但旅行商问题和车辆路径问题是最受认可的范式。

TSP 的基本变体表示为一个完全图 $G=(V,A)$。其中 $V=\{v_1,v_2,\cdots,v_N\}$ 表示图节点的顶点集；$A=\{(v_i,v_j):v_i,v_j \in V \times V, i,j \in \{1,\cdots,N\} \times \{1,\cdots,N\}, i \neq j\}$ 表示连接 V 中每对节点的边集。此外，每段弧 (v_i,v_j) 都有一个关联的成本 $c_{ij} \in R^+$，表示该边旅行权重的成本。需要指出的是，经典的 TSP 被认为是对称的，这就意味着从一个节点到另一个节点的旅行成本等于反向旅行的成本。通过这种方式，TSP 的主要目标是找到一条访问每个节点一次且仅一次的优化路线，从而将总成本降至最低。在图 9.1 中，描述了一种可能的 9 节点 TSP 实例，并计算了该实例的最优解。

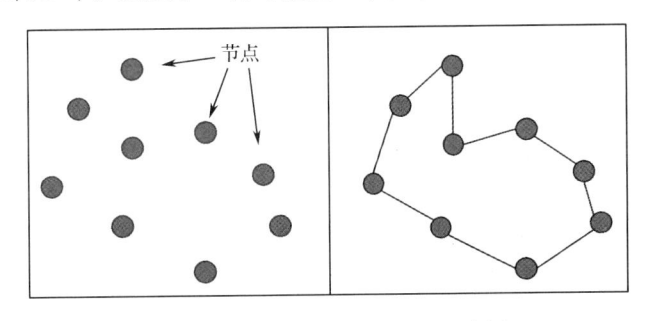

图 9.1 由 9 个节点组成的 TSP 实例

除基本的 TSP 外，研究人员和从业者还提出了大量的 TSP 变体，其主要目的是使经典 TSP 适应不同的真实运输情况。以下是一些著名的 TSP 变体。

（1）非对称旅行商问题（Asymmetric Traveling Salesman Problem，ATSP）（Asadpour et al，2017；Svensson，2018）：ATSP 的关键特征是从一个节点 v_i 到另一个节点 v_j 的成本与反向旅行的成本不同，即 $c_{ij} \neq c_{ji}$（尽管可能有一些边满足 $c_{ij}=c_{ji}$）。

（2）带时间窗旅行商问题（Traveling Salesman Problem with Time Windows，TSPTW）（Roberti and Wen，2016；Fachini and Armentano，2018）：该变体的主要特征是每个顶点存在一些固定的时间窗。这样，旅行商必须在每个顶点建立的时间窗口访问该节点。

（3）广义旅行商问题（Generalized Traveling Salesman Problem，G-TSP）（Smith and Imeson，2017；Helsgaun，2015）：在该表述中，顶点组被划分为不同的簇。因此，该变体的主要目标是找到一条成本最小的路线，该路线对每个簇只访问一个节点。

（4）开放式旅行商问题（Open Traveling Salesman Problem，O-TSP）（Kirimtat et al，2021）：O-TSP 的特点是具有一个单一特征，即推销员不需要返回起点即可完成路线。换句话说，旅行可以在不同的节点开始和结束。该变体在公司没有自己车队的情况下很流行，即租用了一些车辆，这些车辆应该在一天结束时归还。

（5）多旅行商问题（Multiple Traveling Salesman Problem，M-TSP）（Kitjacharoenchai et al，2019；Rostami et al，2015）：M-TSP 基本的新颖性在于存在一组 m 个精确的推销员，他们将访问一组 n 个节点，其中起点和终点为同一个节点。该变体与经典 VRP 非常相似。

（6）动态旅行商问题（Dynamic Traveling Salesman Problem，D-TSP）（Huang et al，2001）：通常，在应对问题之前，关于 TSP 表述的所有信息都是已知的。在 D-TSP 的情况下，问题的一些信息可以随时间修改，如某些行程的成本。一旦旅行路线已经开始，D-TSP 甚至可以考虑访问新出现的节点。在一些研究中强调了 D-TSP 的重要性及其在真实交通情况中的应用，如黄等人的研究（Huang et al，2001）中所述。

（7）移动目标旅行商问题（Moving-Target Traveling Salesman Problem，MT-TSP）（Helvig et al，2003）：MT-TSP 是更广泛的 D-TSP 类别的特定变体。在 TSP 的大多数变体中，都假设要访问的节点是固定的。在 MT-TSP 中，节点的地理位置是动态修改的，模拟这样一种环境，即旅行者必须拦截一组以恒定速度改变自身位置的目标。

（8）时间依赖型旅行商问题（Time-Dependent Traveling Salesman Problem，TD-TSP）（Arigliano et al，2019；Furini et al，2016）：在 TD-TSP 中，两个不同节点之间的旅行时间是与时间相关的。这就意味着旅行成本可能会在一整天内发生显著性变化。该变体对于引入高峰和非高峰时段特别有意义。

除这些经常使用的变体外，一项显著的研究活动也可以围绕所谓的富旅行商问题（Rich

Traveling Salesman Problems，R-TSP）进行展开。R-TSP 也被称为多属性旅行商问题（Caceres-Cruz et al，2015）。这类实例对应于具有多个约束和复杂表述的特定 TSP 案例。因此，R-TSP 的主要特征是它由多个约束组成，增加了求解复杂度。这些问题在当前的研究中至关重要，因为它们模拟了各种各样的真实情况。这就是有效地处理 R-TSP 在具体的实际应用中具有巨大价值的原因。最近的一些有趣的例子可以参考乌等人的研究（Vu et al，2020），在该研究中，他们提出了一种 TSP 变体，同时考虑了时间相关成本和时间窗口；或其他研究（Gharehgozli et al，2021），在该研究中，作者提出了一种具有反馈顶点集的所谓高多重性非对称 TSP，并将其应用到实际的应用中。其他示例请参考相关研究（Lahyani et al，2017；Osaba et al，2015；Maity et al，2019）。对此类问题感兴趣的读者我们推荐参考具体研究（Osaba et al，2020a，b）。

如上所述，与 TSP 一样，VRP 也已被研究人员广泛用于处理运输情况。VRP 采用更复杂、更深入的表述，使其更容易适应真实的情况。经典的 VRP 可以描述为一个完全图 $G=(V,A)$，与 TSP 中的情况一样，其中，$V=\{v_1,v_2,\cdots,v_N\}$ 为顶点集，用 $A=\{(v_i,v_j):v_i,v_j\in V,i\neq j\}$ 描述边集。此外，每段弧(v_i,v_j)都有一个关联的成本 $c_{ij}\in R^+$。另外，在 VRP 中引入了一组 $Q=\{q_1,q_2,\cdots,q_n\}$，表示每个客户的需求。更具体地说，与 v_i 相关的需求由变量 q_i 表示。在该问题中，节点 v_0 表示仓库，而其余节点表示需要服务的客户。除此之外，可用具有有限容量 C 的车队 K（可以具有固定或无限大小）。

因此，VRP 的主要目标是在考虑以下约束的情况下，找到成本最小化的路径：每个客户只被访问一次，每条路径从仓库开始和结束，以及每条单一路径的需求不超过执行该路径的车辆容量 C（Cordeau and Maischberger，2012）。图 9.2 给出了 VRP 一种可能的 9 客户实例，并计算了该实例的最优解。

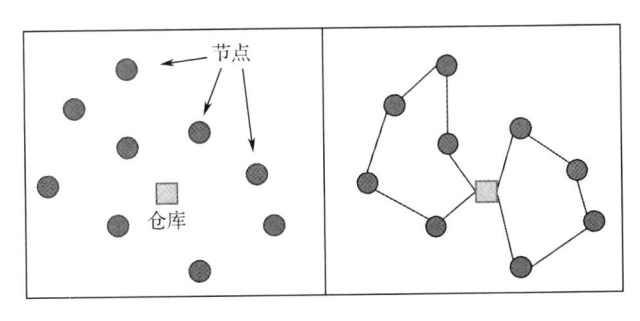

图 9.2 由 9 个客户组成的 VRP 实例

与 TSP 的情况一样，除经典形式外，多年来已经提出了多种 VRP 变体，其主要目标是解决实际的物流需求。一些变体与前面强调的相同特征有关。这样，VRP 表述中经常考虑的一些特征有非对称旅行成本、开放路径、动态或时间相关的旅行成本，如相关研究（Herrero et al，

2014；Osaba et al, 2017；Vincent et al, 2016)中所述。在任何情况下，与时间窗口相关的约束都是最常用的约束，这使得带时间窗 VRP（VRP with Time Windows, VRPTW)（Solomon, 1987)成为这一系列问题中最著名的形式。

上述的这些限制为单路径问题（如 TSP）所共有的，除此之外，VRP 还可以考虑其他情况，以使其更实际并适用于真实环境。特别有趣的是，同时考虑某些材料配送和取货的变体。该特征在与废物管理相关的情况下或在涉及回收策略的场景中很有价值。此外，根据问题的具体特征，一些子变体可以在这个具体的背景下描述。以下是最常见的一些变体，在图 9.3 中以图形的方式表示。

（1）带取货和送货的 VRP：在这种特定情况下，客户只能要求取货或送货。此外，所规划的路径可以交替访问不同类型的客户，而不管访问它们的顺序如何（Savelsbergh and Sol, 1995）。

（2）同时取送货的 VRP：在这种情况下，客户除了通常的货物需求，还可以要求取一些物料。因此，车辆应在每个站点同时进行取货和送货（Dethloff, 2001）。

（3）带回程的 VRP：在该变体中，客户可以要求送货或取货。与第一种情况的主要区别在于，车辆必须首先服务于所有的递送，然后完成所有的取货路线（Goetschalckx and Jacobs-Blecha, 1989）。

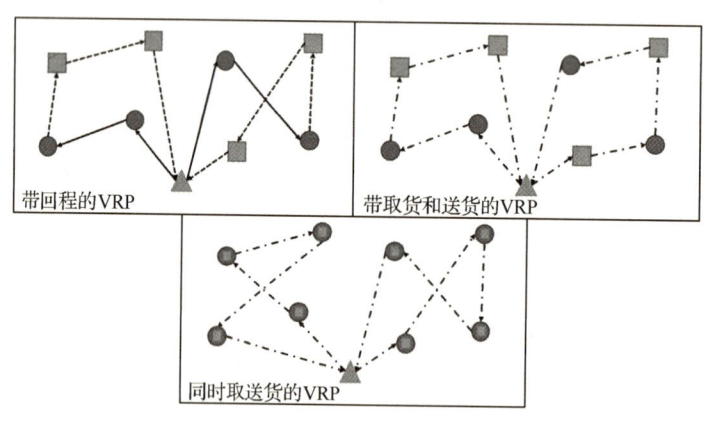

图 9.3 考虑取送货功能的不同 VRP 变体可视化示例

还有一个有趣的变体被称为多车型车辆路线问题（Heterogeneous VRP, HVRP)（Baldacci et al, 2008），它考虑了存在不同类型的车辆。因此，整个车队由具有不同容量和特征的车辆组成。此外，与如上的取货和送货的情况一样，多年来根据场景的具体特征出现了几种子变体。

我们在表 9.1 中强调了一些最具代表性的变体。

表 9.1 最具代表性的 HVRP 变体概述

变体名称	车队规模	路线成本	使用成本
含车辆相关路线成本的 HVRP	受限	依赖	不考虑
含固定成本和车辆相关路线成本的 HVRP	受限	依赖	考虑
含车辆相关路线成本的 FSMVRP[①]	不受限	依赖	不考虑
含固定成本和车辆相关路线成本的 FSMVRP	不受限	依赖	考虑
含固定成本的 FSMVRP	不受限	非依赖	考虑

其他有趣的 VRP 变体如下所述。

(1) 拆分送货：该功能允许多辆车参与送货。

(2) 多仓库：在该特定场景中，有多个仓库分布于环境中，车辆可以利用这些仓库来规划路径，从而优化路线的总成本。

(3) 卫星设施：在这种情况下，有多个卫星仓库可供车辆用作充电点。可以考虑使用这些设施来收集一些补充材料或存放回收的废物。对于使用卫星仓库作为充电点的电动汽车车队来说，该变体也很有意义。

此外，如上所述的 TSP 案例，VRP 的变体富 VRP 或多属性 VRP 也可以在相关研究中找到。例如，在西西里等人的研究（Sicilia et al, 2016）中，他们处理了具有六种不同特征的 VRP：订单之间的兼容性、取货与送货、工作量限制、车容量约束以及开放的路径。在奥萨巴等人的研究（Osaba et al, 2019）中，奥萨巴等人研究了药物废料收集的货物分配问题，将这些问题建模为具有取送货、非对称可变成本、禁行道路和成本约束的集群 VRP。李等人提出了一种用于农机维修的上门服务，其中该问题被设计为非对称多仓库 VRP（Li et al, 2019）。在阿里纳吉安和纳德里普尔的研究（Alinaghian and Naderipour, 2016）中还有一个有趣的例子，该示例专注于在伊朗成立的一家配送公司，主要目标是减少规划路线的燃料消耗。在这种情况下构建的问题是一个具有多备选图（Multialternative Graphs）的时间相关 VRP。富 VRP 场景的更多示例请参考相关研究（Osaba et al, 2020a，b）。

在解释了关于 TSP 和 VRP 的所有细节后，需要强调的是，有效地解决这些问题是自动驾驶车辆路径问题的基石，正如禹等人的研究（Yu et al, 2020）中所述，提出了一个二级无人车的两级城市配送问题。在该研究中解决的问题用于将包裹或其他小商品运送到步行区。另外一

---

① 译者注：多车型车辆路线问题（HVRP）分为两种，一种是不限制每种类型车辆的数量，即 FSMVRP（Fleet size and mix VRP）；另一种是限制每种类型车辆的数量，即 HFFVRP（Heterogeneous Fixed Fleet Vehicle Routing Problem）。

个相关的实例可参考具体研究（Abbasi et al，2020），在该研究中，作者们提出了一种最优并行遗传算法来处理 TSP 和 VRP 问题，并将他们对自动驾驶车辆路径与控制的研究置于上下文中，他们认为在这种要求苛刻的场景中，需要高度并行的方法来真正地满足时间标准。另一个实例请参考另一具体研究（Cai et al，2021），该研究的主要目标是调度自动驾驶车辆，以通过减少碳排放来最大限度地满足客户需求。为此，作者对传统 VRP 进行了扩展，为=自动驾驶车辆的低碳 VRP 建立了非线性混合整数规划模型。规划模型收集了不同弧段和不同时间段的车速变化。此外，还考虑了车辆的重量。最后，刘等人进行了一项研究，其主要目标是高效地优化电商杂货店配送的两级分销网络（Liu et al，2020）。在该场景中，传统车辆在第一阶段提供送货服务，而自动驾驶送货车在第二阶段提供货物服务。为了处理这种情况，他们将问题表述为具有混合车辆的两级车辆路径问题，优化了总的运输和排放成本。

  从本节简要的概述中可以推断，路径问题能够有效地对复杂场景进行建模，因此它们对于物流和运输部门非常重要。在过去几十年里，解决面向真实环境的问题一直是大量研究的主要目标。目前，通过本节提到的研究，业界正致力于使其知识适应当前的运输范式，自动驾驶是主要的优先事项之一。到目前为止，已经取得了显著的进展，并且已经发表了许多有意义的研究成果。毫无疑问，围绕这一主题的相关研究将呈现繁荣发展的态势。

9.3 交通数据与外生信息在预测性路线规划中的相关性

  上面提出的主要路径问题（TSP 和 VRP）通常被描述为考虑一系列拓扑特征和时间（或其他类型）约束的优化问题。因此，通常要考虑的方面包括已知环境，如路网拓扑特征、车辆运力、目的地的数量和位置，或任何形式的时间或消费约束或惩罚。这些已知的要素可以组合起来并编码为具有单目标或多目标及约束的优化问题，并且可以在理论上求解。然而，在应用环境中，未知因素可能会产生影响。例如，交通拥堵可能会使理论上的最优路线变为次优路线，或者路线的不同开始时间可能会避免特定事件引发状况的影响。换句话说，最优路线的规划可能会因环境而异，而环境是可变的。在这种应用场景中，预测建模可成为路线规划算法的重要输入。

9.3.1 考虑交通预测

  公路运输和物流占据了通过 TSP 或 VRP 方法进行路线优化应用的广泛部分。铁路、航空或海运等其他类型的运输需要处理各自港口的优化问题（Seker and Noyan，2012；Sahin et al，2021）；在进行优化后，一旦路线确定，车辆在服务过程中受到意外情况影响的情况并不常见。另一方面，在公路运输中，除了与问题本身相关的优化约束（车队规模和运力、起点、目的地、

第 9 章　交通数据分析与路线规划

停靠站数量等），道路状况也可以是求解最优路线的重要输入（见图 9.4）。交通流量每天的变化，甚至与事件或天气条件相关的因素，都可能对路线的优化产生严重影响，但可以使用各种工具进行预测，这些工具从简单的交通流预测到考虑各种外生因素的复杂估计都有涵盖。

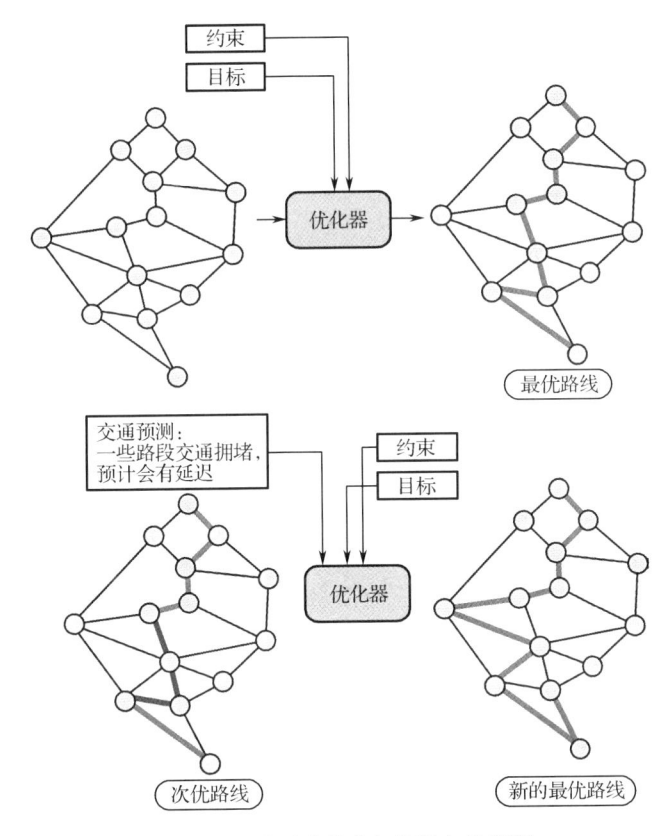

图 9.4　用作路线优化问题输入的预测

任何路线规划策略都可以利用预测信息，无论是考虑时间或距离等基本的优化目标（Motallebi et al, 2020），还是更复杂的功能，如碳足迹（carbon footprint）①（Dagne et al, 2018）或更清洁的路线（Estalayo et al, 2019）。

9.3.2　短期交通预测

近 50 年来，道路交通预测一直是一个活跃的研究课题。虽然大多数开创性的方法都依赖

---

① 译者注：原著中 carbon print 为笔误。

于自回归模型和其他适用于时间序列数据的分析方法，但在过去的二十年中，由于新技术、平台和海量数据处理技术的发展，重点已经放在数据驱动方法上。处理能力和方法以及多源数据的可用性使该领域达到了当前的水平，即通过高度复杂的方法获得极其准确的预测（Manibardo et al，2022）。

智能交通系统深深扎根于交通预测领域，目前涵盖了广泛的研究、政策制定以及技术开发领域（Vlahogianni et al，2004；Karlaftis and Vlahogianni，2011）。由于不同来源的数据（道路传感器、浮动车、行人移动轨迹、自行车交通量观测和卫星图像）越来越丰富，以及数据驱动预测方法的发展，这种关系得到了巩固。直到 2010 年，在绝大多数机器学习方法中，都有可能找到专注于时间序列的作品。自 2015 年以来，几乎所有研究中的短期交通预测工作都基于深度学习方法，后者已在具体的研究（Manibardo et al，2022）中得到了讨论。

短期交通预测考虑因素：交通预测模型需要考虑以前研究中使用的各个方面，作为提供不同方法分类的一种手段（Van Arem et al，1997；Van Hinsbergen et al，2007；Van Lint and Van Hinsbergen，2012）。在将道路状况预测应用于优化程序时，应适当地考虑所有的这些方面，考虑它们对每个具体优化问题的目标和约束的不同影响。下面列出了需要研究的最重要的方面。

（1）预测变量：道路特定路段的交通状态可以用不同的可预测变量进行度量。尽管将这些变量结合起来可以通过道路服务水平度量标准更好地了解这种状态，但这些变量仍不能完全表示道路所有维度的状态。从路线优化的角度来看，每个变量可用于不同的目的。例如，占用对于自行车路线可能很有意义，因为车辆较少意味着路线更安全，而当主要目标是最小化时间时，速度或行程时间可能很有意义。

- 占用：所有路段都有名义容量，即可容纳的最大车辆数。占用是一个介于 0 和 1 之间的值，表示某一时刻正在使用的路段容量的百分比。没有占用就意味着没有车流，但是尽管占用值高意味着交通繁忙，但它可以是流动的并且没有拥堵。
- 流量：单位时间内通过特定路段的车辆的数量。可以对车辆进行计数，但是当这些计数按时间单位汇总时，即可获得流量。它是非线性的，因为在发生拥堵的情况下，高流量（以名义速度穿过街道的车辆密度高）可能会导致非常低的流量。
- 速度：车辆通过路段的平均速度。它可能会掩盖流动动力学，因为高度占用的道路可以高速流动，反之亦然；另外，当道路为空时，它不能够直接获得，必须通过其他方式确定。
- 行程时间：车辆穿越路段所需的时间。一旦速度和路段长度已知，即可获得行程时间，但它也呈现出与速度和流量相同的缺点。
- 服务水平：路段拥堵程度的离散表示。该度量指标可以是其余指标的综合，但通常在数据源中更难找到，而且计算方式也不是标准的，因此数据源中的某个服务水平可能与其他数据源不同，或者在其他数据源中不存在。

（2）数据时间步长和预测时域：提及短期预测时，该术语是由预测时域定义的。用时间单位来衡量它似乎是合理的，因为提前 1 小时预测看起来比提前 15 分钟更长。但从可比性来看，考虑给定数据集中数据时间步长或数据点的频率也是很方便的。因此，如果每 15 分钟进行一次数据观测，则提前 15 分钟的预测是一步预测，但如果每小时进行一次观测，则 1 小时也是一步预测。两种情况都可以类似地执行（在类似的情况下）。在第一个场景（15 分钟）中，提前 1 小时预测为 4 步预测。这种区别很重要，因为人们普遍认为预测会随着时间的推移而退化（Vlahogianni et al，2004；Van Hinsbergen et al，2007），但更准确的说法是，当步长增加时预测会退化。从优化的角度来看，应根据所解决的问题仔细选择预测时域。例如，如果待优化路线即将执行并最多持续 30 分钟，那么提前 1 小时的预测可能毫无用处。

（3）预测尺度：通常在网络的单个位置考虑预测，对于每个位置，都可以训练单独的机器学习模型来获得预测。然而，当前的 AI 方法能够获得全网络范围的预测，从而对道路的大量路段甚至整个网络进行预测。这些方法可以更方便地用于优化，尽管它们可能会影响整体性能。

（4）预测上下文：数据驱动方法的预测能力会受到预测上下文的严重影响。因此，虽然在高速公路环境中，交通模式往往更稳定，但在城市环境中，轻微的环境变化可能会产生更显著的影响，并且交通概况具有更大的分散性。在使用预测解决优化问题时要考虑这一点，该预测可能会考虑与上下文相关联的不确定性和预测允许的置信度。

（5）模型复杂度：如前所述，当前的交通预测研究高度关注深度学习方法，这些方法不仅能够提供高精度的预测，而且能够考虑时空关系或提供全网络范围的预测。然而，随着方法复杂度的增加，它们变得不太适合某些应用。在某些情况下，它们是计算密集型的，需要更长的训练时间，而且解释性较差。这方面可能会成为重要障碍，具体取决于它与不同优化阶段的相互作用。

（6）在线预测：近年来流预测模型越来越流行（Laña et al，2018），在路线优化方面具有明显的优势（Niu et al，2015；Guo et al，2020）。在线学习模型不仅提供了更灵活的方法，而且还在本质上包含了一种处理趋势变化的方法，这在交通情况下可能非常重要（Manibardo et al，2020）。在线模型还具有及早发现事件或行为突然变化的能力（Moreira-Matias and Alesiani，2015），这可以作为路线优化程序的重要输入。

（7）外生因素：可以使用与交通相关的数据作为输入来唯一地构建预测模型，但它们也可以包括对交通模式产生重大影响的非交通变量，从而对模型性能产生重大影响。可以引入天气、日历（假期、季节性模式……）、定期或特殊事件、道路施工或交通源区域（商场、停车场、高速公路……）等因素来改进优化（Marzuoli et al，2014）。

数据源类型与数据融合：除了上述提到的影响交通建模的重要方面，模型所消耗的数据类型可以极大地改变其结果。因此，根据优化目标，某种类型的输入数据可能比其他类型的更合适。此外，在有多重数据来源的情况下，应用数据融合技术或这些数据种类的预测方法可能会很有意义。例如，如果可用数据是卫星图像，则该方法很可能涉及某种基于深度学习的人工视觉技术，其中包含了上述所有相应的注意事项。以下是一些常见的数据来源。

(1) 自动交通记录仪：永久或临时部署在道路上的传感器，用于对经过的车辆进行计数。由于开放式数据库中数据的高可用性，它们组成了交通预测研究中最常见的数据来源。交通量观测是一个基本单元，它可以获取交通流或占用等变量，通常在公共数据中共享这些变量。因此，它们的主要优势是可实现性和易于构建基于时间序列的模型。另一方面，可能更难获得全网络范围的模型，因为这些传感器的部署在路网中并不普遍，只能在一些关键路段中使用。

(2) 摄像头和其他图像数据：由于能够处理图像的技术的兴起，图像成为了一个日益流行的数据来源。根据记录设备收集信息类型的不同，其结果也可能大不相同。例如，路边的摄像头经过图像处理后，提供类似于自动交通记录仪的输入，因为它们的信息涉及网络的个别点 (Ketabi et al, 2019)。另一方面，航空摄影 (Angel et al, 2003)、无人机图像 (Willis et al, 2017) 或卫星图像 (Larsen et al, 2009) 可以提供不太精确的流量或占用测量，但覆盖更广泛的区域，从而可以得出每个路段更普遍的拥堵测量。

(3) 用户生成的位置数据 (GPS/浮动车/呼叫详细记录)：道路用户通常携带定位设备，从 GPS 导航设备到不断连接到不同天线的个人手机，再到车辆自带的位置设备 (Isaenko et al, 2017; Rahman et al, 2012)，以及与车辆通信并具有其定位信息的连接道路 (Krishnan and Ram, 2019)。需要经常获取和存储这些信息。当这些信息用于交通预测模型时，它们能提供精细化、高频率和准确的观测。有了足够的数据，就可以对这种数据来源进行全网络范围的建模，其主要缺点是需要进行处理，因为需要对同一位置具有不同采样频率的多个传感器进行测量并将测量结果转化为交通变量。车队通常配备有定位装置，这使得可以构建高度适合车队典型路线的优化模型。

(4) 社交媒体与众包：在大量社交网络用户集中的城市环境中，可以获得并处理用户数据，从而推断基础设施和公共交通需求 (Vlahogianni et al, 2014; Colladon et al, 2019)。

9.3.3 长期交通预测

尽管数据源丰富且技术多样，但研究中报告的大多数预测模型都针对短期预测，当预测时域增加时，其性能会下降。这种精度的下降在研究中是广泛认可的 (Vlahogianni et al, 2004; Van Arem et al, 1997; Van Hinsbergen et al, 2007)，并且对于任何建模为时间序列的过程来说都是自然的。显然，在一个时间序列内，接近值可能是相似的，并且对即将发生情况的先验知识可以有足够的信息，但是当范围增加时，未来的值与模型预测的值没有关系。因此，长期交通预测在研究中并不常见，而且当使用"长期"这一概念时，一般是指未来 10 或 20 步，而不

第 9 章 交通数据分析与路线规划

是估计几天、几周、几个月内的交通变量。尽管如此,长期估计的重要性在研究中并没有被完全忽视,一些研究强调了它的重要性(Su et al,2016;Bogaerts et al,2020)及其对物流或交通管理等应用的内在价值(Lamboley et al,1997)。从运营路线优化的角度来看,长期交通估计可以在一周或一个月的时间内规划具有车流量感知的路线(如果有必要),并且可以针对整个车队进行规划,而不是短期预测允许的即时个体优化。

当通过处理时间序列来解决问题时,由于处理长期时域存在的问题,因此长期方法必须依赖于其他类型的已知数据编码。这些模型本质上是基于不同环境下表示不同交通概况的模式定义的,因此可以将待估计的时间段分配给这样的交通模式之一。对这些模式进行推理并将未来的情况映射到这些模式,会产生各种各样的方法和技术。因此,李等人将长期估计定义为趋势(Li et al,2015),用主成分分析来检测异常。侯和李提出了另一种方法,该方法基于周围传感器的上下文信息(Hou and Li,2016)。表征不同类型的天数是一种常见方法,有不同的实现方式,如从统计模型和 B 样条(Crawford et al,2017;Wagner-Muns et al,2017)中到自动聚类和分类方法(Laña et al,2016、2019)。

一般而言,此类方法的主要考虑因素是需要定义不同的交通运行模式,这些模式往往会在几天内重现。针对要预测的特定时间段,它本质上包括在已知的时间段内寻找更相似的时间段。然而,这种相似性不能基于未来时间段未知的交通特征(它们是需要预测的)。因此,为了构建这些交通模式,有必要采用一组在未来时间段已知的变量。找到这些模式是一项复杂的任务,需要深入了解交通行为及其外部影响因素(上述变量)。一旦模式得到一致的阐述,第二个复杂任务将包括为需要预测的时间段分配一种模式。与解决这一任务所采用的技术解决方案无关,还需要强调的是由于以下两个主要因素,此类估计的不确定性高于短期估计的不确定性:时间上的距离越长,意味着期间可能发生更多的修改事件以及用于获得这些预测的机制复杂性。采用这种方案时,这种不确定性可能是一个相当大的负担;然而,在智能交通系统中与可信 AI 和可解释 AI 相关的新兴领域已经提供了解决方案,至少可以衡量不确定性,并最大限度减少不确定性。

9.4 路线规划与交通数据分析融合的挑战与研究方向

到目前为止,本章已详细阐述了交通数据分析的内在效用,为路线规划决策提供了关于道路网络交通状况的见解。在本节中,我们对这一研究领域可能出现的开放性问题、挑战和研究方向进行反思性停顿,以对之前的描述性材料进行补充。图 9.5 总结了以下内容中给出的观点和思考。

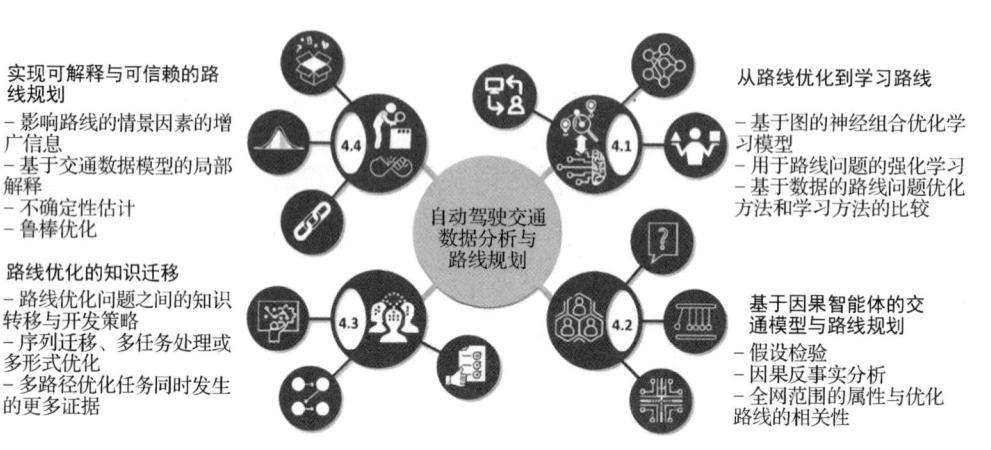

图 9.5 本节讨论的挑战和研究方向示意图

9.4.1 从路线优化到学习路线

根据本章前几节综述的研究，不可否认的是，路线规划大多被构建为一个优化问题，其目标依赖于不同的路线，并通过各种优化技术解决。这种表述有效地模拟了在特定地理环境中发现一条或一组路线的情况。在这种情况下，影响路线质量的上下文因素的变化性通过多种手段来处理，包括动态优化技术或稳健（例如，最坏情况）建模。总而言之，最优路线求解被认为是在所有可能路线的组合空间上进行搜索，这些路线由构造的目标涵盖，并受制于问题中强加的约束。这拓宽了元启发式优化算法的适用范围，尤其是那些适用于基于图的问题（例如，蚁群优化）。

最近，深度神经网络［也称为深度学习模型（Goodfellow et al, 2016）］优越的建模能力受到了关注，它在高维数据（包括图像和视频分类或基于模型的多模态数据融合）的学习任务中取得了显著成功。数据模型的这种特定类型最近在基于图数据的建模问题中得到了发展（Wu et al, 2020）。通过手工制作或学习的表征嵌入，可以通过多层神经层对图数据进行建模，以解决图数据上的分类、回归或压缩任务。在这些任务中我们强调了一些研究，这些研究探讨了深度神经网络是否有可能学习表示路网的图与连接其任意节点的最小成本路线之间的关系。研究（Huang et al, 2021；Zhuang et al, 2019）中报告的初步实验，已经证实这优化的替代策略是可行的，并且可以很好地泛化到与模型学习不同的图中。20 多年前，这一系列研究开创了一个新的研究方向（神经组合优化，Smith et al, 1998），当用于解决非常复杂的组合问题时，最近的研究重点已经转向用深度学习模型解决已知问题［例如，大型实例的计算难解性（Joshi et al, 2020）、约束条件的满足，或表示节点间不同情景因素的多边图的泛化］。

组合优化问题的另一种学习方案是使用强化学习，即根据从环境中学习的策略和模拟待解决问题的任务来构建智能体（Mazyavkina et al，2021）。虽然用强化学习模型解决组合优化问题可以追溯到很久以前［导航任务是该研究领域的核心，并且目前仍在积极研究（James et al，2019）］，但事实是，在深度（强化）学习大爆发多年后，没有任何研究能用证据阐明哪些情况、功能需求和实际约束需要一种或另外一种方法，也没有将通过学习发现路线的优势（根据学习模型的推理延迟发现路线的速度）与通过优化发现的路线质量进行比较评估。考虑到选择一种或另一种技术的影响和可行性，这是一个特别令人担忧的问题（创建不同的数据实例，以促进优化问题描述的通用性、完备性以及强化学习问题的学习环境）。

9.4.2 基于因果智能体的交通模型与路线规划

基于智能体的模型是一种计算系统，该系统允许模拟自主智能体之间的交互和动作，其中智能体由简单但可学习的行为规则控制，用于理解系统的内部结构，并在这种交互和输入激励的驱动下评估其输出（Heath et al，2009）。正是在这种交互的结果中出现了集体智能，即基于智能体之间的低级交互在整个建模系统层面上发现的高级属性。到目前为止，基于智能体模型的这种建模能力使其在解析复杂系统并将其分解为在不同粒度级别定义的相互连接的智能体组的领域和应用中得到广泛应用，允许进行影响研究（如市场营销、政治）、信息传播（社会学、社交网络）和假设检验（关键系统保证或经济学）等研究（Niazi and Hussain，2011）。基于智能体的模型一个有趣特性是，在特定前提和良好且可靠的校准下，它们能够提供一种可解释的机制来对智能体之间的因果关系进行建模（Casini and Manzo，2016；Marshall and Galea，2015）。这一特性为衡量某些智能体输入激励中的变化如何导致模型整体状态的变化铺平了道路，这超越了机器学习模型能够识别的统计学输入输出相关性。

在这领域，我们展望到了令人兴奋的机遇：如果将智能体视为路网中的节点，它们通过随时间变化的交通流相互作用，那么就可以确定哪些交通制度可以使从某些兴趣点之间发现的最优路径发生变化。这种反事实的路径规划将有助于理解在不同情况下交通如何影响路径，从而利用复杂城市生态系统中智能体之间因果关系的推理。进一步的基于智能体的模型在路径规划方面的干预应用可以出现在当路网的重构上（例如，交通信号灯时间表、方向、车道数量以及由特殊事件导致的街道封闭），使交通管理人员能够以知情的方式评估道路配置上的某一行为如何影响交通，从而评估所分析城市的关键位置之间的最优路径。同样地，可以利用交互智能体所启用的因果推理来理解路径规划如何在不同制度下引起交通状态的变化。总之，使用智能体对路网进行建模，并根据某一场景采集的数据进行模型校准，可以推理出对交通相关研究具有最大价值的因果时空关系，并提高路径规划的标准。

9.4.3 路径优化的知识迁移

众所周知,路径优化是一个在实践中反复进行的任务,通常在同一时间段内同时进行。事实上,这一特征以及大量过去路径规划实例的数据可用性,是研究界最近倾向于使用基于数据模型而非优化求解器从头解决新的路径规划问题的核心原因。在这种范式转变的背景下,我们突出了一个日益活跃的转移优化领域,该领域旨在开发方法,利用在解决某一优化问题时获得的知识,更有效地解决另一个相关或无关的问题(Gupta et al, 2017)。在其中,可以识别出几个子领域,包括序列迁移(在时间上顺序发生的任务以及信息迁移)、多任务处理(优化问题是同时求解的,知识迁移在搜索中进行)和多形式优化(通过多任务处理,产生并求解给定问题的几种替代公式)(Osaba et al, 2021)。

这一新兴的优化研究领域对路径规划具有重要影响,并为其未来提供了大量的机会。在实际情况中,可以多次进行特定地理区域的路径规划。如果允许车辆之间进行通信,则可以利用序列迁移机制重用过去获得的知识(例如,路网中在成本方面最优的路段),使搜索引擎在查询新路径时不必从头开始。类似地,多任务处理优化可以加快同时进行的路径规划作业的搜索速度,尤其是当影响路径质量的上下文因素随时间变化时。最后,多形式优化可以通过考虑路径本身的不同质量目标(包括距离或交通流)来加快寻找最优路径的过程。

尽管对于这一特定目的可能会采用迁移优化,但我们坚定地认为,首先需要解决几个重要的注意事项。具体来说,目前尚不清楚在实际环境中任务(路径规划问题)之间的知识交换是否可行。在解决给定的优化问题时,关于求解器搜索经验的知识通常被简化为中间最优的,或者至少在搜索过程中评估不同的解决方案。当跨任务共享时,由于请求路线的用户隐私受到侵犯,这可能会出现问题,因为用户会泄露路径的起点和终点。另一个问题存在于若干并发优化问题的假设中,这些问题是由进化多任务处理假定的,进化多任务处理不像路径规划服务的顺序请求那样实际。需要更多的证据来确保迁移优化能够超越至今为止报告的发展水平,成为下一代联邦路径规划服务可行的解决方案。

9.4.4 实现可解释与可信赖的路线规划

当交通数据建模和路径规划相互交织时,决定是否采纳机器建议的路径不仅关乎其优化性,还关乎模型在预测影响路径的交通属性时的置信度。事实上,规划的路径必须与决策者一同呈现,包括关于影响适应性计算的预测质量和预测的增强信息。在这方面,基于数据的建模变得至关重要,如 9.3.3 节中提到的可解释结果和不确定性估计。下面我们简要地给出了两个增广信息的示例,应当在路径规划研究中被加以考虑。

一方面,解释用于不同学习任务的基于数据的黑盒模型最近受到关注,并发展成一个称为

第9章 交通数据分析与路线规划

"可解释人工智能"（Explainable Artificial Intelligence，XAI）的新领域（Arrieta et al，2020；Vilone and Longo，2020）。在交通建模的背景下理解时，各种形式的解释技术（如局部解释、特征相关性方法或模糊规则集等）可以使模型输出的决策更受消费者信任。如果应用于路径规划服务，从交通数据中学习到黑盒时间序列预测模型（Rojat et al，2021），该模型的事后 XAI 技术所产生的解释可以进一步了解最能影响估计交通的上下文因素，并因此与优化路径最相关。此外，除了预测因素的重要性，还可以在必要时强制执行因果反事实形式的解释，以便自动提供与指定路线相关的对抗性叙述。例如，如果估计的交通流量变化超过 $X\%$，从而使从 A 到 B 的最优路径在其复合节点上的变化超过 $Y\%$，那么在路网中应发生什么变化？我们预见到这些解释可以在优化路径的接受度方面实现定量提升，特别是在那些经历大量上下文因素变化的情况下（如末端物流）。

不确定性估计，尤其是由数据特征在模型中预测的与交通相关输出上留下的不确定性（任意不确定性），无疑是路径规划中另一个值得考虑的因素。在这个背景下，称为鲁棒优化的研究领域处理的是受任意形式不确定性影响的问题表述。这是鲁棒优化所假设的不确定性的根源，其中应考虑交通估计的不确定性。这种估计的不确定性分布应分别建立鲁棒求解器所面临的最坏与最好的情况，以便在优化过程中可以制定收集更多样本和减少导致这种不确定性的变异性的策略。换句话说，只要选定的始发地和目的地之间的优化路径受到显著影响，就应该将不确定性降至最低。

总结一下，并与我们在相关研究（Laña et al，2021）中的展望联系起来，我们应该超越联合交通建模和路径规划的纯功能性成就（它有效），找到路径优化的真正原因，并将与交通相关的因果预测数量与优化的路径联系起来。

参考文献

Abbasi, M., Rafiee, M., Khosravi, M.R., Jolfaei, A., Menon, V.G., Koushyar, J.M., 2020. An efficient parallel genetic algorithm solution for vehicle routing problem in cloud implementation of the intelligent transportation systems. J. Cloud Comput. 9 (1), 1–14.

Alinaghian, M., Naderipour, M., 2016. A novel comprehensive macroscopic model for time-dependent vehicle routing problem with multi-alternative graph to reduce fuel consumption: a case study. Comput. Ind. Eng. 99, 210–222.

Angel, A., Hickman, M., Mirchandani, P., Chandnani, D., 2003. Methods of analyzing traffic imagery collected from aerial platforms. IEEE Trans. Intell. Transp. Syst. 4 (2), 99–107.

Arigliano, A., Ghiani, G., Grieco, A., Guerriero, E., Plana, I., 2019. Time-dependent asymmetric traveling salesman problem with time windows: properties and an exact algorithm. Discret. Appl. Math. 261, 28–39.

Arrieta, A.B., Díaz-Rodríguez, N., Del Ser, J., Bennetot, A., Tabik, S., Barbado, A., García, S., Gil-Lopez, S., Molina, D., Benjamins, R., Chatila, R., Herrera, F., 2020. Explainable artificial intelligence (xai): concepts, taxonomies, opportunities and challenges toward responsible ai. Inform. Fusion 58, 82–115.

Asadpour, A., Goemans, M.X., Madry, A., Gharan, S.O., Saberi, A., 2017. An o (log n/log log n)-approximation algorithm for the asymmetric traveling salesman problem. Oper. Res. 65 (4), 1043–1061.

Baldacci, R., Battarra, M., Vigo, D., 2008. Routing a heterogeneous fleet of vehicles. In: The Vehicle Routing Problem: Latest Advances and New Challenges. Springer, pp. 3–27.

Bogaerts, T., Masegosa, A.D., Angarita-Zapata, J.S., Onieva, E., Hellinckx, P., 2020. A graph cnn-lstm neural network for short and long-term traffic forecasting based on trajectory data. Transport. Res, C Emerging Technol. 112, 62–77.

Caceres-Cruz, J., Arias, P., Guimarans, D., Riera, D., Juan, A.A., 2015. Rich vehicle routing problem: survey. ACM Comput. Surv. (CSUR) 47 (2), 32.

Cai, L., Lv, W., Xiao, L., Xu, Z., 2021. Total carbon emissions minimization in connected and automated vehicle routing problem with speed variables. Expert Syst. Appl. 165, 113910.

Casini, L., Manzo, G., 2016. Agent-Based Models and Causality: A Methodological Appraisal. Linköping University Electronic Press.

Christofides, N., 1976. The vehicle routing problem. RAIRO-Operations Research-Recherche Op'erationnelle 10 (V1), 55–70.

Colladon, A.F., Guardabascio, B., Innarella, R., 2019. Using social network and semantic analysis to analyze online travel forums and forecast tourism demand. Decis. Support. Syst. 123, 113075.

Cordeau, J., Maischberger, M., 2012. A parallel iterated tabu search heuristic for vehicle routing problems. Comput. Oper. Res. 39 (9), 2033–2050.

Crawford, F., Watling, D., Connors, R., 2017. A statistical method for estimating predictable differences between daily traffic flow profiles. Transp. Res. B Methodol. 95, 196–213.

Dagne, T.B., Jayaprakash, J., Haile, B., Geremew, S., 2018. Optimization of green logistic distribution routing problem with multi depot using improved simulated annealing. In: International Conference on Advances of Science and Technology. Springer, pp. 183–197.

Dethloff, J., 2001. Vehicle routing and reverse logistics: the vehicle routing problem with simultaneous delivery and pick-up. OR-Spektrum 23 (1), 79–96.

Estalayo, I., Osaba, E., Laña, I., Del Ser, J., 2019. Deep recurrent neural networks and optimization meta-heuristics for green urban route planning with dynamic traffic estimates. In: 2019 IEEE Intelligent Transportation Systems Conference (ITSC). IEEE, pp. 1336–1342.

Fachini, R.F., Armentano, V.A., 2018. Exact and heuristic dynamic programming algorithms for the traveling salesman problem with flexible time windows. Optim. Lett., 1–31.

Furini, F., Persiani, C.A., Toth, P., 2016. The time dependent traveling salesman planning problem in controlled airspace. Transp. Res. B Methodol. 90, 38–55.

Gharehgozli, A., Xu, C., Zhang, W., 2021. High multiplicity asymmetric traveling salesman problem with feedback vertex set and its application to storage/retrieval system. Eur. J. Oper. Res. 289 (2), 495–507.

Goetschalckx, M., Jacobs-Blecha, C., 1989. The vehicle routing problem with backhauls. Eur. J. Oper. Res. 42 (1), 39–51.

Goodfellow, I., Bengio, Y., Courville, A., 2016. Deep Learning. MIT press.

Guo, Z., Zhang, Y., Lv, J., Liu, Y., Liu, Y., 2020. An online learning collaborative method for traffic forecasting and routing optimization. IEEE Trans. Intell. Transp. Syst.

Gupta, A., Ong, Y.-S., Feng, L., 2017. Insights on transfer optimization: because experience is the best teacher. IEEE Trans. Emerging Top. Comput. Intell. 2 (1), 51–64.

Heath, B., Hill, R., Ciarallo, F., 2009. A survey of agent-based modeling practices (January 1998 to July 2008). J. Artif. Soc. Soc. Simul. 12 (4), 9.

Helsgaun, K., 2015. Solving the equality generalized traveling salesman problem using the lin–kernighan–helsgaun algorithm. Math. Program. Comput. 7 (3), 269–287.

Helvig, C.S., Robins, G., Zelikovsky, A., 2003. The moving-target traveling salesman problem. J. Algorithms 49 (1), 153–174.

Herrero, R., Rodríguez, A., Cáceres-Cruz, J., Juan, A.A., 2014. Solving vehicle routing problems with asymmetric costs and heterogeneous fleets. Int. J. Adv. Oper. Manag. 6 (1), 58–80.

Hou, Z., Li, X., 2016. Repeatability and similarity of freeway traffic flow and longterm prediction under big data. IEEE Trans. Intell. Transp. Syst. 17 (6), 1786–1796.

Huang, Z.-C., Hu, X.-L., Chen, S.-D., 2001. Dynamic traveling salesman problem based on evolutionary computation. In: Proceedings of the 2001 Congress on Evolutionary Computation (IEEE Cat. No. 01TH8546). vol. 2. IEEE, pp. 1283–1288.

Huang, F., Xu, J., Weng, J., 2021. Multi-task travel route planning with a flexible deep learning framework. IEEE Trans. Intell. Transp. Syst. 22 (7), 3907–3918.

Isaenko, N., Colombaroni, C., Fusco, G., 2017. Traffic dynamics estimation by using raw floating car data. In: 2017 5th IEEE International Conference on Models and Technologies for Intelligent Transportation Systems (MT-ITS). IEEE, pp. 704–709.

James, J., Yu, W., Gu, J., 2019. Online vehicle routing with neural combinatorial optimization and deep reinforcement learning. IEEE Trans. Intell. Transp. Syst. 20 (10), 3806–3817.

Joshi, C.K., Cappart, Q., Rousseau, L.-M., Laurent, T., Bresson, X., 2020. Learning tsp requires rethinking generalization. arXiv preprint arXiv:2006.07054.

Karlaftis, M.G., Vlahogianni, E.I., 2011. Statistical methods versus neural networks in transportation research: differences, similarities and some insights. Transport. Res. C Emerging Technol. 19 (3), 387–399.

Ketabi, R., Al-Qathrady, M., Alipour, B., Helmy, A., 2019. Vehicular traffic density forecasting through the eyes of traffic cameras; a spatio-temporal machine learning study. In: Proceedings of the 9th ACM Symposium on Design and Analysis of Intelligent Vehicular Networks and Applications, pp. 81–88.

Kirimtat, A., Krejcar, O., Tasgetiren, M.F., Herrera-Viedma, E., 2021. Multiperformance based computational model for the cuboid open traveling salesman problem in a smart floating city. Build. Environ. 196, 107721.

Kitjacharoenchai, P., Ventresca, M., Moshref-Javadi, M., Lee, S., Tanchoco, J.M., Brunese, P.A., 2019. Multiple traveling salesman problem with drones: mathematical model and heuristic approach. Comput. Ind. Eng. 129, 14–30.

Krishnan, V.G., Ram, N.S., 2019. Co-operative cluster based multi-agent approach for efficient traffic forecasting and management in vanet. Int. J. Innov. Technol. Explor. Eng. 8, 683–689.

Kubek, D., Wiecek, P., Chwastek, K., 2016. The impact of short term traffic forecasting on the effectiveness of vehicles routes planning in urban areas. Transport. Res. Procedia 18, 172–179.

Kwoczek, S., Di Martino, S., Nejdl, W., 2014. Predicting and visualizing traffic congestion in the presence of planned special events. J. Vis. Lang. Comput. 25 (6), 973–980.

Lahyani, R., Khemakhem, M., Semet, F., 2017. A unified matheuristic for solving multi-constrained traveling salesman problems with profits. EURO J. Comput. Optim. 5 (3), 393–422.

Lamboley, C., Santucci, J., Danech-Pajouh, M., 1997. 24 or 48 hour advance traffic forecast in urban and periurban environments: the example of paris. In: Mobility for Everyone. 4th World Congress on Intelligent Transport Systems, 21–24 October 1997, Berlin. (Paper no. 2373).

Laña, I., Del Ser, J., Olabarrieta, I.I., 2016. Understanding daily mobility patterns in urban road networks using traffic flow analytics. In: NOMS 2016–2016 IEEE/IFIP Network Operations and Management Symposium. IEEE, pp. 1157–1162.

Laña, I., Del Ser, J., Velez, M., Vlahogianni, E.I., 2018. Road traffic forecasting: recent advances and new challenges. IEEE Intell. Transp. Syst. Mag. 10 (2), 93–109.

Laña, I., Lobo, J.L., Capecci, E., Del Ser, J., Kasabov, N., 2019. Adaptive long-term traffic state estimation with evolving spiking neural networks. Transport. Res. C Emerging Technol. 101, 126–144.

Laña, I., Sanchez-Medina, J.J., Vlahogianni, E.I., Del Ser, J., 2021. From data to actions in intelligent transportation systems: a prescription of functional requirements for model actionability. Sensors 21 (4), 1121.

Larsen, S.Ø., Koren, H., Solberg, R., 2009. Traffic monitoring using very high resolution satellite imagery. Photogramm. Eng. Remote Sens. 75 (7), 859–869.

Lawler, E.L., Lenstra, J.K., Kan, A.R., Shmoys, D.B., 1985. The Traveling Salesman Problem: A Guided Tour of Combinatorial Optimization. Wiley, New York.

Li, L., Su, X., Zhang, Y., Lin, Y., Li, Z., 2015. Trend modeling for traffic time series analysis: an integrated study. IEEE Trans. Intell. Transp. Syst. 16 (6), 3430–3439.

Li, J., Li, T., Yu, Y., Zhang, Z., Pardalos, P.M., Zhang, Y., Ma, Y., 2019. Discrete firefly algorithm with compound neighborhoods for asymmetric multi-depot vehicle routing problem in the maintenance of farm machinery. Appl. Soft Comput. 81, 105460.

Liu, D., Deng, Z., Mao, X., Yang, Y., Kaisar, E.I., 2020. Two-echelon vehicle-routing problem: optimization of autonomous delivery vehicle-assisted e-grocery distribution. IEEE Access 8, 108705–108719.

Maity, S., Roy, A., Maiti, M., 2019. A rough multi-objective genetic algorithm for uncertain constrained multi-objective solid travelling salesman problem. Granular Comput. 4 (1), 125–142.

Manibardo, E.L., Laña, I., Del Ser, J., 2020. Transfer learning and online learning for traffic forecasting under different data availability conditions: alternatives and pitfalls. In: 2020 IEEE 23rd International Conference on Intelligent Transportation Systems (ITSC). IEEE, pp. 1–6.

Manibardo, E.L., Laña, I., Del Ser, J., 2022. Deep learning for road traffic forecasting: does it make a difference? IEEE Trans. Intell. Transp. Syst. 23 (7), 6164–6188.

Marshall, B.D., Galea, S., 2015. Formalizing the role of agent-based modeling in causal inference and epidemiology. Am. J. Epidemiol. 181 (2), 92–99.

Marzuoli, A., Gariel, M., Vela, A., Feron, E., 2014. Data-based modeling and optimization of en route traffic. J. Guid. Control. Dyn. 37 (6), 1930–1945.

Mazyavkina, N., Sviridov, S., Ivanov, S., Burnaev, E., 2021. Reinforcement learning for combinatorial optimization: a survey. Comput. Oper. Res., 105400.

Moreira-Matias, L., Alesiani, F., 2015. Drift3flow: freeway-incident prediction using real-time learning. In: 2015 IEEE 18th International Conference on Intelligent Transportation Systems. IEEE, pp. 566–571.

Motallebi, S., Xie, H., Tanin, E., Ramamohanarao, K., 2020. Traffic congestion aware route assignment. In: 11th International Conference on Geographic Information Science (GIScience 2021)-Part I. Schloss Dagstuhl-Leibniz-Zentrum für Informatik.

Niazi, M., Hussain, A., 2011. Agent-based computing from multi-agent systems to agent-based models: a visual survey. Scientometrics 89 (2), 479–499.

Niu, X., Zhu, Y., Cao, Q., Zhang, X., Xie, W., Zheng, K., 2015. An online-trafficprediction based route finding mechanism for smart city. Int. J. Distrib. Sens. Netw. 11 (8), 970256.

Osaba, E., Onieva, E., Diaz, F., Carballedo, R., Lopez, P., Perallos, A., 2015. An asymmetric multiple traveling salesman problem with backhauls to solve a dial-aride problem. In: International Symposium on Applied Machine Intelligence and Informatics. IEEE, pp. 151–156.

Osaba, E., Yang, X.-S., Diaz, F., Onieva, E., Masegosa, A.D., Perallos, A., 2017. A discrete firefly algorithm to solve a rich vehicle routing problem modelling a newspaper distribution system with recycling policy. Soft. Comput. 21 (18), 5295–5308.

Osaba, E., Yang, X.-S., Fister Jr., I., Del Ser, J., Lopez-Garcia, P., Vazquez Pardavila, A.J., 2019. A discrete and improved bat algorithm for solving a medical goods distribution problem with pharmacological waste collection. Swarm Evol. Comput. 44, 273–286.

Osaba, E., Yang, X.-S., Del Ser, J., 2020a. Traveling salesman problem: a perspective review of recent research and new results with bio-inspired metaheuristics. In: Nature-Inspired Computation and Swarm Intelligence. Academic Press, pp. 135–164.

Osaba, E., Yang, X.-S., Del Ser, J., 2020b. Is the vehicle routing problem dead? An overview through bioinspired perspective and a prospect of opportunities. In: Nature-Inspired Computation in Navigation and Routing Problems. Springer, pp. 57–84.

Osaba, E., Martinez, A.D., Del Ser, J., 2021. Evolutionary multitask optimization: a methodological overview, challenges and future research directions. arXiv preprint arXiv:2102.02558.

Rahman, H.A., Martí, J.R., Srivastava, K.D., 2012. Road traffic forecasting through simulation and live gps-feed from intervehicle networks. In: 2012 IEEE Global Humanitarian Technology Conference. IEEE, pp. 36–40.

Roberti, R., Wen, M., 2016. The electric traveling salesman problem with time windows. Transport. Res. E-Log. 89, 32–52.

Rojat, T., Puget, R., Filliat, D., Del Ser, J., Gelin, R., Díaz-Rodríguez, N., 2021. Explainable artificial intelligence (xai) on timeseries data: a survey. arXiv preprint arXiv:2104.00950.

Rostami, A.S., Mohanna, F., Keshavarz, H., Hosseinabadi, A.A.R., 2015. Solving multiple traveling salesman problem using the gravitational emulation local search algorithm. Appl. Math. Inform. Sci. 9 (2), 1–11.

Sahin, B., Yazir, D., Hamid, A.A., Abdul Rahman, N.S.F., 2021. Maritime supply chain optimization by using fuzzy goal programming. Algorithms 14 (8), 234.

Savelsbergh, M.W., Sol, M., 1995. The general pickup and delivery problem. Transp. Sci. 29 (1), 17–29.

Seker, M., Noyan, N., 2012. Stochastic optimization models for the airport gate assignment problem. Transport. Res. E-Log. 48 (2), 438–459.

Sicilia, J.A., Quemada, C., Royo, B., Escuín, D., 2016. An optimization algorithm for solving the rich vehicle routing problem based on variable neighborhood search and tabu search metaheuristics. J. Comput. Appl. Math. 291, 468–477.

Smith, S.L., Imeson, F., 2017. Glns: an effective large neighborhood search heuristic for the generalized traveling salesman problem. Comput. Oper. Res. 87, 1–19.

Smith, K., Palaniswami, M., Krishnamoorthy, M., 1998. Neural techniques for combinatorial optimization with applications. IEEE Trans. Neural Netw. 9 (6), 1301–1318.

Solomon, M.M., 1987. Algorithms for the vehicle routing and scheduling problems with time window constraints. Oper. Res. 35 (2), 254–265.

Su, F., Dong, H., Jia, L., Qin, Y., Tian, Z., 2016. Long-term forecasting oriented to urban expressway traffic situation. Adv. Mech. Eng. 8 (1), 1687814016628397.

Svensson, O., 2018. Algorithms for the asymmetric traveling salesman problem. In: 38th IARCS Annual Conference on Foundations of Software Technology and Theoretical Computer Science. Schloss Dagstuhl-Leibniz-Zentrum fuer Informatik.

Van Arem, B., Kirby, H.R., Van Der Vlist, M.J., Whittaker, J.C., 1997. Recent advances and applications in the field of short-term traffic forecasting. Int. J. Forecast. 13 (1), 1–12.

Van Hinsbergen, C., Van Lint, J., Sanders, F., 2007. Short term traffic prediction models. In: Proceedings of the 14th World Congress on Intelligent Transport Systems (ITS), Held Beijing, October.

Van Lint, J., Van Hinsbergen, C., 2012. Short-term traffic and travel time prediction models. Artificial Intelligence Applications to Critical Transportation Issues 22 (1), 22–41.

Vilone, G., Longo, L., 2020. Explainable artificial intelligence: a systematic review. arXiv preprint arXiv:2006.00093.

Vincent, F.Y., Jewpanya, P., Redi, A.P., 2016. Open vehicle routing problem with cross-docking. Comput. Ind. Eng. 94, 6–17.

Vlahogianni, E.I., Golias, J.C., Karlaftis, M.G., 2004. Short-term traffic forecasting: overview of objectives and methods. Transp. Rev. 24 (5), 533–557.

Vlahogianni, E.I., Karlaftis, M.G., Golias, J.C., 2014. Short-term traffic forecasting: where we are and where were going. Transport. Res. C Emerging Technol. 43, 3–19.

Vu, D.M., Hewitt, M., Boland, N., Savelsbergh, M., 2020. Dynamic discretization discovery for solving the time-dependent traveling salesman problem with time windows. Transp. Sci. 54 (3), 703–720.

Wagner-Muns, I.M., Guardiola, I.G., Samaranayke, V., Kayani, W.I., 2017. A functional data analysis approach to traffic volume forecasting. IEEE Trans. Intell. Transp. Syst. 19 (3), 878–888.

Willis, C., Harborne, D., Tomsett, R., Alzantot, M., 2017. A deep convolutional network for traffic congestion classification. In: Proc NATO IST-158/RSM-010 Specialists' Meeting on Content Based Real-Time Analytics of Multi-Media Streams. vol. 2017, pp. 1–11.

Wu, Z., Pan, S., Chen, F., Long, G., Zhang, C., Philip, S.Y., 2020. A comprehensive survey on graph neural networks. IEEE Trans. Neural Netw. Learn. Syst. 32 (1), 4–24.

Yu, S., Puchinger, J., Sun, S., 2020. Two-echelon urban deliveries using autonomous vehicles. Transport Res. E-Log. 141, 102018.

Zhuang, Z., Wang, J., Qi, Q., Sun, H., Liao, J., 2019. Toward greater intelligence in route planning: a graph-aware deep learning approach. IEEE Syst. J. 14 (2), 1658–1669.

第10章 协同驾驶

10.1 协同网联自动驾驶简介

自动驾驶是智能交通系统的一个学科,虽然它已经有30多年的历史,但在过去10年里,它作为未来汽车工程领域的支柱开始显著突出。因此,我们可以将自动驾驶车辆定义为能够在没有人类干预(或最小干预)的情况下执行动态驾驶任务的车辆。通常情况下,自动驾驶车辆仅依靠其内部传感器生成的信息以及自身的控制和决策系统进行无人驾驶(Levinson et al,2011;Shladover,2005)。然而,这种设计存在一系列的局限性,如不利用基础设施提供的信息,缺少与其他车辆的协作,没有考虑上层的行动(如交通流的优化,或向交通管理中心生成的信息)。这些缺点意味着孤立(或断开连接)的自动驾驶车辆可在L4级执行操纵,但永远无法达到L5级,因为如果不能实现与驾驶环境某种形式的协作,就无法高效地解决一系列情境。

(1)环岛:自动驾驶车辆通过环岛时的汇入和导航是目前尚未得到优化解决的一种情况。诚然,当前的自动驾驶车辆在没有联网的情况下,可以或多或少以流动的方式进入环岛,甚至在交通流量很小的环岛行驶。然而,在交通密集且绕环岛行驶车辆很多的情况下,无论是自动驾驶车辆还是人工驾驶车辆,决策的复杂度都会急剧增加。实际上,在交通密度极高的情况下,可能出现某些车辆无法通过特定道路进入环形交叉路口的饥饿现象,也就是说,有时车辆可能会因为无法进入环形交叉路口而长时间处于等待状态,甚至可能是几分钟。显然,这种情况对任何驾驶员来说都是不可接受的。事实上,人类驾驶员总能在相当短的时间内找到解决这种驾驶情况的方法。在大多数情况下，解决这种情况需要降低安全裕度，以调整进入环岛的限制，在某些情况下，进行具有潜在危险的操作，甚至迫使已经在环岛行驶的车辆降低其速度或改变轨迹。然而，这种情况对有经验的人类驾驶员来说是相对自然的，而对于自动驾驶系统决策则意味着是无法解决的悖论。换句话说，对于自动驾驶系统而言，减小安全裕度是不可接受的，因为这会直接影响乘客的安全，进而影响控制系统的需求，而控制系统又必须将安全放在首位。在这种情况下，必须考虑自动驾驶系统仅依赖于车辆自身传感器提供的信息，而没有任何类型的网联。这就意味着车辆在视线上受到与人类相同的限制。鉴于这些局限性，对孤立车辆的决策系统，仅具有来自自身传感器的信息，永远无法有效解决 100%的环岛导航场景。因此，它永远无法达到 L5 级自动化。

（2）交叉路口：这是一个与环岛类似的场景，在交通非常繁忙的情况下会发生 ADT[①]饱和问题，对于孤立的自动驾驶车辆，其决策完全依赖于自身传感器提供的信息。这种情况甚至可能比环岛更复杂，因为交叉路口的类型可能千差万别，包括车道数量、加速车道的可用性、交通状态以及流通速度。因此，陈等人提出将运动预测模块纳入决策架构，该模块能够根据环境预测要执行的动作执行连续决策（Chen et al, 2018）。虽然提出的架构包含了乘客舒适性感知系统，但它只能解决非常基本的驾驶情况。在李等人的研究（Li et al, 2018）中也存在同样的情况，即受人类行为启发的决策层不允许执行风险操作来解决交通问题。

显然，对于 L3 级及以下等级的孤立自动驾驶车辆，解决环岛和交叉路口这两种情况的方法是在合理的时间后通知人类驾驶员，并将控制权交给他（见图 10.1）。换句话说，在交通繁忙的环岛或交叉路口场景中，当无法解决导航问题时，根据 SAE3016 的要求，某个时刻 ADT 中的错误会将后援任务落在人类驾驶员身上，退出 ODD 以达到最小风险状态。

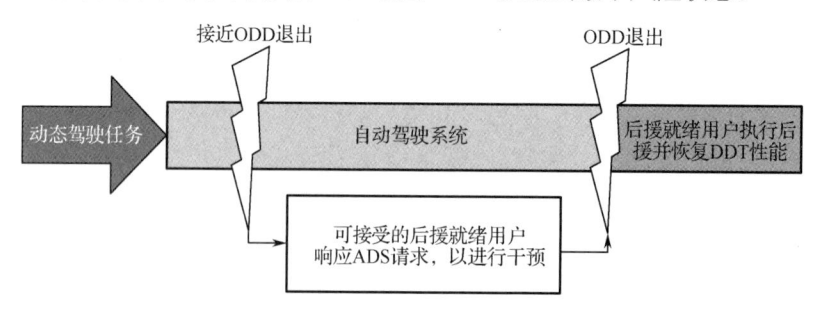

图 10.1 L3 级示例

显然，即使对于 L4 级驾驶自动化，这种情况也会广泛存在。唯一的区别可能是将后援任务返回给自动驾驶系统本身而不是人类驾驶员，但仍然无法解决 ODD，所以也会退出 ODD。

---

① 译者注：自动驾驶任务（Automated Driving Task，ADT）。

因此，正确解决 ODD 的唯一方法是将新的信息纳入自动驾驶车辆的自动驾驶系统中。该信息可通过 V2X 通信系统提供，该系统传输由基础设施中的服务和其他车辆产生的信息。这些新信息意味着需要对自动驾驶决策系统进行修改，从而实现所谓的合作、连接和自动化驾驶（Cooperative, Connected and Automated Driving, CCAD）（Hobert et al, 2015）。

1. 车载决策

车载决策是最简单的选择，所有决策智能都嵌入在车辆自身的自动驾驶系统中，这些系统接收原始的或稍微处理过的 V2X 信息，并解释这些信息来组织车辆在关键或高度复杂的基础设施中的通行和导航。在这方面，黎等人提出了一种用于城市路网的分散式交通信号控制策略，其中车辆的决策系统通过 V2X 通信自组织地访问关键基础设施（Le et al, 2015）。同样，在乌等人的研究（Wu et al, 2019）中，他们提出了一种基于多智能体的分散式系统，支持自动驾驶车辆通过交叉路口时的导航（Wu et al, 2019）。需要注意的是，研究中的大多数结果都是通过仿真给出的。

2. 基础设施中的决策

如何利用新的 V2X 信息组织决策的第二种选择是将部分决策转移到基础设施（边缘端或云端）上。这就意味着对特定路段的监督是基于交通管理中心（Traffic Management Centers, TMC）一系列协同服务来组织的，交通管理中心能够了解特定区域内的道路状况以及流通的车辆。这些 TMC 能够定义某些策略来优化特定区域的流通，通过 V2X 向车辆发送信息，根据所需信息的复杂程度，这些信息可以从推荐的速度到通过特定基础设施时的导航授权。

钱等人的研究（Qian et al, 2014）中描述的内容是该方案的一个实例，路侧通过给进入的车辆实时分配相对优先级来协调通过交叉路口的交通流。然后车辆可以按照分配的优先级顺序高效地通过交叉路口。然而，这类系统仅在仿真中进行了测试。与该方法类似，李等人的研究（Li et al, 2019）中描述的方法以基于基础设施的仲裁服务为基础，在组合的时空维度中描述自动驾驶车辆的轨迹。

10.2 通信技术

通信技术是指通过技术手段在两个或多个节点之间传输消息的能力。这种信息传输允许过程以分布的方式辅助决策制定、问题求解和控制机器。

在自动驾驶车辆理想的情况下也不例外，因此，几乎从一开始，人们就试图引入通信技术，以改善车辆的互操作性，并提升决策制定的能力。

经过大量的研究，通信技术最终在这一领域占据一席之地，并证明了其主要功能是能够突破传感器的视觉范围。

10.2.1 车用无线通信技术（V2X）

汽车行业一直在不断发展，以提高道路交通安全。这种发展的结果是技术的发展，旨在实现车辆与周围交通系统元素之间的通信，也称为车用无线通信技术（V2X）通信。

与其他技术一样，它从小的技术视野中发展，并逐渐扩展。在 V2X 通信中，第一步是仅在车辆之间建立连接，即车与车（Vehicle-to-Vehicle，V2V）通信。起初，这种通信包含所有类型的车辆，包括自行车等非机动车辆，但逐渐针对更具体的应用创建了更明确的限制。V2X 通信中的一些分类定义如下：

- 车与摩托车（**Vehicle-to-Motorcycle，V2M**）通信：在道路上行驶的不同车辆中，摩托车发生致命事故的数量最多。众所周知，由于这些车辆的特性，在事故发生时，它们是最脆弱的用户之一。此外，这些车辆的特性使其在不平整的沥青路面上更容易失控。因此，创建了这一分类，特别关注预防涉及该群体的事故。
- 自行车与车（**Bicycle-to-Vehicle，B2V**）通信：由其他联盟（SAE 工业技术[①]联合福特汽车、Specialized 自行车和 Trek 自行车等公司）开发，试图为自行车、车辆甚至基础设施之间的通信提供解决方案。这项技术特别专注于为脆弱的道路用户（VRU）提供解决方案。
- 车与行人（**Vehicle-to-Pedestrian，V2P**）通信：另一种预防脆弱道路用户遭受事故的方法，如因能见度不足而发生的事故。

通信中最常用的方法之一是通过集成在基础设施中的系统进行交通控制，即车与基础设施（Vehicle-to-Infrastructure，V2I）通信。这种通信专门从能够远程通知和控制交通的交通控制中心开始工作，向车辆提供特定路段的限制或信息。

像任何发展中的技术一样，V2X 通信技术不会脱离电信界的不同演进，特别是新一代 5G 技术的出现。因此，标准化机构自身一直在为纳入 5G 技术做准备，甚至创建了新的组织来支持它，如 5G 汽车协会（5GAA）。

10.2.2 专用短程通信技术（IEEE 802.11p, ETSI ITS-G5）——V2X 标准概述

由于技术标准化的先锋是美国（Kenney, 2011），许多术语和欧洲的标准化本身都以 *Transportation*（2013 年）中提出的基础为参考。最初被称为无线车辆环境接入（WAVE）系列标准的 IEEE 1609，它定义了一种架构和标准化的补充服务与接口集合，共同实现安全的 V2V

[①] 译者注：原著中所述的"SAW Industry Technologies"为笔误。

和 V2I 无线通信，其欧洲等效标准为 ETSI-G5。

WAVE IEEE 1609 由四个试验标准组成，这些标准有正在制定并充分使用的草案，以及两个正在制定但未公布的标准。

- IEEE P1609.0（WAVE 草案标准）：描述了多通道设备在移动车载环境中通信所必需的 WAVE 架构和服务环境。
- IEEE 1609.1-2006（WAVE 试用标准）：指定 WAVE 资源管理应用程序的服务和接口。
- IEEE 1609.2-2006（WAVE 试用标准）：定义安全的消息格式和处理方式。该标准还解释了安全的消息交换所发生的环境，以及应如何处理这些消息。
- IEEE 1609.3-2007（WAVE 试用标准）：定义网络和传输层服务，包括寻址和路由。它还为 IPv6 提供了一种有效的特定 WAVE 替代方案，该方案可以直接由应用程序支持。
- IEEE 1609.4-2006（WAVE 试用标准）：提供了对 IEEE 802.11 媒体访问控制（Media Access Control，MAC）的增强。
- IEEE P1609.11：智能交通系统的无线数据交换协议将对支持安全电子支付所需的服务和安全消息格式进行定义。

这些初步进展标志着未来技术的发展。如今，标准化已经确立，并为 V2X 通信奠定了基础。V2X 通信定义为以下两种技术之一：专用短程通信（Dedicated Short Range Communication，DSRC）和蜂窝网络。

IEEE 802.11p

定义 V2X 的原始标准是 IEEE 802.11p，用 WLAN 技术实现（Jiang and Delgrossi，2008）。最初，V2X 仅定义了车与车（V2V）通信和车与基础设施（V2I）通信，并在两者处于适当的距离时，将两者作为系统的一部分进行集成。

最初的动机是突破传感器的视觉范围（最大 200m），达到数字范围。该范围由 802.11p 协议的特性定义，包括低延时、短距离（1km 以下）以及在 5.9GHz 频段下工作。由于这些特性，术语"专用短程通信"或 DSRC 应运而生。

此外，这些网络的特殊性质使得在恶劣天气和因道路障碍物而导致能见度不足的情况下，系统依然能够保持运行。

10.2.3 蜂窝 V2X

2020 年 11 月，美国联邦通信委员会（Federal Communications Commission，FCC）以未被采用为由，将 DSRC 的所有频谱重新分配给其他用途，将 45MHz 分配给邻近的 5.8GHz ISM 频段，并将其余的 30MHz 分配给蜂窝 V2X 使用。

蜂窝 V2X（Cellular V2X，C-V2X）是 802.11p 的一个互补替代方案，5GAA 和高通公司支

持使用该技术（Abboud et al, 2016）。该技术允许用户选择不同的运行模式，如使用 PC5 接口（Miao et al, 2021）。一般来说，蜂窝 V2X 技术使用 3GPP 标准来实现 4G LTE 或手机专用的 5G 互联。无论使用哪一种协议，手机都必须能够发送和接收来自车辆、其他行人或周围基础设施元素的信号。C-V2X 可以在没有网络支持的情况下工作，其范围为 700~1000m。

C-V2X 旨在通过包括 V2V 和 V2I 在内的预警来实现主动安全。由于网络的特性，它还会保护弱势道路使用者，如骑自行车的人或行人，以防视线不佳而引发事故。此外，C-V2X 允许设备使用车与交通网络（Vehicle-To-Network，V2N）通信。

我们必须明白，将移动电话纳入 V2X 通信领域源于两种不同的动机。首先，企业看到了市场的可能性和机遇，尤其是那些专注于 5G 发展与扩张的企业。其次，在多年的发展过程中，人们已经意识到，信标和蓝牙信号等其他技术无法为控制行人或骑车人等道路使用者提供所需的所有功能。了解我们生活的全球化需求和可能性，也知道为这些用户提供必要的硬件并不需要付出巨大的经济投入，因此采用这种方式来开发能够低成本集成到系统中的软件。

10.2.4 安全

在 V2X 通信协议的不同标准中，有两个特定的国际标准化组织（ISO）标准涵盖了安全方面的要求。根据杨等人（2017）的说法，ISO 27001:2013 和 ISO 27001:2005 规定了实施、建立、监控、维护和改进信息安全管理系统（ISMS）的要求，特别是在车辆网络方面。ISMS 是管理和控制环境信息安全风险的整体管理框架。

根据塔拉维拉等人（2019 年）的描述，在欧洲标准范围内，2017 年的 ETSI EN 302 636-4-1 奠定了车辆间通信和必须维护的安全基础。此外，在不同的 ETSI 标准化文件中，ETSI TS 102 723-8 和 ETSI TS 103097 更详细地定义了 V2X 通信在安全事务上必须遵守的强制措施。

然而，ETSI 标准仅限于通过身份验证系统建立基本的安全性，这在大多数情况下是完全无效的。即便如此，塔拉维拉等人进行了更详尽的研究（Talavera et al, 2019），以证明 V2X 的不同安全方法是可以应用的，如硬件安全；恶意数据的认证、检测和更正；公钥基础设施；公钥基础设施与恶意数据更正；以及群签名和证书吊销。尽管如此，V2X 通信安全仍然面临着必须解决的问题，以确保其可靠性。

- 虚假消息攻击：攻击者可能散布虚假消息来影响车辆。例如，发送不存在的减速和虚假的事故警告。
- 重放攻击：合法用户先前发送的有效消息被恶意或欺诈性地重复或推迟。
- 修改攻击：合法用户发送的消息在传输过程中被篡改。
- 冒充攻击：攻击者可能会以其他车辆，或路侧单元（Roadside Units，RSU）的名义发送消息。

第 10 章 协同驾驶

- RSU 抢占/复制攻击：RSU 可能会被破坏，因此攻击者就可以重新定位被破坏的 RSU 以发起任何恶意攻击，如广播虚假的交通信息。
- 拒绝服务（Denial of Service，DoS）攻击：对手注入不相关的干扰或伪消息，以耗尽通信信道的容量或消耗车辆或 RSU 的计算资源，从而干扰 V2X 通信。
- 运动跟踪：V2X 通信是无线的，攻击者可以轻松窃听任何通信流量。攻击者一旦积累了足够多的信息，就可以了解车辆的行驶轨迹或其移动模式。

2021 年完成的 SerIoT 项目，是网联协同自动驾驶车辆（Connected and Cooperative Automated Vehicles，CCAV）安全通信可能的解决方案。它为实时监控通过异构物联网平台交换的流量提供了一个有用的开放式参考框架。SerIoT 架构方案基于丰富与扩展物联网参考架构 ISO/IEC30141 的理念，在物联网安全的概念方面提供了双重价值主张。

该项目的目标是利用 SerIoT 的系统能力确保连接智能交通系统（C-ITS）组件（车辆、基础设施等）之间的安全可靠通信，以便检测和缓解可能的网络攻击。因此，选择了车队管理和智能交叉路口场景，其中装有车载单元（OBU）的车辆与路侧单元（RSU）以及其他车辆互动，以实现交通的最佳流动（Hidalgo et al，2021a）。该方法的验证示例涵盖了在威胁情况下考虑不同场景的情况说明，在接下来的章节中将进行详细解释。

10.3 网联服务

协同网联自动驾驶技术围绕三个基础支柱构建：V2X 通信系统、协同服务生成和自动驾驶。

V2X 通信为车内信息的交换提供支持，这种支持将用于支持协同智能交通系统（Cooperative Intelligent Transportation Systems，C-ITS）的信息交换。这些 C-ITS 提供信息服务，允许公共道路上各种实体之间的合作，从交通控制中心到行人，包括车辆和基础设施，被视为实现协同网联自动化出行的里程碑。C-ITS 必须从多个来源收集所需信息的所有级别，对其进行处理并生成必要的消息，以使不同的服务生效，如交通状态警告、天气状况警告、紧急车辆警告或协同制动警告。根据上市时间，这些服务被划分为 Day1 和 Day1.5，这些服务已经处于可以部署的开发水平。Day2 是面向自动驾驶的基本 C-ITS 支持服务。Day3 和 Day4 则是未来将包括自动和协作驾驶支持的 C-ITS。

基于 Car-2-Car 项目[①]（Project Car-2-Car，2019）的最新进展，其中第三阶段的部署已纳入 Day3+服务。该阶段将利用具有越来越多自动驾驶功能（包括 L3 和 L4 级）的车辆。这些服务将与其他交通参与者和基础设施共享计划的轨迹/路线（也称为全局和局部规划器）以及车辆的

---

① 译者注：该项目来自欧洲车辆间通信联盟（Car-2-Car Communication Consortium，C2C CC）。

操控意图（如第 10.4 节中介绍的实例）。

在 Car-2-Car 项目的"Day2 及后续阶段路线图指南"（Guidance for day 2 and beyond roadmap）报告中，详细解释了 Day3+消息在合作操控中的优势："共享该信息将清除实施协同自动驾驶用例的障碍，其中自动驾驶汽车可以隐式或显式地协调操作的执行，以避免冲突，从而确保安全（协同换道、协同汇入、高级 C-ACC 应用，如 C-ACC 队列，其中跟驰车纵向和横向自动地控制，或 C-ACC 队列的管理，包括动态加入和离开的车辆、队列分解等）。此外，在 Day3+阶段，VRU 有望配备 V2X，并在通知其存在和检测风险态势方面发挥更'主动'的作用，从而进一步提高道路交通的安全性。"

因此，2016 年 11 月 30 日，欧盟委员会通过了欧洲协同智能交通系统（European Strategy on Cooperative Intelligent Transport Systems，C-ITS）战略，这是朝着合作、互联和自动化移动的里程碑倡议迈出的一步。C-ITS 战略的目标是促进整个欧盟投资和法规体系的融合，以便在 2019 年及以后部署成熟的 C-ITS 服务。这包括在 2018 年前在欧盟层面采用适当的法律框架，以确保公共和私人投资者的法律确定性、欧盟项目资金的可用性、C-ITS 平台进程的延续性，以及与世界其他主要地区在协同自动驾驶车辆相关的所有方面开展国际合作。它还涉及在学以致用的方法下与 C-ROADS 平台进行持续协作，该平台汇集了成员国的实际部署活动。2019 年 3 月 13 日，委员会通过了一项关于 C-ITS 提供规范的授权法规。然而，在欧盟理事会提出反对后，该法规并未生效。

委员会的 C-ITS 战略宣布，将与 C-ITS 领域的所有相关利益相关者合作，根据欧洲协同智能交通系统（C-ITS）部署与运营的安全政策和治理框架，指导制定一个共同的安全和证书策略。这一安全政策建立了一个公钥基础设施（PKI）架构，以支持 V2X 生态系统中数据和设备的认证。然而，该架构仅考虑了消息级或设备级的安全，而没有将定位视为需要保护的重要元素，从而使其容易受到网络攻击。

要部署协同网联自动驾驶，有必要通过两个基本的附加元素，使孤立的自动驾驶车辆成为 C-ITS 生态系统的一部分。这些附加元素分别是，与部署在道路上的通信网络进行的网联、对其自动驾驶系统进行的修改以利用通过该信道传输的新信息，以及为此目的对其决策系统进行的修改。

一个明确的基于 V2X 机动的例子是协同自适应巡航控制系统（CACC）。这种自动化操作是 ACC 系统的扩展，它允许使用纵向自动控制与前导车保持安全距离。经典的 ACC 系统使用雷达、LiDAR 或计算机视觉等传感器来保持安全距离，但受限于道路视野范围的限制。CACC 使用地理参考 V2X 消息（协同感知消息）的交换，为自车提供保持安全距离所需的信息。近年来已进行了多个 CACC 试点。与此同时，研究中的其他一些工作解释了像 Day3+之类的协同服务将利用先进的 CACC 应用程序（如 CACC 队列，其中跟驰车的纵向和横向自动地控制）或

第 10 章　协同驾驶　　189

CACC 队列管理，包括动态加入和离开的车辆（合并操作）。

在 2009 年至 2010 年间，荷兰的 Connect & Drive 项目在七辆丰田普锐斯汽车上实施了 CACC 技术。该项目使用了基于车间通信联盟（C2C CC）参考架构的通信栈，在物理层使用 IEEE 802.11a 硬件。另一个试点项目是 2011 年的协同驾驶挑战大赛（the Grand Cooperative Driving Challeng，GCDC），这是一项面向大学和行业团队的国际挑战赛，参赛车辆可以在多个定义的交通场景中协同驾驶。CACC 是挑战赛的重要组成部分。通信栈基于 CALM FAST，使用（当时已商用）5.9GHz 范围内的 IEEE 802.11p 硬件。CACC 性能标准包括短的车队长度、快速行驶时间、车队合并行为以及强加速与强减速情况下的阻尼特性。这些操作的基础是通过 V2V 在车辆之间交换 GPS 位置。然而，尚未有试点报告 CACC 功能受到身份验证定位的支持，也未考虑其完整性，这意味着这些 CACC 操作是不安全的，因此存在风险。

10.4　决策机制对支持 V2X 的适应性

10.4.1　网络攻击的网联与自动化场景（SerIoT 项目）

确认自动驾驶高级算法及 SerIoT 架构的自动驾驶场景使用了 Tecnalia[①]工厂的专用试车跑道。将基于车与车（V2V）通信和车与基础设施（V2I）通信进行两次协同操作。在这两种情况下，将考虑 SerIoT 中建立的安全物联网策略与成熟的技术来建立通信。

该预验证项目的目标是通过使用 SerIoT 中提出的物联网安全解决方案，最大限度地减少网络攻击和威胁的影响，从而保证安全和稳健的 V2X 通信。这将直接有助于减少因物联网网络安全性问题而导致的潜在道路事故、死亡和交通拥堵。另一个目标是基于 V2I 通信，验证自动驾驶车辆之间不同的协同操作。

实际的平台包括一辆雷诺 Twizy80，该车配备了不同的传感器，如 LiDAR、激光、差分 GPS 等。此外，还配备了两个伺服电机，一个用于转向控制，一个用于制动控制，还有一个电子控制单元（Electronic Control Unit，ECU），用于油门控制。一些车辆的虚拟仿真与车辆的真实信息并行进行（通过 C-ITS 通信）。

通过 Matlab/Simulink 软件对交通信号灯以及负责监督场景的控制站进行模拟。

两个平台均使用了 AUDRIC 架构，该架构由冈萨雷斯等人提出的 6 块（6-block）分布组成（González et al，2016），即采集、感知、通信、决策、控制和驱动。图 10.2 展示了伊达尔戈等人的研究（Hidalgo et al，2021a，b）中提出的用来验证 V2X 支持协同操作的框架实施情况。

---

① 译者注：西班牙 Tecnalia 研究院，总部位于西班牙巴斯克地区。

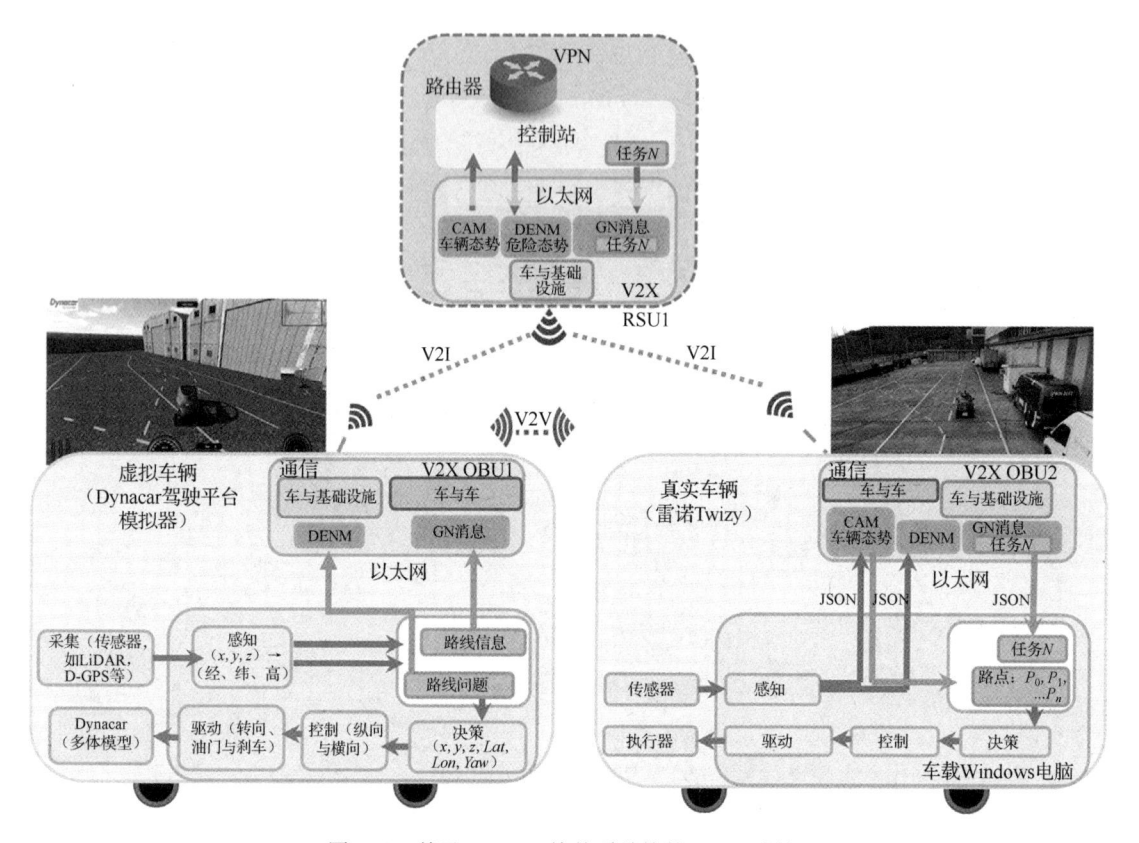

图 10.2　基于 CCAV 6 块体系结构的 SerIoT 框架

1. 正常情况下的智慧路口

该场景的目标是验证 SerIoT 在真实的基础设施与车（Infrastructure to Vehicle，I2V）协同智慧路口场景中的工作能力，场景中包括真实的自动驾驶车辆（V1）和虚拟交通信号灯（作为基础设施连接到 RSUs）。车辆 V1（真实的）的通信（见图 10.3 右边部分）展示了与交通信号灯和控制站的连接（V2I 通信）。模拟车辆和实际车辆以及交通信号灯通过虚拟专用网络（Virtual Private Network，VPN）连接到 SerIoT 边缘转发器。

车辆 V1 沿着预定路线到达智慧路口。交通信号灯通过 RSU2 广播信息（状态、变化时间等）。V1 通过 OBU1 接收交通信号灯的信息，并在交通灯为绿灯时继续行驶，或在交通灯为红灯时停车等待。

第 10 章 协同驾驶

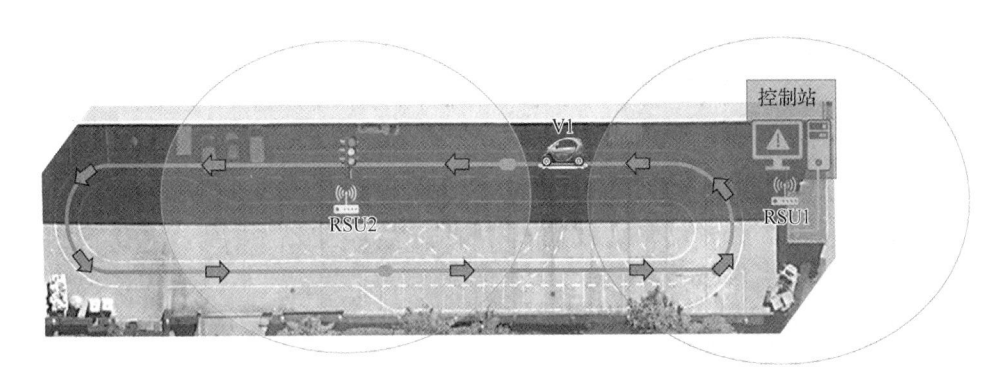

图 10.3 智慧路口，描述性方案

2．正常情况下的车队管理

该场景的目标是验证 SerIoT 在 I2V 协同场景中的工作能力，场景中包括两辆自动驾驶车辆和两个作为基础设施的 RSU。两车通过 V2V 通信相互连接，并通过 V2I 通信与 RSU 连接。RSU 和控制站通过 VPN 连接到 SerIoT 边缘转发器。这样，RSU 和控制站就具备了 SerIoT 系统所能提供的所有安全保障（见图 10.4）。

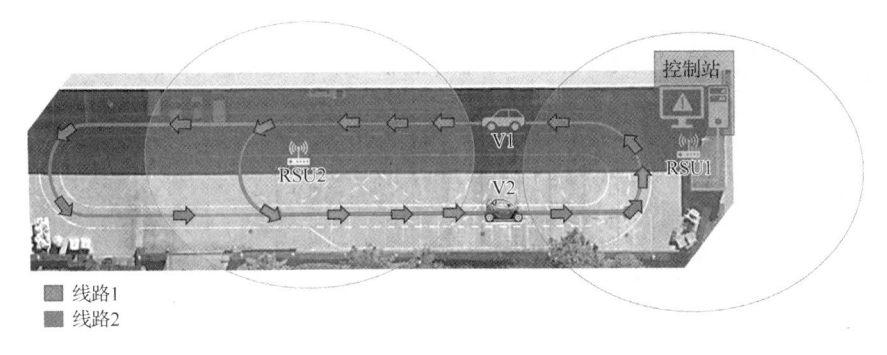

图 10.4 车队管理，描述性方案

10.4.2 编队操作

交通需求的增加以及路网有限的容量加剧了城市和公路场景中的交通拥堵。协同自适应巡航控制（CACC）等技术的出现以及用于汇入场景的路径规划，是该问题的有效解决方案，如伊达尔戈等人的研究（Hidalgo et al, 2021b）中所述。为有效改善交通流，多个车队之间需要更高级别的协同，为此需要通信。

基于通信模块（C-ITS）和 AUDRIC 架构（前面提到过），提出了一个包含五辆车的列队跟驰与汇入机动场景。图 10.5 展示了六辆车列队跟驰的仿真（一个编队）。

图 10.5　车队管理

该仿真假设延迟为零。然而，为了充分了解系统的限制，还进行了稳定性分析，对延迟进行修改，并在满足队列稳定性的条件下观察可以设置的最小容许时间间隔。该分析在伊达尔戈等人的研究（Hidalgo，2021b）中给出，其中使用的最大时间间隔为 0.6s，还可以假设仿真有一定的延迟（不超过 100ms）。

10.4.3　环岛汇入场景操作

环岛入口是城市环境中的冲突点之一（见图 10.6）。伊达尔戈等人提出了一种解决环岛汇入的方法（Hidalgo et al，2019），该方法考虑了经由通信（包括仿真车辆和真实车辆）生成的名义轨迹。测试时，使用真实平台执行操作，使用虚拟平台代表场景中的其他参与者。这些实例展示了一些 Day3+ 服务可以用于协同操作的应用场景。

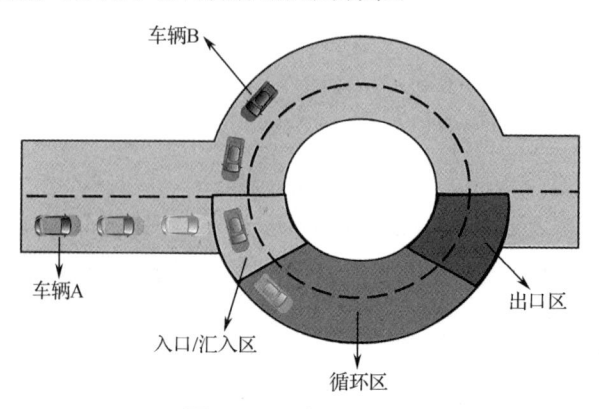

图 10.6　环岛入口冲突

第 10 章　协同驾驶

10.4.4　结论

本小节描述的所有场景（车队管理、列队跟驰和环岛）均由 V2X 通信支持，用于决策和控制。未来的研究将围绕汇入过程中相关车辆之间的共享决策展开。此外，该技术还可以与其他策略相结合，包括不同类型的车辆和通信延迟，以增强当前可用的应用程序。

参考文献

Abboud, K., Omar, H.A., Zhuang, W., 2016. Interworking of DSRC and cellular network technologies for V2X communications: a survey. IEEE Trans. Veh. Technol. 65 (12), 9457–9470.

Chen, J., Tang, C., Xin, L., Li, S.E., Tomizuka, M., 2018. Continuous decision making for on-road autonomous driving under uncertain and interactive environments. In: 2018 IEEE Intelligent Vehicles Symposium (IV), pp. 1651–1658.

González, D., Pérez, J., Milanés, V., Nashashibi, F., 2016. A review of motion planning techniques for automated vehicles. IEEE Trans. Intell. Transp. Syst. 17, 1135–1145. https://doi.org/10.1109/TITS.2015.2498841.

Hidalgo, C., Lattarulo, R., Pérez, J., Asua, E., 2019. Hybrid trajectory planning approach for roundabout merging scenarios. In: 2019 IEEE International Conference on Connected Vehicles and Expo (ICCVE), pp. 1–6.

Hidalgo, C., Lattarulo, R., Flores, C., Pérez, J., 2021a. Platoon merging approach based on hybrid trajectory planning and CACC strategies. Sensors 21, 2626.

Hidalgo, C., Vaca, M., Nowak, M.P., Frölich, P., Reed, M., Al-Naday, M., Mpatziakas, A., Protogerou, A., Drosou, A., Tzovaras, D., 2021b. Detection, control and mitigation system for secure vehicular communication. Veh. Commun. 2021, 100425.

Hobert, L., Festag, A., Llatser, I., Altomare, L., Visintainer, F., Kovacs, A., 2015. Enhancements of V2X communication in support of cooperative autonomous driving. IEEE Commun. Mag. 53 (12), 64–70.

Jiang, D., Delgrossi, L., 2008. IEEE 802.11p: Towards an International Standard for Wireless Access in Vehicular Environments. VTC Spring, Singapore, pp. 2036–2040.

Kenney, J.B., 2011. Dedicated short-range communications (DSRC) standards in the United States. Proc. IEEE 99, 1162–1182.

Le, T., Kovács, P., Walton, N., Vu, H.L., Andrew, L.L., Hoogendoorn, S.S., 2015. Decentralized signal control for urban road networks. Transport. Res. C Emerging Technol. 58, 431–450.

Levinson, J., Askeland, J., Becker, J., Dolson, J., Held, D., Kammel, S., 2011. Towards fully autonomous driving: systems and algorithms. In: 2011 IEEE Intelligent Vehicles Symposium (IV), pp. 163–168.

Li, L., Ota, K., Dong, M., 2018. Humanlike driving: empirical decision-making system for autonomous vehicles. IEEE Trans. Veh. Technol. 67 (8), 6814–6823.

Li, Z., Wu, Q., Yu, H., Chen, C., Zhang, G., Tian, Z.Z., Prevedouros, P.D., 2019. Temporal-spatial dimension extension-based intersection control formulation for connected and autonomous vehicle systems. Transport. Res. C Emerging Technol. 104, 234–248.

Miao, L., Virtusio, J., Hua, K.-L., 2021. PC5-based cellular-V2X evolution and deployment. Sensors 21, 843.

Project Car-2-Car, 2019. Guidance for Day 2 and Beyond Roadmap. CAR 2 CAR Communication Consortium. C2CCC_WP_2072_Roadmap, 25/09/2019.

Qian, X., Gregoire, J., Moutarde, F., De La Fortelle, A., 2014. Priority-based coordination of autonomous and legacy vehicles at intersection. In: 17th International IEEE Conference on Intelligent Transportation Systems (ITSC), pp. 1166–1171.

Shladover, S.E., 2005. Automated vehicles for highway operations (automated highway systems). Proc. Inst. Mech. Eng. I J. Syst. Control Eng. 219 (1), 53–75.

Talavera, E., Díaz Álvarez, A., Naranjo, J.E., 2019. A review of security aspects in vehicular ad-hoc networks. IEEE Access 7, 41981–41988.

Transportation, U. D, 2013. IEEE 1609—Family of Standards for Wireless Access in Vehicular Environments (WAVE). U.S. Department of Transportation, Washington.

Wu, Y., Chen, H., Zhu, F., 2019. DCL-AIM: decentralized coordination learning of autonomous intersection management for connected and automated vehicles. Transport. Res. C Emerging Technol. 103, 246–260.

Yang, Y., et al., 2017. V2X security: a case study of anonymous authentication. Pervasive Mob. Comput. 41, 259–269.

第11章

基础设施影响

11.1 物理基础设施的作用：从证据到指南

由于自动驾驶与多个领域或行业相关联，因此可以从不同的角度对其进行分析。具体而言，本章旨在确定物理基础设施对自动驾驶的影响。

道路相关的指导方针是基于人类行为制定的。然而，自动驾驶车辆旨在通过使用不同的传感器来替代驾驶员，这些传感器安装在与驾驶员不同视角的位置处，并且需要最小条件才能正确地运行。这些特性导致了各种关键事件，在这些事件中，自动驾驶系统将控制权移交给驾驶员（以下称为脱离）。以下讨论了其中的大多数情况。

本小节将介绍物理基础设施对自动驾驶车辆自动化能力的影响。特别讨论了以下因素：道路类型、道路几何形状、道路标识、交通标志、路口、路面状况、道路环境、环境条件、道路施工和临时应急标志以及速度。

1. 道路类型

道路基础设施容量将随着自动驾驶车辆市场渗透率（Market Penetration Rate，MPR）的提高而增加。特别是当纯自主交通成为可能时，城市和公路的通行能力将分别提高 40%和 80%（Friedrich，2016）。

这一优势预计将在高速公路、快速路等高容量道路上更快实现，因为其中的大多数道路已经允许自动驾驶车辆自动运行，从而简化了超车机动等特定任务的开发。相比之下，乡村双车道道路和城市道路通行能力的提高将被推迟，因为这类道路苛刻的特性（如几何设计和交通管理），目前还难以实现自动驾驶车辆的性能。

约翰逊强调需要为高自动化等级的自动驾驶车辆设计新的设施，同时为自动化等级较低的自动驾驶车辆保留现有道路（Johnson，2017）。在此背景下，出现了专用车道（Dedicated Lanes，仅用于自动驾驶车辆的车道）的概念（Paradkar，2019）。最近，人们已经开展了一些研究工作来评估专用车道对安全和交通效率的影响，以确定其最佳设计（Rad et al, 2020；USDOT, 2015；Yu et al, 2019）。

2. 道路几何形状

当前 SAE L2 级车辆无法在一些要求苛刻的道路上自主运行。加西亚等人发现水平曲率和自动速度之间存在显著关系（García et al, 2020），这种新的速度概念被定义为某个驾驶自动化系统沿着某个道路几何元素所能达到的最大速度。该速度低于急弯至中等曲线（$R<450m$）的设计和运行速度。此外，缓和曲线的类型也对自动驾驶车辆的性能有着重要影响（Yang et al, 2019）。事实上，加西亚等人观察到，具有相似曲率半径但相邻过渡曲线特征不同的水平曲线上的自动化速度有所不同（García et al, 2020）。

关于纵断面线形，加西亚等人发现，与 K 值低于 20m/% 的直线重叠的凸形竖曲线更容易在自动驾驶车辆中产生脱离（Garcia et al, 2019）。此外，当 K 大于 10m/% 时，自动化速度大于设计速度。

因此，当自动驾驶车辆沿着要求苛刻的道路行驶时，预计会有较低的自动驾驶速度，从而导致车辆以低于人类驾驶员的速度运行，或车辆在许多水平或凸形竖曲线处脱离。

叶等人最近对全自动驾驶车辆的道路几何设计控制进行了可行性研究（Ye et al, 2021b），认为感知特性起着至关重要的作用。传感器与驾驶员眼睛高度、垂直角度和感知反应时间（Perception-Reaction Time，PRT）的差异会导致自动驾驶车辆所需的停车视距（Stopping Sight Distance，SSD）更短。因此，基于自动驾驶车辆的竖曲线设计控制比为人类驾驶员设置的控制更宽容。

然而，自动驾驶车辆可能无法在高的设计速度和陡坡上正常运行，因为车载传感器范围可能无法覆盖这些条件下所需的 SSD。就此而言，传感器范围受限的自动驾驶车辆应仅限于低速道路。

可见性是与几何设计相关的另一个重要因素。当前的道路指南是针对人类驾驶制定的，即从驾驶员的角度确保可见性。然而，读取道路的车辆传感器位于不同的高度，这会极大地影响对目标和道路标识的检测（Garcia et al, 2019）。卡车编队是可见性降低的一种特殊情况——在同向有两条或以上车道的公路上，沿平曲线的可见性降低。就此而言，超车操作过程中的可见性会随着卡车之间间隙的减小而降低（Garcia and Pastor-Serrano, 2021）。

第 11 章 基础设施影响

此外,车道宽度、路肩的类型与宽度以及中央分隔带的布局也会影响自动驾驶车辆的性能。尽管一些研究表明,与车道相关的车辆系统可以减小车道宽度(Hayeri et al,2015;Weeratunga and Somers,2015),但车道变窄时,当前的自动驾驶系统会脱离(García and Camacho-Torregrosa,2020)。具体来说,2.72m 的车道宽度被定义为"临界车道宽度",因为它为自动横向控制和人工横向控制提供了相同的可能性。此外,斯坎隆等人发现,当提供了扩展路肩时,与车道相关的车辆系统可以防止 50%~54%的碰撞和 44%~48%的严重伤害(Scanlon et al,2016)。最后,需要注意的是,当中央分隔带和道路标识之间的距离很小并且中央分隔带或路肩由混凝土制成时,自动驾驶系统往往会失败(SLAIN,2020)。

3. 道路标识

尽管技术在不断进步,但当前自动驾驶车辆中包含的传感器和算法还无法在太阳炫光、夜间条件、潮湿路面或破损的道路标识(Pike et al,2018;Texas A&M Transportation Institute,2016)等有挑战性的环境下正确识别道路标识。多项研究表明,宽度为 150mm、逆反射系数为 150mcd/($m^2 \cdot lx$)的道路标识有助于提高自动驾驶车辆的性能(Davies,2017;ERF,2018;Marr et al,2020;O'Connor et al,2018)。

马尔等人最近对自动驾驶车辆中安装的摄像头在道路标识检测方面的性能进行了深入分析,考虑不同的自动驾驶车辆以 60km/h 与 80km/h 的速度在试车跑道和三段现有道路四种场景中行驶(Marr et al,2020)。表 11.1 总结了该研究最重要的发现,分为以下因素:对比度,几何设计,设计与维护,环境条件,路面类型,以及运行。

表 11.1 道路标识对自动驾驶车辆性能的影响

因素	结果
对比度	— 道路标识与路面之间的对比度最小为 3∶1 — 在夜间条件下,道路标识与路面之间的逆反射系数必须在 5∶1 到 10∶1 之间
几何设计	— 当前系统可检测道路边线的当前宽度为 150mm,可检测虚线的当前宽度为 100mm — 不连续道路标识比连续道路标识更难检测 — 有必要为车道两侧的道路标识提供连续性,避免扩大间隙并确保固定的车道宽度
设计与维护	— 大多数最新的道路标识设计统一标准,都达到或超过了机器视觉系统的需求 — 道路标识的适当维护,将简化检测任务
环境条件	— 道路标识检测随着光线条件的变化而恶化 — 在潮湿的路面上,检测系统的精度会降低 — 下雨时,检测系统的功能急剧下降
路面类型	— 沥青路面上的道路标识检测比混凝土路面上的更容易
运行	— 车辆的行驶速度对检测系统至关重要

此外,在纳亚卡等人的研究(Nayak et al,2020)中,得出的结论是,道路标识检测系统在一天中的中间时段表现更佳,这些时段几乎没有任何阴影、闪光和相对恒定的路面亮度。同

样，在夜间条件下，道路标识的检测也得到改善，因为这些条件会增加道路标识与路面之间的对比度。

4. 交通标志

大多数交通标志识别（Traffic Sign Recognition，TSR）系统仅识别张贴的限速和优先通行标志，如停止、让行等。此外，这些系统的精度主要取决于交通标志的横向位置和方向（Roper et al，2018）。特别是，当交通标志位于大于 10m 的横向距离处，并且其方向垂直于道路大于 45°时，精度会急剧下降。

强烈影响交通标志识别系统性能的其他因素包括环境光照条件和交通标志的维护（Temel et al，2019）。关于这一点，交通标志识别系统的精度会随着维护不善以及光线不足或受干扰的光照条件而降低。

与上述结果有关，伦吉尔和邵洛伊提出重点关注以下标准来评估交通标志识别系统（Lengyel and Szalay，2019）。

- 可见性：能够识别部分被植被或杆子遮挡的交通标志。
- 亮度：能够在不同的光照条件下识别交通标志。
- 识别：能够识别部分被标语遮挡，或因其变形（模拟涂鸦或故意破坏）而导致部分遮挡的交通标志。
- 位置：能够识别不同高度的交通标志。
- 简单性：能够在两个并列的交通标志之间，检测最具限制性的标志。

此外，可变信息标志（Variable Message Signs，VMS）还呈现出与该技术内在方面相关的其他限制：对比度和对周围光线的适应性；对 LED 内容进行解释，以形成字符和象形图；图像闪烁（Roper et al，2018）。

5. 路口

所有专注于分析自动驾驶车辆在信号交叉路口优势的研究得出的结论是，随着市场渗透率的提高，碰撞发生的可能性和交通冲突的严重程度将降至最低（Azimi et al，2013；Lawson，2018；Morando et al，2018）。在这方面，车与车（V2V）通信和车与基础设施（V2I）通信发挥了重要作用（Azimi et al，2013）。

然而，在特定光照条件下，对交通信号灯及其状态的识别——该任务称为交通信号灯识别（Traffic Light Recognition，TLR）——会出现一些问题（Jensen et al，2016）。当车辆受背向太阳光照射时，所有的灯似乎都亮了，而在夜间通常会混淆黄色和红色的灯光（Yoneda et al，2020）。

还有作者研究了立交桥上的驾驶员行为，以开发安全进入高容量道路的各种算法（Algomaiah and Li，2019），以及分析自动驾驶车辆在斜交叉路口的设计运行范围（Wang et al，

第 11 章　基础设施影响

2021）。总之，由于驾驶员的行为很复杂，每种类型的路口都需要进行具体的研究，即针对特定类型路口的解决方案可能不适用于其他路口。

6. 路面状况

尽管很少有研究专注于分析路面状况对自动驾驶车辆性能的影响，但很明显，路面状况在自动驾驶中起着至关重要的作用（Gopalakrishna et al，2021）。事实上，自动驾驶车辆需要良好的路面状况才能实现最高等级的驾驶自动化。

坑洞或车辙的存在可能会导致系统意外脱离，而未彻底去除的道路标识可能会使自动驾驶系统在图像处理过程中难以理解，从而导致错误的操作。特别是，太阳对东西向路段裂缝造成的反射也可能被误认为是道路标识，从而导致包括车道偏离在内的非理想性能。此外，沥青路面比混凝土路面更易于识别道路标识，路面和道路标识之间的对比更明显（Marr et al，2020）。

需要注意的是，自动驾驶车辆以车道为中心行驶的特殊操作将会导致路面的早期破损（Johnson，2017）。因此，专用车道的设计应考虑更坚硬、更耐用的材料。

7. 道路环境

对自动驾驶车辆性能影响较大的其他因素包括街道照明和隧道。

无论是自动驾驶模式还是人工驾驶模式，在光照条件差的情况下，即使开着灯，发生撞车事故造成的伤亡人数也比白天多（Ye et al，2021a）。因此，改善街道照明可以有效促进自动驾驶车辆的性能，确保道路标识、信号和标志的可见性（Wallaschek et al，2012）。

此外，隧道中会产生两个重要问题：光照条件的突然变化和 GNNS 信号覆盖较差。为解决照明的突然变化，人们进行了各种研究来增强道路标识检测和交通标志识别（Bertozzi et al，2011；Sridhar et al，2014）。为了解决 GPS 的阴影区域问题，最近提出了一些创新的解决方案，如使用 LED 照明（Jeong et al，2019）、数据融合技术（Wei and Huang，2020）、基于地标的局部定位系统（Gim et al，2021）以及 C-V2X（Liu et al，2021）。

8. 环境条件

影响自动驾驶车辆性能的主要环境因素有天气和光照。由于道路标识与交通标志的识别任务是由对能见度非常敏感的视觉相机完成的，因此不利的天气状况（大雨和大雾）使这些任务非常困难（Marr et al，2020）。此外，当路面潮湿时，自动驾驶系统的性能可能会有很大差异。

白天光照条件的变化使道路标识的检测效果不如夜间（Marr et al，2020）。然而，夜间的路灯会导致视觉相机对颜色区分的准确性大幅下降（Yoneda et al，2020）。

与此相关，自动驾驶车辆也容易受到太阳眩光的影响。2016 年，该现象导致了自动驾驶车辆的首次死亡事故，当时一辆特斯拉 Model S 与一辆白色的牵引挂车相撞（The Tesla Team，

2016）。从那时起，人们开始进行一些研究来提高阳光直射工况下目标检测的能力（Paul and Chung，2018）。

9. 道路施工和临时应急标志

自动驾驶系统不太适合道路施工标志和临时应急标志（Roper et al，2018）。其限制不在于识别标志或道路标识本身（尽管它们的颜色不同），而在于其任意的位置。这类标志可能会妨碍永久性标志的识别甚至与之相互矛盾，而自动驾驶车辆的算法还无法应对这些问题。

10. 速度

先进驾驶辅助系统被限制在特定的速度范围内。虽然自适应巡航控制系统通常在 30km/h 时工作，而与车道相关的车辆系统通常在速度大于 60km/h 时工作。因此，由于出厂限制，目前的自动驾驶车辆无法在最高限速为 50km/h 的城市环境中自主运行。

此外，速度在道路标识的识别中起着至关重要的作用，因为随着车速的提高，数据处理需要更快地被执行。在这方面，加西亚等人引入了自动速度的概念（García et al，2020），该速度是指自动驾驶车辆在特定的道路几何元素上可以达到的最大速度。如上所述，最低的自动驾驶速度与要求苛刻的道路元素有关，如急平曲线和急竖曲线。

关于道路标识形态，对虚线的识别还依赖于车速。马尔等人发现 150mm 宽、9m 实线、3m 间距的道路标识在 60~70km/h 速度下的检测比在 80km/h 速度下的检测更准确。相反，150mm 宽、3m 实线、9m 间距的实线道路标识的检测精度随着速度的增加而下降（Marr et al，2020）。

11.2 实现不同自动驾驶等级所需的基础设施信息

鉴于物理基础设施对自动驾驶以及各种自动驾驶系统的重要性，为了解自动驾驶车辆的运行条件和运行方式，似乎有必要评估基础设施条件。虽然自动驾驶车辆的技术发展可以应对大多数限制，但如果解决了基础设施的诸多不足，并对道路基础设施进行评估，则可以更快地部署自动驾驶车辆。本节将介绍如何实施这一点。

11.2.1 不同自动驾驶等级的道路基础设施规范

道路物理基础设施与车辆的交互取决于各自的自动化能力和具体的驾驶自动化系统模型。

1. 自动驾驶服务水平

自动驾驶服务水平（Level of Service for Automated Driving，LOSAD）旨在获得对自动驾驶的物理基础设施支持程度。与其他服务等级类似，该参数从 A 级（最佳支持）到 E 级（最差支持）不等。这一概念最早由加西亚等人在 2020 年提出，旨在评估物理基础设施对自动驾驶的影响程度。

理论上，LOSAD A 级路段不会触发车辆的任何脱离。SAE L1、L2 和 L3 级车辆可能会出现脱离，但不是由基础设施引起的。这些路段预计将与任意 SAE L4 级 ODD 兼容，因此 L4 级车辆在这些路段上不会请求接管。

另一方面，LOSAD E 级路段的基础设施条件非常差，会引发很多脱离，因此鼓励驾驶员禁用驾驶自动化系统。这些路段很少与 SAE L4 级 ODD 兼容，因此也不希望在这些区域实现驾驶自动化。

根据车辆的脱离和接管请求，B 级到 D 级路段呈现连续的性能等级。

虽然从理论上讲这个定义很明确，但随着越来越多的自动驾驶车辆进入市场，有一些限制需要在未来几年内加以解决。这些限制是指如何考虑所有不同车辆的性能，以及脱离对驾驶员的影响。

作为基础设施对自动驾驶的支持指标，LOSAD 应根据脱离情况对路段、车道、路口等道路设施进行排名。然而，考虑到驾驶自动化系统的多样性，车辆呈现出不同的脱离模式。这些模式的相似程度仍有待分析，这将对 LOSAD 指标的阈值和可用性产生实际的影响。道路物理特性可以作为脱离数据的替代标准，但同样也会对车辆产生各种影响。

获得这种性能变化对于开发和应用 LOSAD 指标至关重要。此外，实时了解脱离情况将使路政和道路运营商能够在报告的脱离情况增加时更改道路设施的 LOSAD 分类。

与建立 LOSAD 阈值相关的第二个限制是脱离和接管请求对驾驶员的影响。应平衡两个心理方面的问题：连续脱离会增加驾驶员的工作负荷需求，鼓励驾驶员禁用系统；非常罕见的脱离会导致驾驶员分心，在发生脱离时反应时间更长，从而降低了安全性。此限制仅对 SAE L3 级或以下等级有影响。

2. 自动驾驶的基础设施支持等级

自动驾驶的基础设施支持等级（Infrastructure Support Levels for Automated Driving，ISAD）是由 INFRAMIX[①] 项目首次引入的参数（Carreras et al, 2018）。该参数概括了道路设施对主车自动化的数字化支持，即侧重于网联支持。引入了从 A 级（最佳支持）到 E 级（最差支持）的五个等级。

INFRAMIX 联盟提出，ISAD 的等级与数据传输至车辆的方式相关。从最差到最佳的五个等级具有以下特征：

---

① 译者注：INFRAMIX（road INFRAstructure ready for MIXed vehicle traffic flows）项目是由奥地利 AustriaTech 公司联合宝马、西门子、TOMTOM 等十余家单位共同发起开展的自动驾驶验证项目。

- E 级：传统基础设施。对驾驶自动化没有具体的支持。自动驾驶车辆必须完全依赖自身传感器的能力。
- D 级：具有静态数字信息的地图支持。提供了包含静态道路标志的数字地图。动态元素（例如，可变信息标志、交通信号灯等）应由车辆识别。
- C 级：动态数字信息的可用性。地图中还具有动态信息，可提供给车辆。
- B 级：协同感知。基础设施可以感知微观交通态势，将这些数据实时提供给车辆。
- A 级：协同驾驶。基础设施可以感知、处理微观引导信息并将其发送给车辆，以优化整体的交通流。

3. 智慧道路等级

ISAD 和 LOSAD 是互补的，反映了对自动驾驶的支持。为了帮助驾驶员了解他们对道路自动化的期望，加西亚等人提出了智慧道路分类（Smart Roads Classification）系统（García et al, 2021），该系统根据这两个指标对路段进行排名。路政和道路运营商可以利用它向驾驶员和自动驾驶车辆发送一条简单但非常容易理解的消息，说明道路承载主车自动化的能力。因此，用户可以决定启用还是禁用驾驶自动化系统，并调整他们的期望，实现更安全的道路。这也取决于车辆的 SAE 等级。如图 11.1 所示为 LOSAD 和 ISAD 为生成智慧道路等级而进行的交互方式。

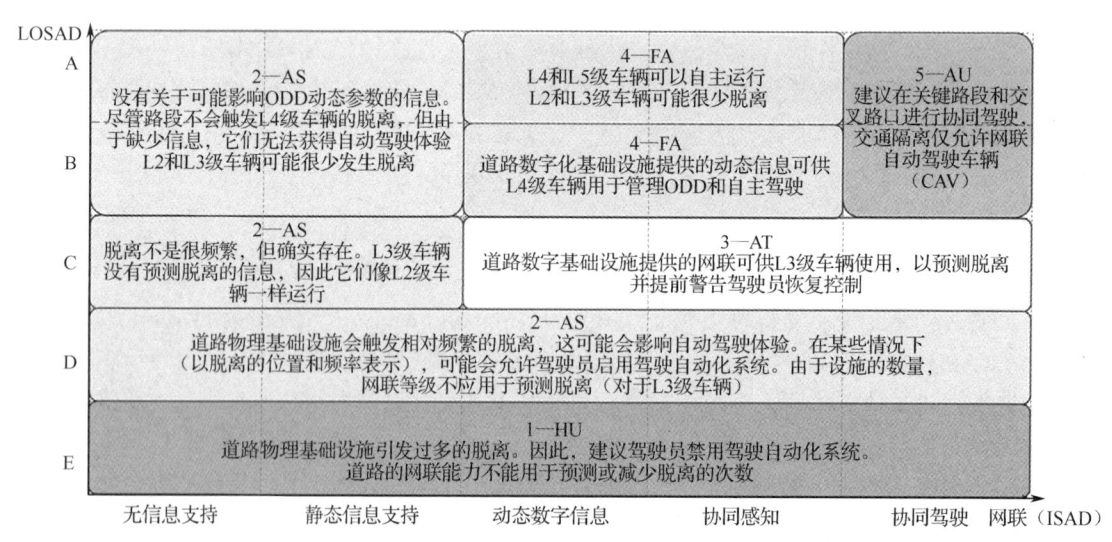

LOSAD				
A	2—AS 没有关于可能影响ODD动态参数的信息。尽管路段不会触发L4级车辆的脱离，但由于缺少信息，它们无法获得自动驾驶体验L2和L3级车辆可能很少发生脱离	4—FA L4和L5级车辆可以自主运行 L2和L3级车辆可能很少脱离	5—AU 建议在关键路段和交叉路口进行协同驾驶，交通隔离仅允许网联自动驾驶车辆（CAV）
B		4—FA 道路数字化基础设施提供的动态信息可供L4级车辆用于管理ODD和自主驾驶	
C	2—AS 脱离不是很频繁，但确实存在。L3级车辆没有预测脱离的信息，因此它们像L2级车辆一样运行	3—AT 道路数字基础设施提供的网联可供L3级车辆使用，以预测脱离并提前警告驾驶员恢复控制	
D	2—AS 道路物理基础设施会触发相对频繁的脱离，这可能会影响自动驾驶体验。在某些情况下（以脱离的位置和频率表示），可能会允许驾驶员启用驾驶自动化系统。由于设施的数量，网联等级不应用于预测脱离（对于L3级车辆）		
E	1—HU 道路物理基础设施引发过多的脱离。因此，建议驾驶员禁用驾驶自动化系统。道路的网联能力不能用于预测或减少脱离的次数		
	无信息支持 静态信息支持 动态数字信息 协同感知 协同驾驶 网联（ISAD）

图 11.1 智慧道路等级作为 ISAD 和 LOSAD 的函数

因此，提出了智慧道路的五个等级，从最差到最佳分别如下。

- 人工道路（Humanway，HU）路段：该等级路段的物理特性会导致过多的脱离。建议

第 11 章 基础设施影响

SAE L3 级或以下等级车辆的驾驶员不要激活驾驶自动化系统，SAE L4 级车辆的驾驶员很少能够激活驾驶自动化系统。

- 辅助道路（Assistedway，AS）路段：该等级路段预计会触发一些脱离，因此可由 SAE L2 级和 L3 级车辆覆盖。这些脱离可能因驾驶自动化系统而异，因此驾驶员应决定是否激活它。由于无法将影响 ODD 的动态条件传输给车辆，因此该等级路段还考虑了基础设施支持非常好但网联条件较差的路段。
- 自动车道（Automatedway，AT）路段：该等级路段呈现中等级 LOSAD，并提供数字基础设施支持。因此，SAE L2 级和 L3 级驾驶自动化系统几乎不会出现脱离或接管请求。此外，SAE L4 级车辆预计会有更大的 ODD 兼容区。良好的网联条件确保能获取动态条件并传输给车辆，从而提高了自动化的可靠性。这对于车辆识别 ODD 兼容区的边界尤为重要。
- 全自动化道路（Full Automatedway，FA）路段：道路的几何形状和环境为主车自动化提供了非常好的条件。L2 级和 L3 级车辆将很少发生脱离，而 L4 级车辆将受益于大的 ODD 兼容区。动态信息提供了可用于防止或预见脱离的额外细节。
- 智能自动驾驶道路（Autonomousway，AU）路段：这是对自动驾驶车辆的最佳支持等级，结合了极好的基础设施支持以及协同驾驶的可能性。此类路段应限于关键的道路设施，且仅允许 SAE L4+级自动驾驶车辆。因此，道路运营商可采取协同行动以提高交通流和道路安全性。

路政和道路运营商可以使用 ISAD 和 LOSAD，以及道路的智慧道路等级来评估路网并采取行动。ISAD 与 LOSAD 的结合使管理部门和运营商能进行更好的投资（例如，避免在 LOSAD 非常低的区域建立协同支持）。事实上，加西亚等人提出了几种需要避免的 ISAD/LOSAD 组合（见图 11.2）（García et al，2021）。

4．与物理基础设施相关的因素

由于目前难以获得与脱离相关的数据，因此加西亚等人提出了与道路几何形状和环境相关的几个因素作为 LOSAD 的替代指标（García et al，2021）。

设计运行范围（ODD）是指允许具有自动驾驶系统的特定车辆自主运行的条件。因此，它是与单个车辆相关的概念，不能直接从基础设施侧进行管理。加西亚等人提出了一个新的概念：运行路段（Operational Road Section，ORS），试图将 ODD 的概念推广到道路基础设施（García et al，2021）。ORS 是指在自主模式下运行的任意驾驶自动化系统都可以覆盖的路段。为了识别 ORS，需要绘制所有销售的自动驾驶车辆地图，包括 ODD（如果可能），以及了解它们在道路基础设施和环境方面的局限性。这是一项艰巨的任务，因为公开的脱离报告可能会对此产生巨大影响。

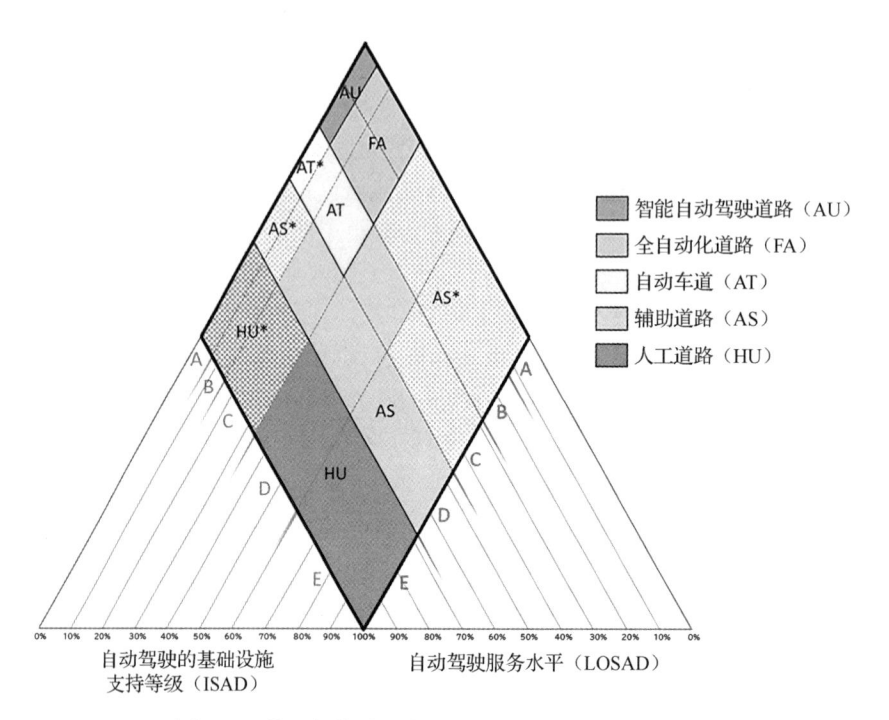

图 11.2 菱形智慧道路等级（清除了不推荐的组合）

考虑到这一概念，作者提出用以下因素来获取物理基础设施对主车自动化的准备情况。如前所述，这些因素也可作为 LOSAD 的替代指标。

- ORS 的数量和长度：高端的路段应呈现独特的 ORS，而对于 LOSAD C 级或 D 级，该数量会增加。
- 脱离的数量和频率：如果实时报告脱离，道路运营商可以控制脱离的平均数量。因此，脱离数量突然增加可能表明道路上的异常事件也应该实时处理。
- 天气状况下的能见度：能见度低将影响道路标识的可读性，并可能影响自动驾驶车辆的性能。
- 积雪或结冰路面：这将影响两个方面，即道路标识的可读性和湿滑的路面状况。在这些事件频繁或严重的地方，可以使用特殊的路面和道路标识。
- 降雨强度：同样，雨后可能出现道路标识能见度下降和路面湿滑的情况。此外，排水系统故障也可能对自动驾驶车辆的性能产生影响。
- 光照的可用性：为使自动驾驶车辆能够在高端 LOSAD 路段上充分发挥作用，光照可能是必要的。

5. 信息管理提供商

随着数字基础设施收集数据（尤其是微观数据）并将数据提供给车辆，新的利益相关者预计会介入这一过程。这些新的利益相关者可以利用这些数据，并以多种赢利的方式为用户、路政和道路运营商、车辆等处理这些数据。例如，旅行规划者和移动服务。

11.2.2 最小风险状态

一旦 SAE L4 级车辆出现在路网中，许多路段将与其 ODD 兼容，因此它们可以实现自动驾驶。这将允许人类在旅行时转向次要任务。然而，当接近 ODD 边界时，如果系统要求，它们应当重新接管控制。如果人类驾驶员在这些情况下没有准备好或无法重新接管控制，则可能会出现安全问题。

与 SAE L3 级车辆相反，L4 级车辆必须准备好在人类驾驶员无法接管控制时维持车辆的控制。在这种情况下，驾驶自动化系统必须将车辆停在低风险区域。有许多区域可以符合该功能，包括右路肩或左路肩、路口、中央分割带、次级道路和服务区。因此，L4 级车辆还应该能够决定哪个区域最适合该目的，平衡诸如速度、交通、可能的车辆故障等因素。可以到达的最安全位置称为最小风险状态（Minimal Risk Condition，MRC），而将车辆带到该区域的策略称为最小风险策略（Minimal Risk Maneuver，MRM）（Society of Automotive Engineers，2021）。驾驶自动化系统在决定采取何种行动时，应平衡这两者。车辆到达最小风险状态的位置也称为安全港。

虽然今天配备 SAE L4 级驾驶自动化系统的车辆仍然不存在，但在未来将会有很多这样的车辆，因此 MRC 的位置可能会成为一个问题（Liu et al, 2019）。这些区域应均匀地设置在整个路网中，尤其应集中在预计会有更多驾驶请求的区域（路口）。幸运的是，考虑到许多道路互通立交的设计，为此目的设置停车场并不困难（见图 11.3）。安全港还有其他实例，如硬路肩和紧急避难区（Emergency Refuge Areas，ERA）（Liu et al, 2019）。

除为这些区域提供空间外，还必须将它们纳入数字地图，不仅作为静态参考，而且还包含有关其潜能和现有容量的动态信息。通过这些信息，连接的车辆可以决定是否使用特定区域或选择更近但风险更高的安全条件。为执行最小风险策略，微观交通数据对车辆也可能有帮助。例如，如果车辆在左路肩行驶且交通量很大，那么将车辆停在右路肩可能不是最佳选择。具有协同驾驶能力的路段也可以将信息传输给其他车辆，以便促进最佳风险操控。

图 11.3　位于道路立交的最小风险状态示例（来源：改编自谷歌地图）

参考文献

Algomaiah, M., Li, Z., 2019. Next-generation interchange control based on centralized management of connected and autonomous vehicles. IEEE Access 7, 82939–82955.

Azimi, R., Bhatia, G., Rajkumar, R., Mudalige, P., 2013. V2v-intersection management at roundabouts. SAE Int. J. Passeng. Cars-Mech. Syst 6 (2), 681–690.

Bertozzi, M., Broggi, A., Boccalini, G., Mazzei, L., 2011. Fast vision-based road tunnel detection. In: International Conference on Image Analysis and Processing, Berlin, Heidelberg.

Carreras, A., Daura, X., Erhart, J., Ruehrup, S., 2018. Road infrastructure support levels for automated driving. In: Proceedings of the 25th ITS World Congress.

Davies, C., 2017. Effects of pavement marking characteristics on machine vision technology. In: Proceedings of the Transportation Research Board 96th Annual Meeting.

ERF, 2018. Marking a Road toward a Safer Future. An ERF Position Paper on how Road Markings Can Make our Road Safer. European Road Federation, Brussels, Belgium.

Friedrich, B., 2016. The effect of autonomous vehicles on traffic. In: Autonomous Driving, pp. 317–334. Heidelberg, Berlin.

García, A., Camacho-Torregrosa, F.J., 2020. Influence of lane width on semi-autonomous vehicle performance. Transp. Res. Rec. 2674 (9), 279–286.

Garcia, A., Pastor-Serrano, D., 2021. Determination of minimum horizontal curve radius for safe stopping sight distance of vehicles overpassing truck platoons. Comput. Aided Civ. Inf. Eng. 37 (5), 539–557.

Garcia, A., Llopis-Castello, D., Camacho-Torregrosa, F., 2019. Influence of the design of crest vertical curves on automated driving experience. In: Proceedings of the Transportation Research Board 98th Annual Meeting.

García, A., Camacho-Torregrosa, F.J., Baez, P.V.P., 2020. Examining the effect of road horizontal alignment on the speed of semi-automated vehicles. Accid. Anal. Prev. 146, 105732.

García, A., Camacho-Torregrosa, F.J., Llopis-Castelló, D., Monserrat, J.F., 2021. Smart roads classification. In: Special Project. World Road Association—PIARC. Paris. https://www.piarc.org/en/order-library/36443-en-Smart%20Roads%20Classification.

Gim, J., Ahn, C., Peng, H., 2021. Landmark attribute analysis for a high-precision landmark-based local positioning system. IEEE Access 9, 18061–18071.

Gopalakrishna, D., Carlson, P.J., Sweatman, P., Raghunathan, D., Brown, L., Serulle, N.U., 2021. Impacts of Automated Vehicles on Highway Infrastructure. Department of Transportation, Federal Highway Administration, Washington, DC.

Hayeri, Y.M., Hendrickson, C., Biehler, A.D., 2015. Potential impacts of vehicle automation on design, infrastructure and investment decisions-a state dot perspective. In: Proceedings of the Transportation Research Board 94th Annual Meeting.

Jensen, M.B., Philipsen, M.P., Møgelmose, A., Moeslund, T.B., Trivedi, M.M., 2016. Vision for looking at traffic lights: issues, survey, and perspectives. IEEE Trans. Intell. Transp. Syst. 17 (7), 1800–1815.

Jeong, J.H., Byun, G.S., Park, K., 2019. Tunnel lane-positioning system for autonomous driving cars using LED chromaticity and fuzzy logic system. ETRI J. 41 (4), 506–514.

Johnson, C., 2017. Readiness of the Road Network for Connected and Autonomous Vehicles. RAC Foundation, London, UK.

Lawson, S., 2018. Roads that cars can read REPORT III: Tackling the transition to automated vehicles. In: European Road Assessment Programme, International Road Assessment Programme, and Road Safety Foundation, UK, London.

Lengyel, H., Szalay, Z., 2019. Test scenario for road sign recognition systems with special attention on traffic sign anomalies. In: 2019 IEEE 19th International Symposium on Computational Intelligence and Informatics and 7th IEEE International Conference on Recent Achievements in Mechatronics, Automation, Computer Sciences and Robotics (CINTI-MACRo), Szeged, Hungary.

Liu, Y., Tight, M., Sun, Q., Kang, R., 2019. A systematic review: road infrastructure requirement for connected and autonomous vehicles (CAVs). J. Phys. Conf. Ser. 1187 (4), 042073.

Liu, Q., Liang, P., Xia, J., Wang, T., Song, M., Xu, X., Zhang, J., Fan, Y., Liu, L., 2021. A highly accurate positioning solution for C-V2X systems. Sensors 21 (4), 1175.

Marr, J., Benjamin, S., Zhang, A., 2020. Implications of Pavement Markings for Machine Vision. Austroads, Ltd., Sidney, Australia.

Morando, M.M., Tian, Q., Truong, L.T., Vu, H.L., 2018. Studying the safety impact of autonomous vehicles using simulation-based surrogate safety measures. J. Adv. Transport. 2018, 6135183.

Nayak, A., Rathinam, S., Pike, A., Gopalswamy, S., 2020. Reference Test System for Machine Vision Used for ADAS Functions. SAE Technical Paper, 2020-01-0096.

O'Connor, G., Evans, C., Cairney, P., 2018. Harmonisation of Pavement Markings and National Pavement Marking Specification. Austroads, Ltd., Sydney, Australia.

Paradkar, R., 2019. Impacts of Connected and Automated Vehicles on I-270 in Maryland. www.roadsbridges.com/impacts-connected-and-automated-vehicles-i-270-maryland. (Accessed 13 April 2021).

Paul, N., Chung, C., 2018. Application of HDR algorithms to solve direct sunlight problems when autonomous vehicles using machine vision systems are driving into sun. Comput. Ind. 98, 192–196.

Pike, A.M., Barrette, T.P., Carlson, P.J., 2018. Evaluation of the Effects of Pavement Marking Characteristics on Detectability by ADAS Machine Vision. National Cooperative Highway Research Program (NCHRP), Washington, DC.

Rad, S.R., Farah, H., Taale, H., van Arem, B., Hoogendoorn, S.P., 2020. Design and operation of dedicated lanes for connected and automated vehicles on motorways: a conceptual framework and research agenda. Transport. Res. C Emerging Technol. 117, 102664.

Roper, Y., Rowland, M., Chakich, Z., McGill, W., Nanayakkara, V., Young, D., Whale, R., 2018. Implications of Traffic Sign Recognition (TSR) Systems for Road Operators. Austroads, Ltd., Sydney, Australia.

Scanlon, J.M., Kusano, K.D., Gabler, H.C., 2016. Lane departure warning and prevention systems in the US vehicle fleet: influence of roadway characteristics on potential safety benefits. Transp. Res. Rec. 2559 (1), 17–23.

SLAIN, 2020. D7.1: Quality of Horizontal and Vertical Signs. https://eurorap.org/wp-content/uploads/2020/12/SLAIN-D7.1-under-review-by-INEA_compressed.pdf. (Accessed 13 April 2021).

Society of Automotive Engineers, 2021. Taxonomy and Definitions for Terms Related to Driving Automation Systems for On-Road Motor Vehicles. J3016_202104. Society of Automotive Engineers.

Sridhar, S., Singh, J.K., Roh, S.H., 2014. Vision based tunnel detection for driver assistance system. In: 2014 5th International Conference-Confluence the Next Generation Information Technology Summit, IEEE, pp. 609–612.

Temel, D., Chen, M.H., AlRegib, G., 2019. Traffic sign detection under challenging conditions: a deeper look into performance variations and spectral characteristics. IEEE Trans. Intell. Transp. Syst. 21 (9), 3663–3673.

Texas A & M Transportation Institute, 2016. Road markings for Machine Vision. National Cooperative Highway Research Program (NCHRP), Washington, DC. 20-102(6).

The Tesla Team, 2016. A tragic loss. https://www.tesla.com/blog/tragic-loss?utm_campaign=Blog_063016%26utm_source=Twitter%26utm_medium=social. (Accessed 27 October 2021).

USDOT, 2015. Complete Streets. www.transportation.gov/mission/health/complete-streets. (Accessed 13 April 2021).

Wallaschek, J., Honsel, H., Kleinkes, M., 2012. Autonomous vehicle front lighting systems. Int. J. Veh. Auton. Syst. 10 (3), 256–267.

Wang, X., Qin, D., Cafiso, S., Liang, K.K., Zhu, X., 2021. Operational design domain of autonomous vehicles at skewed intersection. Accid. Anal. Prev. 159, 106241.

Weeratunga, K., Somers, A., 2015. Connected Vehicles: Are we Ready? Internal Report on Potential Implications for Main Roads WA. Main Roads Western Australia, Perth, Australia.

Wei, H., Huang, M., 2020. Intelligent vehicle positioning method based on GPS/Lidar/derivative data fusion. IEEE, pp. 153–157.

Yang, L., Yue, M., Ma, T., 2019. Path following predictive control for autonomous vehicles subject to uncertain tire-ground adhesion and varied road curvature. Int. J. Control. Autom. Syst. 17 (1), 193–202.

Ye, W., Wang, C., Chen, F., Yan, S., Li, L., 2021a. Approaching autonomous driving with cautious optimism: analysis of road traffic injuries involving autonomous vehicles based on field test data. Inj. Prev. 27 (1), 42–47.

Ye, X., Wang, X., Liu, S., Tarko, A.P., 2021b. Feasibility study of highway alignment design controls for autonomous vehicles. Accid. Anal. Prev. 159, 106252.

Yoneda, K., Kuramoto, A., Suganuma, N., Asaka, T., Aldibaja, M., Yanase, R., 2020. Robust traffic light and arrow detection using digital map with spatial prior information for automated driving. Sensors 20 (4), 1181.

Yu, H., Tak, S., Park, M., Yeo, H., 2019. Impact of autonomous-vehicle-only lanes in mixed traffic conditions. Transp. Res. Rec. 2673 (9), 430–439.

第III部分
用户影响

# 第 12 章

驾驶员行为

12.1 自动驾驶中以人为中心的观点

在历史上,研究驾驶中的人为因素主要集中在理解和预测驾驶员行为,旨在改善交通条件和安全。因此,将驾驶员作为环境因素、基础设施和车辆设计系统的一部分进行研究。人为因素研究的重要焦点之一是评估驾驶员在新车辆技术或车辆设计背景下的能力和局限性。

在过去的几十年里,随着对高度自动驾驶车辆研究的不断增加,解释人机交互(Human-Automation Interaction,HAI)的模型也在不断涌现。这些模型可以预测人和系统的性能,以提高驾驶安全性并实现此类车辆的最优设计。近年来,随着计算智能技术的发展,人们已经开展了相关工作来描述和介绍驾驶过程中涉及的人的能力和行为,以便从人类驾驶员的角度重现更真实的驾驶环境,即使在复杂的驾驶环境中也能如此。在有关研究中可以找到许多类型的模型[有关综述,请参见相关研究(Kaber,2018;Saifuzzaman and Zheng,2014)]。因此,安全性、效率和可持续性条件有望得到改善。此外,当前关于认知工程的研究中包括复杂系统中各种不同的人机交互(HAI)模型,这些复杂系统涉及自动化的类型和等级(Levels of Automation,LOA),同时将不同的 LOA 与对人因绩效、工作负荷和态势感知的影响联系起来,作为自动化系统设计的基础。

在高度自动驾驶车辆的研究中,人们逐渐意识到以人为中心的模型的重要性,这些模型包含了人类的认知情绪表征,而不仅仅是身体或心理物理知觉变量。比昂迪等人指出,科学界对自动化的主要批判之一涉及以技术为中心的分类法,因为它们对自动化中涉及的人为因素考虑

第 12 章　驾驶员行为

有限（Biondi et al，2019）。在自动化等级低于 L5 级的情况下，不管具体的道路或交通情况如何，人类驾驶员都需要监控自动化系统的运行并能迅速重新获得车辆的控制权，而不考虑驾驶员可能会分心或疲劳等。因此，很明显，其中一些认知-情绪变量在自动化的中间阶段变得尤为重要。在赛弗扎曼和郑的研究（Saifuzzaman and Zheng，2014）中，包含了其中的一些模型，这些模型基于跟车场景下的冒险、分心和驾驶员错误等变量。以上作者认为，主要问题在于数据收集，即大多数模型仅依赖于一个或两个参数，试图间接获得驾驶员个体和认知特征的全部影响，如知觉阈限、反应时间、视角、最大速度和期望的超车时间。并且同时指出，与工程模型相比，人类建模非常稀少，但仍有必要包含这些相关的变量，如错误跟车、分心、驾驶需求以及与其他车辆的交互。

以前应用于航空或工业等其他领域的经典 HAI 模型始于菲茨任务分配（Fitts，1951）："人类更擅长……机器更擅长……"以提高协调的系统性能。此后出现了许多研究来解释在人机环境中监控和适应工作的人因绩效（Endsley and Kiris，1995；Jordan，1963；Parasuraman et al，2000；Rouse，1988；Sheridan and Verplank，1978；Wickens，1992）。

从帕拉休拉曼等人的研究（Parasuraman et al，2000）中可知，目前越来越多对自动化系统中涉及的人类能力进行研究的文献表明，自动化并未取代人类活动，而实际上是以系统设计者自己无法预料的方式对其进行了修改，从而对人类操作员提出了新的需求。由于这些原因，系统设计人员必须考虑哪些方面应该自动化以及自动化等级如何。帕拉休拉曼等人提出了一种名为"以人为中心的自动化"的方法，从而为自动化系统的设计提供了一个框架。他们建议从要实现自动化的功能类型开始：（1）信息采集；（2）信息分析；（3）决策与行动选择；（4）行动实施。在每一种类型中，自动化都可以应用于由低到高的连续等级中。最终的结果将是一个迭代过程，如图 12.1 所示。

在该方法中，自动化设计的主要评价标准与每种自动化类型和等级的人因绩效相关。次要评价标准将包括自动化的可靠性以及决策与行动后果的代价。帕拉休拉曼等人提出的一个重要观点是，不仅要考虑系统的绝对或概率可靠性评

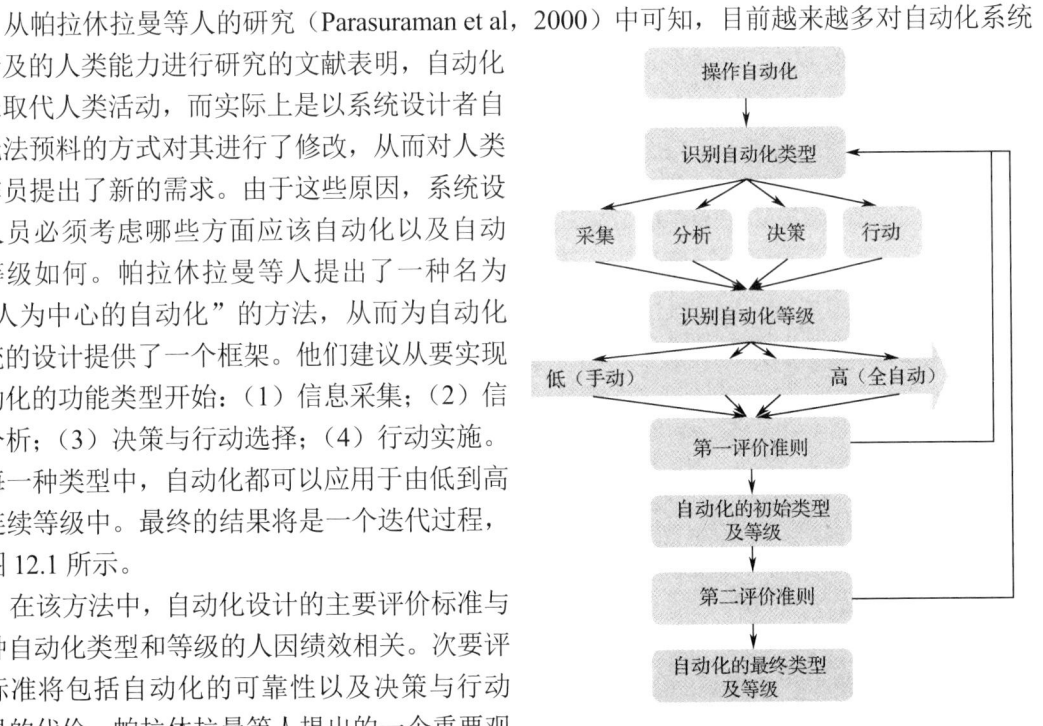

图 12.1　自动化类型与等级模型

估，还要考虑人类对系统的信任。有故障的系统很容易被不信任它的操作员利用不足或禁用。这些标准也应该用于评估特定自动化等级的可行性和可取性。

关于主要评价标准，帕拉休拉曼等人提出了四个基本方面：心理负荷、态势感知、自满和技能退化。虽然一般来说，自动化在提高驾驶员性能的同时减轻了他们的心理负荷，但有多项研究表明，可能会发生性能失效，要么是由于系统产生的超负荷，要么是由于心理负荷不足导致的分心。

对态势感知能力的负面影响源于这样一个事实，即当人类在其他智能体的控制之下时，他们往往比自己控制任务时更不易感知环境或系统状态的变化。

自满的概念与高可靠性自动化系统对操作员的影响有关。这可能会导致人类不监控执行过程，因此无法检测到自动化操作发生故障的偶然时刻。

最后一个要评价的方面是技能退化，它指的是如果功能不断地由自动化系统执行，在某个时候，人类将不再能够执行同样的功能。

帕拉休拉曼等人还指出，他们所提出的模型的一个替代方案是尽可能实现自动化（Parasuraman et al, 2000）。事实上，到目前为止，由于效率原因和降低经济成本，这一点已被广泛使用。无论如何，只要最终的完备系统对人因绩效没有不利影响，这些都是实现自动化的正当理由。

帕拉休拉曼等人指出，这些现象在自动化操作失败的情况下变得尤为重要。如果突然需要驾驶员进行人工干预，这些与高度自动化系统相关的后果或代价可能会导致不必要的延迟。这种现象通常被称为"脱离环路"（out-of-the-loop）（Wickens, 1995）。

驾驶环境中"脱离环路"的概念是指道路车辆自动化程度提高后对驾驶员行为的预期影响。特别是，通过减少驾驶员对驾驶任务某些方面的交互和物理控制预计会提高自动化等级，但可能会使他们"脱离环路"，从而损害驾驶员以及时、适当、安全的方式对关键事件进行干预和应对的能力。

尽管该术语广泛用在自动驾驶和人为因素的研究中，但对于它的精确定义、如何度量，以及对自动驾驶系统中控制系统的实际影响，尚未达成广泛共识（Merat et al, 2019）。然而，越来越多的人一致认为，为了开发聚焦于用户实际需求的自动驾驶系统，将人类引入控制环路至关重要。因此，这一概念不仅在开发更多以人为中心的控制系统时是基础，而且从 L5 级以下的自动化等级中自动-手动转换的角度来看也是基础。

一些研究（Boer, 1999; Brackstone and McDonald, 1999; Saifuzzaman and Zheng, 2014）的作者们指出的另一个需考虑的因素是，大多数工程模型的开发并未针对"人类如何思考和解决驾驶问题"提供心理学上合理的表征。这主要是因为大多数模型都基于以下假设：（1）驾驶员以最优性能为目标；（2）驾驶等同于单一控制律的持续应用；（3）驾驶员使用他们可能无法感知但能够以某种方式计算的输入;(4)任何用模型无法解释的现象都可视为噪声,这种现象可归因于感知和控制限制。

因此,据博尔和胡德马克尔的研究(Boer and Hoedemaeker,1998)中所述,"人类决策和行动是建立在满足决策而不是寻求最优的基础上。在自然且通常复杂的情况下,人类采用充分的策略,而不是最优的策略,其原因是没有足够的时间来评估所有的备选方案,或者只有对态势的不完整知识,这使得对所有备选方案的比较不合理,或者因适用于不同备选方案的效用测度互斥而无法定义最优性。人类会从想到的或通过其他方式呈现的策略中选择一个足够好的策略。在满意决策论中,将'足够好'定义为总收益大于总代价的一组决策(行动)"。博尔和胡德马克尔在米松提出的模型(Michon,1985)基础上,提出了一种分层驾驶员模型。根据这个模型,可以对自动化等级如何影响驾驶员行为进行预测。该模型与原始模型一样,包括三个基本层(见图12.2):战略层(需求和策略选择)、战术层(注意力管理和任务调度)以及执行层(下层任务处理器和基于技能的控制器)。

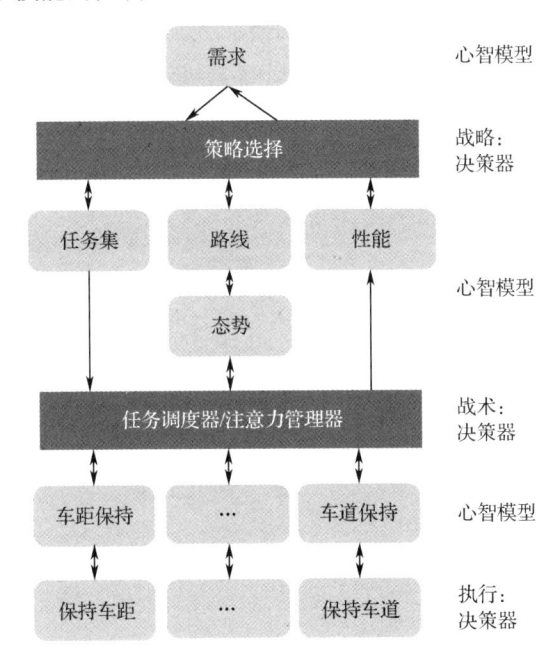

图 12.2 分层驾驶员模型

在战略层,计算框架内包含以下变量:风险或安全、便利(速度、驾驶时间、尽快到达目的地)、愉悦(偏爱某些路线或道路并享受环境)、驾驶乐趣、心理负荷、经济成本以及遵守社会规范。最终,驾驶的便利性、愉悦性和乐趣有利于驾驶员实现其驾驶的总体目标和动机。代价是限制行为的标准,包括风险、心理负荷、遵守社会规范和经济成本。代价还限制了实现目标的程度。因此,驾驶员做出的一系列决策都是基于满意原理,即收益大于代价。

在战术层,仍遵循执行操作或任务(例如,车道保持或跟车)的频率或总时间方面的满意原理,对其进行管理。驾驶是一个需要一系列任务和适当的注意力管理的复杂过程,因此任务调度至关重要。驾驶中涉及的每项任务背后都有一个指导感知-行动循环的心智模型。这些子任务的控制、集成和评价由任务管理器进行编程(Boer et al, 1998)。心智模型之间可能会发生变化,如在态势需要执行新的操作时或者在当前操作需要更新时。

最后,在执行层,即与下层驾驶任务性能相关的层,心智模型将它们对注意力资源的需求传递给更上层的注意力管理器,包括它们当前性能的信息、它们执行任务需要多少注意力资源以及何时需要这些资源。注意力资源是根据需求的紧急程度来分配的。

虽然很明显自动驾驶系统通常基于替代人工驾驶、在某些情况下还模仿人工驾驶的方式,但传统上,人因学(Human Factors)与控制系统设计的范围是分开的。事实上,直到最近,对人类行为的建模才开始成为创建这种新型控制系统的基本要素之一。

从工程学的角度来看,在控制理论中,自动控制器的设计侧重于优化性能(Åström and Hägglund, 1995),而不是让这些系统对用户可用或舒适。这就意味着,当涉及与人类交互的系统时,可能存在一个悖论,即控制系统并不是人类用户认为的最佳系统,如车辆巡航控制的实例(Jones, 2013),其中指出,使用协同自适应巡航控制(CACC)系统等技术,有可能在不需修建额外车道的情况下提高交通吞吐量。然而,从人类驾驶员的角度来看,使用CACC对驾驶员工作负荷产生的可能影响(增加或减少)会直接影响性能、安全性和整体的态势感知。

这意味着,在对直接影响人类的控制系统进行设计时,必须将人类考虑进来。在许多情况下,这些系统被称为上下文感知,因为它们能够从执行它们的上下文演变而来,同时考虑被控系统以外的元素,如人类感知(Dey, 2001)。例如,霍和因蒂勒提出了一个框架来衡量手机用户在活动转换时对中断的接受能力(Ho and Intille, 2005)。同样,纳温等人根据传感平台提供的信息,分析人类对照明变化的行为和反应,研究了闭环反馈如何增强照明以自动响应用户当前活动变化的能力(Nawyn et al, 2012)。

通过这种方式,有关用户动作和响应的信息通常是由安装在本体或环境中的传感器收集的。该信息通过统计分析或应用算法进行处理,以获得对不同态势的充分描述。然而,这些控制系统如何利用可用的上下文信息如今是一个开放的问题,该问题高度依赖于应用领域。在某些情况下,甚至在工效学和人因学界,也有一种趋势,即不为大多数用户创建控制系统,而是根据个人在具体活动中的个人需求进行定制。

因此,鉴于这些数据,随着中级自动化的建立,显然有必要深入理解人与自动驾驶车辆之间的协同合作。双方都必须学会在复杂和动态的环境中以确保结果安全的方式进行协同合作。

第 12 章 驾驶员行为

在此背景下，出现了多种人类与自动驾驶车辆之间的协同模型。坎宁安和里根强调了设计自动化系统的重要性，以便驾驶员理解车辆的功能和局限性，即保持对车辆正在做什么以及何时需要手动干预的态势感知（Cunningham and Regan，2015）。

骑马隐喻（Horse Metaphor，H-Metaphor）（Flemisch et al，2003）是这类模型。根据该模型，骑手不仅可以直接驾驭马，还可以在有限时间内专注于其他事情的同时，让马拥有更多的自主权。此外，与人类互动一样，人/马系统的沟通会随着时间的推移而变化，这取决于两者的状态与个性。当骑手做出更精确且一致的输入时，马会更清楚地理解骑手对它的期望，两者之间的紧张关系也会减少，因此两者同时获得信心。该模型应用于自动驾驶车辆的特征包括双向性、离散与模拟通信的混合，以及具有强大触觉组件的多模态接口，使人和机器同时处于物理环路中。

鲍尔等人提出的"基于意图的协同"模型基于从人类伙伴的意图与当前活动获得的知识（Bauer et al，2008），其中自动化系统可以规划自己的行动以达到共同的目标。为实现这一目标，驾驶员必须通过显式的沟通（通过语音、手势或触觉输入）或隐式的动作（通过操纵手势、主动任务执行以及生理信号）来传递自己的意图。

其他模型包含"控制权限"或"共享控制"的概念（Abbink et al，2012；Lu et al，2016；Nishimura et al，2015）。阿宾克等人提出了一种触觉共享控制方法来设计人机交互（Abbink et al，2012），尤其在汽车领域。其认为，如果在设计中遵循以下四个准则，则交互失败后可以得到改善：人类始终保持控制，但能够体验或启动权限等级之间的平滑变化；接收关于自动化系统限制及功能的持续反馈；持续与自动化系统交互；从提高性能和减轻心理负荷中获益。

范德海根提出了一种基于系统自学习能力的人工智能模型（Vanderhaegen，2012），系统通过驾驶员的行为进行自学习。驾驶员负责在多次迭代后确认系统的行为。该模型包含合作控制或竞争控制的观点，以及共同或单独学习的能力。

目前也在讨论解决人为因素在这些技术发展中的作用的科学方法论。卡贝尔建议进一步开发这些 LOA 模型，以提高现有框架的预测效用（Kaber，2018）。他认为，建模没有考虑诸如满意度或战术行为等相关变量——简而言之，就是与自动化交互时更详细、更准确的人因绩效模型。然而，对于贾米森和斯克拉宁研究（Jamieson and Skraaning，2018）中的内容而言，这些模型的思考方法是通过现实的 HAI 仿真研究发展而来的，其中人类模型对绩效结果的预测有效性很低。此外，他们认为，当前缺少数据，只能让工程师在简单的工作环境中对自动化设计做出有效预测。因此，在这些作者看来，在复杂环境中，使用实验而不是通过建立演绎模型研究人为因素的归纳研究方法是可取的，从而试图支持设计。近期与此相一致的研究可在不同背景下找到。例如，在换道接受度或能源消耗估计中，甚至针对具体的驾驶情况，结合计算智能（Computational Intelligence，CI）技术对不同的模型进行评价（Díaz-Álvarez et al，2014，2018）。

计算智能技术（如机器学习）目前被用作许多自动驾驶相关系统的解决方案，以解决与感知、控制、决策或操作规划相关的任务。这种用于自动驾驶的 AI 技术包括多种方法，如贝叶斯网络（Behfarnia and Eslami，2018；Maye et al，2011），模糊逻辑（Naranjo et al，2005），遗传算法（Naranjo et al，2020），隐马尔可夫模型（Hou et al，2011），支持向量机（SVM）（Karthikeyan，2019）或人工神经网络（ANN）（Babiker et al，2019）。

近年来，人工神经网络是一个被视为大规模广义问题求解方法的领域，这要归功于它从示例中学习的能力和泛化结果的能力。人工神经网络由一组神经元的计算表示组成，这些神经元的特性与生物体中的神经元类似。这些神经元层层互连，使其具有学习、模仿和预测的可塑性。人工神经网络是有监督学习技术的一部分，其中，一旦定义了网络架构，就要遵循基于示例的学习过程。允许修改神经元之间的连接，赋予网络学习这些示例的潜在模型的能力，从而使其能够泛化和识别不同于最初考虑的情况。人工神经网络的学习过程被称为训练，其结果取决于多种因素，如训练集的完备性和大小、网络的架构或可用神经元的数量。如今，人工神经网络架构变得非常复杂——有几十层相互连接的神经元，并且每层有数千个神经元。这种网络被称为深度学习，具有解决多个问题的巨大潜力。

经过训练后，人工神经网络可用于执行三种类型的任务：分类、建模和预测。玛希等人的研究（Al Mahi et al，2017）是分类应用的一个示例，其中 ANN 可以识别驾驶员身上发生的认知压力，从而使车辆控制系统提高自身的自动化等级并减少驾驶员的注意力需求。使用 ANN 对驾驶员建模的早期研究试图模仿驾驶员行为，包括意图检测和执行换道（Fix and Armstrong，1990）。然而，早期的大部分研究都是使用人工模型或模拟器中的驾驶员进行的，而不是使用真实世界的数据，因此对环境和驾驶员反应的分析并不是最优的。在真实环境中的研究后来才开始出现（Hongfei et al，2003；Panwai and Dia，2007；Simonelli et al，2009；Khodayari et al，2012），但由于缺少自然数据，使其很难识别换道和驾驶员意图。因此，这项工作只关注跟车问题，换道则被放到未来的工作中。随后，在迪亚兹-阿尔瓦雷斯等人的研究（Díaz-Álvarez et al，2018）中，描述了如何使用人工神经网络对人类驾驶员进行建模以执行换道操作，以及如何使用在真实环境中驾驶所获得的数据识别换道意图。

12.2　自动驾驶 HAI 模型视角下的人类驾驶员评估

随着车辆自动化程度的提高，有望通过减少人为失误等优势来提高道路安全等级。然而，自动化也凸显了一些潜在的问题。最近的研究（Biondi et al，2018，2019；Endsley，2017；Noy et al，2018）指出，车辆自动化可能会增加而非缓解人为错误的影响。例如，在 L5 级以下的驾驶自动化中，将操作控制权移交给车辆可能会导致驾驶员警觉性（或警惕性）降低，从而导致驾驶员分心增加和态势感知能力下降。根据比昂迪等人的研究（Biondi et al, 2019），"人类驾驶员应按照指令行事，无论他们是否可能分心、疲劳或因其他原因导致任务警觉性不足"。

在这一点上，有必要审查在不同等级实施车辆自动化的概念和后果，识别潜在的危险，并寻找可能的解决方案来应对不良影响。这将是提高道路安全的途径。

诺伊（Noy）等人提供了一个有意义的见解（Noy et al, 2018），即人为失误并不一定意味着有罪。他们指出，人为失误是事故原因分析的基础，并且当无法找到车辆或基础设施故障的直接证据时，通常是人类造成了事故。他们提出的基本观点是，许多由驾驶员失误造成的撞车事故可能不在驾驶员合理的预防能力范围内。这再次成为在车辆设计中考虑人为因素的有力论据。随着立法在这些方面的通过，甚至可以进一步探讨该问题。例如，当出现分心、疲劳、超速或血液中含酒精时，就没有导致事故的主要原因。在 L5 级以下的自动驾驶场景中，控制的最终责任落在人身上，而不考虑进一步的细微差别，如与高等级自动化接触时的能力下降。

在整个章节中，这些概念都是按照帕拉休拉曼等人提出的"以人为中心的自动化"方法（Parasuraman et al, 2000）进行梳理的。如上所述，评价的主要标准应该是车辆自动化不同等级的人因绩效及其后果，包括与系统交互的四个重要方面：心理负荷、态势感知、自满和技能退化。

12.2.1 心理负荷的定义与评估

心理学上对心理负荷（Mental Workload，MWL）的研究有着悠久的历史，它在航空和汽车工业中有许多重要的应用。心理负荷的概念是作为身体负荷的类比出现的，直观地与"精神忙碌"以及忙碌对人因绩效的影响有关。心理负荷结构的定义操作性很差，它源自多种更原始的心理模型和概念。有一些定义是基于信息处理的阶段（De Waard, 1996, 2002）、努力的概念（Vicente et al, 1987）以及处理系统的有限能力（ODonnell and Eggemeier, 1986），或者基于理解资源限制对任何过程或活动都是非特定且常见的（Kahneman, 1973），或者基于理解资源限制是特定的，并且在不同的机制或过程之间不可互换（Wickens, 1984）。因此，将心理负荷定义为人类操作员处理信息的速率（Moray, 1979）、操作员可用能力的倒数（Jex, 1988），以及将输入转化为适当工作所需的努力，通常将其与压力和操作员压力的主观体验联系起来（Sheridan and Stassen, 1979）。根据桑德斯等人的研究（Sanders et al, 1979）可知，最大负荷对应于操作员处于其能力极限的情况，超负荷意味着操作员可能会犯错或错过信号，而低负荷则意味着仍有相当大的储备资源可用。

无论如何，人们似乎一致认为心理负荷的概念是一个多维概念，它包括行为、性能、生理和主观成分（Johannsen, 1979）。因此，它不仅仅来源于任务属性或操作员特征，而且也来自两者之间的交互。

尽管心理负荷的定义缺少精确性，但近几十年来已经进行了许多尝试来构建衡量它的手段，特别是在空中交通（Wickens，1992）和道路交通（De Waard，1996；De Waard and Brookhuis，1997）等应用心理学领域。人们之所以对其衡量感兴趣，是因为在将人类理解为操作员的情况和任务中，以及在性能失效会导致危险或潜在生命威胁的情况下，心理负荷已成为最能解释性能的结构。直到前不久，在这些运行条件下，此类失效都与操作员超负荷有关。而现如今，情况已大不相同。随着车辆自动化程度的不断提高，关于心理负荷对驾驶负面影响的研究集中在这样一个事实，即对人类操作员缺乏需求会导致低等级的唤醒度。低等级的唤醒度可能导致驾驶性能不佳，尤其是在控制权转移的情况下，此时驾驶员需要重新控制分配的功能。因此，随着具有越来越多自动化组件的系统激增，对这一概念的研究也在不断进行。

自动化操作的目标之一是减轻驾驶员的心理负荷。如果驾驶员因任务需求而超负荷（有时是由车载系统过多且复杂造成的），则更有可能发生驾驶员操作错误。另一方面，自动化操作最终可能会产生驾驶员心理负荷不足的不良影响。由人类注意理论和工效学研究可知，高等级与低等级的心理负荷都可能导致性能失效。这是由任务需求和操作员能力之间的不平衡造成的。

与超负荷的影响不同，驾驶员欠负荷对驾驶的影响迄今尚未得到充分证明（Young and Stanton，2002）。如上所述，低等级的驾驶员心理负荷会导致低等级的警觉性，从而导致高等级的分心。因此，只有在整合人类处理知识的情况下，才能构建驾驶中有利于正确人机交互的技术系统。当前的研究应该为未来自动化系统和车辆的设计提供这方面的信息。总之，自动驾驶车辆的主要问题是，它们在怠速期间会过度降低心理负荷，并在关键时刻过度增加心理负荷。例如，当系统故障或在复杂驾驶场景下切换到手动驾驶时。当需要驾驶员重新获得控制权时，这些情况很容易导致驾驶员性能失效。心理负荷等级不足还与态势感知的概念有关，下文将对此进行讨论。

根据定义的模糊状态，用于评估心理负荷的衡量手段差异很大。最常见的心理负荷等级评估指标的分类包括主观或自我报告指标、绩效指标和生理指标。关于这些指标在驾驶领域的综述，可参见相关研究（Butmee et al，2018；De Waard，1996；Marquart et al，2015；Miller，2001）。

主观指标需要操作员对与一项或多项任务执行性能相关的心理负荷进行自行评估。主观技术作为心理负荷的衡量标准已被广泛研究，并且研究产生了几种反映不同类型任务需求差异的量表。主观工作负荷评估基于个人经验和感知，要求个人对与执行任务或任务组合相关的努力做出定量判断（Eggemeier et al，1991）。根据一些作者的研究，衡量心理负荷最直接和最准确的方法是通过直接询问操作员进行主观评估（De Waard，1996；Hart and Staveland，1988；Sheridan and Stassen，1979）。事实上，一些关于心理负荷客观指标的验证工作使用了主观指标作为标准（Iqbal et al，2004）。然而，也有可能所涉及的许多过程无法清晰地进行内省，并且给出的判断可能会受到偏见（例如，将困难和努力混淆）和决策标准的影响。主要的主观量表包括NASA

任务负荷指数量表（Hart and Staveland，1988）、主观负荷评估技术量表（Subjective Workload Assessment Technique，SWAT）（Reid et al，1981）、心理努力评价量表（Zijlstra and Van Doorn，1985）和库珀-哈珀修正量表（Modified Cooper-Harper Scale）（Wierwille and Casali，1983）。

性能评估可以分为两类：主要任务度量技术，通过检查操作员执行所需任务的某个方面（例如，反应时间、绝对误差、敏感性和判断指标）来评估心理负荷；使用次要任务的技术，分析操作员在额外或次要任务上的表现，与主要任务相辅相成。然而，随着任务难度的增加，需要更多的资源来保持其性能不变，而用于处理次要任务的资源减少，导致其表现恶化。

最后，广泛的生理测量方法，包括大脑活动记录技术、心脏技术和眼睛技术，也已被证明在评估心理负荷方面有效。具体来说，心率、脑电图（EEG）、通气量、血压、肌电图（EMG）、瞳孔扩张、眨眼率、眨眼持续时间和其他眼部衡量指标在研究中经常被使用。

一些作者倾向于在驾驶过程中使用眼部测量来评估心理负荷，其中一个原因是它们在评估过程中不会侵入和干扰。马夸特等人审查了用于心理负荷评估的眼部测量方法（Marquart et al，2015），强调这种评估将有助于道路安全，特别是在车辆自动化中，驾驶员承担监控角色时。

然而，总体而言，考虑到这一概念的多维性，其评估需要包括不同性质的测量方法（Butmee et al，2018；Miller，2001；Recarte et al，2008）。米勒（2001年）建议结合使用多种测量方法，并建议其中一种测量应连续记录（例如，生理指标），另一种应在实验过程中和结束时定期进行（例如主观或自我报告测量）。根据拉马克里希南等人的研究（Ramakrishnan et al，2021），为了实现人类感知自主智能系统，使用非侵入性方法（如瞳孔直径、眼睛注视模式、眨眼模式、心率和心率变异性）估计心理负荷是必要的。

12.2.2 态势感知能力下降

态势感知能力下降的概念是，当环境或系统状态的变化在另一个智能体的控制之下时，人类往往比自己控制任务时更少地感知到这些变化。因此，达到足够的态势感知能力是安全高效驾驶的基础。与车辆自动化相关的主要风险之一是驾驶员逐渐变得受激不足，并最终脱离环路（Cunningham and Regan，2015）。

维肯斯指出了导致低态势感知的三个因素：高度自满或厌倦、自动化系统界面设计不佳（例如，它没有提供关于自动化如何执行其任务的有效反馈）、驾驶员对自动化的工作方式理解不佳或不正确的心智模型（Wickens，1995）。在后一种情况下，驾驶员可能会误解或忽视界面提供的信息。

比昂迪等人发现，驾驶员的唤醒度水平在半自动驾驶过程中有所下降，并且由于在自动驾驶模式下驾驶，他们对周围刺激的反应减弱（Biondi et al，2018）。与手动驾驶相比，在激活辅助系统的情况下驾驶时，驾驶员的平均心率降低，心率变异性增加。在朗格森等人的研究

（Vollrath et al，2011）中可以发现类似的结果。在这种情况下，与使用自适应巡航控制相比，手动驾驶降低了驾驶员的态势感知能力以及随机应变的能力。

根据扬等人的研究（Young et al，2013），影响驾驶员态势感知并从而影响其驾驶表现的一个因素是分心。该研究旨在探讨在实际驾驶条件下，视觉-手动分心是否以及在多大程度上会损害驾驶员的态势感知能力。研究中，23 名参与者在分心（执行另一视觉检测任务）和不分心的情况下，沿着城市测试路线驾驶试验车辆。基于途中驾驶员提供的口头协议，采用网络分析程序描述和分析参与者的态势感知能力。结果表明，参与视觉分心任务不会损害驾驶员的态势感知结构，但会改变他们的感知内容。当分心状态下时，驾驶员往往不太重视视觉探测元素，而是把注意力集中在与车辆控制任务相关的元素上。这些结果对车载技术的设计和监管具有重要意义。

德温特等人指出，与配备驾驶辅助系统的车辆或高度自动驾驶车辆相比，人类驾驶员在手动汽车中的角色发生了变化（De Winter et al，2014）。为了测试不同自动化等级的影响，他们对 32 项研究进行了整合分析（Meta-analysis），包括模拟器和道路研究。结果表明，与预期的假设一致，随着驾驶自动化等级的提高，自我报告的负荷减少，执行非驾驶任务的趋势增加。与手动驾驶相比，自适应巡航控制（ACC）和高度自动驾驶（Highly Automated Driving，HAD）条件下的态势感知能力会下降。根据作者的观点，"从人因学的角度来看，HAD 与 ACC 驾驶有很大的不同，因为高度自动驾驶车辆的驾驶员有可能将注意力分散到次要任务上（无论好坏），而 ACC 驾驶员必须时刻注意路况。"在将高度自动驾驶与 ACC 进行比较时，关于自动化等级提高对性能和态势感知的不利影响，斯特兰德等人也强调了对此的担忧（Strand et al，2014）。这些作者在模拟器环境中使用了一个称为"不可挽回点"（Point of No Return，PoNR）的度量标准，该标准被定义为驾驶员行动已无法避免碰撞的点。根据他们的研究结果，自动化等级的提高（从部分自动化到高度自动化），增加了 PoNR 的数量并减小了最短碰撞时间。

航空经验表明，自动驾驶通常有利于安全；然而，在危急情况下，它也曾导致了严重的飞机事故，最常见的原因是，在需要人为干预时飞行员的态势感知能力不足（Salmon et al, 2016）。

12.2.3 自满或过度信任

在自动化的背景下，信任的概念与系统可靠性有关。当系统在执行中高度可靠时，人类表现出高度信任；当系统出现故障时，人类表现出低信任。一般来说，操作员使用自动化功能的可能性取决于他对功能的信心程度。然而，李和莫里在工业过程的背景下发现，在半自动化环境中，选择手动或自动功能取决于对系统的信心和对自己手动任务执行技能的自信（Lee and Moray，1992）。

自满或过度信任是最初在航空领域研究的问题，然而它也适用于车辆自动化背景，并将其定义为对自动化系统的过度自信（Parasuraman et al, 1993）。据称，这种现象是航空事故和事件的一个促成因素，因为飞行员没有像他们应该的那样密切监控自动化控制（Wickens, 1995）。不适当地校准系统可靠性往往导致自满，结果是人类监督的水平降低。如果自动化系统性能的错误校准与其他因素结合，如人类表现与系统性能相比较低，则会导致增加的自满。

诺伊等人讨论了车辆自动化中的这一概念，并指出驾驶员可能无意中对系统的信任超过了合理的程度，并且无法检查系统的状态指示器（以2016年5月7日发生的特斯拉致命事故为例，该车在自动驾驶模式下行驶，未能将牵引挂车识别为障碍物，在高速公路上向左行驶并与之发生碰撞）（Noy et al, 2018）。

另一方面，人们还分析了相反的影响，即对自动化系统失去信任。一旦人们因自动化系统没有按预期工作而失去对它的信任，就很难重新获得信任（Wickens, 1995）。作者还指出，在某种程度上对自动化的不信任是健康的，因为它会导致对其功能的监控和交叉检验。过度的不信任也会导致自满以外的危险，即高心理负荷和对系统态势感知的高度困惑。在这种状态下，驾驶员可能会以不安全的方式进行干预。诺伊等人在自动驾驶车辆的背景下分析了这个问题，并指出对系统缺少信任会导致弃用，即它可能导致驾驶员在自动化技术能够更好地控制驾驶的情况下，接管驾驶的控制权（Noy et al, 2018）。

12.2.4 技能退化与权威感丧失

在航空领域中，还定义并研究了与自动化程度提高相关的另外两个问题：技能退化（或去技能化）和权威感丧失。技能退化被定义为随着自动化系统承担越来越多的常规和非常规功能，飞行员的技能下降或其手动干预的有效性降低。车辆自动化的后果尚不明确，但可能会导致潜在的高道路安全风险（Noy et al, 2018）。

此外，除了由于系统设计本身的原因，在某些情况下飞行员失去了真正的权威（飞行员无法执行已被阻止的某些操作），还存在"权威感丧失"的问题（Wickens, 1995）。还与自动化系统变得更加复杂或精密有关，即使技术上飞行员可以介入，但也因多种因素不主动控制。通常，这些因素包括自动化系统的高度复杂性导致飞行员对自己能力的不信任，以及系统信息反馈不足或时间紧迫，导致自动化系统的"意外动作"超出飞行员的控制范围。

卡明斯和瑞安提出了一种解决方案，即系统能够向驾驶员展示其性能和局限性，以便驾驶员能够适当地使用自动化系统（Cummings and Ryan, 2014）。此外，自动化系统甚至应该能够检测到人类操作员何时表现不佳或危险，以便辅助驾驶员或接管控制。最终结果应是双方都理解并考虑到对方的能力和局限性。

12.2.5 自动驾驶与人工驾驶员之间的控制权转移

自动化等级的提高意味着车辆决策的能力越来越强，并减轻了驾驶员的驾驶任务。目前，向驾驶员接管的控制权转移是根据自动驾驶车辆的预设要求或约束进行的。此外，可以区分预期和非预期的控制权转移。在前者中，系统会通知驾驶员其无法及时控制的情况，以进行控制权转移（例如，在交通拥堵或道路施工等可预测的交通状况下）。然而，当系统意外地发生故障或驾驶员未提前得到即将发生转移的预警时，会出现回退情况（Biondi et al, 2019）。在这两种情况下，驾驶员的注意力虽然不在控制之中，但可能或多或少地集中在次要任务上。除 L5 级自动驾驶车辆外，所有其他等级都意味着驾驶员需要在某个时候重新获得对车辆的控制权，并且驾驶员必须有能力在意识到驾驶环境的情况下安全地做出决策。如果驾驶员在自动化系统和人类驾驶员之间的这些控制权转移过程中没有准备好重新控制车辆，这将构成严重的安全问题。在这些情况下，研究人为因素（例如，心理负荷、警觉性或分心水平）尤为重要。

在高度自动化系统中，驾驶员可能因为驾驶情况的低需求而感到放松、自信、分心，甚至是睡着了。然而，正是同一系统在某些情况下要求驾驶员在控制权转移的关键时刻迅速做出反应，这种转移具有高度的注意成本，即从低到高的认知负荷，通常发生在需要进行风险操作的时刻，比如将车辆从驾驶车道转移到不同车道。这种需求可能非常高，以至于想象它可能超过了手动模式下执行轨迹所需的努力。因此，在当前自动驾驶车辆的技术发展中，必须同时考虑与人类感知和解释相关的因素，以及驾驶员在旅途中的持续注意力（至少在 L5 级以下的自动化等级中），以确保安全的回退机制。

对于 L2 级自动驾驶车辆来说，驾驶责任完全由驾驶员承担。驾驶员必须持续地对任务进行感知，以便能够随时对给定的预警做出响应（即使在短时间内）以进行控制，或者在车辆发出警报前检测到风险态势。L3 级自动驾驶车辆提出了一个更加模糊的场景，责任是共享的，但这仍然限制了驾驶员执行次要任务的能力。L4 级自动驾驶车辆在自动驾驶功能所设计的环境中行驶时，应能在没有驾驶员干预的情况下处理各种情况，并且只能在驾驶员即将离开车辆时才返回对车辆的控制权。

但是，现在还不能说已经实现了具有高可靠性水平的自动驾驶系统。人们对实现完全的安全系统所需的距离进行了估算。特别是，在劳拉和帕的研究（Kalra and Paddock，2016）中描述的模型表明，在自动驾驶模式下需要行驶数千公里，才能证明自动驾驶车辆的故障率低于人类驾驶员的故障率。在真实条件下测试自动驾驶车辆的公司中，关于行驶里程与发生回退里程之间存在很大的差异。回退是测试过程的关键部分，当软件或驾驶员检测到车辆无法解决的问题时会发生回退。根据加州机动车辆管理局在 2020 年发布的数据，共有 29 家公司报告在该州测试自动驾驶车辆，在自动驾驶模式下总计行驶了近 200 万英里。其中，领先的是 Waymo 和

Cruise，它们的行驶里程约为 70 万英里，平均每 2.9 万英里发生一次断连。需要注意的是，这些数据相比 Waymo 前一年的数据有了显著增长，增加了超过 1.3 万英里。然而，这些数字远远落后于许多其他公司，这些公司检测到的断连频率更高。当考虑 L2 级部分自动驾驶车辆时，这些差异则更大。

因此，我们需要详细考虑如何进行这种转移，以及监控驾驶员重新获得控制权的能力。为此，驾驶员监控技术可以检测到疲劳、困倦、注视方向甚至注意力分散的情况（Bergasa et al,2017）。然而，当自动驾驶系统的设计允许这些驾驶员状态时，这些技术可能不足以在系统需要驾驶员有更多或更少的预见性时采取行动之前检测到这些状态。

在转移过程中，自动驾驶系统会通知驾驶员关于车辆的状态，并要求驾驶员接管控制权，这样做的时间有限。然而，在自动驾驶车辆中驾驶员角色的变化意味着驾驶员可能会失去态势感知能力（Endsley and Kiris, 1995）和长期驾驶技能，就像在其他辅助系统中看到的一样（De Winter et al, 2014）。这已成为导致此类 L2 级自动驾驶车辆发生事故的原因之一（Banks et al, 2017）。

巴赫拉姆（Bahram）等人详细分析了自动驾驶系统可能会要求驾驶员接管车辆的情况、自动驾驶系统在该阶段应如何反应，以及应采取什么措施才能为驾驶员提供安全舒适的控制权转移（Bahram et al, 2015）。

对于 L2 级到 L4 级之间的自动驾驶车辆，当自动驾驶系统突然要求人工干预时，有必要对人性因素（简称人因）进行检查。其中，人因影响驾驶员识别和应对危险情况的行动能力。勒布等人展示了 60 名驾驶员在驾驶模拟器上操作的结果（Leob et al, 2021）。在某个时间点请求驾驶员干预，据观察，此刻仅有 12% 的参与者把手放在方向盘上，仅 64% 的参与者把脚放在踏板附近。所有在 0.65s 内做出反应的参与者都能避免事故，但那些 0.9s 以上做出反应的参与者则不然。

诺约克斯和纳库姆（2013 年）在另一项仿真研究中表明，如果驾驶员在最后可能的预警时刻前 1~2s 收到听觉和视觉警告，其性能会显著提高。梅拉特等人通过评估驾驶员将视觉注意力恢复到道路上的速度以及他们接管控制后的表现（与手动操作相比），研究了驾驶员成功接管自动驾驶系统的能力（Merat et al, 2014）。根据他们的研究结果，驾驶车辆管理在最初的 10~15s 内相当不稳定，并且驾驶员需要大约 40s 才能使其性能稳定下来。诺约克斯和纳库姆指出了这些结果在转移期间的重要性，以及在这期间设计合适界面的重要性。然而，需要注意的是，这些结果是从驾驶模拟器的实验室环境中得出的。若在高度自动驾驶车辆上进行实际的驾驶试验，其中人类驾驶员从事另一项次要任务，或只是分心或睡觉，可能会产生更为保守的结果。塞普尔特和维克托提出了可能的建议："为了在给定的限制条件下工作，根据给定的 L2 级和 L3 级车辆自动化的定义，尽我们所能设计出最好的系统，或者建议不要开发 L3 级自动化，而是提倡两个自动化等级：共享驾驶，其中驾驶员理解自己的角色是负责和控制驾驶；委托驾驶，其中不期望驾驶员成为执行动态驾驶任务的后备。"（Seppelt and Victor，2016）

在杜等人的研究（Du et al，2020）中，驾驶员的情绪因素对于控制权转移任务的建立具有显著影响，此外还存在驾驶员态度和技能的可变性。事实上，稳定的驾驶模式因驾驶员而异，因此识别和分类个体模式以确定控制权转移请求的形式和时机至关重要。该研究测量了个体驾驶模式之间的相似性，并提出了个体稳定驾驶模式的分类模型（Lee et al，2018）。

蒂欧和特里维迪提出了一种基于车辆视觉传感器可观察信号纯粹估计驾驶员接管准备度的方法（Deo and Trivedi，2019）。他们定义了一个衡量驾驶员接管准备情况的度量标准，称为"可观测准备指数"（Observable Readiness Index，ORI）。金等人分析了次要任务的影响，并显示驾驶员根据任务需要不同的反应时间，因此需要根据驾驶员的状态考虑不同类型的转移（Kim et al，2018）。研究发现，执行视觉分心任务的小组比执行认知分心任务的小组有更长的反应时间。李等人的研究表明，使用抬头显示设备和移动设备显示器，在控制权转移中对眼球运动模式的影响会转变为各种形式的视觉分心。当同时使用这两种信息显示方式时，与零分心的情况相比，不同的眼睛度量结果存在显著差异（Li et al，2020）。

在支持转移的系统设计方面，勃兰登堡和庄进行了驾驶模拟器研究，用来比较抽象或拟物化警告（Brandenburg and Chuang，2019）。据观察，驾驶员对第二种类型的反应更快、更准确。此外，参与者报告了对该设计的主观偏好，并发现这些设计更直观易懂。

听觉和视觉通知可能是足够的，但某些通知方法可能会干扰驾驶员并给其带来压力，使他们处于无法做出适当决策的状态。布利斯和阿克顿分析了驾驶模拟器中对预警信号产生的一组神经生理反应和驾驶性能（Bliss and Acton，2003）。考虑视觉和听觉警告，对比了两种预警情况。结果尚无定论，因为视觉警告并没有改善驾驶性能，但发现了它在认知激活方面的益处。同样，巴兹林斯基等人通过分析比较了提供转移请求的不同通道，如听觉、视觉和振动触觉（Bazilinskyy et al，2018）。在高度紧急的场景中，首选多模态解决方案。首选的预警信息是听觉警告，用于通知系统已准备好从手动模式切换到自动模式。对于低紧急场景，视觉警告更受欢迎，在提供的五种声音中，语音信息比抽象声音更容易被接受。

西梅内斯等人基于以下两种场景，分析了当需要接管 L4 级自动驾驶车辆的控制权时对驾驶员响应的影响：驾驶员执行次要任务或放松状态（Jiménez et al，2018）。此外，他们研究了评估驾驶员警觉性的非侵入性方法，包括警觉性的运动和认知组成部分。他们得出的结论是，快速的语言任务，如阅读一个单词，是最强大且符合人体工程学的解决方案。作者建议评估驾驶员的警觉性等级，不仅要通过运动任务，还要通过快速有效的认知任务，以及生理或行为记录，如道路上的凝视坐标等。

研究表明，在提前预警方面，预警时间越长，转移效果越好，驾驶员也越能准备好感知潜在风险（Vlakveld et al，2018）。

第 12 章　驾驶员行为

12.3　自动驾驶车辆中的乘客

12.3.1　自动驾驶车辆中乘客角色的变化

未来几年，预计在高度自动驾驶车辆（L4 级和 L5 级）的采用方面会出现突然的飞跃，传统驾驶员将扮演乘客的角色，这将对车辆的用户体验产生颠覆性影响（见图 12.3）。各大汽车制造商已宣布即将推出自动驾驶市场，主要集中在技术和法规导向问题上。在这方面，大多数研究都集中在自动驾驶车辆的纯技术和工程问题上（如强大的环境感知、安全的交通导航等），而尚未涵盖更加抽象的概念（如情感和感知安全性等）。然而，这些概念已被证实比技术性能对品牌忠诚度或技术信任更为重要。实际上，部署路线图也开始强调与自动驾驶技术相关的社会问题。在"负责任研究与创新"（Responsible Research and Innovation）研究报告（Owen and Pansera，2019）中，作者指出有争议的技术失败的主要原因是社会需求和公众接受度未能及时被考虑。接受度是采用 L4 级和 L5 级技术的最重要障碍之一。事实上，IEEE 宣称，广泛采用自动驾驶车辆的最大障碍可能与技术无关，而是公众的普遍接受度（Newcomb，2012）。

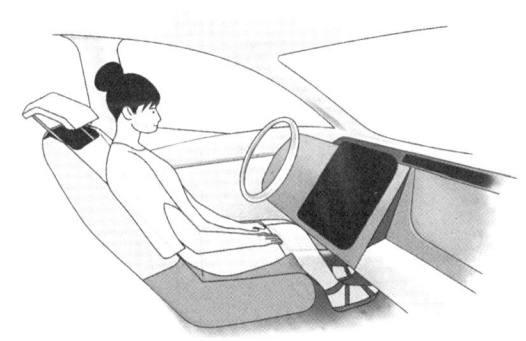

图 12.3　自动驾驶车辆最高自动化等级说明（H2020 DIAMOND 项目）

L4：高度自动化
车辆能够在不确定的情况下执行驾驶功能

L5：全自动化
车辆能够在所有情况下执行所有的驾驶功能

虽然人们对自动驾驶车辆的具体接受因素尚未达成一致，但众所周知，它涉及一个多方面的结构，其中信任和信心涵盖了从心理因素到决策过程的所有方面，是拒绝或接受这些自动化解决方案的关键。对自动驾驶车辆的信任基于安全感和接受度，这使得情绪过程成为信心最有影响力的方面之一。同样，自动驾驶车辆可能会在空间和时间上改变用户与车辆关系的传统观念和规则。例如，需要仔细考虑车载技术如何把我们对车辆的体验从驾驶员体验转变为乘客体验。乘客的舒适度、幸福感以及车辆部件的可用性（如满意度和有效性）将变得更加重要（Johansen et al，2004）。

因此，自动驾驶车辆的引入将焦点转移到乘客的行为和感知上。预期的行驶性能、晕车、沟通、控制和信任等因素，将作为舒适度的新属性引入，或者将在乘客舒适度评价中增加它们的重要性。例如，驾驶员的期望将改变焦点，因为乘客将不再依赖驾驶员，而是依赖汽车以一种可接受且值得信赖的方式工作。晕车也会对用户舒适度产生影响：缺乏车辆控制（因此无法预测汽车的轨迹）、参与非驾驶任务以及新的座位分布会增加乘坐自动驾驶车辆时感到不适的可能性。此外，乘客还必须依赖于车辆是否具有关于其他车辆意图的信息，这可能会影响他们的安全感。总之，自动驾驶车辆适应乘客状态和感知的能力对于舒适感、安全感和信任感至关重要。

本小节着眼于高度自动驾驶中影响乘客体验的人性因素，以及在自动驾驶车辆设计中为提高其接受度要考虑的重要方面。

12.3.2 自动驾驶车辆的接受度

欧洲委员会（2013年）指出，导致争议性创新失败的主要原因之一是在开发阶段忽视了社会需求和公众接受度的及时考量。因此，社会问题，尤其是公众接受度和用户感知，称为优先关注的问题（ERTRAC and SNET，2017）。公众接受度是一个与情绪过程和对新技术的信任密切相关的概念，它超越了单纯的功能表现。欧盟国家目前没有专门政策来提升自动驾驶车辆的公众接受度或确保用户参与（Medina et al, 2017）。在用户接受这些技术之前，他们应该有机会了解其中所涉及的内容，避免在利益相关者（无论是公共的还是私人的）中产生欺骗感和不信任感。

在此之前，很少有研究探讨过全自动驾驶车辆的接受度（Distler et al, 2018）。由于已实施的完全自动驾驶系统数量有限，这些研究在很大程度上依赖于预期的期望和对假设情况的反应，这反映了在实际体验这种新技术之前（可接受性），人们的态度和评估，而不是调查那些确实体验过这些车辆的人们的接受水平（Merat et al, 2017）。

根据技术接受模型（Technology Acceptance Model，TAM）（Davis et al, 1989），使用新技术的意图取决于感知易用性和新技术的感知实用性。在自动驾驶车辆的框架内，可以提出 TAM 的扩展，其中包括决定使用自动驾驶车辆意图的新因素：个人对新技术的期望、人们认为新技术具有的感知属性以及个体差异因素（如个性特征等）。

1. 个人期望

人们认为个人期望（如经验可信度、感知安全性、预期效率、有效性和感知控制）是理解自动驾驶车辆采用的最重要因素之一。此前的研究表明，个人对可信度和感知安全性的期望可能不同。研究发现，59%的受访者认为自动驾驶是一项有用的进步，但31%的受访者表示他们非常害怕驾驶这样的车辆（Sommer，2013）。此外，进一步的调查发现，57%的受访者对全自动驾驶车辆持积极态度，但25%的受访者非常关注安全问题（Schoettle and Sivak, 2014）。其他研究（Bansal et al, 2016）发现，大约一半的受访者对使用全自动驾驶车辆持怀疑态度。有趣的是，一些受访者似乎认为全自动驾驶车辆将对安全构成威胁，而另一些受访者则认为这些车辆将提高道路安全性。

2. 感知属性

关于感知属性，有相当大比例的驾驶员并不认为驾驶只是一种交通方式，而是发现驾驶本身就很刺激、愉快和冒险（Steg, 2005）。此外，他们将拥有汽车或驾驶视为一种动力来源，并认同它（Glancy, 2012）。有这种驾驶特质的人可能对驾驶完全自动驾驶车辆感到不舒服。人们已经发现工具性（新技术是否易于使用、安全和实惠）、情感性（新技术是否令人愉快）和象征性属性（新技术是否会彰显人们的地位，并向他人传达些什么）都是影响新技术接受度的相关属性（König and Neumayr, 2017）。

3. 个性因素

个性因素会影响人们对全自动驾驶车辆的评价，这方面的研究结果在很大程度上表现出不一致或关系较弱。研究发现，在寻求刺激方面得分高的人，这与愿意接受新事物和冒险经历有关（Zuckerman, 1994），他们倾向于报告更高的使用全自动驾驶车辆的意愿（Payre et al, 2014）。后续的研究结果表明，全自动驾驶作为一种新的、新颖的技术，可能特别吸引那些对新体验感兴趣的人。由于在年轻男性中寻求刺激的比例较高，因此该群体对全自动驾驶车辆的接受度也可能更高（Becker and Axhausen, 2017）。此外，另一项研究（Kyriakidis et al, 2015）表明，对自动驾驶车辆数据传输的担忧与神经质之间存在较弱的联系。有趣的是，个性因素，如个人价值观和自我认同，在影响新技术接受度方面尚未进行研究。此外，尽管性别和年龄经常被纳入技术接受度的研究中，但在全自动驾驶车辆的研究中，个人对技术的兴趣几乎从未作为一个因素被包括进去。

所有这些心理因素在做出关于自动驾驶车辆的决策时也应被认真考虑，以便在驾驶员、乘客或任何其他与车辆外部交互的道路用户中实现高水平的接受度。自动驾驶车辆的可接受性是一个复杂的过程，涉及多个个体、社会、认知和感知因素。诸如感知信任、车辆安全感、感知控制以及感知愉悦和便利性等方面似乎在定义接受度判断中起着至关重要的作用。有趣的是，人们对自动驾驶车辆的感知和评估存在许多个体差异。

12.3.3　自动驾驶车辆中乘客的情绪状态

心理状态的概念将认知和情绪统一为一个共同框架的一部分（Salzman and Fusi, 2010）。情绪反应和许多认知过程是在无意识的情况下处理的，对这种生理反应的分析使我们有可能获得这种无意识的反馈。在汽车领域，涉及情绪的科学技术尚处于早期阶段，有必要从以人为中心的人工智能的角度来研究这一课题。

聚焦于情绪，可以将其定义为心理状态，包括多个相互关联的过程，如认知评估、生理过程（如前所述）、行为动机倾向，以及感受体验的现象学体验（Chang and Smith，2015）。近年来，许多研究表明，有必要探讨情绪对自动驾驶车辆的影响，特别是在高度自动化的情况下，驾驶员变为乘客，不再需要驾驶的情况下。

情绪理论在整个历史中不断发展。关于情绪的本质，一些研究人员发现了情绪是天生的证据，而另一些研究人员则证实了情绪对社会规则的依赖（Ekman and Friesen，1971）。类似地，一些作者将情绪定义为生理变化，而另一些作者则将情绪与认知过程联系起来。情绪在健康中具有重要作用，并与许多其他认知过程相关，如感知、记忆偏好、决策、注意力集中、沟通、动机、构思效率、表现和任务的战略规划等（Bower，1981）。目前来看，情绪与认知之间的关系显然是双向的：情绪渲染并定义了许多认知过程、决策或学识，同时，认知过程的触发会影响情绪反应（Barrett et al，2016）。

考虑到驾驶员和乘客的认知需求与情绪反应频繁变化，驾驶场景是复杂和多变背景的最佳实例之一。最近的研究集中在 L3 级自动化主题上，如注意力问题、态势感知、参与次要任务、分心和驾驶员监控等（Bellem et al，2016），以确保控制权在手动驾驶和自动驾驶之间安全转移。然而，随着 L4 级和 L5 级自动化的引入，一个网联出行的新时代正在兴起，把旅行转变为量身定制的乘坐体验，并围绕每个人的个体偏好进行设计。人工智能（AI）在自动驾驶车辆中的作用应将安全高效的交通转变为令人愉悦、上瘾的体验。为了使每项服务都具有同理心，需要研究将乘客的认知和情绪状况引入进来，作为人工智能的输入。

基于情感科学研究，存在区分各种情绪的不同的情绪分类模型。这是心理学中一个长期存在的问题领域。最先进的主要方法有范畴模型、维度模型和基于评估的模型。

范畴论（Categorical Theory）的主要倡导者是埃克曼（Ekman），他负责实施各种实验，从而描述了六种基本情绪，这些情绪可被普遍认可，因为它们对大脑结构来说是简单且重要的（见图 12.4）。这些情绪为快乐、悲伤、惊讶、恐惧、愤怒和厌恶（Ekman，1992）。这些实验作为范畴方法的基础（Calvert and Hewstone，1991），将情绪分为几组并分配给具体的离散范畴。主观性问题源于感知本质上是主观的，并受到性格、年龄、心情、文化背景等诸多因素的影响。因此，典型的范畴方法简单地以确定的方式将一类情绪分配给每种情况或活动在实践中不会表现良好（Yang et al，2007）。在汽车系统中，范畴

图 12.4 范畴情感理论的概念化基础

论基于分析影响车内旅行的上下文因素。

相反，维度论（Dimensional Theory）基于从乘客身上获得的唤醒度和效价参数来估计乘客的情绪状态。它证实了认知和情感状态不是独立的，而是在构成系统结构的复杂变化中相互关联的。维度模型由唤醒度和效价之间的平衡维持。这两个变量解释了在情绪光谱范围内发现的可变性。此类模型的主要代表是由罗素开发的环状模型（Russell，1980）。该模型将不同的情绪定位在由愉快-不愉快（效价）和激活（唤醒度）创建的二维空间中。情绪之间的变化是连续的，对于效价，其变化是从消极到积极，对于唤醒度，其变化是从被动到主动。现有技术已经证明这两个变量之间相互关联，表明在表征两个维度的值中存在某些配置和相互依赖关系（Chanel et al，2006；Cowie et al，2000；Schölkopf et al，2002）。该模型中还有第三个参数，称为支配力，它表示激励引起的控制水平，但对于不了解情绪概念的人来说很难处理该理论，因此它并未被广泛使用。为了衡量这些情感维度，作者们开发了一个非语言的象形自评量表：情绪体验自我评估模型（The Self-Assessment Manikin，SAM），如图12.5所示（Mehrabian and Russell，1974），用于询问测试与实验参与者的效价、唤醒度和支配水平。通过这种方式，情绪可以绘制在二维空间中，用于评估效价和唤醒度，如果还考虑了支配性，则可以在三维空间中绘制。例如，快乐状态具有积极效价和中等唤醒度，而悲伤状态具有消极效价和低唤醒度。

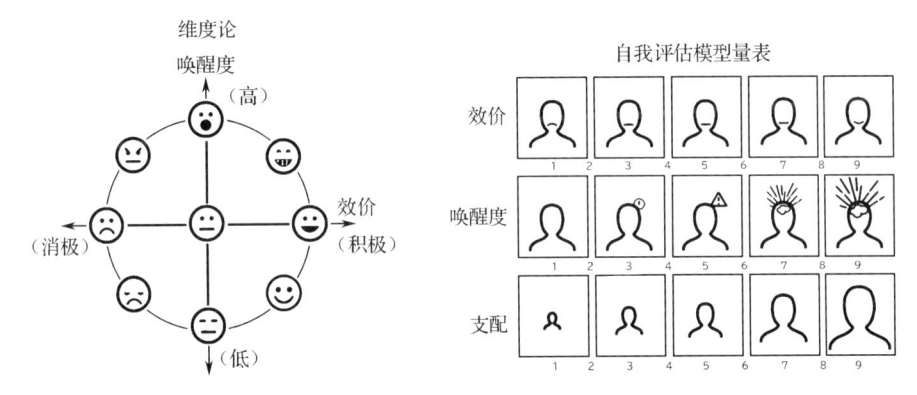

图12.5 作为维度情感理论基础的效价唤醒度参考系统，以及用于在实际实验中获取情绪评估数据的象形图

耶基斯-多德森定律是在1908年提出的，阐述了行为准则的一个重要方面。该定律假设某项任务的表现，如在车辆驾驶时，与唤醒度相关；尤其是在中等水平下优化，而在极高和极低水平时退化（Yerkes and Dodson，1908）。许多研究人员将这一概念应用于驾驶环境，并根据罗素的二维情感模型理论（Toyota Research Institute，2019），将对唤醒度的初始度量扩展到效价的第二维度。交通研究人员普遍认为，驾驶性能在中等唤醒度和中至高效价的状态下最好（Braun et al，2020）。

识别情绪、认知状态和反应的方法多种多样，可以通过问卷调查、身体行为分析和生理反应获得。在汽车背景下，特别是维度模型中，情感的主要动机是乘客通过用户界面的反馈，它基于这样一种假设，即驾驶员的情绪状态不可避免地影响他们的行为，并因此对他人的道路安全产生影响。据研究，使用统计方法的算法将参与者的反馈与所研究因素中某些识别的模式联系起来，这是能够根据效价和唤醒度值将数据与具体情绪进行映射的最佳方法。一些研究已经成功地实现了从生理信号中识别情绪的算法（Nasoz et al，2010；Westerink et al，2008；Zimmermann and Lorenz，2008）。调查问卷由于其简单性，虽然是使用最多的技术，但它们不适合实时解释（Harmon-Jones and Winkielman，2007）。行为分析、身体姿势、注视和面部表情可以确定某些情绪，但其他情绪（如快乐）没有明确的行为模式，或者仅在后期才被识别（如疲劳中的困倦）。

情绪反应和许多认知过程是在无意识的情况下处理的，而生理反应分析使我们能够获得无意识的反应。使用图片和顺序自动成像技术（视频）从参与者那里引出某种基本情绪，人们已对此进行了测试。这些情绪包括快乐、悲伤、愤怒、恐惧、厌恶、惊讶、中立以及柏拉图式的浪漫爱情（Picard et al，2001）。测量的生理信号有不同的面部肌电图、血容量压力、皮肤电导和呼吸。用于分析数据的算法有序列前向浮动选择（Sequential Forward Floating Selection，SFFS）、费歇尔投影（Fisher Projection）以及这两者的混合。他们将生物信号分类并映射到八组情绪中，总体准确率达到了81%。

霍尔津格发表了一项研究，通过皮肤电流反应检测驾驶员压力、通过呼吸检测睡意、通过面部表情检测疲劳、通过眼球追踪检测眨眼或分心（Tan and Zhang，2006；Holzinger et al，2013）。不同的研究表明，可以通过皮肤电导水平（Skin Conductance Level，SCL）、心率变异性（Heart Rate Variability，HRV）或脑电图（EEG）等心理生理学方法来估计效价和唤醒度（Chanel et al，2007；Stickel et al，2009）。此外，由于生物识别传感器（如智能和可穿戴设备）和非侵入性解决方案（无须连接传感器，如使用相机记录呼吸的能力）的成本下降和准确性提高，最近的情况有了很大的改进（Laparra Hernández et al，2019）。关于压力，人们还开展了一项重要的工作，即参与者在电脑上玩游戏，并且由于游戏的方法而产生了压力。在这种情况下，它们是通过非侵入性生物反馈系统进行测量的，该系统跟踪血容量压力、皮肤电流反应、瞳孔直径和皮肤温度。支持向量机（Support Vector Machine，SVM）算法用于分析收集的数据，研究人员能够以90.1%的准确率将不同程度的压力联系起来（Zhai and Barreto，2006）。

在引发情绪方面，韦斯特林也开展了一项研究，在对参与者的生物信号进行测量时，让他们观看充满感情的电影片段。在这项工作中，研究人员试图通过皮肤电活动和三种不同的肌电图（额肌、颧肌和皱眉肌）来识别不同的认知和情绪状态。除其他指标外，还计算了偏度和峰度，但当它们区分消极、积极、混合和中性情绪时，性能最好（Westerink et al，2008）。

为确保安全驾驶，汽车自动化系统的增加以及我们持续使用的不同信息和通信元素的普及性（例如，移动电话终端），使得了解驾驶员或乘客与车内不同元素之间的交互方式越来越重要。由于这些原因，近年来对驾驶处境的评估已转向对认知和心理过程的分析（Cacciabue and Saad，2008）。

最后，基于评估的模型将情绪视为适应性反应，这些反应是基于个人评估其所处的环境和背景（例如，新颖性、效价、威胁、污染和社会规范）的方式引发的（Armony et al，1997；Ortony et al，1990）。另一个需要考虑的重要因素是，评估模型通常与乘客的动机目标（基本需求、安全、文化价值观和信仰）有关。这些模型对外部激励和内部产生的想法做出反应，并考虑了乘客的经历和一般背景。人们持续根据他们的动机目标来解释他们的环境，这些评价或评估产生了随信息变化而演变的不同状态。由于评价是感受某种情绪的认知前提，研究人员不确定二者的因果关系，因此这些模型呈现出一种时间困境：情绪是这些评价的结果，抑或评价是构建情绪体验本身的因素（Frijda，1993）。

以非侵入性的方式理解人们的状态是人工智能领域当前的一个趋势，尤其在应用于汽车行业时具有重要意义。欧洲的几个倡议正在利用两种信息源来更好地理解乘客的状态。一方面是与车内体验相关的情境因素，如出行的目的（工作出行、白班、假期等）和道路状况（交通流密度、天气状况、安全范围等）；另一方面，自动驾驶车辆自身也将监控乘客，包括面部表情等行为方面，以及呼吸频率、心率和出汗等生理变化方面。这些方法结合当前用于确定用户状态的范畴论（Ekman，1992；Ortony and Turner，1990）和效价唤醒度维度（Valence-Arousal Dimensional）理论（Cacioppo et al，2000）旨在超越当前的技术水平。特别是，一个从情感和认知角度解释乘客状态的模型，而不是仅对直接的度量做出反应，如图12.6所示。

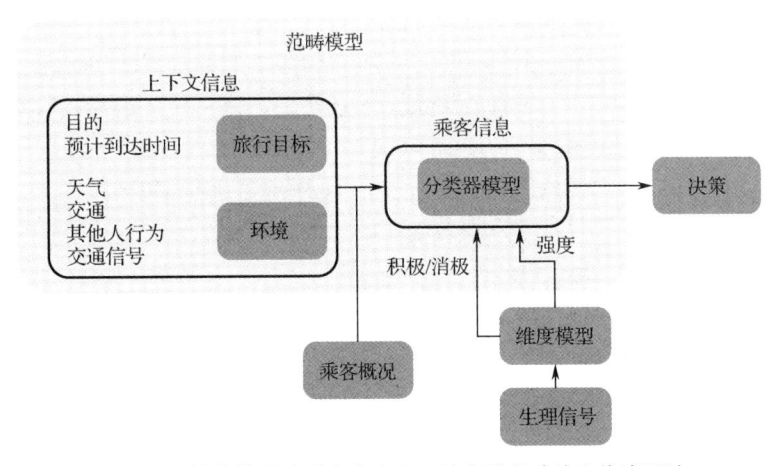

图 12.6 情绪模型以乘客为中心，结合了范畴论和维度理论

这些模型的架构将从驾驶员的维度情绪模型（基于从生理信号和身体行为中获得的唤醒度和效价参数）中感受到的情绪进行分类，同时对情景因素（如环境分析、出行目的信息以及乘客简介）进行分析。它试图模拟从外部激励（环境和上下文）到结果状态的输入-输出动态映射。将该映射描述为一个动力学模型，基于该模型构建一个观测器。该观测器并非仅对生理度量做出反应，而是直接预测外部激励对乘客心理状态的影响（对相关描述性路况变量做出反应）。

这种方法相比现有技术具有多种优势，甚至在估算和期望乘客状态的情况下，反转了这种动态关系以调整车辆行为。情感技术通过从身体、认知和情绪的角度对乘客进行表征，为理解他们的需求、能力、态度和期望提供令人兴奋的机会。在这方面，仅拥有每个人的静态概况是不够的，因为乘客状态会随着时间的推移而演变，并根据需求和上下文不断发生变化。持续监控乘客的情绪和认知状态并识别其触发因素至关重要。情感技术还为通过迎合人的情绪来改善道路安全提供了令人兴奋的机会。为了让每项服务都具有同理心，需要研究如何在人工智能中引入乘客的认知和情绪状态。最终的目标是创建一个以乘客为中心的智能自适应汽车接口，该接口可以做出情感反应，因为它理解每个具体的人的复杂需求（在上下文和背景中），并提供了一些多模态反馈。汽车领域的这种情感计算交互的新概念被称为"情感车辆"。

为了实现这一里程碑，原始设备制造商（OEM）和一级供应商公司及其提供者的研发领域的动机是充分理解社会存在的范式，即我们人类是什么，以及情绪如何影响我们。这样，就可以利用机器感知来增强数字工具。例如，在与他人交互时，情绪方面的认知负荷会增加，这是我们的日常任务之一。另一个例子是在驾车或乘车时无法控制情绪，这是造成事故的主要原因之一。

在技术层面上，一个具有共情能力的车辆需要依赖于一个全面的系统架构。AutoAkzept 项目（Lüdtke，2021）正在开发的一个例子就涉及用户模型之外的不同模块，用于识别情绪。这样的全面架构是必要的，因为正如之前提到的，不仅需要识别情感，还需要理解特定情境和乘客在特定情况下的融入（Oehl et al，2019）。

情感车辆的增强功能将改善乘客的出行体验，因为车辆的性能将根据用户的喜好、心情、健康状况等进行调整。相较于"技术启发方法"（Salanitri et al, 2020），这些都将有助于提高自动驾驶车辆的接受度。这些系统和认知智能助手根据乘客的特征定制和调整与其的交互。此外，这种个性化还可以进一步提升，通过调整车辆的行驶模式和内部布局，以在不愉快的情况下为乘客提供令人满意的移动体验。

为了在该领域取得进步，未来的前景是实现用户接受的真实实施。这就是为什么必须把专家输入应用于以人为中心的设计过程。这源于提供迭代生成用例的方法，这些用例可以应用于最初的特色构思（Li et al，2019）。

考虑更具包容性的设计方法也很重要。作为长期需求,情感创新需要来源于真实的用户需求。例如,这将包括性别差异或东西方文化之间人们沟通和交流方式上存在的差异和对比(无论是在高语境还是在低语境下),因为特别是情绪交互(侧重于检测和缓解)可能易受文化的影响(Lachner,2019)。

12.3.4 影响乘客状态的驾驶员属性及外因

在自动驾驶车辆的框架内,有多种因素可以影响乘客在旅途中的状态,从而影响他们的车内体验。情景因素的一般分类如下:
- 外部因素。
- 自车因素。
- 内部因素。

通过理解这些因素,可以研究新兴技术带来的新挑战,并定义增强乘客未来出行体验所需的车辆行动。

1. 外部因素

不同因素可能会影响乘客状态,它们被定义为完全在驾驶员和实际车辆之外的因素。FP7项目 AdaptIVE(Bartels et al,2015)将这些因素初步分为四类。

- 交通参数:主要参数包括交通参与者(环境中道路使用者的类型)、根据自动化等级的混合参与者(定义是否与自动驾驶车辆共享环境)以及交通流(交通速度和密度)。
- 道路参数:主要参数用于分类道路特征,包括道路状况、道路便利性(道路的私密性,公共的或私人的)、道路几何形状(直线、曲线或陡坡)以及道路基础设施。
- 外部条件导致的能见度参数:可以是良好的能见度、障碍物(车辆或基础设施)导致的低能见度以及天气状况(雾、重雾、大雨和大雪)导致的低能见度。
- 操作的外部参数:与其他车辆有关,如包括碰撞时间(无论碰撞是否即将发生),车辆操作时间间隔(车辆之间的时间距离)和车辆操作协调(涉及多辆车协调其行为)。

2. 自车因素

在最完整和最常用的舒适度模型之一(Vink and Hallbeck,2012)中,作者认为,用户与环境(人、产品和使用)的交互会产生受用户期望影响的主观感知,可能会导致舒适、不适或中性反应。该模型也可以应用于车辆舒适度,因为环境是由车辆特性组成的,如座椅舒适度(Elbanhawi et al,2015)、声学舒适度(Zhang et al,2018)、热舒适度(Danca et al,2016)、乘坐舒适度(Cieslak et al,2020)、用户状态(心理、生理和身体)、产品使用(驾驶风格)、基础设施和环境特征(路况、天气等)。

自动驾驶车辆的舒适度取决于其控制算法。如果可以根据影响舒适度的因素预测乘客的舒适度，并可以调整控制算法，将有助于提高自动驾驶车辆的舒适度。可通过控制算法调整的一些主要因素有车辆动力学（控制、乘坐舒适性和晕动病）和环境舒适度（声学、热管理和姿势舒适度）。随着控制算法的发展，人们对智能驾驶车辆的追求不再局限于安全性，同时也在不断追求舒适性的提升。舒适的乘坐体验将提升人们对自动驾驶车辆的接受度。

3. 内部因素

在描述乘客的情绪和认知状态时，与出行相关的某些因素至关重要。这些因素可以分为以下两类。

（1）乘客简介因素：乘客的特征可能会影响他们对驾驶体验的看法。这些特征可以是性别、年龄、出身、文化、驾驶经验、驾驶倾向、个性、过往经验、身体和认知特征等。例如，驾驶经验和乘客的感受在很大程度上取决于其所在国家的驾驶规则。例如，德国的一些道路没有限速；相反，在西班牙总是限速。这方面的另一个例子是，根据驾驶经验和乘客的倾向，相对于前车一定的距离可能被认为是合适的或危险的。这也可能与速度因素有关。

（2）乘客出行因素：某些出行特征也与乘客的认知和情绪描述高度相关。这些特征与乘客和轨迹之间的联系有关。这些因素可以分为以下几类。

- 完成行程的时间：从充裕的时间到非常短的时间，或者无关紧要。
- 准时到达的重要性：从非常重要到无关紧要。
- 出行目的：工作、住院、度假等。
- 行前和行后活动。
- 熟悉行程/环境：常规、非常熟悉、全新。

例如，根据出行目的的不同，驾驶体验和乘客的感受可能会截然不同。例如，如果出行的目的是度假，那么拥挤的交通可能不会像上班赶时间那样使其感到紧张。

12.3.5 自动驾驶车辆中的乘客人机接口

驾驶员感知对自动驾驶车辆的采用至关重要，特别是在关键情况下，驾驶员不仅需要参与决策过程（甚至在 L4 级的自动驾驶车辆中接管车辆控制），还需要警告"驾驶员"（理解为自动驾驶车辆的成年监护人），并使其能够做出反应，最大限度地减少该情况的负面影响。在大部分驾驶时间里，"驾驶员"实际上成为乘客，因此失去控制成为态势感知（定义为"驾驶员"在行程中感知环境中事件的方式，以及在不久的将来对其状态的预测）及其行为的主要问题。

在 L4 级和 L5 级的自动驾驶中，可以让"驾驶员"、乘客甚至其他道路使用者了解自动驾驶车辆的意图及其对道路上或道路周围发生事情的处理能力，并让他们安心。然而，在人工驾驶设计的背景下，这些技术的进步必须从相关性、接受度、态势感知和性能方面进行评价。因此，驾驶员、其他用户、自动驾驶车辆及其环境之间的人机交互和交互解决方案成为一个主要的问题。

目前对态势感知的研究集中在 L3 级自动驾驶车辆上，其中驾驶员仍然需要随时重新接管控制权。下一个技术演进将是 L4 级自动驾驶车辆，它定义了一个自动化等级，其中人类"驾驶员"不再充当后援。然而，即使在这种情况下，驾驶员也必须保持其态势感知能力，以确保对车辆决策的信任。在这种驾驶模式下，由于"驾驶员"将"脱离环路"，预计其在理解车辆正在做什么以及预测车辆在不久的将来会遇到困难（Cunningham and Regan, 2015; Van Nes and Duivenvoorden, 2017）。因此，需要改变"驾驶员"技能，并定义与车辆通信的新策略（Spulber and Wallace, 2016）。

在这方面，为了实现高度驾驶自动化，需要进一步努力以实现先进的 HMI，提高驾驶员的态势感知能力，通过缓解策略协助他们改善"驾驶员"体验，从而建立与车辆的信任。先进的 HMI 应根据其当前需求、概况以及车辆环境调整其通信，并且不仅应在关键事件（包括对潜在危急情况的预期）中为其提供支持，还应该在非关键事件（使出行体验更愉快）中为其提供支持。

12.3.6 乘坐、环境舒适、幸福感和其他服务

汽车行业的技术进步进入了一个几乎必须对其内饰进行重新设计，以使其适应自动驾驶车辆的阶段。该设计将增强和优化乘客非驾驶相关的任务，因此汽车的概念将从以驾驶员为中心的产品演变为以用户为导向的体验设计。图 12.7 描绘了在高度自动驾驶车辆中从驾驶员到乘客角色转变的主要差异。

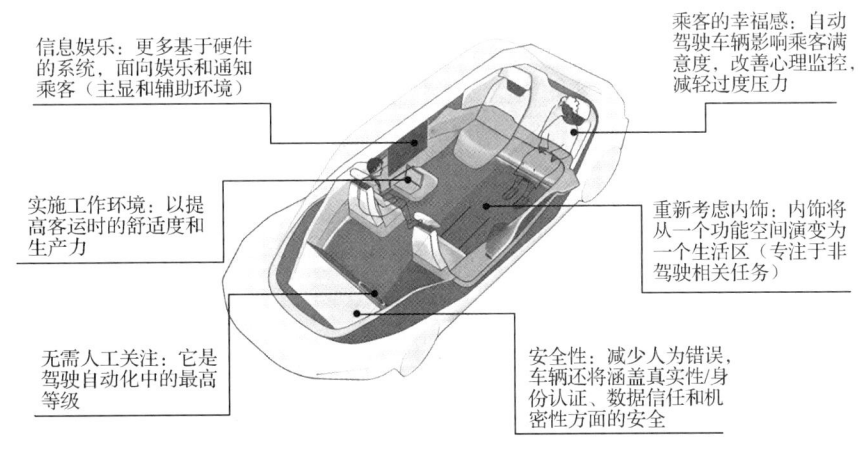

图 12.7　自动驾驶车辆乘客体验的主要变化（H2020 DIAMOND 项目）

技术研究机构和制造商正在进行复杂的研究，他们专注于确定对乘客最具影响力的环境因素，以提出具有不同特征和条件的新交互策略，从而在晕车和整体舒适度方面提升最终的结果。在确定了这些因素之后，下一个研究阶段旨在区分关键、中性和非关键事件的改进。根据决策算法的结果，舒适度提案充当系统与用户体验之间的有益屏障，可能意味着所追求感觉的提升。

由于随后失去控制，人类和机器在感知、信息处理、决策和行动能力方面存在差异，因此自动驾驶车辆的动力学可能与人类驾驶车辆的动力学不同（Stavens，2011）。目前，已经开发了各种运动规划模型。例如，模型预测控制（Alcala et al，2018）被提出用来改善舒适度。该逻辑包括使用车辆动力学模型预测未来的车辆状态。选择此策略是为了确保车辆路径满足车辆具体的运动要求，这是通过同时考虑横向和纵向动力学来实现的。换句话说，路径和速度剖面是同时定义的。模型预测控制包括边界限制、最大速度、侧滑率、横/纵向加速度、加加速度、时间最小化以及理想路径的创建等因素。自动驾驶车辆路径规划的优势在于可以根据乘客状态等情况调整上述参数。

在交通研究中，幸福感也是一个研究课题。它经常被概念化为生活认知评估与高积极性和低消极性影响的结合。它与个人的个体偏好、因素和环境密切相关。不适感是影响幸福感的一个因素，它与交感神经系统和副交感神经系统之间的平衡密切相关。

与传统车辆相比，由于乘客将进行更多非驾驶相关的活动（如休闲和生产性任务），因此与目前的驾驶员相比，预计他们在较低的加速度下可能会感到不适。此外，这些设想的场景将导致晕车的风险增加（Diels and Bos，2016），因为乘客不太能够预测迎面运动剖面（motion profile）（Diels et al，2017），这将是自动驾驶车辆面临的主要问题之一，并可能阻碍车载服务和应用程序的使用（Sivak and Schoettle，2015）。2017年3月29日，欧洲交通部签署了《瓦莱塔道路安全宣言》，承认分心和疲劳仍然是道路交通事故的主要原因，并且不使用防护装备会加剧受伤的严重程度。因此，需要调整车辆控制算法以避免人们对晕车的担忧。

另一方面，在出行中进行其他活动也会增加与其他乘客的交互，从而带来其他重要的转变，如座舱舒适度。更高等级的自动化需要将传统的内饰转变为道路上的起居室空间。无人驾驶车辆成为一个与朋友和家人共度时光、享用饮料或小吃，或者只是静下心来读一本好书的空间，制造商可以将无数可能的概念变为现实，如图12.8所示。这一变化将意味着需要一种完全不同的方法来重新考虑车辆内饰。特别是需要满足内饰设计、灵活的座椅配置以及开发不同环境设置的新需求，以最大限度地提高乘客的舒适度和幸福感。根据乘客的特征和出行的性质，舒适度特征的调整必须与定制的舒适档案保持一致。

在这方面，由这些自适应性、认知和情感接口系统带来的新兴应用和服务形成了一个新的市场。它们使得管理环境条件和姿势舒适度成为可能，以提供更有效和愉悦的旅行时间利用，

第 12 章 驾驶员行为

支持环境设置的开发，以最大化乘客的舒适度，以及与乘客特征和行程性质相关的定制舒适功能调整。

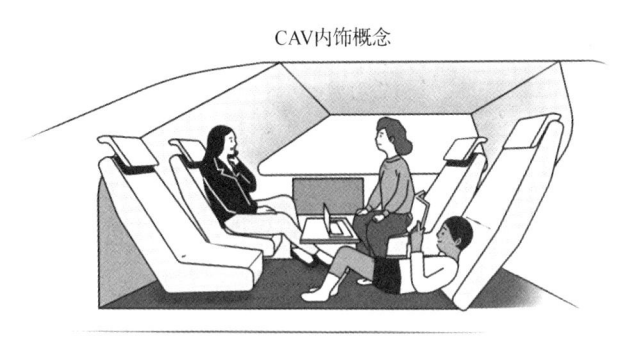

图 12.8　自动驾驶车辆新座舱概念图（H2020 DIAMOND 项目）

此外，自动驾驶车辆将带来一个基于车辆的服务与产品的新生态系统。其中，如果在正确的时间提供特定服务来增加购买意愿并提高客户忠诚度，那么实时的个性化服务提供了市场优势。这种方法符合当前的趋势，即产品和服务能够根据乘客的状态进行调整，如当用户似乎处于静止状态时提供基本的办公软件支持、根据用户偏好推送个性化广告、从用户交互中学习的接口或适应乘客情绪状态的音乐播放列表。它还能够基于乘客及其数据开发新的商业模式，这为服务公司创造新的附加值以及根据乘客需求实时调整商业模式提供了机遇。这种内饰设计必须考虑非侵入性和不干扰性传感器的集成，以监控乘客体征和身姿势变化。

尽管它很重要，将乘客的情绪状态与车辆动态联系起来，以此来调整乘车体验，迄今仍未深入研究（Le Vine et al，2015）。为了应对这一关注，普遍存在着一种雄心，即考虑并将人类视角整合到乘车舒适性中，通过与车辆动态相关的准则来促进信任。这种整合的第一阶段涉及通过系统算法来管理自动驾驶车辆中的动态驾驶任务（DDT），以实时调整基于乘客情绪状态的决策过程。制造商和研发技术中心的开发必须以稳定性分析为基础，以提供必要的安全保证，验证智能调整车辆运动（及行程）对乘客舒适度和情绪的积极影响，无论是在引发的身体反应（由运动引起的昏昏欲睡和晕车）还是直接的情绪影响（安全感/危险感）方面。

在高度自动驾驶车辆任务中，应开发动态驾驶期间的调整，以免危及车辆乘客、旁观者以及其他弱势道路使用者的安全。此外，通过使用动态地图和主要依赖于描述汽车道路态势的信息，这些算法应：（1）有助于预测乘客的反应，而不是对他们的生理测量做出反应；（2）在动态驾驶任务中定义缓解措施，以避免发生非预期的情绪状态；（3）为了乘客的幸福感，从整体上提升车辆的舒适度。

参考文献

Abbink, D.A., Mulder, M., Boer, E.R., 2012. Haptic shared control: smoothly shifting control authority? Cogn. Technol. Work 14 (1), 19–28.

Alcala, E., Puig, V., Quevedo, J., Escobet, T., Comasolivas, R., 2018. Autonomous vehicle control using a kinematic Lyapunov-based technique with LQR-LMI tuning. Control Eng. Pract. 73, 1–12.

Al Mahi, S.M., Atkins, M., Crick, C., 2017. Learning to assess the cognitive capacity of human partners. In: Proceedings of the Companion of the 2017 ACM/IEEE International Conference on Human-Robot Interaction, pp. 63–64.

Armony, J.L., Servan-Schreiber, D., Cohen, J.D., Ledoux, J.E., 1997. Computational modeling of emotion: explorations through the anatomy and physiology of fear conditioning. Trends Cogn. Sci. 1 (1), 28–34. https://doi.org/10.1016/S1364-6613(97)01007-3.

Åström, K.J., Hägglund, T., 1995. Pid Controllers: Theory, Design, and Tuning. Research Triangle Park, N.C. International Society for Measurement and Control.

Babiker, M.A., Elawad, M.A., Ahmed, A.H., 2019. Convolutional neural network for a self-driving car in a virtual environment. In: 2019 International Conference on Computer, Control, Electrical, and Electronics Engineering (ICCCEEE). IEEE, pp. 1–6.

Bahram, M., Aeberhard, M., Wollherr, D., 2015. Please take over! An analysis and strategy for a driver take over request during autonomous driving. In: 2015 IEEE Intelligent Vehicles Symposium (IV). IEEE, pp. 913–919.

Banks, V.A., Plant, K.L., Stanton, N.A., 2017. Driver error or designer error: using the perceptual cycle model to explore the circumstances surrounding the fatal tesla crash on 7th May 2016. Saf. Sci. 108, 278–285.

Bansal, P., Kockelman, K.M., Singh, A., 2016. Assessing public opinions of and interest in new vehicle technologies: an Austin perspective. Transp. Res. Part C Emerg. Technol. 67, 1–14.

Barrett, L.F., Lewis, M., Haviland-Jones, J.M., 2016. Handbook of Emotions. Guilford Publications.

Bartels, A., Eberle, U., Knapp, A., 2015. Deliverable D2. 1. System Classification and Glossary. Adaptive Consortium.

Bauer, A., Wollherr, D., Buss, M., 2008. Human–robot collaboration: a survey. Int. J. Humanoid Rob. 5 (01), 47–66. https://doi.org/10.1142/S0219843608001303.

Bazilinskyy, P., Petermeijer, S.M., Petrovych, V., Dodou, D., de Winter, J.C., 2018. Take-over requests in highly automated driving: a crowdsourcing survey on auditory, vibrotactile, and visual displays. Transport. Res. F: Traffic Psychol. Behav. 56, 82–98.

Becker, F., Axhausen, K.W., 2017. Literature review on surveys investigating the acceptance of automated vehicles. Transportation 44 (6), 1293–1306.

Behfarnia, A., Eslami, A., 2018. Risk assessment of autonomous vehicles using Bayesian defense graphs. In: 2018 IEEE 88th Vehicular Technology Conference (VTC-Fall), pp. 1–5, https://doi.org/10.1109/VTCFall.2018.8690732.

Bellem, H., Schönenberg, T., Krems, J.F., Schrauf, M., 2016. Objective metrics of comfort: developing a driving style for highly automated vehicles. Transport. Res. F: Traffic Psychol. Behav. 41, 45–54.

Bergasa, L.M., Cabello, E., Arroyo, R., Romera, E., Serrano, A., 2017. Human factors. In: Jimenez, F. (Ed.), Intelligent Vehicles: Enabling Technologies and Future Developments. Elsevier, Oxford, pp. 345–378.

Biondi, F., Lohani, M., Hopman, R., Mills, S., Cooper, J., Strayer, D., 2018. 80 MPH and out-of-the-loop: Effects of real-world semi-automated driving on driver workload and arousal. In: Proceedings of the Conference of the Human Factors and Ergonomics Society, Los Angeles, CA.

Biondi, F., Alvarez, I., Jeong, K.A., 2019. Human–vehicle cooperation in automated driving: a multidisciplinary review and appraisal. Int. J. Hum. Comput. Interact. 35 (11), 932–946.

Bliss, J.P., Acton, S.A., 2003. Alarm mistrust in automobiles: how collision alarm reliability affects driving. Appl. Ergon. 34 (6), 499–509.

Boer, E.R., 1999. Car following from the driver's perspective. Transport. Res. F: Traffic Psychol. Behav. 2 (4), 201–206.

Boer, E.R., Hoedemaeker, M., 1998. Modeling driver behavior with different degrees of automation: a hierarchical decision framework of interacting mental models. In: Proceedings of the XVIIth European Annual Conference on Human Decision making and Manual Control, 14–16 December. France: Valenciennes.

Boer, E.R., Hildreth, E.C., Goodrich, M.A., 1998. A driver model of attention management and task scheduling: satisficing decision making with dynamic mental models. In: Proceedings of the XVIIth European Annual Conference on Human Decision making and Manual Control, 14–16 December. France: Valenciennes.

Bower, G.H., 1981. Mood and memory. Am. Psychol. 36 (2), 129.

Brackstone, M., McDonald, M., 1999. Car-following: a historical review. Transport. Res. F: Traffic Psychol. Behav. 2 (4), 181–196.

Brandenburg, S., Chuang, L., 2019. Take-over requests during highly automated driving: how should they be presented and under what conditions? Transport. Res. F: Traffic Psychol. Behav. 66, 214–225.

Braun, M., Weber, F., Alt, F., 2020. Affective automotive user interfaces—reviewing the state of emotion regulation in the car. ACM Comput. Surv. 54, 137.

Butmee, T., Lansdown, T.C., Walker, G.H., 2018. Mental workload and performance measurements in driving task: a review literature. In: Congress of the International Ergonomics Association. Springer, Cham, pp. 286–294.

Cacciabue, P.C., Saad, F., 2008. Behavioural adaptations to driver support systems: a modelling and road safety perspective. Cogn. Tech. Work 10 (1), 31–39.

Cacioppo, J.T., Berntson, G.G., Larsen, J.T., Poehlmann, K.M., Ito, T.A., 2000. The psychophysiology of emotion. In: Handbook of Emotions. Cambridge University Press.

Calvert, J., Hewstone, M., 1991. Social psychophysiology and emotion-theory and clinical-applications-Wagner, HL. Br. J. Soc. Psychol. 30.

Chanel, G., Kronegg, J., Grandjean, D., Pun, T., 2006. Emotion assessment: arousal evaluation using EEG's and peripheral physiological signals. In: International Workshop on Multimedia Content Representation, Classification and Security, pp. 530–537.

Chanel, G., Ansari-Asl, K., Pun, T., 2007. Valence-arousal evaluation using physiological signals in an emotion recall paradigm. In: 2007 IEEE International Conference on Systems, Man and Cybernetics, pp. 2662–2667.

Chang, L.J., Smith, A., 2015. Social emotions and psychological games. Curr. Opin. Behav. Sci. 5, 133–140.

Cieslak, M., Kanarachos, S., Blundell, M., Diels, C., Burnett, M., Baxendale, A., 2020. Accurate ride comfort estimation combining accelerometer measurements, anthropometric data and neural networks. Neural. Comput. Appl. 32 (12), 8747–8762.

Cowie, R., Douglas-Cowie, E., Savvidou, S., McMahon, E., Sawey, M., Schröder, M., 2000. «FEELTRACE»: an instrument for recording perceived emotion in real time. In: ISCA Tutorial and Research Workshop (ITRW) on Speech and Emotion.

Cummings, M.L., Ryan, J.C., 2014. Shared Authority Concerns in Automated Driving Applications, Humans and Automation Laboratory Report. Massachusetts Institute of Technology, USA.

Cunningham, M., Regan, M.A., 2015. Autonomous vehicles: Human factors issues and future research. In: Proceedings of the 2015 Australasian Road safety conference. Vol. 14.

Danca, P., Vartires, A., Dogeanu, A., 2016. An overview of current methods for thermal comfort assessment in vehicle cabin. Energy Procedia 85, 162–169.

Davis, F.D., Bagozzi, R.P., Warshaw, P.R., 1989. User acceptance of computer technology: a comparison of two theoretical models. Manag. Sci. 35 (8), 982–1003.

De Waard, D., 1996. The Measurement of Drivers' Mental Workload. University of Groningen, Haren, The Nederlands.

De Waard, D., 2002. Mental workload. In: Santos, J.A., Fuller, R. (Eds.), Human Factors for Highway Engineers. Elsevier-Pergamon, pp. 161–175.

De Waard, D., Brookhuis, K.A., 1997. On the measurement of driver mental workload. In: Rothengatter, J.A., Carbonell, E. (Eds.), Traffic and Transport Psychology. Elsevier, Amsterdam, pp. 161–173.

De Winter, J.C., Happee, R., Martens, M.H., Stanton, N.A., 2014. Effects of adaptive cruise control and highly automated driving on workload and situation awareness: a review of the empirical evidence. Transport. Res. F: Traffic Psychol. Behav. 27, 196–217.

Deo, N., Trivedi, M.M., 2019. Looking at the driver/rider in autonomous vehicles to predict take-over readiness. IEEE Trans. Intell. Veh. 5 (1), 41–52.

Dey, A.K., 2001. Understanding and using context. Pers. Ubiquit. Comput. 5 (1), 4–7.

Díaz-Álvarez, A., García, F.S., Naranjo, J.E., Anaya, J.J., Jiménez, F., 2014. Modeling the driving behavior of electric vehicles using smartphones and neural networks. IEEE Intell. Transp. Syst. Mag. 6 (3), 44–53.

Díaz-Álvarez, A., Clavijo, M., Jiménez, F., Talavera, E., Serradilla, F., 2018. Modelling the human lane-change execution behaviour through multilayer perceptrons and convolutional neural networks. Transport. Res. F: Traffic Psychol. Behav. 56, 134–148.

Diels, C., Bos, J.E., 2016. Self-driving carsickness. Appl. Ergon. 53, 374–382.

Diels, C., Erol, T., Kukova, M., Wasser, J., Cieslak, M., Payre, W., Miglani, A., Mansfield, N., Hodder, S., Bos, J., 2017. Designing for Comfort in Shared and Automated Vehicles (SAV): A Conceptual Framework.

Distler, V., Lallemand, C., Bellet, T., 2018. Acceptability and acceptance of autonomous mobility on demand: The impact of an immersive experience. In: Proceedings of the 2018 CHI Conference on Human Factors in Computing Systems, pp. 1–10.

Du, N., Zhou, F., Pulver, E.M., Tilbury, D.M., Robert, L.P., Pradhan, A.K., Yang, X.J., 2020. Examining the effects of emotional valence and arousal on takeover performance in conditionally automated driving. Transp. Res. Part C Emerg. Technol. 112, 78–87.

Eggemeier, F.T., Wilson, G.F., Kramer, A.F., Damos, D.L., 1991. Workload assessment in multi-task environments. In: Damos, D.L. (Ed.), Multiple-Task Performance. Taylor & Francis, London, pp. 207–216.

Ekman, P., 1992. Are there basic emotions? Psychol. Rev. 99, 550–553.

Ekman, P., Friesen, W.V., 1971. Constants across cultures in the face and emotion. J. Pers. Soc. Psychol. 17 (2), 124.

Elbanhawi, M., Simic, M., Jazar, R., 2015. In the passenger seat: investigating ride comfort measures in autonomous cars. IEEE Intell. Transp. Syst. Mag. 7 (3), 4–17.

Endsley, M.R., 2017. Autonomous driving systems: a preliminary naturalistic study of the Tesla Model S. J. Cogn. Eng. Decis. Mak. 11 (3), 225–238.

Endsley, M.R., Kiris, E.O., 1995. The out-of-the-loop performance problem and level of control in automation. Hum. Factors 37 (2), 381–394.

ERTRAC, E., SNET, E., 2017. Ertrac Automated Driving Roadmap. ERTRAC Working Group, p. 7.

European Commission, 2013. Options for Strengthening Responsible Research and Innovation :Report of the Expert Group on the State of Art in Europe on Responsible Research and Innovation. Publications Office of the European Union. https://data.europa.eu/doi/10.2777/46253.

Fitts, P.M., 1951. Human Engineering for an Effective Air Navigation and Traffic Control System. National Research Council, Washington, DC.

Fix, E., Armstrong, H.G., 1990. Modeling human performance with neural networks. In: 1990 IJCNN International Joint Conference on Neural Networks, San Diego, CA, USA. vol. 1, pp. 247–252, https://doi.org/10.1109/IJCNN.1990.137577.

Flemisch, F.O., Adams, C.A., Conway, S.R., Goodrich, K.H., Palmer, M.T., Schutte, P.C., 2003. The H-Metaphor as a Guideline for Vehicle Automation and Interaction. Technical Report NASA/TM-2003-212672. NASA, Hampton, VA.

Frijda, N.H., 1993. The place of appraisal in emotion. Cognit. Emot. 7 (3–4), 357–387. https://doi.org/10.1080/02699939308409193.

Glancy, D.J., 2012. Privacy in autonomous vehicles. Santa Clara L. Rev. 52, 1171.

Harmon-Jones, E., Winkielman, P., 2007. Social Neuroscience: Integrating Biological and Psychological Explanations of Social Behavior. Guilford Press.

Hart, S.G., Staveland, L.E., 1988. Development of NASA-TLX (task load index): results of empirical and theoretical research. In: Hancock, P.A., Meshkati, N. (Eds.), Human Mental Workload. North-Holland, Amsterdam, pp. 139–183.

Ho, J., Intille, S.S., 2005. Using context-aware computing to reduce the perceived burden of interruptions from mobile devices. In: Proceedings of the SIGCHI Conference on Human factors in Computing Systems (CHI'05). ACM, New York, NY, USA, pp. 909–918.

Holzinger, A., Bruschi, M., Eder, W., 2013. On interactive data visualization of physiological low-cost-sensor data with focus on mental stress. In: International Conference on Availability, Reliability, and Security, pp. 469–480.

Hongfei, J., Zhicai, J., Anning, N., 2003. Develop a car-following model using data collected by "five-wheel system". In: Intelligent Transportation Systems. Proceedings. vol. 1. IEEE, pp. 346–351.

Hou, H., Jin, L., Niu, Q., Sun, Y., Lu, M., 2011. Driver intention recognition method using continuous hidden Markov model. Int. J. Comput. Intell. Syst. 4 (3), 386–393.

Iqbal, S.T., Zheng, X.S., Bailey, B.P., 2004. Task- evoked pupillary response to mental workload in human- computer interaction. In: CHI'04. AMS Press, New York, pp. 1477–1480.

Jamieson, G.A., Skraaning Jr., G., 2018. Levels of automation in human factors models for automation design: why we might consider throwing the baby out with the bathwater. J. Cogn. Eng. Decis. Mak. 12 (1), 42–49.

Jex, H.R., 1988. Measuring mental workload: Problems, progress, and promises. In: Hancock, P., Meshkati, N. (Eds.), Human Mental Workload. North Holland, Amsterdam, pp. 5–39.

Jiménez, F., Naranjo, J.E., Sánchez, S., Serradilla, F., Pérez, E., Hernández, M.J., Ruiz, T., 2018. Communications and driver monitoring aids for fostering SAE level-4 road vehicles automation. Electronics 7 (10), 228.

Johannsen, G., 1979. Workload and workload measurement. In: Moray, N. (Ed.), Mental Workload: Its Theory and Measurement. Plenum Press, New York & London, pp. 3–11.

Johansen, T.A., Fossen, T.I., Berge, S.P., 2004. Constrained nonlinear control allocation with singularity avoidance using sequential quadratic programming. IEEE Trans. Control Syst. Technol. 12 (1), 211–216.

Jones, S., 2013. Cooperative Adaptive Cruise Control: Human Factors Analysis. FHWA-HRT-13-045 Report. US DoT.

Jordan, N., 1963. Allocation of functions between man and machines in automated systems. J. Appl. Psychol. 47 (3), 161.

Kaber, D.B., 2018. Issues in human–automation interaction modeling: presumptive aspects of frameworks of types and levels of automation. J. Cogn. Eng. Decis. Mak. 12 (1), 7–24.

Kahneman, D., 1973. Attention and Effort. Prentice-Hall, Englewood Cliffs, NJ.

Kalra, N., Paddock, S.M., 2016. Driving to safety: how many miles of driving would it take to demonstrate autonomous vehicle reliability? Transp. Res. A Policy Pract. 94, 182–193.

Karthikeyan, M., Sathiamoorthy, S., Vasudevan, M., 2019. Lane keep assist system for an autonomous vehicle using support vector machine learning algorithm. In: International Conference on Innovative Data Communication Technologies and Application. Springer, Cham, pp. 101–108.

Khodayari, A., Ghaffari, A., Kazemi, R., Braunstingl, R., 2012. A modified car-following model based on a neural network model of the human driver effects. IEEE Trans. Syst. Man Cybern. Part A Syst. Hum. 42, 1440–1449.

Kim, J., Kim, H.S., Kim, W., Yoon, D., 2018. Take-over performance analysis depending on the drivers' non-driving secondary tasks in automated vehicles. In: 2018 International Conference on Information and Communication Technology Convergence (ICTC). IEEE, pp. 1364–1366.

König, M., Neumayr, L., 2017. Users' resistance towards radical innovations: the case of the self-driving car. Transport. Res. F: Traffic Psychol. Behav. 44, 42–52.

Kyriakidis, M., Happee, R., de Winter, J.C., 2015. Public opinion on automated driving: results of an international questionnaire among 5000 respondents. Transport. Res. F: Traffic Psychol. Behav. 32, 127–140.

Lachner, F., 2019. User Experience in Cross-Cultural Contexts (PhD thesis). LMU.

Laparra Hernández, J., Izquierdo Riera, M.D., Medina Ripoll, E., Palomares Olivares, N., Solaz Sanahuja, J.S., 2019. Dispositivo Y Procedimiento De Vigilancia Del Ritmo Respiratorio De Un Sujeto. https://patentscope.wipo.int/search/es/detail.jsf?docId=WO2019145580&tab=PCTBIBLIO.

Le Vine, S., Zolfaghari, A., Polak, J., 2015. Autonomous cars: the tension between occupant experience and intersection capacity. Transp. Res. Part C Emerg. Technol. 52, 1–14.

Lee, J., Moray, N., 1992. Trust, control strategies and allocation of function in human-machine systems. Ergonomics 35 (10), 1243–1270.

Lee, M.S., Park, J., Jang, Y.J., Kim, W., Yoon, D., 2018. Individual stable driving pattern analysis for evaluating driver readiness at autonomous driving levels 2 and 3. In: 2018 International Conference on Information and Communication Technology Convergence (ICTC). IEEE, pp. 315–319.

Li, J., Braun, M., Butz, A., Alt, F., 2019. Designing emotion-aware in-car interactions for unlike markets. In: Proceedings of the 11th International Conference on Automotive User Interfaces and Interactive Vehicular Applications: Adjunct Proceedings, pp. 352–357.

Li, X., Schroeter, R., Rakotonirainy, A., Kuo, J., Lenné, M.G., 2020. Effects of different non-driving-related-task display modes on drivers' eye-movement patterns during take-over in an automated vehicle. Transport. Res. F: Traffic Psychol. Behav. 70, 135–148.

Loeb, H.S., Vo-Phamhi, E., Seacrist, T., Maheshwari, J., Yang, C., 2021. Vehicle Automation Emergency Scenario: Using a Driving Simulator to Assess the Impact of Hand and Foot Placement on Reaction Time. SAE Technical Paper, 01-0861.

Lu, Z., Happee, R., Cabrall, C.D., Kyriakidis, M., de Winter, J.C., 2016. Human factors of transitions in automated driving: a general framework and literature survey. Transport. Res. F: Traffic Psychol. Behav. 43, 183–198.

Lüdtke, 2021. AutoAkzept. https://www.offis.de/offis/projekt/autoakzept.html.

Marquart, G., Cabrall, C., de Winter, J., 2015. Review of eye-related measures of drivers' mental workload. Procedia Manuf. 3, 2854–2861.

Maye, J., Triebel, R., Spinello, L., Siegwart, R., 2011. Bayesian on-line learning of driving behaviors. In: 2011 IEEE International Conference on Robotics and Automation, Shanghai, pp. 4341–4346, https://doi.org/10.1109/ICRA.2011.5980414.

Medina, A., Maulana, A., Thompson, D., Shandilya, N., Almeida, S., Aapaoja, A., Kutila, M., Merkus, E., Vervoort, K., 2017. Public Support Measures for Connected and Automated Driving. Final Report GROW-SME-15-C-N102.

Mehrabian, A., Russell, J.A., 1974. An Approach to Environmental Psychology. The MIT Press, p. xii. 266.

Merat, N., Jamson, A.H., Lai, F.C., Daly, M., Carsten, O.M., 2014. Transition to manual: driver behaviour when resuming control from a highly automated vehicle. Transport. Res. F: Traffic Psychol. Behav. 27, 274–282.

Merat, N., Madigan, R., Nordhoff, S., 2017. Human Factors, User Requirements, and User Acceptance of Ride-Sharing in Automated Vehicles. OECD.

Merat, N., Seppelt, B., Louw, T., Engström, J., Lee, J.D., Johansson, E., et al., 2019. The "out-of-the-loop" concept in automated driving: proposed definition, measures and implications. Cogn. Tech. Work 21 (1), 87–98.

Michon, J.A., 1985. A critical view of driver behavior models: What do we know, what should we do? In: Evans, L., Schwing, R.C. (Eds.), Human Behavior & Traffic Safety. Plenum Press, New York, pp. 485–524.

Miller, S., 2001. Workload Measures (tech. rep. No. N01-006). National Advanced Driving Simulator, Iowa City, United States.

Moray, N., 1979. Models and measures of mental workload. In: Moray, N. (Ed.), Mental Workload: Its Theory and Measurement. Plenum Press, New York and London, pp. 13–21.

Naranjo, J.E., González, C., García, R., De Pedro, T., Haber, R.E., 2005. Power-steering control architecture for automatic driving. IEEE Trans. Intell. Transp. Syst. 6 (4), 406–415.

Naranjo, J.E., Serradilla, F., Nashashibi, F., 2020. Speed control optimization for autonomous vehicles with metaheuristics. Electronics 9 (4), 551.

Nasoz, F., Lisetti, C.L., Vasilakos, A.V., 2010. Affectively intelligent and adaptive car interfaces. Inf. Sci. 180 (20), 3817–3836. https://doi.org/10.1016/j.ins.2010.06.034.

Naujoks, F., Neukum, A., 2013. Timing of in-vehicle advisory warnings based on cooperative perception, 2014. In: Proceedings of the Human Factors and Ergonomics Society Europe Chapter Annual Meeting, pp. 1–13.

Nawyn, J., Thompson, M., Chen, N., Larson, K., 2012. A closed-loop feedback system for a context-aware tunable architectural lighting application. In: Proceedings of the Human Factors and Ergonomics Society Annual Meeting. vol. 56 (1). SAGE Publications, Los Angeles, CA, pp. 541–545.

Newcomb, D., 2012. You Won't Need a Driver's License by 2040. https://edition.cnn.com/2012/09/18/tech/innovation/ieee-2040-cars/index.html.

Nishimura, R., Wada, T., Sugiyama, S., 2015. Haptic shared control in steering operation based on cooperative status between a driver and a driver assistance system. J. Hum. Robot Interact. 4 (3), 19–37.

Noy, I.Y., Shinar, D., Horrey, W.J., 2018. Automated driving: safety blind spots. Saf. Sci. 102, 68–78. https://doi.org/10.1016/j.ssci.2017.07.018.

O'Donnell, R.D., Eggemeier, F., 1986. Workload assessment methodology. In: Boff, K.R., Kaufman, L., Thomas, J. (Eds.), Handbook of Perception and Human Performance. vol. 2. John Wiley and Sons, New York, pp. 1–49.

Oehl, M., Ihme, K., Bosch, E., Pape, A.-A., Vukelić, M., Braun, M., 2019. Emotions in the Age of Automated Driving—Developing Use Cases for Empathic Cars., https://doi.org/10.18420/muc2019-ws-267.

Ortony, A., Turner, T.J., 1990. What's basic about basic emotions? Psychol. Rev. 97 (3), 315.

Ortony, A., Clore, G.L., Collins, A., 1990. The Cognitive Structure of Emotions. Cambridge University Press.

Owen, R., Pansera, M., 2019. Responsible innovation and responsible research and innovation. In: Simon, D., Kuhlmann, S., Stamm, J., Canzler, W. (Eds.), Handbook on Science and Public Policy. Edward Elgar Publishing, pp. 26–48.

Panwai, S., Dia, H., 2007. Neural agent car-following models. IEEE Trans. Intell. Transp. Syst. 8 (1), 60–70.

Parasuraman, R., Molloy, R., Singh, I.L., 1993. Performance consequences of automation-induced 'complacency'. Int. J. Aviat. Psychol. 3 (1), 1–23.

Parasuraman, R., Sheridan, T.B., Wickens, C.D., 2000. A model for types and levels of human interaction with automation. IEEE Trans. Syst. Man Cybern. Part A 30 (3), 286–297.

Payre, W., Cestac, J., Delhomme, P., 2014. Intention to use a fully automated car: attitudes and a priori acceptability. Transport. Res. F: Traffic Psychol. Behav. 27, 252–263.

Picard, R.W., Vyzas, E., Healey, J., 2001. Toward machine emotional intelligence: analysis of affective physiological state. IEEE Trans. Pattern Anal. Mach. Intell. 23 (10), 1175–1191.

Ramakrishnan, P., Balasingam, B., Biondi, F., 2021. Cognitive load estimation for adaptive human–machine system automation. In: Zhang, D., Wei, B. (Eds.), Learning Control. Applications in Robotics and Complex Dynamical Systems. Elsevier, pp. 35–58.

Recarte, M.Á., Pérez, E., Conchillo, Á., Nunes, L.M., 2008. Mental workload and visual impairment: differences between pupil, blink, and subjective rating. Span. J. Psychol. 11 (2), 374–385.

Reid, G.B., Shingledecker, C.A., Eggemeier, F.T., 1981. Application of conjoint measurement to workload scale development. In: Proceedings of the Human Factors Society 25th Annual Meeting. Human Factors Society, Santa Monica CA, pp. 522–526.

Rouse, W.B., 1988. Adaptive aiding for human/computer control. Hum. Factors 30 (4), 431–443.

Russell, J.A., 1980. A circumplex model of affect. J. Pers. Soc. Psychol. 39 (6), 1161.

Saifuzzaman, M., Zheng, Z., 2014. Incorporating human-factors in car-following models: a review of recent developments and research needs. Transp. Res. Part C Emerg. Technol. 48, 379–403.

Salanitri, D., Jackson, J., Periago, C., 2020. Evaluation of a new system in future L4 vehicles: use cases and methodology for the SUaaVE European project. In: Proceedings of the 4th International Conference on Computer-Human Interaction Research and Applications, pp. 271–275, https://doi.org/10.5220/0010184302710275.

Salmon, P.M., Walker, G.H., Stanton, N.A., 2016. Pilot error versus sociotechnical systems failure: a distributed situation awareness analysis of Air France 447. Theor. Issues Ergon. Sci. 17 (1), 64–79.

Salzman, C.D., Fusi, S., 2010. Emotion, cognition, and mental state representation in amygdala and prefrontal cortex. Annu. Rev. Neurosci. 33, 173–202.

Sanders, A.F., 1979. Some remarks on mental load. In: Moray, N. (Ed.), Mental Workload: It's Theory and Measurement. Plenum Press, New York, pp. 41–77.

Schoettle, B., Sivak, M., 2014. Public Opinion about Self-Driving Vehicles in China, India, Japan, the US, the UK, and Australia. University of Michigan, Transportation Research Institute, Ann Arbor.

Schölkopf, B., Smola, A.J., Bach, F., 2002. Learning with Kernels: Support Vector Machines, Regularization, Optimization, and Beyond. MIT press.

Seppelt, B.D., Victor, T.W., 2016. Potential solutions to human factors challenges in road vehicle automation. In: Meyer, G., Beiker, S. (Eds.), Road Vehicle Automation 3. Springer, Cham, pp. 131–148.

Sheridan, T.B., Stassen, H.G., 1979. Definitions, models and measures of human workload. In: Moray, N. (Ed.), Mental Workload: Its Theory and Measurement. Plenum Press, New York and London, pp. 219–233.

Sheridan, T.B., Verplank, W.L., 1978. Human and computer control of undersea teleoperators (Technical report). MIT Man-Machine Laboratory, Cambridge, MA.

Simonelli, F., Bifulco, G.N., De Martinis, V., Punzo, V., 2009. Human-like adaptive cruise control systems through a learning machine approach. In: Applications of Soft Computing. Springer, Berlin, Heidelberg, pp. 240–249.

Sivak, M., Schoettle, B., 2015. Motion Sickness in Self-Driving Vehicles. University of Michigan, Transportation Research Institute, Ann Arbor.

Sommer, K., 2013. Continental Mobility Study 2011. Continental AG, pp. 19–22.

Spulber, A., Wallace, R., 2016. Impact of Automated Vehicle Technologies on Driver Skills. Michigan Department of Transportation, Lansing, MI.

Stavens, D.M., 2011. Learning to Drive: Perception for Autonomous Cars. Stanford University.

Steg, L., 2005. Car use: lust and must. Instrumental, symbolic and affective motives for car use. Transp. Res. A Policy Pract. 39 (2–3), 147–162.

Stickel, C., Ebner, M., Steinbach-Nordmann, S., Searle, G., Holzinger, A., 2009. Emotion detection: application of the valence arousal space for rapid biological usability testing to enhance universal access. In: International Conference on Universal Access in Human-Computer Interaction, pp. 615–624.

Strand, N., Nilsson, J., Karlsson, I.M., Nilsson, L., 2014. Semi-automated versus highly automated driving in critical situations caused by automation failures. Transport. Res. F: Traffic Psychol. Behav. 27, 218–228.

Tan, H., Zhang, Y.-J., 2006. Detecting eye blink states by tracking iris and eyelids. Pattern Recogn. Lett. 27 (6), 667–675.

Toyota Research Institute, 2019. Is Now a Good Time? An Empirical Study of Vehicle-Driver Communication Timing. TRI | Toyota Research Institute. https://www.tri.global/research/is-now-a-good-time-an-empirical-study-of-vehicle-driver-communication-timing/.

Van Nes, C.N., Duivenvoorden, C., 2017. Safely Towards Self-Driving Vehicles: New Opportunities New Risks and New Challenges During the Automation of the Traffic System. SWOV.

Vanderhaegen, F., 2012. Cooperation and learning to increase the autonomy of ADAS. Cogn. Tech. Work 14 (1), 61–69.

Vicente, K.J., Thornton, C.D., Moray, N., 1987. Spectral analysis of sinus arrhythmia: a measure of mental effort. Hum. Factors 29 (2), 171–182.

Vink, P., Hallbeck, S., 2012. Comfort and discomfort studies demonstrate the need for a new model. Appl. Ergon. 43 (2), 271–276.

Vlakveld, W., van Nes, N., de Bruin, J., Vissers, L., van der Kroft, M., 2018. Situation awareness increases when drivers have more time to take over the wheel in a level 3 automated car: a simulator study. Transport. Res. F: Traffic Psychol. Behav. 58, 917–929.

Vollrath, M., Schleicher, S., Gelau, C., 2011. The influence of cruise control and adaptive cruise control on driving behaviour—a driving simulator study. Accid. Anal. Prev. 43 (3), 1134–1139.

Westerink, J.H.D.M., van den Broek, E.L., Schut, M.H., van Herk, J., Tuinenbreijer, K., 2008. Computing emotion awareness through galvanic skin response and facial electromyography. In: Westerink, J.H.D.M., Ouwerkerk, M., Overbeek, T.J.M., Pasveer, W.-F., de Ruyter, B. (Eds.), Probing Experience: From Assessment of User Emotions and Behaviour to Development of Products. Springer, Netherlands, pp. 149–162, https://doi.org/10.1007/978-1-4020-6593-4_14.

Wickens, C.D., 1984. Processing resources in attention. In: Parasuraman, R., Davies, R. (Eds.), Varieties of Attention. Academic Press, New York, pp. 63–102.

Wickens, C.D., 1992. Engineering Psychology and Human Performance. HarperCollins, New York.

Wickens, C.D., 1995. Designing for situation awareness and trust in automation. IFAC Proc. Vol. 28 (23), 365–370.

Wierwille, W.W., Casali, J.G., 1983. A validated rating scale for global mental workload measurement applications. In: Proceedings of the Human Factors Society 27th Annual Meeting. vol. 1. Human Factors Society, Santa Monica CA, pp. 129–133.

Yang, Y.-H., Lin, Y.-C., Su, Y.-F., Chen, H.H., 2007. Music emotion classification: a regression approach. In: 2007 IEEE International Conference on Multimedia and Expo, pp. 208–211, https://doi.org/10.1109/ICME.2007.4284623.

Yerkes, R.M., Dodson, J.D., 1908. The relation of strength of stimulus to rapidity of habit-formation. J. Comp. Neurol. Psychol. https://doi.org/10.1002/cne.920180503.

Young, M.S., Stanton, N.A., 2002. Malleable attentional resources theory: a new explanation for the effects of mental underload on performance. Hum. Factors 44 (3), 365–375.

Young, K.L., Salmon, P.M., Cornelissen, M., 2013. Missing links? The effects of distraction on driver situation awareness. Saf. Sci. 56, 36–43.

Zhai, J., Barreto, A., 2006. Stress recognition using non-invasive technology. In: FLAIRS Conference, pp. 395–401.

Zhang, E., Zhang, Q., Xiao, J., Hou, L., Guo, T., 2018. Acoustic comfort evaluation modeling and improvement test of a forklift based on rank score comparison and multiple linear regression. Appl. Acoust. 135, 29–36.

Zijlstra, F.R.H., Van Doorn, L., 1985. The Construction of a Scale to Measure Perceived Effort. Department of Philosophy and Social Sciences, Delft University of Technology, Delft, The Netherlands.

Zimmermann, A., Lorenz, A., 2008. LISTEN: a user-adaptive audio-augmented museum guide. User Model. User-Adap. Inter. 18 (5), 389–416. https://doi.org/10.1007/s11257-008-9049-x.

Zuckerman, M., 1994. Behavioral Expressions and Biosocial Bases of Sensation Seeking. Cambridge University Press.

第 13 章

人机交互

13.1 引言

根据美国国家公路交通安全管理局（NHTSA）的数据，大约 94%的车祸是由人为失误造成的（Singh，2015）。该统计数据证实了一个众所周知的事实，即人类在驾驶时会犯错。从这个意义上来说，技术试图通过配备先进驾驶辅助系统（ADAS）的现代交通工具来减少事故数量。起初，这些系统的目的是在不同的危险情况下提醒驾驶员，但随着时间的推移，它们已经演变成能够控制车辆的更具侵入性的系统。根据美国汽车工程师学会（SAE）分类标准的定义（SAE International On-road Automated Vehicles Standards Committee，2018），这些系统是驾驶自动化等级（Level of Driving Automation，LoDA）为 L0、L1 或 L2 级车辆的一部分。此类系统包括 LoDA 0 级车道偏离预警系统、LoDA 1 级自适应巡航控制（ACC）系统以及 LoDA 2 级带 ACC 的自动车道居中（Automated Lane-Centring，ALC）系统。然而，具有更高自主性的系统（LoDA 3 和 4 级）在特定情况下无须驾驶员干预即可完全控制车辆（Endsley，2018）。

研究人员和汽车制造商正致力于实现更智能、更稳健的 ADAS，以开发全自动驾驶车辆。然而，由于驾驶员每天面对场景的复杂性，他们一直面临着严峻的挑战。据此，自动驾驶车辆必须确保几乎完美的性能，因为人为事故在社会和法律上是可以接受的，而机器造成的事故则不然（Bonnefon et al，2016；Cummings and Ryan，2014）。

在此背景下，人们正在探索两种主要的人机协同（Human-Machine Cooperation）策略，以应对完全自动驾驶的主要挑战，同时提供可在短期内实施的新解决方案，以提高驾驶任务的安全性和效率。这两种策略为共享控制和交换控制。

共享控制的第一个定义出现在谢里登和维普兰克的研究（Sheridan and Verplank，1978）中："自动化系统和人类同时在同一任务上工作的情况"。多年来，该定义得到了进一步的扩展和细化，得到以下定义："在共享控制中，人和机器人在感知-行动循环中一致地交互，以执行人或机器人在理想情况下可以单独执行的动态任务"（Abbink et al，2018）。这一定义有助于将共享控制与其他人机协同策略区分开来［例如，协同控制、交换控制和监督控制（Flemisch et al，2019）］。

此外，共享控制是网联协同自动驾驶车辆（CCAV）领域的一种新方法，研究人员在该领域利用了人机系统（Human-Machine Systems，HMS）的概念。共享控制策略基于智能控制器在驾驶员和半自动车辆之间进行仲裁（通常在 LoDA 2 和 3 级之间）。这些功能合并后得到一个更安全的系统，可以在驾驶时做出决策，具有更高的准确性、更不易出错，并能够处理越界事件。

与共享控制相反，交换控制指的是这样一种方案，即特定任务完全由唯一的智能体执行，无论是单独的人还是单独的自动化系统（Inagaki，2003）。对于要实施的控制权交换，需要决定何时必须将控制权移交给哪个智能体，由谁来决定授权仲裁也很重要（Muslim and Itoh，2019）。这仍然是汽车辅助与自动化技术面临的最大挑战之一（Inagaki and Sheridan，2019）。

本章旨在从自动决策的角度，解释在与人机交互相关的最新技术中最重要的贡献。第 13.2 节概述了人机协同和共享控制方法，特别是这些方法在自动驾驶车辆中的应用。第 13.3 节展示了最新技术（State of the Art，SoA）中用于共享控制的最重要的定义和策略，以及一些示例和应用。第 13.4 节描述了用于人机协同的控制框架元素，重点介绍了 ADAS/AD 的共享控制。另外，第 13.5 节专门介绍了交换控制的重要方面，其中决策架构需要考虑控制权转移的情况。

13.2　人机协同与共享控制中的隐喻

人机协同在相关研究中得到了充分的研究，尤其是在机器人领域。如今，研究人员特别关注将这一领域的概念应用到自动驾驶车辆领域。人类和机器是团队的一部分，他们希望利用各自最佳的技能来共同实现目标。总体而言，机器更擅长快速响应控制信号、执行重复性任务和多任务处理；另一方面，人类在判断、推理和临场应变方面更为突出（Bradshaw et al，2012）。对于自动驾驶应用，控制器可以比人类驾驶员以更小的横向误差和角度误差跟随路径规划器；而驾驶员可以更好地归纳出其他车辆的行为以进行决策。共享控制的目标是能够使两个参与者同时融合各自的优势。

在弗拉芒语等人的研究（Flemisch et al，2016）中，共享控制被认为是人机协同的特定部分。在 ACC 系统中可以看到协同，其中控制器管理油门踏板，驾驶员控制方向盘。相比之下，共享控制更为具体，因为它涉及影响单个系统（方向盘）行为的两个参与者。然而，除定义外，

第 13 章 人机交互

有人指出，与更经典的、主要是象征性的人机协同相比，自动驾驶车辆中的人机协同是一种明显不同的情况（Jordan et al，2007）。因此，需要对这一领域进行更多的研究。

共享控制还可以用隐喻来解释。最常见的是弗拉芒语等人的研究（Flemisch et al，2003）中提出的骑马隐喻（H-Metaphor），如图 13.1（1）所示。它将驾驶员和高度自动驾驶车辆之间的交互与骑师和马之间的交互进行了比较。马服从骑师的上层指挥，但他们互相协助，在不碰撞的情况下到达目的地。对身体交互以及教学和学习过程进行评估。图 13.1 展示了这一思想的概况以及如何将其重点放在自动驾驶车辆上。骑马时，人主要通过缰绳控制马。它创造了一种相互作用，在这种相互作用中，马和骑师通过触觉通道（例如，马鞍或缰绳）感知彼此的动作。骑马隐喻被广泛地研究，作为决定系统如何在适当的时间应用每个参与者最佳技能的指南。

另一个例子是驾驶课场景，在该场景中，老师和学生各有一个可同时工作的方向盘和踏板。这个例子在研究中是用教练-学生隐喻来解释的，如图 13.1（2）所示。但在航空课上（Holzmann et al，2006），它描述了新手飞行员和经验丰富的飞行员在飞行训练期间的互动。最后，隐喻的另外两个例子是共同搬运一个物体［见图 13.1（3）］和亲子骑自行车［见图 13.1（4）］，其中在亲子骑自行车场景中，父母一直与自行车直接接触，但孩子在保持平衡的同时拥有大部分权限。这些例子均在马卡诺等人的研究（Marcano et al，2020a）中进行了讲解。应用隐喻的典型框架将在下一节讲述。

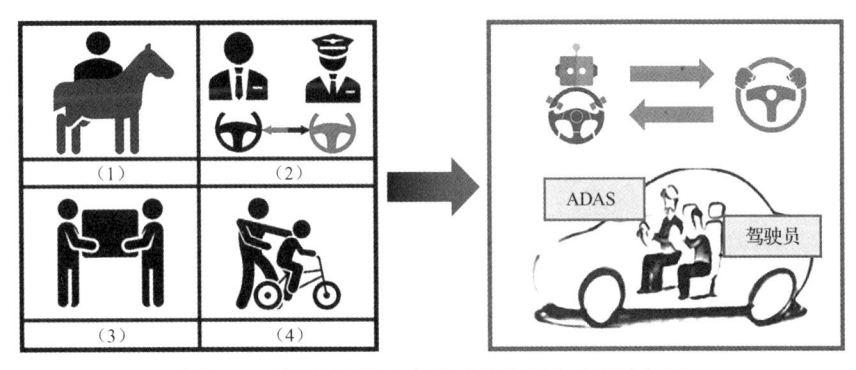

图 13.1 常见协同任务的隐喻转换到自动驾驶车辆

13.3 共享控制方法

13.3.1 定义

下面列出了共享控制三个最受认可的定义（见表 13.1），其中阿宾克等人研究（Abbink et al，

2018）中的共享控制定义最受认可。

表 13.1　共享控制的定义

时间线	定义
［Sheridan and Verplank，1978］	计算机和人类同时处理同一任务的情况
［Endsley and Kaber，1999］	人类和计算机都会生成可能的决策选项。人类仍然可以完全控制选择实施哪个选项；但是，执行行动是由人和系统共享的
［Abbink et al，2018］	在共享控制中，人和机器人在感知-行动循环中一致地相互作用，以执行人或机器人在理想情况下可以单独执行的动态任务

如上所述，共享控制的早期定义可参阅谢里登和维普兰克的研究（Sheridan and Verplank，1978），该研究开发了与人机交互相关的 10 个自动化等级。它的主要贡献之一是展示了共享控制和交换控制之间的区别，如图 13.2 所示。研究中指出："当计算机和人类同时处理同一任务时，我们称之为共享控制；当他们在不同时间处理同一任务时，则称之为交换控制"。随后讨论了这种方法，其中共享控制在从无自动化（0 级）到完全自动化（10 级）的 10 级层次结构中被列为 4 级。恩兹利和柯贝将这种策略定义如下："人和计算机都会生成可能的决策选项。人类仍然完全控制着选择实施哪个选项；但执行这些行动是在人和系统之间共享的"（Endsley and Kaber，1999）。

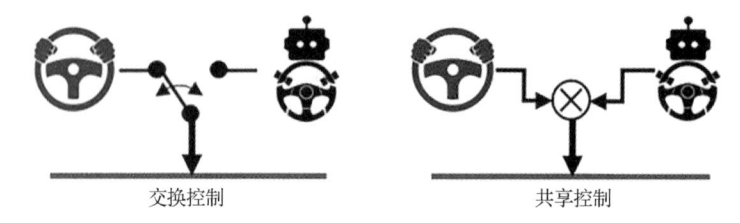

图 13.2　交换控制与共享控制的图形表示

在柯贝和恩兹利的研究（Kaber and Endsley，1997）中，他们指出人类脱离环路时会出现问题，并且需要中级自动化来应对这个问题。该观点与自动驾驶车辆的现状相符，因为在 SAE、NHTSA 和 BASt[①]提出的定义中缺少中间自动化等级。

根据上述概念，可以看到共享控制在机器人领域中的发展。其应用范围广泛，包括遥操作系统、盲人机器人辅助、陆地车辆引导辅助、老年人智能移动辅助、具有脑机交互的轮椅以及用于远程手术的医疗机器人。此外，其他一些作者一直在研究这项技术，特别是将其应用于自动驾驶车辆。除共享控制外，人们还使用了不同的术语[②]，如智能副驾驶（Intelligent Co-Pilot）、

---

① 译者注：德国联邦交通研究所（Bundesanstalt für Straßenwesen，BASt）。

② 译者注：国内学者更常使用的术语为人机共驾（Shared Autonomy），也译作共享自治；或者人机共驾（Human-machine Shared Driving）。

平行驾驶（Parallel Autonomy）、人工副驾驶员（Artificial Co-Drivers）、混合自动机（Hybrid Automata）和半自动化驾驶车辆等。在这些定义中，已经设计并应用了一些通用框架，如下一节所述。

13.3.2 框架

在过去的几年里，共享控制成为人与自动驾驶车辆交互的可行解决方案。然而，现在还没有关于如何将这种技术应用于驾驶辅助系统的标准程序。马卡诺等人的研究旨在将该技术应用于车辆自动化的五个主要方面（Marcano et al, 2020a）:（1）共享控制有哪些不同的定义，哪个是最合适的;（2）描述为该策略而开发的不同框架;（3）详细说明用于共享控制的控制器技术;（4）研究所考虑的变量;（5）记录不同的实验以评价性能。

关于控制框架，有两种主要的方法：直接共享控制（与耦合控制机制相关）和间接共享控制（与非耦合控制机制相关）。图 13.3 展示了这两种控制框架的示意图。

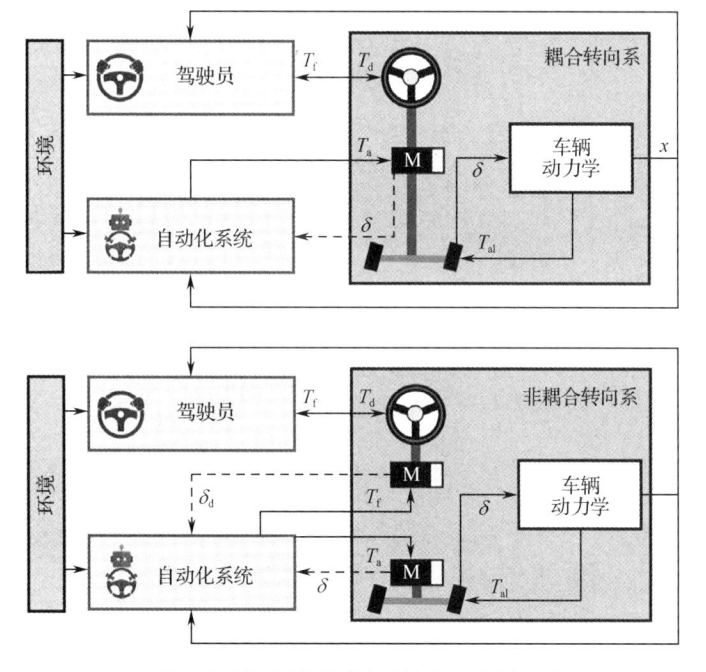

图 13.3　基于控制机制的共享控制框架（耦合与非耦合）

直接共享控制通常与触觉引导系统有关，在该系统中，人和车辆都会同时连续地对转向施加扭矩。该策略可以分为两种用于汽车的通用方法。第一种是在正确的运动方向上施加力以引导驾驶员（反馈扭矩），第二种是共享控制的静态方式，它会影响方向盘的刚度，根据操纵转向的难度为自动化系统分配权限。这种直接控制面临着研究中发现的四种不同且定义明确的策略，分别称为指令差异、轨迹误差、驾驶员模型和博弈论。

间接共享控制的研究并不像触觉引导系统那样普遍。然而，近年来，应用于自动驾驶的这项技术有了很大的发展。控制器必须设计成在安全的情况下尊重驾驶员的意图。与直接共享控制相比，间接共享控制的控制器受到驾驶员的影响，因此为控制器分配了控制车辆的最终权限。这种系统仅限于线控（Drive-By-Wire，DBW）车辆和可以模拟 DBW 的模拟器。此外，调查研究显示了两种明确定义的间接共享控制技术：一种基于混合人类和驾驶员输入以获取权威增益，一种将 MPC 与表示控制器目标的目标函数一起使用以匹配驾驶员输入（Erlien，2015）。

13.3.3 算法

触觉增强的主要挑战之一是避免混淆驾驶员并改变其自然行为。为此，需要一种可以智能分配人工扭矩的算法来辅助驾驶员而不是产生干扰。此前已经进行了一些开发，其中大多数开发在共享控制方法中使用了以下通用公式：

$$u_s = Ku_d + (1-K)u_a \tag{13.1}$$

其中，u_s 为共享控制器的输出，u_d 为驾驶员指令，u_a 为自动控制器信号。在为驾驶员指令和自动控制信号分配权重后，共享控制器的输出将两者进行了融合。基于这个通用公式，该算法拟分配一个智能值 K，即权限增益，该值负责对其中一个智能体的扭矩分配更多的控制作用。麻省理工学院机器人移动小组特别关注该研究，他们开发了一个同时考虑间接和触觉反馈控制的框架。在一些关于半自动驾驶车辆的出版物中，也将这些方法作为基础（Anderson et al, 2014）。

触觉权限等级（K）的智能计算取决于驾驶员、车辆和环境的状态，如图 13.4 所示。该计算由称为仲裁系统的子模块执行，该系统负责找到最优权限，然后通过所选的共享控制方法应用该计算结果，以根据提供的权限以或多或少的强度辅助驾驶员。

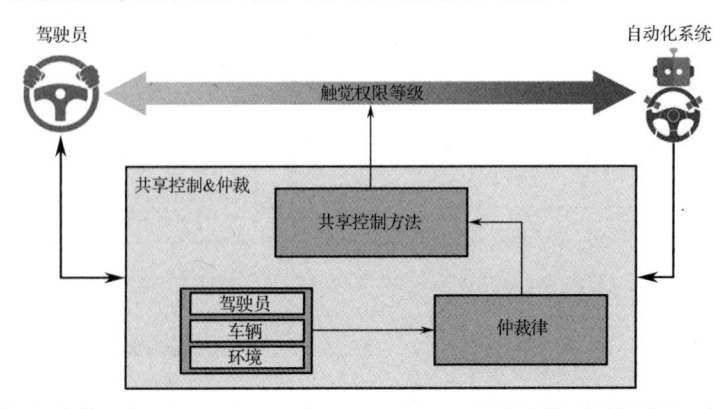

图 13.4 将共享控制与仲裁（Shared control and arbitration，SC&A）表示为覆盖手动驾驶到全自动驾驶的整个范围

根据多个变量将 K 实现为 ON/OFF 值的工作（Jiang and Astolfi，2017）与交换控制有关，而不是共享控制。相反，共享控制允许控制权使用中间值。从这个意义上说，为了找到依赖于多个驾驶因素的连续权限，一些研究（Morignot et al，2014；González，2017）中使用了模糊逻辑决策系统，该系统实现了一种按比例影响权限增益的风险评估。在 HAVEIt 项目中提出了其他一些考虑因素（Hoeger et al，2008），并在转向辅助的共享控制应用中进行了实施（Nguyen et al，2021），其中辅助的需求和驾驶员的工作负荷之间存在关联，建议在欠载和过载情况下由自动控制器提供辅助。

除对 K 正确赋值外，还需指出的一个关键问题是分配正确的扭矩量。从这个意义上说，最大扭矩的设计必须使驾驶员不仅能够感觉到，而且还能够接管它。在这种情况下，控制器充当顾问。相比之下，在某些情况下，其他一些方法会在用户无法解决的某些等级上增加扭矩。此时，权限完全分配给控制器，其中车辆充当辅助/校正器。从这个意义上说，算法是至关重要的，但应始终在合适的设计规则范围内。

13.4　一种新的人机交互框架

与高度自动驾驶车辆相比，共享控制需要额外的模块来管理新的驾驶员-车辆交互。有人提出了解决这一问题的不同框架，其目标是让驾驶员和自动化系统不仅在控制层，而且还在决策或战术层共享对车辆的控制权（Guo et al，2019）。决策系统在上层使用，增加了控制器对驾驶员的权限，以避免不安全的行为。它也被称为战术层，并且在驾驶员和自动化系统之间协商车辆控制权。马卡诺等人提出了级联转向共享框架，使用两个层：战术层和执行层（Marcano et al，2020b）。执行层使用两个控制器，一个为车道保持控制器（以最小化跟踪误差），另一个用于增加方向盘最优角度周围的刚度，以控制驾驶员接管自动化系统的力。

本卢西夫等人研究了一种更实用的方法，尽管其架构是按认知水平而不是按模块进行分层的（Benloucif et al，2016）。此外，全自动驾驶架构包含六个主要模块（采集、感知、通信、决策、控制和驱动），如先前研究（González et al，2015）中所述。但这些方法没有考虑驾驶员的角色。

一些方法基于应用请求的集成，允许使用商用 ADAS 解决方案（横向和纵向行为）。第一种方法是在 DESERVE 项目（DEvelopment platform for Safe and Efficient dRiVE，DESERVE）中提出的（Morignot et al，2014），该框架考虑了驾驶员行为和驾驶条件，在受限的仿真环境中显示出很好的结果。

然而，随着驾驶员的引入，很少有框架被实施，仍然需要额外的模块来管理驾驶员与自动化系统的协作。图 13.5 展示了 Prystine 项目[①]中使用的方法，该项目提供并实施了一个框架，结合了控制协作与增强驾驶员与自动化系统交互的附加模块。

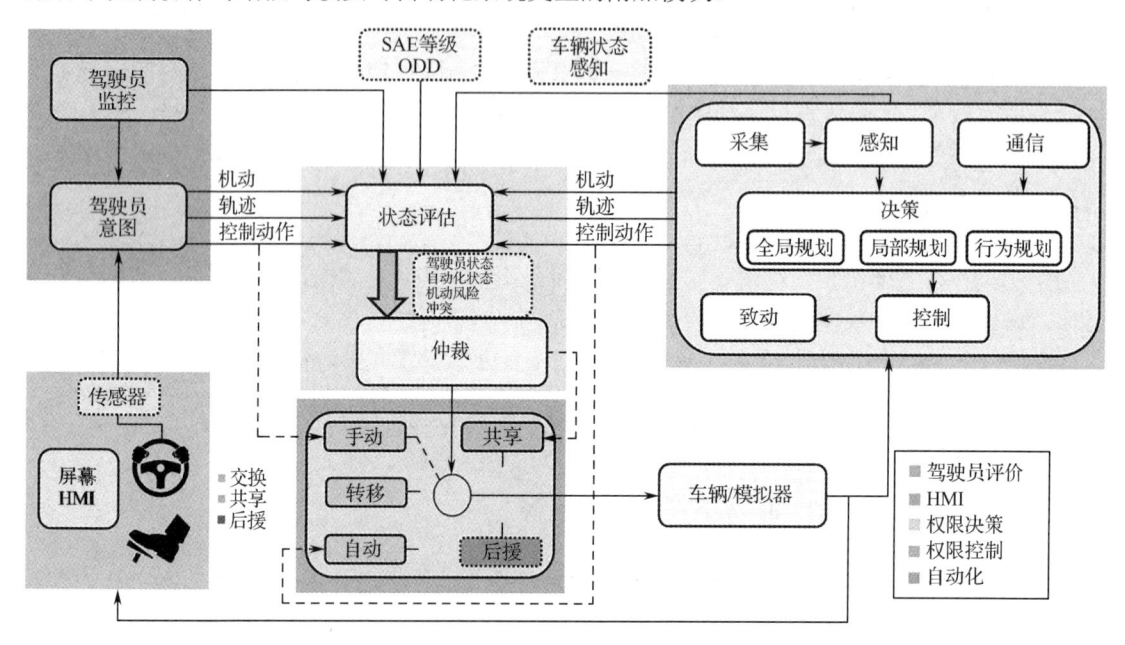

图 13.5 欧盟 Prystine 项目中提出的共享控制方法

- **驾驶员监控系统（DMS）/驾驶员意图**：统计数据显示，在驾驶员造成的事故中，41% 是由于驾驶员的识别错误导致的，如分心或注意力不集中（Singh, 2015）。这表明需要新的 ADAS 将驾驶员状态视为决策的首要变量。一些研究强调了在自动驾驶车辆中进行转移控制时驾驶员注意力的重要性（Louw et al, 2017）。此外，基于深度学习的感知与视觉算法技术的进步使系统能够获得实时可靠的驾驶员行为数据。驾驶员监控系统负责检测驾驶员在所有驾驶过程中的状态。该模块使用一组影响驾驶员在车内行为的条件，如分心、困倦（疲劳）、眨眼、头部和注视方向以及身体状况。周围的汽车和交通等其他因素也会影响驾驶员的能力。此外，需要一种能理解驾驶员行为和意图的模型，以便

---

① 译者注：Prystine 项目（**P**rogrammable **Sy**stems for **I**n**t**elligence **in** Automobil**e**s，Prystine）为欧盟于 2018 年 5 月启动的一个新的研究和创新项目，旨在通过研究汽车可编程智能系统，加强和扩展欧洲工业、研究机构和大学在智慧出行领域的传统核心竞争力，特别是电子元件和系统以及网络物理系统领域。该项目将实现基于强大的雷达与激光雷达传感器融合以及控制功能的失效可操作城市环境感知（Fail-operational Urban Surround perceptION，FUSION），以实现城市和农村环境中的安全自动驾驶。

第 13 章 人机交互

在共享控制方案下设计自动化系统与驾驶员之间的适当交互。这些变量是仲裁系统的关键输入，用来找到驾驶员所需的最优辅助等级。
- **状态评估/仲裁**：考虑到来自自动驾驶架构和 DMS 的输入，需要在驾驶员和自动化系统之间分配控制权限。这表明需要根据场景的风险来辅助驾驶员，始终在驾驶员与自动化系统的冲突和安全保护之间寻求平衡，这是根据驾驶任务中出现的风险，通过增加权限等级来实现的。这种平衡由所设计的仲裁系统优化。
- **共享控制器**：将控制器设计为在控制层通过扭矩引导反馈来支持驾驶员，并且必须将其设计为与驾驶员平稳交互，并在必要时执行干预操作。该控制器必须能够通过不同的触觉权限等级协助驾驶员，同时在所有情况下保持车辆稳定。
- **人机接口（HMI）**：共享控制和仲裁系统本身不足以实现有效的协同。需要集成 HMI 以通过视觉、触觉信号或任何其他音频信号向驾驶员提供自动化系统的状态，并让驾驶员保持足够的态势感知能力。

13.5 交换控制机制

13.5.1 交换控制的适用性

如前所述，在交换控制中，驾驶任务是共享的，但在任何给定时刻，要么机器要么驾驶员负责车辆。在该范式下，人类操作员将任务委托给自动化系统，监督其决策，并偶尔恢复手动控制。这种方法已广泛用于商业航空领域。然而，这种方法之所以可行，是因为飞行员经过训练，按照严格的程序和检查表操作飞机，并通过空中交通管制获得协助，而且航空环境比驾驶领域更为结构化，动态性较小，通常具有更小的时间安全裕度。事实上，在控制权限可以在足够时间裕度内与驾驶员交换的情况下，交换控制可能更可取（Abbink et al, 2018）。然而，对于许多驾驶场景来说，一个重要的复杂问题是自动化功能没有先验定义明确的运行范围，并且其转换时间通常是上下文感知的（Boer et al, 2005）。

为了应对这些挑战，相互理解是一个重要方面。自动驾驶系统应能够感知驾驶员状态，以便执行不同的驾驶任务并做出更安全的决策，而人类操作员必须容易理解自动驾驶系统的目标和能力（Muslim and Itoh, 2019）。该问题在林德曼等人的研究（Lindemann et al, 2018）中是通过实施增强现实风挡显示来解决的，通过向操作员显示自动驾驶系统的状态来提高人类操作员的态势感知能力。在园田和和田等人的研究（Sonoda and Wada, 2017）中，作者使用振动触觉设备，使人类操作员能够预测或感知自动驾驶系统所选择的动作，从而提高人类操作员的态势感知能力和对自动决策的信任。

交换控制权可与不同的激活和停用触发器一起使用（de Winter et al，2022）。例如，人类可以通过按下按钮启用自动化系统，但在时间紧迫的情况下，自动化系统可以自动启动并接管人类（Lu et al，2016）。帕拉休拉曼等人研究了交换控制的其他几个激活触发器，如任务阶段（如自动驾驶车辆可能根据特定地理信息改变模式）和生理信号（如如果确定驾驶员分心，自动驾驶车辆可能会切换回手动控制）（Parasuraman et al，1992）。

如图 13.6 所示，如德温特等人研究（de Winter et al，2022）中提出的，总体上展示了在相对简单的环境中，交易控制原则上是可行的。如果环境变得复杂，人类将不得不重新夺回控制权，这可能会很危险，考虑到几个众所周知的风险因素，如情境感知和模式意识的丧失、技能退化、心理负荷不平衡、行为适应、误用和废弃。这些因素表明，正确的问题不是哪种人机交互方法最好，而是何时应使用交易控制或共享控制。

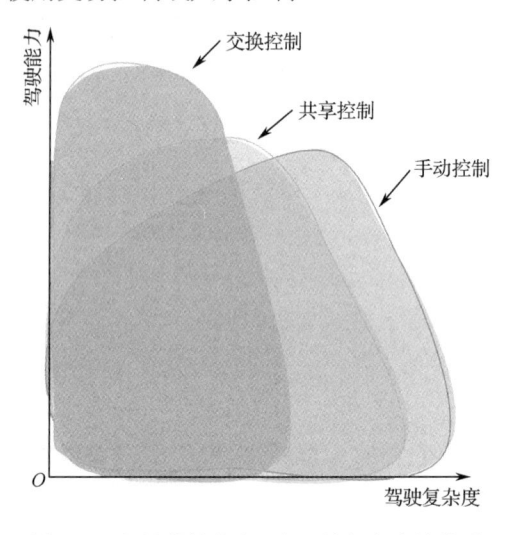

图 13.6 假设的性能水平与环境复杂度的关系

一些复杂的交换控制商业解决方案在 60km/h 的特定高速公路路段上运行，以确保自动化功能能够提前约 10s 处理接管请求（de Winter et al，2022）。同样，可以解释强制使用高级紧急制动的原因，因为环境复杂度和行动的代价都很低。

无论如何，由于自动驾驶车辆还不能成功解决所有可能的情况，因此在不同的环境中将需要转移驾驶权，业界称之为设计运行范围（ODD）。定义 ODD 涉及大量参数，这些参数可以分为以下几类（Morales-Alvarez et al，2020）。

- 车辆自动化能力：SAE 在 J3016 中定义的自动化等级。
- 场景属性：访问（受限、共享和开放）、交叉路口（是否有交叉路口）和行为（其他道路使用者的同质或异质行为）是需要考虑的关键方面。
- 物理基础设施标准：与道路相关的属性，如道路表面、道路标识、交通标志和指示牌、物理分隔线和道路设施。
- 数字基础设施标准：基础设施与车（I2V）通信服务，可为道路上的车辆提供信息、警告和法规。
- 态势或环境条件：由交通流密度、事故、天气状况、道路布局（如坡度和曲率）、阻碍视线的障碍物、光线等因素引起。
- 系统运行性能：行驶舒适性、行驶速度（以及因此的行程时间）、停站次数、控制权移交的次数、最小风险策略的次数等。

接管请求显然受所有这些参数的影响，但不仅限于此。许多参数也会影响所谓的主观复杂度（Morales-Alvarez et al，2020），即
- 非驾驶相关的任务（手动、视觉和认知）
- 年龄
- 信任
- 紧急情况（紧急事件和ODD限制）
- 人机接口（视觉、声音和触觉）
- 态势感知

13.5.2 交换控制（停用）激活原则

当违反ODD约束或检测到任何额外的失效模式时，为了确保乘客和周围交通参与者的安全，最终需某种程度人工干预的自动驾驶车辆（通常是SAE L3级）可以使用两种替代行动方案（Deo et al，2019）：启用不同的主动安全功能，如系紧安全带或在避免碰撞的情况下安全离开可行驶区域（最小风险策略）；将车辆的控制权移交给人类驾驶员，请求之前所述的接管。

如果安全执行，接管对车辆乘客和周围交通的破坏性会大大减少，但要保证这一点绝非易事。图13.7改编自阿尔瓦雷斯等人的研究（Morales-Alvarez et al，2020），该研究展示了在驾驶员与自动驾驶系统之间相互转移的过程中的时间线。考虑驾驶员处理车辆控制的第一种情况，假设参数落在自动驾驶系统可以安全运行的范围内，在这种情况下，驾驶员甚至可以忘记监控驾驶过程，并将时间用于非驾驶相关任务（Non-Driving Related Task，NDRT）。此后，如果请求接管，几项面向人为因素的研究（Morales-Alvarez et al，2020）表明，在驾驶员能够主动安全控制之前，有三个连续的阶段：道路注意力、态势感知和态势理解。由于驾驶员行为理解和建模是第12章的核心主题，因此这里不再赘述。然而，这里着重强调的是安全接管（移交和回退）将同时取决于周围场景的复杂度和驾驶员是否准备好恢复驾驶。

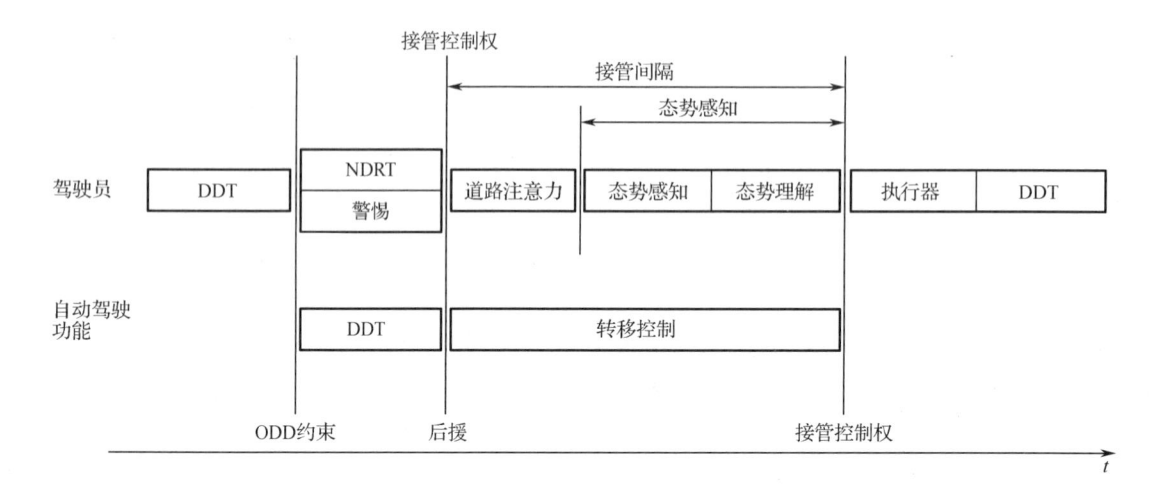

图 13.7 接管流程时序图

关于接管的驾驶员监控机制和技术，已有大量的研究（Dong et al，2010），这里不进行综述。因此，假设该任务可以有效地执行，那么与决策（本书的重点）的联系更倾向于如何推断场景的复杂度，或者是让自动驾驶系统保持或恢复控制的适当ODD。在这方面，人们已经根据交通流密度（Gold et al，2016）、天气状况或道路危害（Mok et al，2015）定义了一些场景复杂度估计器。然而，如前所述，还有更多因素可能会影响场景的接管复杂度。虽然定义中可能存在明显的重叠，但自动驾驶车辆的系统边界通常被其设计者、制造商甚至最终用户很好地理解，而人类驾驶员的限制则更加模糊（Deo et al，2019）。这一事实使得找到合适的策略来自动检测运行限制，并相应地通知驾驶员权限所有权（人或机器）及其更改过程变得更加重要。然而，迄今为止，该领域的研究仍然十分稀少。

德奥等人提出收集自然驾驶数据，以使用车辆的车载外感受传感器挖掘各种场景（Deo et al，2019）。考虑到周围环境和自车周围检测到的智能体，这些场景中的接管复杂度随后由具有不同驾驶经验的评分员进行评价。

另外，在李等人的研究（Medina-Lee et al，2020）中，根据候选轨迹集的质量估计场景的复杂度等级（Complexity Level，CL）。为此，提出了候选轨迹适用性的概念，如果其决策参数（与安全性、舒适性和实用性相关的参数集）大于预定阈值，则该轨迹为适用的候选轨迹。

适用候选轨迹的百分比是通过适用候选轨迹的数量与有效候选轨迹的数量之比计算得出的。如果候选轨迹满足以下三个要求，则视为有效：最大曲率对车辆是可行的、无碰撞且完全保持在可行驶空间内。适用候选轨迹的百分比用作有限状态机的输入，以确定场景的复杂度等级［见图 13.8（a），基于相关研究（Medina-Lee et al，2020）］。如图 13.8（a）所示，提出了四个复杂度等级：复杂、中等、简单和基本。一旦到达复杂度等级的某个状态，就无法在一段时

第 13 章 人机交互

间内更改到另一个状态，这是自动驾驶系统的可配置参数。需要注意的是，如果达到复杂状态，则该状态会一直保持到场景被认为简单为止，这样 FSM 的行为在复杂场景下会更加稳定。

正确的驾驶自动化等级（由 SAE J3016 标准提出）由自动化系统使用 FSM 自动确定，如图 13.8（b）所示。状态之间的转移取决于复杂度等级、人类操作员对 HMI 请求的反应以及由 DMS 系统衡量的参与等级。人们提出用一种称为"安全停止"（Safe Stop）的状态处理人类操作员完全不参与的危急情况。

如前所述，本章的重点是不同的共享控制策略，以发挥人类和机器的最佳性能。仅描述了这种交互的主要原理，始终是从工程师开发人在环自动决策系统的角度进行的。换句话说，我们的重点不在于分析驾驶员如何以及何时能够在具有完全态势感知能力的情况下安全地恢复控制，因为理解这个过程的心理和认知机制已经在第 12 章中进行了描述。使这些协作原则成为实践中运行机制所需的以人为中心的设计也不重要。本章的目的是描述这些共享/交换控制策略的运行限制，同时为现有技术提供建议，以确定使其能够使用的潜在复杂度等级。

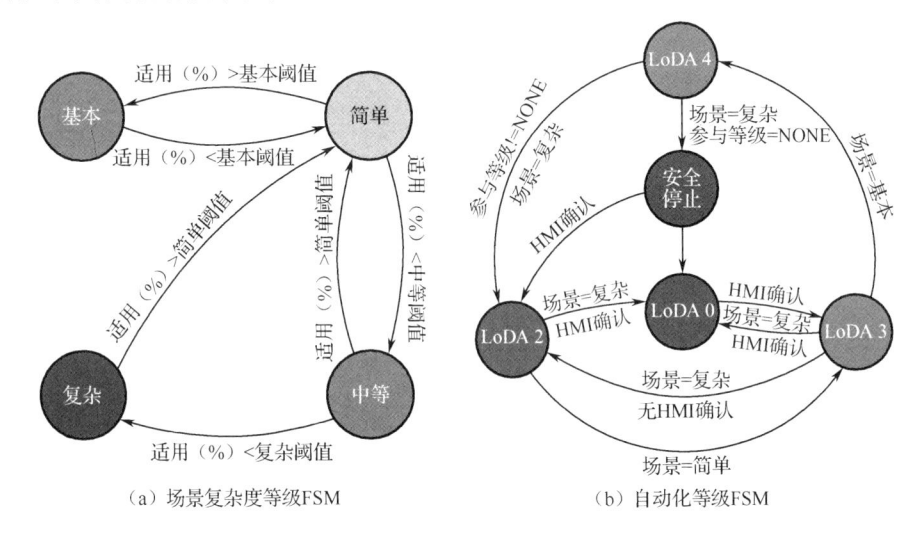

图 13.8 场景复杂度等级 FSM 和自动化等级 FSM

（a）场景复杂度等级FSM　（b）自动化等级FSM

参考文献

Abbink, D.A., Carlson, T., Mulder, M., De Winter, J.C., Aminravan, F., Gibo, T.L., Boer, E.R., 2018. A topology of shared control systems—finding common ground in diversity. IEEE Trans. Hum. Mach. Syst. 48 (5), 509–525.

Anderson, S.J., Walker, J.M., Iagnemma, K., 2014. Experimental performance analysis of a homotopy-based shared autonomy framework. IEEE Trans. Hum. Mach. Syst. 44 (2), 190–199.

Benloucif, M.A., Popieul, J.C., Sentouh, C., 2016. Architecture for multi-level cooperation and dynamic authority management in an automated driving system—a case study on lane change cooperation. IFAC-PapersOnLine 49 (19), 615–620.

Boer, E.R., Rakauskas, M.E., Ward, N.J., Goodrich, M.A., 2005. Steering entropy revisited. In: Proceedings of the 3rd International Driving Symposium on Human Factors in Driver Assessment, Training and Vehicle Design, pp. 25–32.

Bonnefon, J.F., Shariff, A., Rahwan, I., 2016. The social dilemma of autonomous vehicles. Science 352 (6293), 1573–1576.

Bradshaw, J.M., Dignum, V., Jonker, C., Sierhuis, M., 2012. Human-agent-robot teamwork. IEEE Intell. Syst. 27 (2), 8–13.

Cummings, M.L., Ryan, J., 2014. Point of view: who is in charge? The promises and pitfalls of driverless cars. TR News 292.

de Winter, J.C.F., Petermeijer, S.M., Abbink, D.A., 2022. Shared control versus traded control in driving: a debate around automation pitfalls, Ergonomics. https://doi.org/10.1080/00140139.2022.2153175.

Deo, N., Meoli, N., Rangesh, A., Trivedi, M., 2019. On control transitions in autonomous driving: a framework and analysis for characterizing scene complexity. In: Proceedings of the IEEE/CVF International Conference on Computer Vision Workshop.

Dong, Y., Hu, Z., Uchimura, K., Murayama, N., 2010. Driver inattention monitoring system for intelligent vehicles: a review. IEEE Trans. Intell. Transp. Syst. 12 (2), 596–614.

Endsley, M.R., Kaber, D.B., 1999. Level of automation effects on performance, situation awareness and workload in a dynamic control task. Ergonomics 42 (3), 462–492.

Endsley, M.R., 2018. Situation awareness in future autonomous vehicles: beware of the unexpected. In: Congress of the International Ergonomics Association, pp. 303–309.

Erlien, S.M., 2015. Shared Vehicle Control Using Safe Driving Envelopes for Obstacle Avoidance and Stability. Stanford University.

Flemisch, F.O., Adams, C.A., Conway, S.R., Goodrich, K.H., Palmer, M.T., Schutte, P.C., 2003. The H-Metaphor as a Guideline for Vehicle Automation and Interaction. No. L-18448.

Flemisch, F., Abbink, D.A., Itoh, M., Pacaux-Lemoine, M.P., Weßel, G., 2019. Joining the blunt and the pointy end of the spear: towards a common framework of joint action, human–machine cooperation, cooperative guidance and control, shared, traded and supervisory control. Cogn. Tech. Work 21 (4), 555–568.

Flemisch, F., Abbink, D., Itoh, M., Pacaux-Lemoine, M.P., Weßel, G., 2016. Shared control is the sharp end of cooperation: towards a common framework of joint action, shared control and human machine cooperation. IFAC-PapersOnLine 49 (19), 72–77.

Gold, C., Körber, M., Lechner, D., Bengler, K., 2016. Taking over control from highly automated vehicles in complex traffic situations: the role of traffic density. Hum. Factors 58 (4), 642–652.

González, D., 2017. Functional Architecture for Automated Vehicles Trajectory Planning in Complex Environments (Doctoral dissertation). Université Paris sciences et lettres.

González, D., Pérez, J., Milanés, V., Nashashibi, F., 2015. A review of motion planning techniques for automated vehicles. IEEE Trans. Intell. Transp. Syst. 17 (4), 1135–1145.

Guo, C., Sentouh, C., Haué, J.B., Popieul, J.C., 2019. Driver–vehicle cooperation: a hierarchical cooperative control architecture for automated driving systems. Cogn. Tech. Work 21 (4), 657–670.

Hoeger, R., Amditis, A., Kunert, M., Hoess, A., Flemisch, F., Krueger, H.P., Pagle, K., 2008. Highly automated vehicles for intelligent transport: HAVEit approach. In: ITS World Congress, NY, USA.

Holzmann, F., Flemisch, F.O., Siegwart, R., Bubb, H., 2006. From aviation Down to Vehicles-Integration of a Motions-Envelope as Safety Technology No. 2006-01-1958. SAE Technical Paper.

Inagaki, T., 2003. Adaptive automation: sharing and trading of control. In: Handbook of Cognitive Task Design. 8. Lawrence Erlbaum Associates Publishers, pp. 147–169.

Inagaki, T., Sheridan, T.B., 2019. A critique of the SAE conditional driving automation definition, and analyses of options for improvement. Cogn. Tech. Work 21 (4), 569–578.

Jiang, J., Astolfi, A., 2017. Shared-control for a rear-wheel drive car: dynamic environments and disturbance rejection. IEEE Trans. Hum. Mach. Syst. 47 (5), 723–734.

Jordan, N., Franck, M., Jean-Michel, H., 2007. Lateral control support for car drivers: a human-machine cooperation approach. In: Proceedings of the 14th European Conference on Cognitive Ergonomics: Invent! Explore!. pp. 249–252.

Kaber, D.B., Endsley, M.R., 1997. Out-of-the-loop performance problems and the use of intermediate levels of automation for improved control system functioning and safety. Process. Saf. Prog. 16 (3), 126–131.

Lindemann, P., Lee, T.Y., Rigoll, G., 2018. Supporting driver situation awareness for autonomous urban driving with an augmented-reality windshield display. In: 2018 IEEE International Symposium on Mixed and Augmented Reality Adjunct (ISMAR-Adjunct), pp. 358–363.

Louw, T., Madigan, R., Carsten, O., Merat, N., 2017. Were they in the loop during automated driving? Links between visual attention and crash potential. Inj. Prev. 23 (4), 281–286.

Lu, Z., Happee, R., Cabrall, C.D., Kyriakidis, M., de Winter, J.C., 2016. Human factors of transitions in automated driving: a general framework and literature survey. Transport. Res. F: Traffic Psychol. Behav. 43, 183–198.

Marcano, M., Díaz, S., Matute, J.A., Irigoyen, E., Pérez, J., 2020a. A cascade steering shared controller with dual-level dynamic authority. IFAC-PapersOnLine 53 (2), 15353–15359.

Marcano, M., Díaz, S., Pérez, J., Irigoyen, E., 2020b. A review of shared control for automated vehicles: theory and applications. IEEE Trans. Hum. Mach. Syst. 50 (6), 475–491.

Medina-Lee, J., Artuñedo, A., Villagrá, J., 2020. Traded control architecture for automated vehicles enabled by the scene complexity estimation. In: 4th International Conference on Computer-Human Interaction Research and Applications.

Medina-Lee, J., Artuñedo, A., Godoy, J., Villagra, J., 2021. Merit-based motion planning for autonomous vehicles in urban scenarios. Sensors 21 (11), 3755.

Mok, B., Johns, M., Lee, K.J., Miller, D., Sirkin, D., Ive, P., Ju, W., 2015. Emergency, automation off: unstructured transition timing for distracted drivers of automated vehicles. In: 2015 IEEE 18th International Conference on Intelligent Transportation Systems, pp. 2458–2464.

Morales-Alvarez, W., Sipele, O., Léberon, R., Tadjine, H.H., Olaverri-Monreal, C., 2020. Automated driving: a literature review of the takeover request in conditional automation. Electronics 9 (12), 2087.

Morignot, P., Rastelli, J.P., Nashashibi, F., 2014. Arbitration for balancing control between the driver and ADAS systems in an automated vehicle: survey and approach. In: 2014 IEEE Intelligent Vehicles Symposium Proceedings, pp. 575–580.

Muslim, H., Itoh, M., 2019. A theoretical framework for designing human-centered automotive automation systems. Cogn. Tech. Work 21 (4), 685–697.

Nguyen, A.T., Rath, J.J., Lv, C., Guerra, T.M., Lauber, J., 2021. Human-machine shared driving control for semi-autonomous vehicles using level of cooperativeness. Sensors 21 (14), 4647.

Parasuraman, R., Bahri, T., Deaton, J.E., Morrison, J.G., Barnes, M., 1992. Theory and Design of Adaptive Automation in Aviation Systems. Catholic University of America Washington DC Cognitive Science Lab.

SAE International On-road Automated Vehicles Standards Committee, 2018. SAE J3016: Taxonomy and Definitions for Terms Related to On-Road Motor Vehicle Automated Driving Systems.

Sheridan, T.B., Verplank, W.L., 1978. Human and Computer Control of Undersea Tele-operators. Massachusetts Inst of Tech Cambridge Man-Machine Systems Lab.

Singh, S., 2015. Critical Reasons for Crashes Investigated in the National Motor Vehicle Crash Causation Survey. (No. DOT HS 812 115).

Sonoda, K., Wada, T., 2017. Displaying system situation awareness increases driver trust in automated driving. IEEE Trans. Intell. Veh. 2 (3), 185–193.

第 IV 部分
部署问题

第 14 章

算法确认

14.1 引言

在本书概述中已经强调，自动驾驶车辆在提高未来出行的安全性、便利性、包容性、效率和可持续性方面有着巨大的潜力。要使这项技术成为现实，关键的接受驱动因素是用户信任，而这又与感知安全性密切相关。尽管 90% 以上的事故与人类决策有关，但与人类驾驶相比，自动驾驶车辆在理论上提高的安全性仍有待论证。不仅需要从社会接受的角度进行论证，而且还需要从经济的角度进行论证。事实上，自动驾驶功能日益增加的复杂性将提高生产成本，因此可靠的确认方法至关重要，一个漏检的缺陷可能会非常昂贵，因为如今约 60% 的车辆召回都是由软件缺陷造成的（Kaur and Sobti, 2017）。

自动驾驶车辆必须在极其广泛的运行范围内保持运行。例如，涵盖没有标识、极高的视觉对比度或极低的能见度（由于恶劣的天气状况）、罕见的障碍物、施工区域等情况。

在这些情况下，有必要明确需要在开放道路上进行多少测试才能确认给定自动驾驶功能的临界碰撞率。到目前为止，假设至少需要平均事故率的 3~10 倍（Koopman and Wagner, 2016）。然而，这一假设没有考虑到设计更新（通常需要）可能会重置"测试时钟"这一事实，这对于不同的地理区域也可能有所不同。因此，将自动驾驶功能确认寄希望于累计行驶万亿英里似乎并不合理。

此外，如本书第一部分（第 2 章至第 8 章）所述，机器学习驱动的决策策略正在指数级地提升其性能。它们在安全关键的自主驾驶飞行器（ADF）中的应用引入了几个验证问题，主要

第 14 章 算法确认　　265

是由于其有限的可预测性。事实上，尽管可以从统计上展示 AI 使能系统的准确性，但几乎不可能完全理解它们是如何做出具体决策的（Rajabli et al, 2020）。这种缺乏可追溯性和问责制的主要原因是机器学习的"魔力"，它可以跳过经典 V 循环中的需求规范（见第 14.3 节），导致设计和跟踪验收测试面临重大困难。为了解决这个问题，训练或测试数据必须是"完备的"，因为如果一个罕见的场景没有训练，自动驾驶功能的行为可能与预期不符（Koopman and Wagner, 2016）。最近，有一些研究工作已尽可能接近这种完备性。然而，随着自动驾驶性能的提高，自主性往往很少会失败。在这种情况下，存在一个真正的风险，即在现场的运行测试中部署时，人类安全员将失去注意力，无法及时做出响应，或由于失去态势感知能力而做出错误的响应。

这种具有挑战性的场景推动了以下方面的发展：不同的确认方法，不仅包括开放道路或封闭园区测试场地的暴力测试，而且还包括基于仿真的不同类型平台和虚实结合的评价机制；依赖于新标准的安全框架，这些标准既考虑了场景复杂度，又考虑了新的和即将推出的自动驾驶功能的自适应行为。本章旨在简要综述与这些方面有关的最重要元素。第 14.2 节描述了确认过程的主要步骤，针对待定义的关键元素提供了一些提示。还从不同的角度介绍了用于处理自动驾驶功能确认的主要技术。最后一个小节，描述了合适的数据集，即确认过程中的相关工具。第 14.3 节介绍了仿真测试的主要方法，这些方法是研究算法可实施部署的关键。最后，第 14.4 节对现有和即将推出的安全导向标准给出了一些见解，这对于已开发功能的最终验收也至关重要。

14.2　确认方法论

随着机器学习技术在决策系统中的使用越来越多，验证和确认过程已成为一个具有挑战性的问题。的确，即使在对安全关键型自动驾驶功能进行广泛测试后，也可能会引发安全问题，因此需要合适的验证和确认框架。

第 14.4 节将对现有的安全标准、其局限性以及自动驾驶车辆成功确认框架的潜在途径提供一些提示。为了理解这些标准的背景，下面几个小节简要介绍了：自动驾驶车辆测试过程中的关键要素；为应对驾驶场景固有的复杂性和多样性以及 AI 使能组件的出现所带来的挑战，当今使用的典型技术种类；一些进行测试的工具，即面向决策的数据集和专用虚拟场景仿真平台（在 14.3 节中描述）。

14.2.1　测试过程

在验证和确认过程中，第一步是验证所有的安全需求是否都满足，确保覆盖已知场景并且系统的运行符合预期。该验证可能会导致功能设计的改进，从而产生新的验证需求。由此产生的迭代过程将使其能够处理已知的非安全场景，从而缩小非安全区域。然而，自动驾驶功能确认需要额外的努力，因为在该设计/验证迭代过程中无法考虑大量未知的非安全场景。

为了将剩余风险降到尽可能低的水平，确认程序旨在针对车辆日常驾驶可能遇到的场景，测试经过验证的自动驾驶功能。这些场景可以在试验场或虚拟环境中直接控制，也可以在对交通开放的真实驾驶环境中，在运行过程中自然地产生。这些过程始终围绕三个待定义的主要问题构建（Wood et al，2019）。

为什么以及效果如何：始终根据安全原则对每个测试用例中应实现的目标进行量化。此外，需要为整个测试策略定义测试完成和测试品质的客观衡量指标。值得注意的是，经典的关键绩效指标（Key Performance Indicator，KPI）必须与安全绩效指标（Safety Performance Indicators，SPI）相辅相成。事实上，前者可以反映自动驾驶车辆的驾驶能力，而后者旨在预测所分析的自动驾驶功能可能会变得不安全的频率。这种区别既可以在系统级上指定，也可以在组件级（运动规划、运动预测、控制等）上指定。

如何：在研参数的定义、测试激励和测试对象的具体取值范围。

哪里：如前所述，不同的测试平台或测试环境是可能的。这些测试越接近真实世界，将测试结果转移到在用系统所需的额外测试就越少。

14.2.2 自动驾驶功能确认的主要技术

对于引言中提到的有关（通常是 AI 使能）安全关键型自动驾驶功能确认的挑战，人们对寻找其解决方案越来越感兴趣。正如拉贾布利等人的研究（Rajabli et al，2021）中所述，其中的一些方案总结如下，重点放在具体的工作范围。

仿真环境和测试场景：基于仿真环境的方法是一种可行的解决方案，可以使用合成生成与系统重复的场景，在真实世界中测试自动驾驶车辆。它们允许以可控的方式重现关键场景，其中可以（半）自动地引入参数变化。这些上下文修改（通常用于对感知系统的确认）也可以在替代搜索空间中产生：影响下层控制的天气状况、改变车辆闭环特性的交通场景（Gambi et al，2019）或影响车载决策系统的布局（Queiroz et al，2019）。最近的研究（Ding et al，2022）总结了生成安全关键场景的多种现有方法。

测试用例定义和生成：由于不可能测试每种可能的场景，因此一些研究专注于智能地减少测试空间。佳格帕德等人提出使用基于危害的测试（Hazard Based Testing）来确定可能导致系统超出其安全极限的情况（Gangopadhyay et al，2019），而其他基于搜索的测试方法仅自动查找导致违反安全的场景（Klück et al，2019）或为功能上相互独立的特性生成测试用例，如 FITEST（Abdessalem et al，2018）。

边角案例（Corner Cases）与对抗样本：在机器学习使能的决策算法中，边角案例（仅发

第 14 章 算法确认

生在正常运行条件之外的情况）很难预测，从而导致系统出现不可预测甚至不安全的行为。这些边角案例的存在是由模型或训练数据中的问题导致的。这些系统也可能易受到对抗攻击，这些攻击对输入进行最小的更改，从而生成错误的分类，最终可能引发危险的决策。

为了解决这些问题，已经开发了许多面向感知的技术。裴等人提出了 DeepXplore，这是一个旨在实现对深度学习应用程序进行系统性测试的框架（Pei et al, 2017）。其他框架，如 DLFuzz（Guo et al, 2018）或 DeepHunter（Xie et al, 2019），通过对抗案例的变异和搜索，实现了在高级深度学习系统中有效地发现边角案例。

故障注入：如前所述，导致系统失效的事件可能会随机发生，这使得它们不仅难以预测而且难以复现。这些"故障"可能是永久性的，也可能是暂时性的。对于永久性故障，已有多种检测方法；而对于暂时性故障的检测还很不成熟。可使用故障注入，通过在发生错误的地方注入故障来确定导致系统失效的测试用例（Jha et al, 2019）。在安全评估中，该技术可应用于多个抽象层，甚至可以确认安全性论证（Rajabli et al, 2021）。

变异测试：对于系统中违反安全目标的故障，虽然故障注入是一种有效的检测方法，但需要变异测试从统计上证明系统符合安全要求。这是一种用于评价测试用例充分性的方法。该技术通过注入可重现的故障创建原始系统的故障副本，该副本称为变异体（Rana et al, 2013）。

软件安全笼：软件安全笼是一种安全机制，用于监控系统行为，并在检测到故障时执行适当的操作（Rajabli et al, 2021）。由于在验证过程中通常将机器学习使能决策系统视为黑盒，因此保证安全目标具有挑战性。然而，使用安全笼可将其行为限制在安全状态包络内。该方法的主要优点为：可解释性，使其能够使用更传统的验证方法；在不了解与其集成的机器学习系统内部运行模式的情况下工作的能力。

形式化方法：虽然大多数验证和确认方法都使用基于仿真的测试，但它们有一些缺点，促使人们寻找替代方法。实际上，如果在特定的测试用例集中未检测到问题，并不能断定在考虑其他场景时不存在问题。不幸的是，这些情况经常出现在安全关键型自动驾驶功能中，非安全事件很少见且难以表征。

如施瓦廷等人的研究（Schwarting et al, 2018）中所述，可以通过在基于模型的建构中修正（Correct-by-Construction，CBC）综合来产生安全控制器，这就意味着可以证明闭环系统的轨迹满足规范。然而，目前控制器综合的范围有限（仅适用于镇定机制和重要的模型/环境假设）。

另外，形式化验证方法能够发现系统中的错误状态（如果存在），从而实现所需的确认特性，即正确性和完备性。模型检查是一种使用广泛的技术，它检查模型的完全可达状态空间，以确定系统是否满足需求或期望的特性（Schürmann et al, 2017）。然而，在处理复杂和自适应的系统（如自动驾驶功能）时，模型检查和定理证明都是极具挑战的。因此，提出了混合或半形式化方法，其中形式实际上是指执行测试的方法。

管理这种复杂性并因此能够更广泛地使用形式化方法的另一种方式是将系统分成更简单的组件（Rajabli et al, 2021），这些组件可以由它们自己隔离和检查。例如，在考尔等人的研究（Kaur et al, 2021）中考虑了避障，他们专注于验证自动驾驶车辆的安全决策。为此，将线性时序逻辑（Linear Temporal Logic, LTL，表示系统的期望决策和状态）公式定义为属性，并对其进行检查。

14.2.3 数据集

由于自动驾驶车辆决策系统的确认旨在详尽地利用基于场景的测试，因此需要利用所有可用的工具和平台。除不同类型的模拟技术（在下一节中描述）外，数据集也有助于评估不同组件的性能，如运动预测。实际上，运动规划和控制需要闭环特性来确认其能力。与之相反，运动预测可使用自然数据集进行离线评价，其中数据集记录了场景中道路智能体所有的动态属性。

除一些面向行人的数据集（如 TrajNet）外，最近，许多研究工作为运动预测提供了新的基于数据的地面真值。NGSIM 数据集（Punzo et al, 2011）率先提供了覆盖高速公路的驾驶场景。此后，由一架无人机在德国不同的高速公路上覆盖同一类型的环境，其中包含大量的车辆（highD 数据集）（Krajewski et al, 2018）。在城市环境中，对于运动预测和最终的决策来说，最具挑战性的场景是交叉路口和环岛。inD 数据集（Bock et al, 2020）和 rounD 数据集（Krajewski et al, 2020）是分别考虑这些道路拓扑结构的有用数据集中两个很好的实例。uniD 数据集是在城市环境中的一条公共街道上创建的，其中记录了车辆和弱势道路使用者的交互感知进化。

其他更大范围的大规模运动预测数据集，如 Argoverse（Chang et al, 2019）和 Waymo 开放运动数据集（Ettinger et al, 2021）已广泛用于确认运动预测模型。INTERACTION 数据集（Zhan et al, 2019）结合了来自世界不同地区记录的所有前述元素，但它特别包含了一次事故。事实上，大多数现有的数据集往往没有捕获罕见（甚至危险）的行为，这限制了用它们训练的机器学习模型正确处理具有挑战性的真实世界交通场景的能力（所谓的重尾问题）。

14.3 仿真系统

建模和仿真是汽车领域分析、设计、采集和训练的既定工具。尽管自动驾驶车辆开发中涉及的学科和子系统存在异质性，但有许多仿真方法与这些子系统一起可以覆盖整个开发过程。V 模型及其变体已成为汽车领域最常用的过程模型，使用多阶段测试和确认过程在各种细化层面上指导系统开发（Liu et al, 2016）。V 模型在整个开发过程中建立系统需求及其验证和确认，特别是考虑 X 在环测试解决方案（其中 X 指模型、软件、硬件、控制器/人等），整个开发过程包括软件开发阶段、硬件开发阶段和相应的测试活动。因此，每一部分、系统或算法都可以在

第 14 章 算法确认

环路中进行虚拟化和仿真（见图 14.1）。

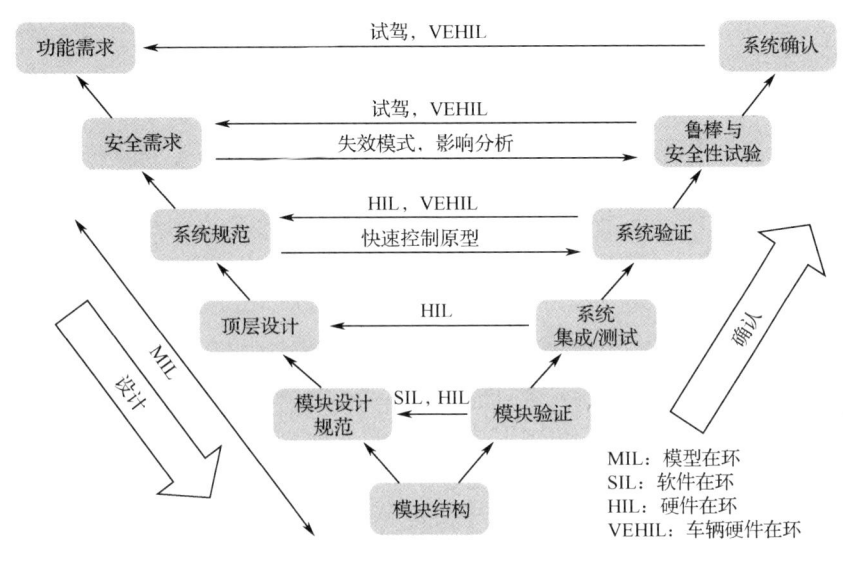

图 14.1 汽车工业的 V 模型

无论使用何种开发模型，使用模拟器都是对每个过程和整个系统进行确认、验证或一般测试的普遍做法。仿真可以分为三种不同的类型（Rosique et al, 2019）：真实仿真、构造仿真或虚拟仿真。

- 真实仿真只是一种运行测试，其中模拟器执行一组测试以确定错误或问题，其中使用了真实设备或真实场景。该仿真最接近真实的应用。
- 构造仿真是一种对过程、系统或各种系统进行的纯计算机表示。因此，此类模拟的范围可以从简单的运行测试到不考虑系统组件的计算机生成场景。它可用于多种目的，即开发和运行测试的设计与评价；该仿真考虑了系统的聚合水平、系统单个组件（如系统软件）的建模，或者将系统作为一个整体进行建模，以对完整的原型以及与系统的多个交互进行建模（例如，传感器与系统其余部分的交互）。最先进的构造模拟器增强了深度学习，并为人工智能训练提供了许多驾驶场景。在最近的自动驾驶方法研究中，根据模拟的驾驶环境，开发过程在成本、时间和安全性方面有着巨大优势。
- X 在环型虚拟仿真（Riedmaier et al, 2018）可用于通过计算机或其他系统虚拟生成的一系列激励来测试一个完整系统的原型（或其一部分）。这类仿真可以将虚拟世界的使用与真实世界的数据结合起来，是用于开发测试的典型仿真类型。通用的 X 在环模型包含一个极其逼真且高效的自动驾驶车辆仿真框架，其中包括以下内容：

○ 在仿真中模拟传感器的不同方法；
○ 车辆动力学及其与不同执行器的交互方式；
○ 广泛的场景，包括许多不同的交通状况、周围环境和条件；
○ 自动驾驶车辆系统的控制模型。

在 X 在环解决方案中，所涉及的系统元素（模型、软件、硬件、车辆本身或驾驶员）与其模拟的环境持续地交互。因此，虚拟因素和真实因素必须同步，以便开发一致且可靠的评估方法。

在目前最有前景的仿真中，虚拟车辆在环（Bock et al, 2008）和人在环（Huang et al, 2021）仿真最为突出。考虑到 V 模型开发方法，这类仿真被认为是可实施的最先进和最详尽的测试方法。

14.3.1 人在环仿真

人在环（HITL）这一术语在工程和计算机科学的不同领域中广为人知，已被广泛运用于机器人和驾驶的仿真模型中。在这些仿真中，人类发挥着重要作用，因为他们通过行动会影响模拟环境。

简单的 HITL 定义描述了当机器或计算机系统无法解决问题而需要人工干预时会发生什么。在这种情况下，这些额外的数据被纳入决策过程中的算法中，以便将来能够自动执行特定操作（Wu et al, 2022）。

近年来，这一术语在人工智能领域得到了广泛采用，基本上表示人机共同作用于提升整体结果并加速学习过程的人工智能系统。这些系统通常涉及持续的人机交互，用于训练模型，然后在部署后监视和更新它。

1. HITL 人工智能

如前所述，HITL 仿真旨在通过人机交互来改善结果，从而形成一个持续的反馈循环。通过这种持续的反馈，算法可以逐步学习并产生更好的结果。

在 HITL 仿真中，数据处理过程是创建可靠算法训练模型的第一步，特别是当数据以非结构化格式存在时。该过程通常从人类对训练数据进行标注开始，然后将这些标记数据馈送给算法，以便让机器理解不同的场景。随后，人类还会验证和评估结果或预测，以验证机器学习模型的准确性；如果结果不准确，他们会调整算法或重新验证数据，然后再次馈送给算法以做出正确的预测。图 14.2 展示了当给数据添加标签时，HITL 机器学习过程的示意图。

通常将 HITL 方法集成到两种机器学习算法中：（1）监督学习，专家使用带标签或注释的数据集训练算法，使其能够在实际应用中进行正确的预测；（2）无监督学习，学习算法不提供任何标签，因此它们需要自行学习，从输入数据中找到结构并相应地进行记忆。

第 14 章 算法确认

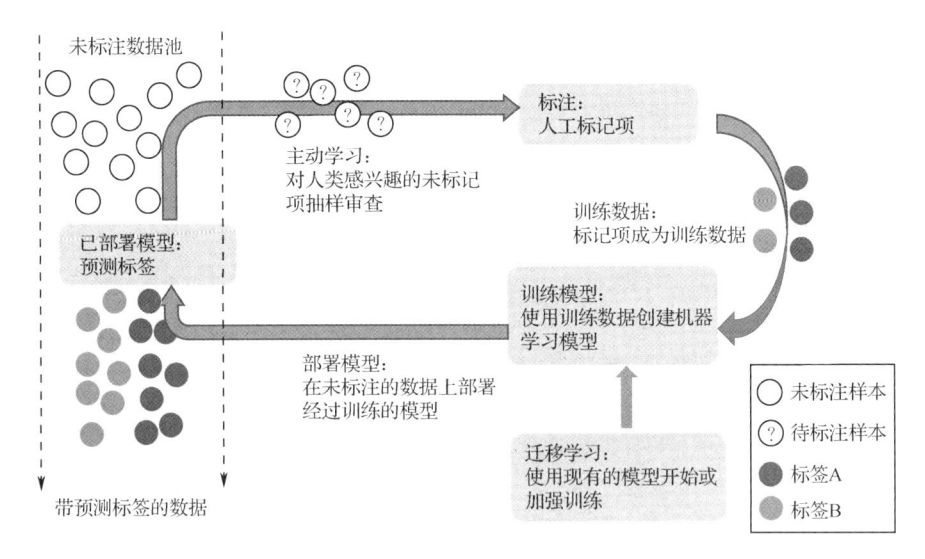

图 14.2 用于数据标签预测的 HITL 过程

然而，在人工智能项目中，对 HITL 过程的集成并非总是方便的。这类过程主要用于数据量有限的情况，在这种情况下，人类可以比机器做出更好的决策。为此，人们制作训练数据集以帮助机器从数据中学习。因此，HITL 通常用于解决以下一种或多种场景。

- 当算法不理解输入或对输入不熟悉时。
- 当输入数据被错误地解释时。
- 当算法不知道如何执行任务时。
- 使人工任务更加高效和准确。
- 提高机器学习模型的精度。
- 当机器学习开发中的错误成本太高时。

最后，值得一提的是，在模拟器的帮助下，HITL 过程也广泛应用于汽车领域和自动驾驶领域（Damacharla et al, 2020）。它允许生成合成数据集，这些数据集提供了各种各样的场景和状况来训练系统。

2. HITL 驾驶仿真

在设计和实施阶段，仿真作为一种基本的工具，已被引入先进驾驶辅助系统（ADAS）和自动驾驶（AD）系统特性的验证中，其成本可控，且对车辆和测试人员不会造成风险。

将人为因素引入仿真（人在环仿真），使其更准确地反映驾驶车辆的真实情况，意味着这一进程向前迈进了一步。尽管驾驶员以这样一种方式影响模拟练习结果，使得结果可能无法完全重现，但它允许在真实驾驶环境测试前识别可能不明显的模型缺陷（Driggs-Campbell et al,

2014）。如图 14.3 所示为 HITL 驾驶模拟器的典型配置。

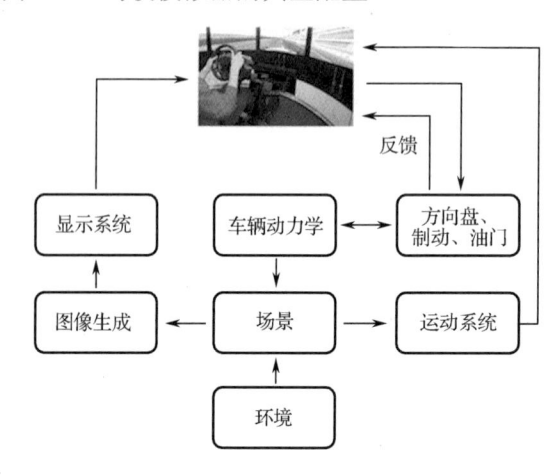

图 14.3　HITL 驾驶模拟器的典型配置

在模拟器中使用真实的驾驶员而不是驾驶员模型具有以下优势。
- **避免偏差**：通常，使用驾驶员模型受以下事实影响，即用于建立所述模型的数据通常是存在偏见的。真实驾驶员表现出的行为正如人性本身表现的那样截然不同，从而使 ADAS/AD 系统的测试更接近真实的测试。
- **增加超出正常范围的数据**：驾驶员模型倾向于反映模式指引。将真实驾驶员引入模拟器后，驾驶辅助系统可在许多驾驶员身上进行测试，其中包括"稀有驾驶员"。
- **比较精度**：HITL 可以将辅助系统提供的精度与具有不同经验和在不同身体条件下驾驶员的精度进行比较，从而可以在极端驾驶条件下对此类系统的品质做出判断。

14.3.2　车辆在环仿真

1. 定义

虽然 HITL 仿真比纯仿真提供了较好的结果，但在真实的驾驶条件下测试系统时，HITL 仿真无法对随后发生的情况提供完全可靠的响应。在用于开发和测试不同等级 ADAS/AD 系统的技术中（模型在环——MIL、软件在环——SIL、硬件在环——HIL、人在环——HITL），车辆在环（Vehicle-in-the-Loop，VIL）技术旨在通过将车辆动力学和道路作为真实元素，填补驾驶辅助系统纯仿真和实际测试之间的空白（Park et al，2020）。图 14.4 将 VIL 与其他 ADAS/AD 系统开发工具放在一起，并与实际测试相比给出了它的准确性。

第 14 章 算法确认

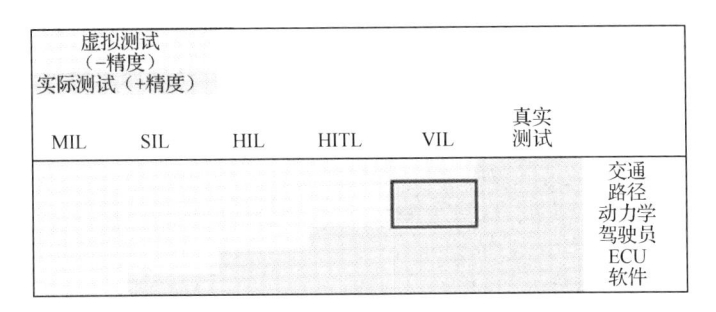

图 14.4 与其他 XIL 相比，VIL 的准确性提高

基于朴等人的研究（Park et al, 2020），VIL 技术结合并同步了真实元素（车辆、驾驶员和道路）和模拟元素（场景、交通、行人等），如图 14.5 所示。车辆测试在试车跑道或滚筒台上展开，而其余元素则进行模拟。车辆由仿真软件生成的信号控制，并由其制导系统接收。这是一种硬件在环方法（Aleksandrov et al, 2019）。除不同的商业解决方案外，IPG 汽车和 AVL 等机构还开发了自己的解决方案，用于执行测试（AVL）（IPG 汽车）。

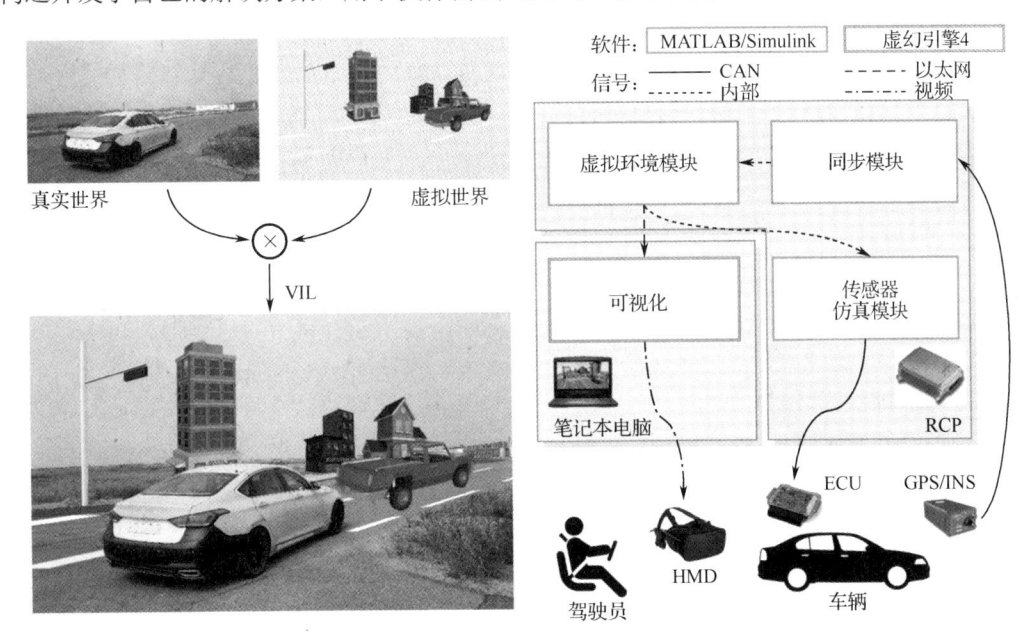

图 14.5 VIL 的概念与配置

在包含 VIL 不同用途的研究中，值得强调的是：用于跟踪前车的 ADAS 控制功能确认（Tettamanti et al, 2018）；用于交叉路口管理的 ADAS 确认（Fayazi et al, 2019）；作为论证智能

交通系统的 VIL 平台（Griggs et al，2019）；危急情况下驾驶员行为的验证（Sieber et al，2013；Rüger et al，2015）；验证驻车辅助系统（Schwab et al，2014；Miquet et al，2014）；VIL 与网联控制中心的集成（Che et al，2019）。

最近，研究的重点是更逼真的 VIL 系统，即场景在环（Scenario-in-the-Loop，SciL）（Horváth et al，2019）。除车辆、驾驶员和道路外，还安装了传感器，用于从环境中获取数据（如 3D LiDAR）。SciL 缩小了 VIL 与实际测试之间的差距。

2. 交通仿真：场景仿真

在 VIL 系统中，交通和场景都是模拟的。执行这些仿真的精度将决定性地影响 ADAS 和 AD 系统验证的品质。理想的模拟器应尽可能接近真实交通和环境状况，意味着它必须具有高的空间分辨率，同时还能够执行非常精确的下层计算，如与车辆动力学相关的计算。当在 VIL 系统中使用模拟器时，第二个需求不再重要，尤其是支持的 3D 环境质量、模拟不同气象条件的可能性、包含交通基础设施以及有交通的场景仿真等相关方面。从这个意义上说，最近的研究（Kaur et al，2021）对 ADAS/AD 系统确认模拟器的现状和主要特征提供了一个很好的视角，从中可以得出以下结论。

- **虚拟环境**：要使 3D 虚拟环境尽可能逼真，必须同时包含静态目标（建筑物、道路元素等）和动态目标（车辆、骑自行车的人、行人或动物）。为此，可以使用游戏引擎或渲染的高精地图进行仿真（Fadaie，2019）。此外，动态目标必须呈现出与其在真实世界中尽可能相似的动态行为。为此，对于模拟器而言最常用的技术是使用特定的软件，如行人仿真软件（Camara et al，2021）。
- **仿真不同的天气状况**：此功能对利用 VIL 技术测试 ADAS/AD 系统非常有意义，因为该功能允许这些系统在更广泛的预期功能范围内测试，并分析驾驶员在不利驾驶环境中的反应。
- **交通基础设施**：AD 系统和许多 ADAS 的仿真需要交通基础设施，如路标、交通信号灯和道路标志（Lafuente-Arroyo et al，2005）。模拟器也正在为一些国家正在部署的 V2I 基础设施做准备（Liu et al，2019）。
- **场景**：模拟器生成不同交通场景的能力允许执行系统性的"假设"测试，其中还包括因所涉及的风险而难以在现实中经历的场景。这种生成逼真场景的能力在很大程度上取决于模拟器提供的动态组件的数量和质量。这些动态组件最好包括不同类型的车辆（汽车、摩托车、卡车、公共汽车和应急车辆）、行人、骑自行车的人以及动物。模拟器的另一个理想特性是有一个 API，可以对上述动态元素及其行为进行综合管理。

14.4 安全保证标准

尽管本章的核心主题是关于决策算法的确认，但只能从系统级的角度评估算法是否符合用户需求，其中被测系统是交通开放道路上的自动驾驶车辆。

安全是在开发自动驾驶车辆时要考虑的重要方面。上面已经提到需要仿真和其他鉴定工具来增强信任并降低风险。在这方面，ISO 26262、ISO 21448 和 ANSI/UL 4600 等标准为如何确保安全提供了指导，并为达到预期的信任水平提供了额外的机会。

ISO 26262（ISO，2018）是一项功能安全标准，为如何指定和证明安全关键性功能不会产生不可接受的风险提供了指南。它假设有一个完整的需求列表，并且该列表主要包括运行时的故障和设计缺陷。由于该标准不能有效地与 AI 使能组件一起使用，因此 ISO 21448（ISO，2019）（也称为 SOTIF）就如何确保自动驾驶功能不会因系统组件的功能不足或性能限制而产生不合理的风险提供了指南（Madala et al，2021）。SOTIF 标准旨在迭代降低自动驾驶环境中已知和未知的风险，而 ISO 26262 通常不涵盖这些风险。

与 ISO 26262 和 ISO 21448 标准不同，UL 4600（ANSI，2020）是一个为自动驾驶系统构建安全案例提供指导的标准，它与前两个标准是互补的。该标准允许在分析和现场经验之间进行平衡，以不断改善上述安全案例。为了有效应对未知因素、不断发展的技术和不断变化的运行范围带来的风险，该方法依赖于指定安全案例范围的广度、吸取经验教训，并使用包括独立评估在内的多级反馈方法（Koopman et al，2019）。

在该方法中出现而在另外两个 ISO 标准中未涵盖的一些特别的元素，是在以下安全案例中正式定义的：

- 设计运行范围，包括拓扑结构、天气与交通规则；
- 驾驶场景中的影响对象和相关事件，也称为对象和事件检测与响应（Object and Event Detection and Response，OEDR）；
- 车辆机动和最终的模式转换（在 SAE L3 级情况下）；
- 车辆的故障管理系统，包括与设备故障有关或与违反前三个元素有关的故障。

参考文献

Abdessalem, R.B., Panichella, A., Nejati, S., Briand, L.C., Stifter, T., 2018. Testing autonomous cars for feature interaction failures using many-objective search. In: 2018 33rd IEEE/ACM International Conference on Automated Software Engineering (ASE), pp. 143–154.

Aleksandrov, B., Acad, C., Rumenin, B., Magele, C., Stoyanov, Sotirova, B., Ritchie, Toepfer, Brauer, H., Hristov, M., Repetto, Antchev, B., Mihailov, B., Romansky, B., Vasilev, B., Tanaka, J., Valchev, V., Shelyagin, V., Acad, U., Andonova, A., 2019. Review of hardware-in-the-loop—a hundred years progress in the pseudo-real testing. E+E 54, 70–84.

ANSI, 2020. ANSI/UL 4600:2020. Standard for Evaluation of Autonomous Products. American National Standards Institute.

Bock, T., Maurer, M., van Meel, F., Müller, T., 2008. Vehicle in the Loop. ATZ—Automob. Zeitschrift 110, 10–16.

Bock, J., Krajewski, R., Moers, T., Runde, S., Vater, L., Eckstein, L., 2020. The inD dataset: a drone dataset of naturalistic road user trajectories at german intersections. In: 2020 IEEE Intelligent Vehicles Symposium, pp. 1929–1934.

Camara, F., Bellotto, N., Cosar, S., Weber, F., Nathanael, D., Althoff, M., Wu, J., Ruenz, J., Dietrich, A., Markkula, G., Schieben, A., Tango, F., Merat, N., Fox, C., 2021. Pedestrian models for autonomous driving part II: high-level models of human behavior. IEEE Trans. Intell. Transp. Syst. 22 (9), 5453–5472.

Chang, M.F., Lambert, J., Sangkloy, P., Singh, J., Bak, S., Hartnett, A., Hays, J., 2019. Argoverse: 3D tracking and forecasting with rich maps. In: Proceedings of the IEEE/CVF Conference on Computer Vision and Pattern Recognition, pp. 8748–8757.

Che, X., Li, C., Zhang, Z., 2019. An Open Vehicle-in-the-Loop Test Method for Autonomous Vehicle. EasyChair. Preprint no. 1963.

Damacharla, P., Dhakal, P., Bandreddi, J.P., Javaid, A.Y., Gallimore, J.J., Elkin, C., Devabhaktuni, V.K., 2020. Novel human-in-the-loop (HIL) simulation method to study synthetic agents and standardize human–machine teams (HMT). Appl. Sci. 10, 8390.

Ding, W., Xu, C., Lin, H., Li, B., Zhao, D., 2022. A survey on safety-critical scenario generation from methodological perspective. arXiv. preprint arXiv:2202.02215.

Driggs-Campbell, K., Bellegarda, G., Shia, V., Sastry, S., Bajcsy, R., 2014. Experimental Design for Human-in-the-Loop Driving Simulations. arxiv. preprint arXiv:1401.5039.

Ettinger, S., Cheng, S., Caine, B., Liu, C., Zhao, H., Pradhan, S., et al., 2021. Large scale interactive motion forecasting for autonomous driving: the waymo open motion dataset. In: Proceedings of the IEEE/CVF International Conference on Computer Vision. IEEE, pp. 9710–9719.

Fadaie, J., 2019. The State of Modeling, Simulation, and Data Utilization within Industry: An Autonomous Vehicles Perspective. arXiv. preprint arXiv:1910.06075.

Fayazi, S.A., Vahidi, A., Luckow, A., 2019. A vehicle-in-the-loop (VIL) verification of an all-autonomous intersection control scheme. Transport. Res. C Emerg. Technol. 107, 210.

Gambi, A., Mueller, M., Fraser, G., 2019. Automatically testing self-driving cars with search-based procedural content generation. In: Proceedings of the 28th ACM SIGSOFT International Symposium on Software Testing and Analysis, pp. 318–328.

Gangopadhyay, B., Khastgir, S., Dey, S., Dasgupta, P., Montana, G., Jennings, P., 2019. Identification of test cases for automated driving systems using Bayesian optimization. In: 2019 IEEE Intelligent Transportation Systems Conference (ITSC), pp. 1961–1967.

Griggs, W., Ordóñez-Hurtado, R., Russo, G., Shorten, R., 2019. A Vehicle-in-the-Loop Emulation Platform for Demonstrating Intelligent Transportation Systems. Lecture Notes in Control and Information Sciences, pp. 133–154.

Guo, J., Jiang, Y., Zhao, Y., Chen, Q., Sun, J., 2018. Dlfuzz: differential fuzzing testing of deep learning systems. In: Proceedings of the 2018 26th ACM Joint Meeting on European Software Engineering Conference and Symposium on the Foundations of Software Engineering, pp. 739–743.

Horváth, M., Lu, Q., Tettamanti, T., Török, A., Szalay, Z., 2019. Vehicle-in-the-loop (VIL) and scenario-in-the-loop (SCIL) automotive simulation concepts from the perspectives of traffic simulation and traffic control. Transp. Telecommun. J. 20, 153–161.

Huang, M., Jiang, Z.-P., Malisoff, M., Cui, L., 2021. Robust autonomous driving with human in the loop. In: Vamvoudakis, K.G., Wan, Y., Lewis, F.L. (Eds.), Handbook of Reinforcement Learning and Control. In: Kacprzyk, J. (Ed.), Stud. Syst. Decis. Control, 325. Springer, pp. 673–692.

ISO, 2018. 26262—Road Vehicles Functional Safety. Technical report, International Organization for Standardization/Technical Committee 22 (ISO/TC 22).

ISO, 2019. PAS 21448—Road Vehicles-Safety of the Intended Functionality. International Organization for Standardization.

Jha, S., Banerjee, S., Tsai, T., Hari, S.K., Sullivan, M.B., Kalbarczyk, Z.T., Iyer, R.K., 2019. Ml-based fault injection for autonomous vehicles: a case for bayesian fault injection. In: 49th IEEE/IFIP International Conference on Dependable Systems and Networks, pp. 112–124.

Kaur, P., Sobti, R., 2017. Current challenges in modelling advanced driver assistance systems: future trends and advancements. In: 2017 2nd IEEE International Conference on Intelligent Transportation Engineering (ICITE), pp. 236–240.

Kaur, P., Taghavi, S., Tian, Z., Shi, W., 2021. A Survey on Simulators for Testing Self-Driving Cars. arXiv. preprint arXiv:2101.05337.

Klück, F., Zimmermann, M., Wotawa, F., Nica, M., 2019. Performance comparison of two search-based testing strategies for ADAS system validation. In: IFIP International Conference on Testing Software and Systems. Springer, Cham, pp. 140–156.

Koopman, P., Wagner, M., 2016. Challenges in autonomous vehicle testing and validation. SAE Int. J. Transport. Saf. 4 (1), 15–24.

Koopman, P., Ferrell, U., Fratrik, F., Wagner, M., 2019. A safety standard approach for fully autonomous vehicles. In: International Conference on Computer Safety, Reliability, and Security, pp. 326–332.

Krajewski, R., Bock, J., Kloeker, L., Eckstein, L., 2018. The highD dataset: a drone dataset of naturalistic vehicle trajectories on German highways for validation of highly automated driving systems. In: 2018 21st International Conf. on Intelligent Transportation Systems, pp. 2118–2125.

Krajewski, R., Moers, T., Bock, J., Vater, L., Eckstein, L., 2020. The rounD dataset: a drone dataset of road user trajectories at roundabouts in Germany. In: 2020 IEEE 23rd International Conference on Intelligent Transportation Systems (ITSC), pp. 1–6.

Lafuente-Arroyo, S., Gil-Jiménez, P., Maldonado-Bascon, R., Lopez-Ferreras, F., Maldonado-Bascon, S., 2005. Traffic sign shape classification evaluation I: SVM using distance to borders. In: 2005 IEEE Intelligent Vehicles Symposium.

Liu, B., Zhang, H., Zhu, S., 2016. An incremental V-model process for automotive development. In: 2016 23rd Asia-Pacific Software Engineering Conference, pp. 225–232.

Liu, Y., Tight, M., Sun, Q., Kang, R., 2019. A systematic review: road infrastructure requirement for connected and autonomous vehicles (CAVs). J. Phys. Conf. Ser. 1187, 42073.

Madala, K., Avalos-Gonzalez, C., Krithivasan, G., 2021. Workflow between ISO 26262 and ISO 21448 standards for autonomous vehicles. J. Syst. Saf. 57 (1), 34–42.

Miquet, C., Schwab, S., Pfeffer, R., Zofka, M., Bär, T., Schamm, T., Zöllner, J., 2014. New test method for reproducible real-time tests of ADAS ECUs: "vehicle-in-the-loop" connects real-world vehicle with the virtual world. In: 5th International Munich Chassis Symposium.

Park, C., Chung, S., Lee, H., 2020. Vehicle-in-the-loop in global coordinates for advanced driver assistance system. Appl. Sci. 10, 1–15.

Pei, K., Cao, Y., Yang, J., Jana, S., 2017. Deepxplore: automated whitebox testing of deep learning systems. In: Proceedings of the 26th Symposium on Operating Systems Principles, pp. 1–18.

Punzo, V., Borzacchiello, M.T., Ciuffo, B., 2011. On the assessment of vehicle trajectory data accuracy and application to the Next Generation SIMulation (NGSIM) program data. Transport. Res. C Emerging Technol. 19 (6), 1243–1262.

Queiroz, R., Berger, T., Czarnecki, K., 2019. GeoScenario: an open DSL for autonomous driving scenario representation. In: 2019 IEEE Intelligent Vehicles Symposium (IV), pp. 287–294.

Rajabli, N., Flammini, F., Nardone, R., Vittorini, V., 2020. Software verification and validation of safe autonomous cars: a systematic literature review. IEEE Access 9, 4797–4819.

Rana, R., Staron, M., Berger, C., Hansson, J., Nilsson, M., Törner, F., 2013. Early verification and validation according to ISO 26262 by combining fault injection and mutation testing. In: International Conference on Software Technologies. Springer, Berlin, Heidelberg, pp. 164–179.

Riedmaier, S., Nesensohn, J., Gutenkunst, C., Düser, T., Schick, B., Abdellatif, H., 2018. Validation of X-Inthe-loop approaches for virtual homologation of automated driving functions. In: 11th Graz Symposium Virtual Vehicle.

Rosique, F., Navarro, P.J., Fernández, C., Padilla, A., 2019. A systematic review of perception system and simulators for autonomous vehicles research. Sensors 19, 648.

Rüger, F., Nitsch, V., Faerber, B., 2015. Automatic evasion seen from the opposing traffic—an investigation with the vehicle in the loop. In: 2015 IEEE 18th International Conference on Intelligent Transportation Systems.

Schürmann, B., Heß, D., Eilbrecht, J., Stursberg, O., Köster, F., Althoff, M., 2017. Ensuring drivability of planned motions using formal methods. In: 2017 IEEE 20th International Conference on Intelligent Transportation Systems (ITSC), pp. 1–8.

Schwab, S., Leichsenring, T., Zofka, M., Bär, T., 2014. Consistent test method for assistance systems. ATZ Worldw. 116, 38–43.

Schwarting, W., Alonso-Mora, J., Rus, D., 2018. Planning and decision-making for autonomous vehicles. Annu. Rev. Control Robot. Auton. Syst. 1, 187–210.

Sieber, M., Berg, G., Karl, I., Siedersberger, K., Siegel, A., Färber, B., 2013. Validation of driving behavior in the vehicle in the loop: steering responses in critical situations. In: 16th International IEEE Conference on Intelligent Transportation Systems (ITSC 2013), pp. 1101–1106.

Tettamanti, T., Szalai, M., Vass, S., Tihanyi, V., 2018. Vehicle-in-the-loop test environment for autonomous driving with microscopic traffic simulation. In: 2018 IEEE International Conference on Vehicular Electronics and Safety (ICVES).

Wood, M., Robbel, P., Maass, M., Tebbens, R.D., Meijs, M., Harb, M., Krüger, R., 2019. Safety First for Automated Driving. Aptiv, Audi, BMW, Baidu, Continental Teves, Daimler, FCA, HERE, Infineon Technologies, Intel, Volkswagen.

Wu, X., Xiao, L., Sun, Y., Zhang, J., Ma, T., He, L., 2022. A survey of human-in-the-loop for machine learning. Future Gener. Comput. Syst. 135, 364–381.

Xie, X., Ma, L., Juefei-Xu, F., Xue, M., Chen, H., Liu, Y., et al., 2019. Deephunter: a coverage-guided fuzz testing framework for deep neural networks. In: Proceedings of the 28th ACM SIGSOFT International Symposium on Software Testing and Analysis, pp. 146–157.

Zhan, W., Sun, L., Wang, D., Shi, H., Clausse, A., Naumann, M., et al., 2019. Interaction dataset: an international, adversarial and cooperative motion dataset in interactive driving scenarios with semantic maps. arXiv. preprint arXiv:1910.03088.

第15章

法律及社会因素

15.1 引言

尽管我们在通用、安全、高效和可预测的决策系统商业化面向广大公众之前面临着相关的技术挑战，但其他社会和法律考量也必须纳入考虑，以成功部署自动驾驶车辆。本章描述并比较了影响自动驾驶车辆的监管方面，以及与人工决策相关的责任问题在欧洲最相关国家之间的情况。除此之外，在任何涉及人类参与的决策过程中，伦理学是一个不可避免的考量，回顾了最相关的伦理困境并提供了一些应对方法。最后，自动驾驶车辆上路的关键触发因素是用户接受度。本章还描述了影响体验和使用该技术意愿的不同因素。

15.2 法规

目前，影响自动驾驶车辆流通的法规是一个完全开放的领域。对于这些法规可能的内容，仍然没有明确的共识，只能找到临时性的国家法规，这些法规主要关注在原型级上支持自动驾驶车辆的试验，在自动驾驶车辆大规模部署的情况下，仅有有限的设计运行范围。然而，在《维也纳公约》等超国家实体中，正在迈出初步步伐以制定与现行交通法规补充互补的交通法规，其中自动驾驶车辆作为常规交通的一部分，尽管自动化技术能力距离达到这一点仍然有很长的路要走。除规定外，还有一些领域的发展与监管平行进行，如在违规或事故发生时法律责任的分配、保险，以及评估这项技术的风险。

15.2.1 简介

全自动驾驶车辆预计将在未来 40 年内逐步进入市场（McKinsey and Company，2016）。这意味着车辆将逐渐增加它们的自主设备，包括安全、能源效率和舒适系统，最终形成全自动驾驶的汽车。在该技术逐步引入的过程中，国际自动机工程师学会（SAE International[①]）定义了不同的自动化等级来支持标准化和法规的必要性。SAE 的定义根据"谁在什么时候做什么"将车辆分为以下几个等级：
- 在 SAE L0 级，人类驾驶员负责一切事情；
- 在 SAE L1 级，车辆中的自动驾驶系统有时可以帮助人类驾驶员执行驾驶任务的某些部分；
- 在 SAE L2 级，车辆中的自动驾驶系统可以执行某些驾驶任务，而人类持续监控驾驶环境并执行其余的驾驶任务；
- 在 SAE L3 级，自动驾驶系统可以在某些情况下执行某些驾驶任务，并监控驾驶环境，但人类驾驶员必须准备好在自动驾驶系统提示时重新获得控制权；
- 在 SAE L4 级，自动驾驶系统可以执行驾驶任务并监控驾驶环境，人类不需要重新获得控制权，但自动驾驶系统只能在特定环境和特定条件下运行；
- 在 SAE L5 级，自动驾驶系统可在人类驾驶员可以执行的所有条件下，执行所有的驾驶任务。

L0~L2 级和 L3~L5 级驾驶自动化的主要区别在于主要负责驾驶任务的是人类操作员还是自动化系统。自动驾驶系统（ADS）是硬件和软件（包括远程和车载）的组合，可在有或没有人类主动监控驾驶环境的情况下执行驾驶功能。

L0、L1 和 L2 级为当前的技术水平，即市场上的车辆中可用的实际系统和服务。L3 级对应于车辆所配备的尖端技术的产生，能够承担更高等级的驾驶自动化。L3 或更高等级的车辆预计将于 2025 年开始上市（FAZ.NET，2015）。

这些事实意味着自动驾驶车辆真正进入市场的进程是缓慢而渐进的，自动（半自动）驾驶和手动驾驶之间有很长时间的共存，到 2060 年，预计道路上所有的车辆都将实现自动驾驶（Ross，2014）。

同时，有必要对与车辆移动许可相关的法规和法律进行必要的修改，以使其从侧重于人类驾驶员的概念转变为侧重于无人驾驶的概念。

此外，自动驾驶车辆的实施周期看起来可能很长，尽管如此，如今对此类法规以及基于某

[①] 译者注：原译为美国汽车工程师学会。

些自动化假设和用例的咨询已经有了强烈的需求。因此，目前世界上大多数发达国家都在对自动驾驶车辆进行试点测试，尽管这些车辆还远未达到商用或商用前的状态，但确实具有足够的自动化等级，因此需要制定具体的法规。这些车辆主要属于研究中心和汽车制造商，旨在研究和开发有助于自动驾驶车辆未来发展的不同技术，即控制与制导系统、感知系统、控制系统、定位以及通信系统。这就是为什么在现行法规中，将重点放在区分用于测试的自动驾驶车辆和用于消费市场的车辆。

15.2.2 国际治理

在开始分析欧洲和国际上关于自动驾驶的立法之前，有必要建立一个通用的法规体系。

国际交通法规以两项国际框架协议为基础，即《日内瓦道路交通公约》和《维也纳道路交通公约》。

- 1949 年，95 个国家批准了《日内瓦道路交通公约》，通过制定某些统一规则来促进国际道路交通的发展和安全（United Nations，1949）。
- 《维也纳道路交通公约》（1968 年）是一项由 74 个国家批准的国际条约，旨在通过采用统一的交通法规来促进国际道路交通的发展并提高道路安全（United Nations，1969）。

欧洲当局明确打算修改《维也纳道路交通公约》，将自动驾驶车辆纳入道路交通，主要是为了满足"驾驶员"始终控制车辆的需要。公约第 1 条第（v）款："驾驶员是指驾驶机动车辆或其他车辆（包括自行车），或在道路上引导单独或成群的牲畜，或役用动物、驮畜或乘骑动物的任何人"。第 8 条第 5 款："每个驾驶员可以随时控制车辆或引导畜力"。

为贯彻这一意图，2016 年 4 月，欧盟各国交通部长和多家汽车制造商签署了《阿姆斯特丹宣言》。本宣言的目的是促进政府和行业之间的合作，以制定法律框架并促进网联自动驾驶的研发。

此外，联合国欧洲经济委员会（the United Nations Economic Commission for Europe，UNECE）的道路交通安全工作组（WP.1）和世界车辆法规协调论坛（World Forum for Harmonization of Vehicle Regulations，WP.29）就自动驾驶车辆法规的分析和制定进行了讨论。UNECE 通过支持管理这些无人驾驶技术需求与使用的国际协议和公约，为实现自动驾驶做出贡献。UNECE 还监督新技术的部署，而不会失去过去几十年已取得的安全和其他进步（例如，跨境和互操作性）。UNECE 将所有与本工作相关的各方联系起来，如汽车、计算机、电信、保险业、政府和区域经济一体化组织（Regional Economic Integration Organization，REIO）、消费者组织和国际组织，如 OECD/ITF/CPB、国际电信联盟（International Telecommunication Union，ITU）和七国集团（G7）交通部长。

15.2.3 《维也纳道路交通公约》

1968 年的《维也纳道路交通公约》涵盖了道路安全法规，并因此确立了管理交通法的原则。该公约于 1968 年 10 月 7 日至 11 月 8 日在维也纳举行的联合国道路交通会议起草并开放供签署。会议由联合国秘书长根据联合国经济及社会理事会分别于 1966 年 7 月 27 日和 1967 年 5 月 26 日批准的决议召开。会议还编写了《道路标志与信号公约》并开放供签署，并通过了最后决议。

该公约的核心原则之一是驾驶员始终完全控制车辆，并对车辆在交通中的行为负责。然而，新一代汽车驾驶辅助和自动化系统正朝着自动驾驶的方向发展，具备控制基本车载系统（灯光、速度或紧急制动、转向等）的能力与公约的核心原则相冲突。

世界车辆法规协调论坛（UNECE WP.29）负责修改现行的欧洲经济委员会（European Economic Commission，ECE）法规并制定新法规。它是联合国欧洲经济委员会（UNECE）的一个工作组。为了涵盖与自动驾驶相关的技术发展，随着 1968 年《维也纳道路交通公约》修正案的生效，2016 年 3 月 23 日通过了一个重要的法规里程碑，以支持自动驾驶车辆技术的部署（Report of the 68th session of the Working Group on Road Safety，UNECE，2016）。根据这项修正案，明确允许能够将驾驶任务移交给车辆的自动驾驶技术在交通中使用，前提是这些技术符合联合国车辆法规，或可被驾驶员接管或关闭。然而，这一举措专门针对安全停车区域和自动速度控制。这就意味着现在《维也纳道路交通公约》只考虑了这两种场景。具体来说，第 79 号法规附录 78（2017 年 2 月第 2 次修订版）中规定"这些要求也不一定适用于车辆静止时、最高速度为 15km/h 的低速机动过程以及当系统未通电时的全动力转向"。

此外，在联合国第 79 号法规第 3 版附录 78（2018 年第 2 次修订版）中，确定了车辆执行器自动控制系统的存在，以及系统失效时的责任分配（后援）。

该框架已延长至 UNECE WP.29[①]于 2020 年 3 月发布的关于自动化/自动驾驶车辆的修订框架文件，其主要目的是通过确定关键原则，为 L3 级及更高等级自动化/自动驾驶车辆的安全提供指导。

15.2.4 欧洲自动驾驶车辆法规现状

本小节将在国际层面分析与车辆自动驾驶相关的法规，反映其主要指标。首先要考虑的因素是，这些法规在很大程度上是全国性的。因此，应根据本国国情来分析其特征。因此，将规范的标识符和法规目的、责任以及保险问题视为基本参数。

另外，下文对欧盟范围内与车辆自动驾驶相关的法规进行了详细分析。之所以进行这种分析，是因为在欧洲内部法规体系非常相似，而且现在成员国在这一领域有着很强的协同作用。

---

① 译者注：原著中的"UNCEDE WP.29"为笔误。

第 15 章　法律及社会因素　　　　　　　　　　　　　　　　　　　　　　　　　　　283

1. 欧洲法规的背景

如上所述，目前在欧盟层面仍没有统一的车辆自动驾驶法规体系，但有多项举措致力于实现这一目标，并应考虑不同的参考。

根据《维也纳道路交通公约》，（人类）驾驶员始终拥有完全控制权，并对车辆在交通中的行为负责。然而，即使是最初的《联合国维也纳公约》也仅作为参考，并自 2016 年以来通过了多项新的修正案。关键修订了允许汽车在系统"可以被驾驶员接管或关闭"的情况下自动驾驶。但是，必须有驾驶员并且驾驶员能够随时操纵方向盘。2020 年 6 月举行的第 181 届世界车辆法规协调论坛（WP.29）通过了自动驾驶系统必须遵守的技术规范（UNECE，2020）。

需要修改 UNECE WP.29 中的型式认证（Type Approval）技术法规，以启用 L3 级自动驾驶功能，并且成员国交通法规的解释仍需要调整。

在欧洲层面，有几个领域的立法应根据自动化程度的提高进行审查。

- 应修订《欧盟车辆型式认证指令 2007/46/EC》，以确保这些车辆能够遵守不同的欧盟交通法中规定的所有具体的安全义务。车辆必须在所有不同的情况下进行测试，在这些情况下，车辆将取代人类驾驶员。因此，欧盟关于流通态度的立法（第 2014/45 号指令）也应更新。
- 应修订《欧盟驾驶执照指令 2006/126/EC》，考虑自动驾驶功能，如何使用该技术，包括后援、断开连接和重新激活，将特定的培训和执照包括进来。
- 需要修订《汽车保险指令 2009/103/EC》，以明确自动驾驶的责任。然而，涉及自动驾驶车辆碰撞造成的损害赔偿责任，目前还没有统一的规则框架。
- 《有关缺陷产品责任的指令 85/374/EEC》。
- 《智能交通指令 2010/40》，欧盟运输总司的协同智能交通系统平台正在制定部署协同智能交通系统的路线图，工作组正在就人机接口（HMI）和欧盟信息总司电信行业与汽车行业之间的对话制定建议。
- 应修订《关于基础设施安全管理的第 2008/96/EC 号指令》，以纳入自动驾驶的需求，如道路标识或改造的交叉路口。
- 从处理个人数据和遵守欧盟数据保护法规的角度来看，关于数据保护的第 95/46/EC 号指令和第 2002/58/EC 号指令也受到影响。这可能与道路安全有关，涉及碰撞调查以及保险公司和其他人（如车队经理等）对数据的使用，他们使用系统反馈在专业环境中管理驾驶员。

有关高度自动驾驶法规影响的详细报告，请参考相关研究（Navarro-Michel，2019）。

2. 国际法规对比分析

本部分从欧洲和国际层面分析了为自动驾驶车辆流通提供法律支持的主要法规，并以下列国家作为参考（见表 15.1）。
- 欧洲：西班牙、法国、德国和英国。
- 欧洲以外：美国、新加坡和日本。

表 15.1 国际法规比较

地区	法规编号	SAE L3~L5 级法规目的	汽车自动驾驶模式下造成的损害赔偿责任	自动驾驶车辆的特殊强制性保险要求
西班牙	2015 年 11 月 13 日第 15/V-113 号指令，SGGMT 7/2020 书面指南（修正案）	测试	驾驶员/操作员	无
法国	2018 年 4 月 17 日关于机动车在公开道路上试验的驾驶授权法令	测试	随着驾驶授权系统的激活，驾驶员的责任转移到实验授权的持有人身上	无
德国	德国法律中没有关于在公开道路上测试 L3-L5 级自动驾驶车辆的特殊规定，但可以根据一般条例获得个人测试许可。2021 年修订的《道路交通法》和《强制保险法》《自动驾驶法》法案	测试/消费者	驾驶员/操作员、系统提供商	无
英国	《2018 年自动和电动汽车法案》(Automated and Electric Vehicles Act 2018，AEVA 2018)	测试/消费者	保险公司、驾驶员/操作员	无
新加坡	新加坡陆路交通管理局（Land Transport Authority of Singapore, LTA）的具体授权。《2017 年道路交通（自动驾驶机动车）规则》第 4（1）条和第 7（1）(a)（i）条	测试/消费者（与 LTA）	驾驶员/操作员	特殊责任保险
日本	《道路运输车辆法》(Road Transportation Vehicle Act, RTVA) 和《道路交通法》(Road Traffic Act, RTA) 的修正案于 2020 年 4 月 1 日生效，允许 L3 级自动驾驶车辆在日本普遍使用	测试（L4）/消费者（L3）	车主、驾驶员/操作员	机动车强制责任险（Compulsory automobile liability insurance, CALI）和自愿保险
美国亚利桑那	亚利桑那州州长道格拉斯·安东尼·杜西（Douglas A. Ducey），2018—04 号行政命令。推进自动驾驶车辆测试与运营；优先考虑公共安全	测试与运营	驾驶员/操作员	无
美国加利福尼亚	加利福尼亚州法规，法令标题 13 第 1 部分第 1 章第 3.7 条——自动驾驶车辆测试（自 2021 年 4 月 16 日起生效）	测试与运营	驾驶员/操作员、ADS 提供商	无

15.3 伦理

15.3.1 自动驾驶的伦理问题

自动驾驶车辆的主要目标之一是减少交通事故，此外还将改善一些人的出行或出行能力。从最低等级的自动化（只考虑辅助系统）到最高等级的自动化（驾驶员将大部分或全部驾驶任

第15章 法律及社会因素

务委托给车辆），这一说法都是有效的。

根据美国国家公路交通安全管理局（NHTSA）进行的一项研究，94%的事故主要是由人为失误造成的（Singh，2015）。然而，仍然没有经验数据支撑自动驾驶车辆比人工驾驶的车辆更安全。根据相关研究（Smith，2012）可知，要确保自动驾驶车辆比人工驾驶车辆更安全且可靠性达到99%，必须在没有事故且没有驾驶员干预的情况下行驶约115万公里，如果仅考虑致命事故，则必须行驶4.82亿公里。尽管大多数专家都认为自动驾驶车辆似乎可以降低事故率，但尚未证明自动驾驶车辆更安全。

此外，完全消除事故似乎还有很长的路要走，将责任从驾驶员转移到机器上会带来相关的伦理影响，因为决策器在L4级和L5级自动驾驶车辆上发生了根本变化。这与L1级和L2级中的情况不同，在L1级和L2级中，驾驶员仍然有义务持续监督驾驶任务，并且必须在需要时或当察觉到危险情况时控制车辆。从伦理和法律的角度来看，L3级驾驶自动化的情况更加模糊。

因此，随着车辆自动化的发展，可能会发生不可避免的事故情况。在这些情况下，驾驶员没有足够的反应时间。因此，值得思考的是，在这些情况下，谁将承担法律和伦理责任。下面考虑了两个主要的备选方案。

- 将责任归咎于制造商：从法律的角度来看，这种方法是合理的，因为他们对最终的产品负责。然而，这可能会推迟一项有可能减少道路伤亡人数的技术开发，从而阻碍投资。另一方面，免除制造商的任何法律责任将会阻碍公司提高车辆的安全性。
- 将责任归咎于驾驶员：这种方法得到以下论点的支持，即驾驶员负有道德责任，因为他在明知车辆有可能导致事故的情况下决定冒险使用车辆，即使他没有选择控制车辆。

正如驾驶员会发现自己处于可能产生法律后果的伦理处境，车辆在控制时也不得不面临同样的场景。从这个意义上说，必须考虑自动驾驶车辆将面对具有高度不确定性的决策，因此可能经常发生道德上模糊的情况。最广泛的例子是有轨电车困境的类比，即有必要决定是否通过操作拉杆来改变电车的路径，以杀死一个人的代价来挽救五名乘客的生命（Foot，1967）。

然而，在驾驶任务中，人类驾驶员在大多数情况下确实不会有意识地做出合乎伦理的决策，因此自动驾驶车辆也不应该这样做（Goodall，2014a）。事实上，由于人类驾驶员受到严格的时间限制，在事故期间和事故前往往会做出错误的决策，他们在接近操纵极限的情况下驾驶车辆的经验有限，而且其视野也限制了对场景的感知。因此，很明显，车辆将不得不应对需要伦理因素的情况，但这些人类道德规则在软件中的实施并不明显（Goodall，2014b）。然而，与人类驾驶员不同的是，必须提前编程实现车辆的行动规则。因此从理论上讲，设计者有能力在几个备选方案之间做出决定，这比驾驶员在临界风险态势下所面临的时间充裕并且知识更多。

另一方面，法律和规则的应用需要人类解释，从常识上可以纠正一组规则中存在的矛盾，但由于难以将伦理上复杂的决策综合成一组规则，因此没有系统能作为一个完整的伦理系统发挥作用。

另一种方法认为，自动驾驶车辆应该简单地尝试以一种明显实用的方法将损害降至最低。然而，不确定性可能会导致不希望的结果。最后，以伤害其他群体为代价来提高某些社会群体的安全，即使是最大化受益者的数量，在伦理上也可能是不正确的（Lin，2013）。

15.3.2 面对伦理问题的方法

在这种明显含糊的情况下，会出现一些问题，如应该由谁来选择自动驾驶车辆的决策标准、他们应该基于什么伦理标准，以及这些标准是否应该标准化。

因此，讨论个人还是标准化的伦理配置更可取是有意义的。个人伦理配置的优势在于，它不仅赋予个人实现理想的自由，而且以同样的方式尊重社会的所有成员。然而，有两个论点反对个人伦理配置：这种配置可能导致伦理上不良的结果以及个人不应承担个人伦理配置背后的道德责任（Lin，2014）。标准化配置会限制外部实体与人类有关的行为，从而与自由主义观点相悖。然而，如果证明了负外部性（Negative Externalities）的减少，这种干预主义（Interventionism）是可以接受的。此外，这种方法将提供一个明确的法规体系，作为技术进步的基础。

皮克林等人遵循伤害减轻的实用趋势（这种趋势具有很高的接受度），提出了一种基于伤害严重程度的方法，用于在出现困境时选择碰撞的元素（Pickering et al，2019）。

古道尔改写了艾萨克·阿西莫夫（Isaac Asimov）的机器人三定律（Three Laws of Robotics），但考虑的是自动驾驶车辆而不是计算机（Goodall，2014b）：

（1）自动驾驶车辆不得伤害人类个体，或者目睹人类个体将遭受危险而袖手不管。

（2）自动驾驶车辆必须服从人给予它的命令，当该命令与第一定律冲突时例外。

（3）自动驾驶车辆在不违反第一定律、第二定律的前提下，要尽可能保护自己的生存。

关于理性方法和人工智能方法之间的讨论，他们提出了一种三阶段方法来开发符合伦理的碰撞算法，包括理性方法、人工智能方法和自然语言需求。

● 阶段1：理性伦理

在第一阶段，系统对全局损害最小化的行为进行奖励。损害评估必须充分标准化和透明，以避免出现过度保护的情况。在无论采取何种行动都会造成损害的情况下，必须指定衡量指标，使某些选项高于其他选项。这些衡量指标必须独立于当前的保险行业标准，并且考虑到高度不确定场景中先验损害评价的复杂性，这些指标对相关变量的估计可能会面临困难，如对轨迹、安全系统在特定碰撞中的有效性以及用户在事故中的反应等变量的估计。

● 阶段2：理性与人工智能混合方法

在第二阶段，提出使用能够理解伦理上正确决策的软件。通过这种方式，基于真实事故数据和模拟数据以及专家的伦理评价，可以推断在每种情况下要采取的行动。该方法的一个重要方面是使用广泛的场景进行训练，以避免有偏见的伦理决策。关于这种方法，可以参考相关研究（Guarini，2006），在该研究中，神经网络可以将行动分为道德上正确或不正确两种。

- 阶段3：基于自然语言的反馈

神经网络等技术的最大局限性之一是难以理解其决策背后的逻辑。该问题产生了一种不确定性，可能导致社会对这些工具的排斥。因此，人们正在开发技术来提高神经网络的可理解性（Augasta and Kathirvalavakumar，2012；Hailesilassie，2016；Linardatos et al，2021）。这些技术基于从神经网络中提取的基于规则的解释，并将神经网络的内部知识转化为一组符号规则，然后将其表示为自然语言。

最后，迄今为止在推进自动驾驶伦理方面最重要的举措之一是由德国制定并于2017年获得德国政府批准的20条伦理准则（Luetge，2017）。描述如下。

1. 一般问题

- 伦理准则1：自动驾驶车辆的目标是提高安全性和交通流动性。

2. 自动驾驶的一般伦理利益

- 伦理准则2：在自动驾驶车辆中，对用户的保护优先于所有其他利益考量，自动驾驶车辆只有在比人工驾驶车辆事故率降低的情况下才允许使用。
- 伦理准则3：公共行政部门必须保证自动驾驶车辆的安全。
- 伦理准则4：决策中的责任必须与个人自由选择权最大化、他人自由以及安全之间的平衡保持一致。

3. 不可避免的困境

- 伦理准则5：自动驾驶车辆应尽可能避免事故的发生，技术设计应确保从一开始就不会出现危急情况。发展的目标是显著提升道路安全，在车辆的设计和编程环节就要保守和预见性地考虑行驶方式，最大程度降低风险。
- 伦理准则6：为了降低道路交通的负面影响，社会可能需要引入更高等级的自动驾驶系统，但如果受到了技术强制力的影响，那么以法律形式强制实施，在伦理层面是有问题的。
- 伦理准则7：在不可避免的风险情况下，系统必须优先考虑对人的保护，而不是其他考虑因素，因此对动物和财产造成的损害是可以接受的。
- 伦理准则8：在出现伦理困境的情况下做出的决定取决于具体场景，并且需要涉及实体的可预测行为。因此，它们无法被明确地标准化，也不能被编写成伦理上无异议的程序，因为事故的影响无法标准化，无法预测驾驶员做出正确判断的决定。事故后果评价不能轻易转化为一般性评价，因此也不能转化为编程活动。这就要求公共行政部门持续、系统地处理所吸取的经验教训。
- 伦理准则 9：在发生不可避免的事故时，严格禁止对个人特征进行任何区分。也禁止将受害者区别对待，但减少人身伤害的编程是合理的，但风险产生过程中的实体不能牺牲其他实体。

4．谁负责？

- 伦理准则 10：在自动驾驶车辆中，责任从驾驶员转移到制造商、技术系统运营商，以及负责基础设施、政策和法律决策的国家和国际实体。
- 伦理准则 11：制造商需要不断优化其系统。

5．公共信息

- 伦理准则 12：公众有权充分了解新技术，因此自动驾驶车辆的部署和编程必须透明，向公众传播并由独立的专业实体审查。

6．网联驾驶：安全与保障

- 伦理准则 13：目前无法确定未来是否有可能在数字交通基础设施的背景下通过控制中心实现所有车辆完全的网联化。但如果不能对道路使用者完全地监控并且消除对车辆控制的操纵，那么这种网联在伦理上是有问题的。
- 伦理准则 14：只有在 IT 系统操作可能遭受的攻击不会导致公众对道路交通失去信任的情况下，自动驾驶才是合理的。

7．数据保护

- 伦理准则 15：使用由自动驾驶车辆生成的数据可能会与您的隐私权发生冲突。因此，应由车主和用户决定是否可以重新发送车辆数据。

8．人机接口

- 伦理准则 16：必须明确区分正在使用无人驾驶系统，还是由驾驶员保留选择接管系统的责任。移交程序必须统一。
- 伦理准则 17：自动驾驶技术的设计应避免突然将控制权移交给驾驶员。此外，系统必须适应人类驾驶员的能力，以实现高效、可靠和安全的人机传播（Human-Machine Communication）。

9．学习系统

- 伦理准则 18：除非满足与车辆控制相关功能的安全要求，否则不应部署系统。为了制定合适的通用标准，包括验收测试，将相关场景上传至中立机构、建立集中的场景目录是

- 伦理准则 19：在紧急情况下，车辆必须在没有人工干预的情况下进入安全状态（需要统一）。

10. 驾驶员教育
- 伦理准则 20：对于自动驾驶车辆的使用应该纳入数字化通识教育的一部分，因此在驾驶培训中，应通过适当的方式教授如何合理地使用自动驾驶系统，并对此进行考核评价。

15.3.3 结论

当机器有责任做出以前只有人类才能做出的决定时，就会出现道德问题。在自动驾驶的情况下，这方面尤其重要，因为操作本身就有可能造成物质损坏、伤害甚至死亡。尽管驾驶员对较低等级的驾驶自动化操作负有责任，但随着车辆驾驶自动化等级的发展，这一责任将转移给车辆。因此，多个领域的专家多年来一直致力于制定程序来确定车辆应如何进行编程并对复杂情况做出反应。这个问题很困难并且尚未解决，但有几种存在部分冲突的方法。尽管如此，人们已经建立了继续深入研究该问题的基础，分析每种选择的利弊并促进了技术的发展，这些技术允许在高度自动驾驶车辆的内部逻辑中综合理解和再现道德上正确的行为。

15.4 用户接受度

15.4.1 简介

正如本书引言中提到的，自动驾驶车辆有望为社会带来许多益处。然而，为了实现这些期望，它们必须具有吸引力并被广泛接受。公众购买和使用自动驾驶车辆的意愿引发了人们的主要担忧（König and Neumayr，2017）。如果公众不接受，就不可能大规模部署自动驾驶车辆，因此也无法发挥其潜力。因此研究和理解接受度是设计一个成功的决策系统的关键（Nordhoff et al，2016）。

接受度的一般定义是"个人在驾驶中使用该系统的程度，或者，如果系统不可用，则意欲使用该系统"（Adell et al，2014）。人们已经制定了用于衡量自动驾驶车辆接受度的量表，如自动驾驶汽车接受度量表（Self-driving Car Acceptance Scale，SCAS）或自动驾驶接受度调查问卷（Questionnaire on the Acceptance of Automated Driving，QAAD）。

由于除少数试验外，自动驾驶车辆不能在交通系统中自由发展，因此预测在这种背景下的技术需求是有挑战的——例如，所有权趋势、更好的模式选择和车辆行驶公里数（Golbabaei et al，2020）。为了应对这些限制，研究人员使用问卷调查来评估当前多种不同背景下和不同视角下的接受度，有时仅基于抽象知识和印象，另外还有一些则通过道路试点让用户获得更自然的驾驶体验。一些实例针对私有自动驾驶车辆的接受度（Wang et al，2020）、公共交通自动驾驶车辆的接受度（Nordhoff et al，2018）或可能部署商业模式的相关真实环境中自动驾驶车辆的接受度（Louw et al，2020）。受 L3Pilot 项目（L3Pilot，2020）的启发，图 15.1 展示了欧洲大型项目 L3Pilot 中使用的整体 FESTA 实施和评估方法，其中不同类型的用户测试了大量的自动驾驶车辆。

另外，用不同逼真度的模拟器来对这种接受度进行建模和量化（Buckley et al，2018）。这类受控环境提供了一种安全、廉价且可重复的方法来评价用户与自动驾驶车辆交互过程中的感知和反应。然而，它们无法获得真实世界中可能发生的所有日常决策。

在过去的几年里，自动驾驶车辆接受度数据的积累已开始允许通过系统评价进行证据综合（Evidence Synthesis）（Gkartzonikas and Gkritza，2019）。希尔格特和格兰尼根据这些评价得出的结论是，尽管"大多数研究都报告了对自动驾驶车辆的积极或有条件的积极态度"，但驾驶员对自动驾驶车辆的安全性和信任表示担忧（Hilgarter and Granig，2020）。事实上，一些研究（Menon et al，2016）通过这些调查得出的结论是，很大一部分驾驶员（在美国接近 62%）不愿意乘坐自动驾驶车辆。

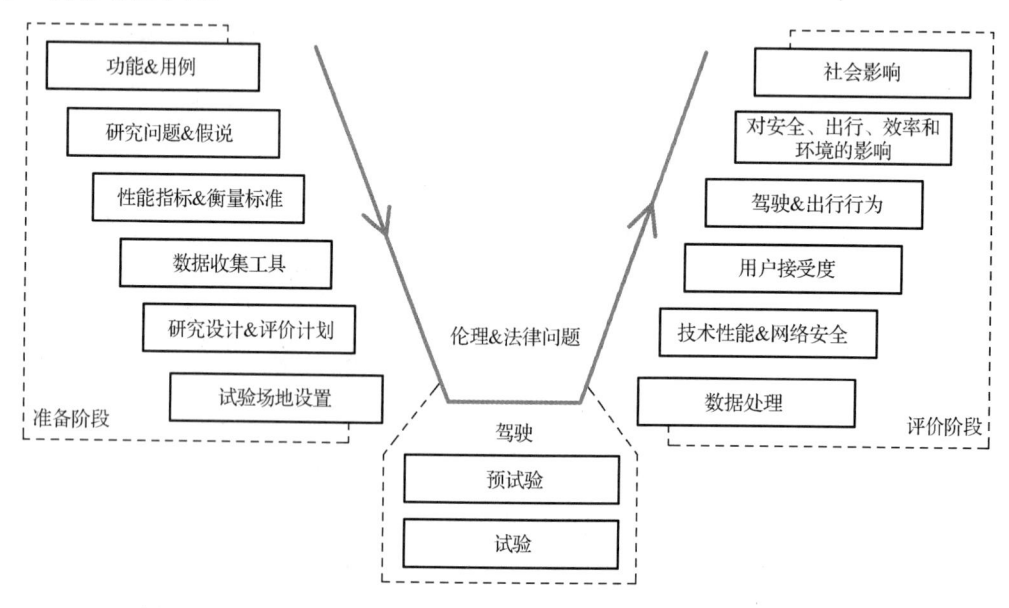

图 15.1 L3Pilot 项目中用于大规模实地研究的用户接受度评价方法示意图

第 15 章　法律及社会因素

为了提高上述降低的自动驾驶车辆公众接受度,有必要监控风险并采取相应的行动,因为"消费者的看法将最终决定自动驾驶车辆的成败,并有可能随着自动驾驶车辆变得越来越普遍而推动政策变化"(Anania et al, 2018)。这种风险感知是自动驾驶车辆接受度和采用意图的核心。因此,至关重要的是探索影响决策的主观态度和偏好(Nazari et al, 2018);可观测因素,如人口统计和周围建筑环境特征,以及影响决策过程的出行行为特征(Gkartzonikas and Gkritza, 2019)。在这方面,受相关研究(Golbabaei et al, 2020)的启发,图 15.2 展示了影响用户接受度的主要因素,这些因素围绕三大支柱构建:出行行为因素、社会人口因素和心理因素。在以下小节中对最重要的因素进行了解释和描述。

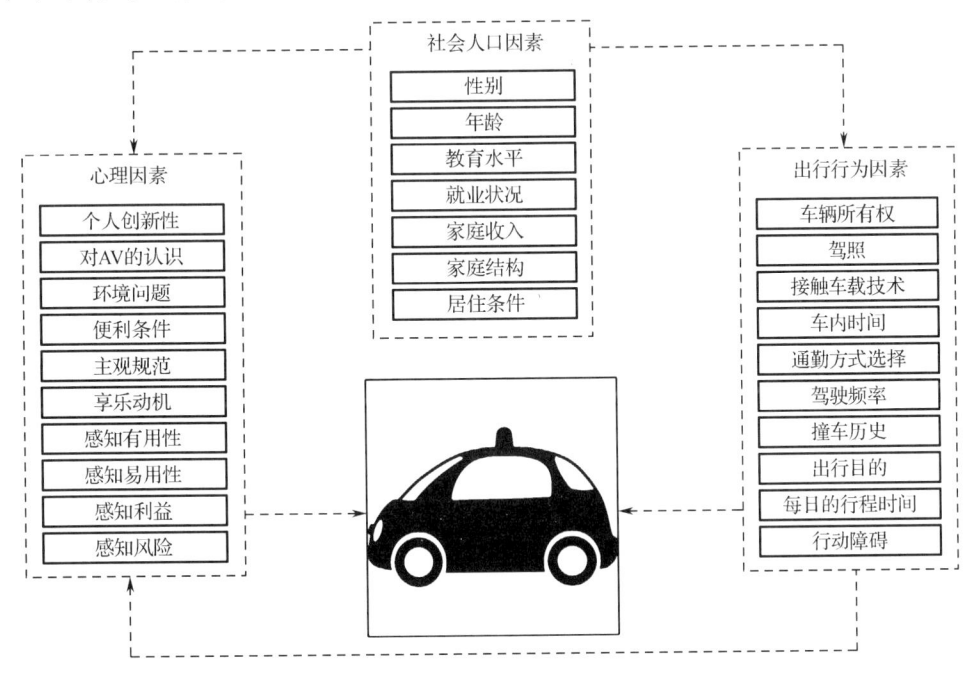

图 15.2　影响用户接受度的最重要因素示意图

15.4.2　感知安全性

目前还没有足够的知识来确定自动驾驶车辆必须如何驾驶才能满足用户的期望(Edelmann et al, 2021)。因此,重点正在转向实施可接受且舒适的驾驶风格(Banks and Stanton, 2016),从而在自动驾驶车辆和手动驾驶的交通参与者之间实现安全、可预测且适当的交互。由于尚未确定最优驾驶风格(Bellem et al, 2016),因此大多数研究都集中在驾驶风格的驾驶动力学上,因为即使车辆乘客没有注意驾驶状况,也能感知到驾驶风格。事实上,安全感和舒适感总是在潜意识中通过驾驶动力学传递。需要注意的是，出行用户将花费大量时间放松、看窗外或进行其他活动，在此期间他们将部分地观察周围环境（Pfleging et al，2016）。因此，他们会无意识地评价自动驾驶车辆所做出的决策，反过来，这些决策会对系统的接受度产生影响。

此外，驾驶决策嵌入在一般交通环境中并且经常影响其他交通参与者（例如，其他驾驶员在汇入交通状况下不得不减速）。事实上，在拥挤的驾驶环境中，现有的自动驾驶车辆在保证高度安全性方面往往过于保守（例如，速度太慢）。因此，自动驾驶车辆决策系统在这种情况下的行为将影响接受度。这强调了实施可接受决策的必要性，这些决策正确地考虑了与其他交通参与者的交互。总的来说，关于自动驾驶车辆的决策以及自动驾驶和人工驾驶之间的交互对最终接受度影响的研究相对较少。

15.4.3 信任

尽管自动驾驶车辆的潜在益处是显而易见的，但相关技术可能会产生不同性质的意外后果。这些不利的例子如下所述（Adnan et al，2018）。

- 过度依赖机器。
- 驾驶员技能的丧失（Kyriakidis et al，2015），如第 12 章和 13 章所述，系统和机器之间需要良好的沟通才能正确分配对非全自动驾驶车辆的控制权限。而当驾驶员接管请求的频率越来越低时，其技能可能会显著下降。
- 由于对自动驾驶技术的过度信任或不信任（Trimble et al，2014），非自动驾驶交通参与者可能会产生特定的碰撞风险（Bazilinskyy et al，2015）。
- 电子系统失效。
- 通过使用 V2X 通信进行黑客活动，导致个人数据泄露甚至严重的安全攻击（Kyriakidis et al，2015）。

除此之外，第 15.3.1 小节中提到的伦理困境强化了这样一种观点，即公众对于让机器决定车内外人员的完好仍然持怀疑态度。

自动驾驶车辆部署的所有这些障碍都与用户信任的丧失有关，信任度随着系统过去性能的记录而增加，而如今声誉在其中起着重要作用。到目前为止，这种声誉将继承制造商的传统，但必须在自动驾驶领域得到巩固。为此，必须平衡上述因素，以使自动驾驶车辆比手动驾驶车辆具有更积极的出行影响，以及自动驾驶车辆的感知安全性和信任度可以高于手动驾驶车辆。

15.4.4 人口因素

除驾驶决策对接受度的影响外，之前的分析表明，自动驾驶车辆的接受度还受到各种人口

第 15 章 法律及社会因素

因素的影响（Kyriakidis et al, 2015）。这一事实在某种程度上继承了手动驾驶模式中已经存在的驾驶风格差异，受内在（如年龄和性别）和外在（如社会背景）因素的制约（Reason et al, 1990）。此外，驾驶的社会环境，包括其他道路参与者以及正式和非正式的交通规则，影响着每一位驾驶员。

这些因素的结合决定了交通文化，在世界上的一些地区存在明显差异（Atchley et al, 2014）。因此，在中国，竞争激烈，驾驶员专注于"超越"他人，导致他们对风险的容忍度和违反交通规则的意愿更高。日本驾驶员严格遵守交通法规，害怕发生交通事故，从而最大限度地降低自身风险并力求保护他人（Atchley et al, 2014）。在美国，汽车驾驶不仅与个人自由有关，还与适度的风险承受能力有关。美国驾驶员渴望快速到达目的地，但并非不惜一切代价。在德国，司机更注重交通安全。

这些模式与自动驾驶车辆的接受度有着明显的联系。中国对自动驾驶车辆的态度比美国更积极，而日本对自动驾驶车辆的支付意愿最低（Schoettle and Sivak, 2014）。

结合这一分析，使用自动驾驶车辆的意图往往因上述各地区当地的人口统计数据而异。例如，自动驾驶车辆在当前事故发生率高的地区或许会受到人们的欢迎，因为自动驾驶车辆预计会减少基于年龄和性别的汽车保险费率差异（Hudson et al, 2019）。

其他社会人口学研究表明，自动驾驶车辆的早期用户可能是男性、年轻人、受过高等教育、规模较大的高收入家庭，以及居住在人口密集城区的人（Weigl et al, 2022）。他们的主要动机因素包括技术的熟练程度、对隐私问题较少关注和积极的安全感受。

此外，由于第一英里/最后一英里自动驾驶解决方案可能针对交通弱势群体，如老年人、儿童和残疾人，因此他们使用自动驾驶技术的意愿也可能更高（Lee and Mirman, 2018）。此外，研究还发现，特定的出行用户更有可能在单调的行驶条件下乘坐全自动驾驶车辆，如公路、交通拥堵或自动泊车等行驶条件（Bansal et al, 2016）。

因此，在考虑这些不同的因素后，可以得出结论，自动驾驶的感知益处（因人而异）对其潜在的接受度有着积极的影响，而感知风险是对自动驾驶车辆持消极态度的决定因素。

15.4.5 心理因素

驾驶员的心理特征也可能影响车辆自动化的接受度。需要注意的是，第 12 章专门用一个小节（12.3.2）简要介绍了影响驾驶员接受度的一些心理因素，作为其行为模型的一部分。在本章中，虽然认同其中引用的几个要素，但提出了一个更全面的观点。查尼斯等人发现大五人格特质（Big Five Personality Traits）与高度自动驾驶车辆接受度的三个子维度（关注、渴望采用以及放弃控制的意愿）之间存在一些关系（Charness et al, 2018）。例如，尽责性与更多的关注及更少的采用欲望有关，而对新体验的开放性与更大程度的采用欲望以及更大程度的放弃控制意愿有关。然而，凯里亚基迪斯等人发现，接受度与大五人格特质之间的相关性较弱（Kyriakidis et al，2015）。查尼斯等人将控制车辆的欲望［控制人生中重要事件的动机（Burger and Cooper, 1979）］确定为车辆自动化接受度潜在的重要因素（Charness et al，2018）。

研究表明，在传统驾驶中人们认为自己作为乘客比自己驾驶更容易发生事故（McKenna, 1993）。事实上，一些调查表明，受访者对可以选择重新控制自动驾驶车辆表示了强烈的偏好（König and Neumayr，2017），并且对失去控制的恐惧似乎成为支持自动驾驶车辆的心理障碍（Bazilinskyy et al，2015）。除此之外，那些看起来寻求驾驶乐趣的驾驶员倾向于驾驶得更快、更激进，即更有可能施加强力制动（Geldmacher et al，2017），而不太注意与其他车辆保持安全距离。

因此，控制欲高的某类驾驶员可能比其他驾驶员更不愿意接受驾驶自动化。一些研究（Hammond and Horswill，2001）表明，在控制欲衡量指标上得分较高的驾驶员也往往是冒险者。然而，纳斯丘克等人并未发现控制欲与使用自动驾驶车辆意图之间存在明确的关系（Nastjuk et al，2020）。

这些第一证据得到了魏格尔等人的证实，他们指出，控制欲在自动驾驶车辆的用户接受度量化中几乎没有有用的证据（Weigl et al，2022）。相反，他们确认信任和安全问题是接受度的主要决定因素。事实上，最近的一项分析得出的结论是，"信任被一致认为是自动驾驶车辆接受度最重要的决定因素"（Zhang et al，2021），相对于现状或个人出行状态的变化，安全性的提高似乎是可能对接受率产生重大影响的因素（Lee et al，2021）。

参考文献

Adell, E., Várhelyi, A., Nilsson, L., 2014. The definition of acceptance and acceptability. Driver acceptance of new technology. In: Regan, M. (Ed.), Driver Acceptance of New Technology. Theory, Measurement and Optimisation. Ashgate, pp. 11–21.

Adnan, N., Nordin, S.M., bin Bahruddin, M.A., Ali, M., 2018. How trust can drive forward the user acceptance to the technology? In-vehicle technology for autonomous vehicle. Transp. Res. A Policy Pract. 118, 819–836.

Anania, E.C., Rice, S., Walters, N.W., Pierce, M., Winter, S.R., Milner, M.N., 2018. The effects of positive and negative information on consumers' willingness to ride in a driverless vehicle. Transp. Policy 72, 218–224.

Atchley, P., Shi, J., Yamamoto, T., 2014. Cultural foundations of safety culture: a comparison of traffic safety culture in China, Japan and the United States. Transport. Res. F: Traffic Psychol. Behav. 26, 317–325.

Augasta, M.G., Kathirvalavakumar, T., 2012. Reverse engineering the neural networks for rule extraction in classification problems. Neural. Process. Lett. 35 (2), 131–150.

Banks, V.A., Stanton, N.A., 2016. Keep the driver in control: automating automobiles of the future. Appl. Ergon. 53, 389–395.

Bansal, P., Kockelman, K.M., Singh, A., 2016. Assessing public opinions of and interest in new vehicle technologies: an Austin perspective. Transport. Res. C Emerging Technol. 67, 1–14.
Bazilinskyy, P., Kyriakidis, M., de Winter, J., 2015. An international crowdsourcing study into people's statements on fully automated driving. Procedia Manuf. 3, 2534–2542.
Bellem, H., Schönenberg, T., Krems, J.F., Schrauf, M., 2016. Objective metrics of comfort: developing a driving style for highly automated vehicles. Transport. Res. F: Traffic Psychol. Behav. 41, 45–54.
Buckley, L., Kaye, S.A., Pradhan, A.K., 2018. Psychosocial factors associated with intended use of automated vehicles: a simulated driving study. Accid. Anal. Prev. 115, 202–208.
Burger, J.M., Cooper, H.M., 1979. The desirability of control. Motiv. Emot. 3 (4), 381–393.
Charness, N., Yoon, J.S., Souders, D., Stothart, C., Yehnert, C., 2018. Predictors of attitudes toward autonomous vehicles: the roles of age, gender, prior knowledge, and personality. Front. Psychol. 9, 2589.
Edelmann, A., Stümper, S., Petzoldt, T., 2021. Cross-cultural differences in the acceptance of decisions of automated vehicles. Appl. Ergon. 92, 103346.
FAZ.NET, 2015. Selbstfahrende Autos: Amerika schaltet auf Autopilot. Available from http://www.faz.net/aktuell/wirtschaft/unternehmen/verkehrsminister-foxx-selbstfahrende-autos-in-10-jahren-standard-13811022.html.
Foot, P., 1967. The problem of abortion and the doctrine of double effect. Oxford Review 5, 5–15.
Geldmacher, W., Just, V., Kirschner, C., Buchmüller, M., Marquardt, K., 2017. The correlation of information and knowledge in regard to the acceptance level and their implication on self-driving cars in Germany. Ecoforum 6, 1–7.
Gkartzonikas, C., Gkritza, K., 2019. What have we learned? A review of stated preference and choice studies on autonomous vehicles. Transport. Res. C Emerging Technol. 98, 323–337.
Golbabaei, F., Yigitcanlar, T., Paz, A., Bunker, J., 2020. Individual predictors of autonomous vehicle public acceptance and intention to use: a systematic review of the literature. J. Open Innov. Technol. Mark. Complex. 6 (4), 106.
Goodall, N.J., 2014a. Machine ethics and automated vehicles. In: Road Vehicle Automation. Springer International Publishing.
Goodall, N.J., 2014b. Ethical decision making during automated vehicle crashes. Transport. Res. Record J. Transport. Res. Board 2424 (1), 58–65.
Guarini, M., 2006. Particularism and the classification and reclassification of moral cases. IEEE Intell. Syst. 21 (4), 22–28.
Hailesilassie, T., 2016. Rule extraction algorithm for deep neural networks: a review. Int. J. Comput. Sci. Inform. Secur. 14 (7), 376–380.
Hammond, T.B., Horswill, M.S., 2001. The influence of desire for control on drivers' risk-taking behaviour. Transport. Res. F: Traffic Psychol. Behav. 4 (4), 271–277.
Hilgarter, K., Granig, P., 2020. Public perception of autonomous vehicles: a qualitative study based on interviews after riding an autonomous shuttle. Transport. Res. F: Traffic Psychol. Behav. 72, 226–243.
Hudson, J., Orviska, M., Hunady, J., 2019. People's attitudes to autonomous vehicles. Transp. Res. A Policy Pract. 121, 164–176.
König, M., Neumayr, L., 2017. Users' resistance towards radical innovations: the case of the self-driving car. Transport. Res. F Traffic Psychol. Behav. 44, 42–52.
Kyriakidis, M., Happee, R., de Winter, J.C., 2015. Public opinion on automated driving: results of an international questionnaire among 5000 respondents. Transport. Res. F Traffic Psychol. Behav. 32, 127–140.
L3Pilot, 2020. Deliverable D3.4—Evaluation Plan, L3Pilot Project.

Lee, Y.C., Mirman, J.H., 2018. Parents' perspectives on using autonomous vehicles to enhance children's mobility. Transport. Res. C Emerging Technol. 96, 415–431.

Lee, C., Gershon, P., Reimer, B., Mehler, B., Coughlin, J.F., 2021. Consumer knowledge and acceptance of driving automation: changes over time and across age groups. Proceedings of the Human Factors and Ergonomics Society Annual Meeting 65 (1), 1395–1399.

Lin, P., 2013. The Ethics of Saving Lives With Autonomous Cars are Far Murkier than You Think. Available from http://www.wired.com/opinion/2013/07/the-surprising-ethics-of-robot-cars/.

Lin, P., 2014. Here is a Terrible idea: Robot Cars With Adjustable Ethics Settings. Available from https://www.wired.com/2014/08/heres-a-terrible-idea-robot-cars-with-adjustable-ethics-settings/.

Linardatos, P., Papastefanopoulos, V., Kotsiantis, S., 2021. Explainable AI: a review of machine learning interpretability methods. Entropy 23, 18.

Louw, T., Merat, N., Metz, B., Wörle, J., Torrao, G., Innamaa, S., 2020. Assessing user behavior and acceptance in real-world automated driving: the L3Pilot project approach. In: Proceedings of 8th Transport Research Arena TRA 2020, April 27–30, 2020, Helsinki, Finland.

Luetge, C., 2017. The German ethics code for automated and connected driving. Philos. Technol. 30, 547–558.

McKenna, F.P., 1993. It won't happen to me: unrealistic optimism or illusion of control? Br. J. Psychol. 84, 39–50.

McKinsey & Company, 2016. Automotive Revolution—Perspective Towards 2030. Available from: https://www.mckinsey.de/files/automotive_revolution_perspective_towards_2030.pdf.

Menon, N., Pinjari, A., Zhang, Y., Zou, L., 2016. Consumer perception and intended adoption of autonomous-vehicle technology: findings from a University population survey (No. 16-5998). In: 95th Annual Transportation Research Board Meeting, Washington DC, United States, 2016-1-10 to 2016-1-14.

Nastjuk, I., Herrenkind, B., Marrone, M., Brendel, A.B., Kolbe, L.M., 2020. What drives the acceptance of autonomous driving? An investigation of acceptance factors from an end-user's perspective. Technol. Forecast. Soc. Chang. 161, 120319.

Navarro-Michel, M., 2019. Application of road traffic regulations to accidents caused by automated and autonomous vehicles. In: Congreso Internacional El Derecho Privado en el Nuevo Paradigma Digital (Colegio Notarial de Cataluña, Barcelona, 3 Y 4 de Octubre de 2019).

Nazari, F., Noruzoliaee, M., Mohammadian, A.K., 2018. Shared versus private mobility: modeling public interest in autonomous vehicles accounting for latent attitudes. Transport. Res. C Emerging Technol. 97, 456–477.

Nordhoff, S., Van Arem, B., Happee, R., 2016. Conceptual model to explain, predict, and improve user acceptance of driverless podlike vehicles. Transp. Res. Rec. 2602 (1), 60–67.

Nordhoff, S., de Winter, J., Madigan, R., Merat, N., van Arem, B., Happee, R., 2018. User acceptance of automated shuttles in Berlin-Schöneberg: a questionnaire study. Transport. Res. F: Traffic Psychol. Behav. 58, 843–854.

Pfleging, B., Rang, M., Broy, N., 2016. Investigating user needs for non-driving-related activities during automated driving. In: Proceedings of the 15th International Conference on Mobile and Ubiquitous Multimedia, pp. 91–99.

Pickering, J.E., Podsiadly, M., Burnham, K.J., 2019. A model-to-decision approach for the autonomous vehicle (AV) ethical dilemma: AV collision with a barrier/pedestrian(s). IFAC-PapersOnLine 52 (8), 257–264.

Reason, J., Manstead, A., Stradling, S., Baxter, J., Campbell, K., 1990. Errors and violations on the roads: a real distinction? Ergonomics 33 (10−11), 1315−1332.

Ross, P.E., 2014. Driverless cars: optional by 2024, mandatory by 2044. In: IEEE Spectrum: Technology, Engineering, and Science News. (2014). [online] Available at http://spectrum.ieee.org/transportation/advanced-cars/driverless-cars-optional-by-2024-mandatory-by-2044. (Accessed 3 May 2017).

Schoettle, B., Sivak, M., 2014. A Survey of Public Opinion about Autonomous and Self-Driving Vehicles in the US, the UK, and Australia. University of Michigan, Ann Arbor, Transportation Research Institute.

Singh, S., 2015. Critical Reasons for Crashes Investigated in the National Motor Vehicle Crash Causation Survey (Traffic Safety Facts Crash Stats), Rep. No. DOT HS 812 115. National Highway Traffic Safety Administration, Washington, DC.

Smith, B.W., 2012. Driving at Perfection. The Center for Internet and Society at Stanford Law School.

Trimble, T.E., Bishop, R., Morgan, J.F., Blanco, M., 2014. Human Factors Evaluation of Level 2 and Level 3 Automated Driving Concepts: Past Research, State of Automation Technology, and Emerging System Concepts.

UNECE, 2020. Informal Document WP.29–181-05 181st WP.29 24 June 2020 Agenda item 2.3.

United Nations, 1949. Convention on Road Traffic. Geneva. 19 September 1949. Available from https://treaties.un.org/doc/Treaties/1952/03/19520326%2003-36%20PM/Ch_XI_B_1_2_3.pdf.

United Nations, 1969. Vienna Convention on the Law of Treaties (With Annex). Concluded at Vienna on 23 May 1969. Available from: https://treaties.un.org/doc/publication/unts/volume%201155/volume-1155-i-18232-english.pdf.

Wang, S., Jiang, Z., Noland, R.B., Mondschein, A.S., 2020. Attitudes towards privately-owned and shared autonomous vehicles. Transport. Res. F Traffic Psychol. Behav. 72, 297–306.

Weigl, K., Nees, M.A., Eisele, D., Riener, A., 2022. Acceptance of automated vehicles: gender effects, but lack of meaningful association with desire for control in Germany and in the US. Transport. Res. Interdiscip. Perspect. 13, 100563.

Zhang, T., Zeng, W., Zhang, Y., Tao, D., Li, G., Qu, X., 2021. What drives people to use automated vehicles? A meta-analytic review. Accid. Anal. Prev. 159, 106270.

反侵权盗版声明

电子工业出版社依法对本作品享有专有出版权。任何未经权利人书面许可,复制、销售或通过信息网络传播本作品的行为,歪曲、篡改、剽窃本作品的行为,均违反《中华人民共和国著作权法》,其行为人应承担相应的民事责任和行政责任,构成犯罪的,将被依法追究刑事责任。

为了维护市场秩序,保护权利人的合法权益,我社将依法查处和打击侵权盗版的单位和个人。欢迎社会各界人士积极举报侵权盗版行为,本社将奖励举报有功人员,并保证举报人的信息不被泄露。

举报电话:(010)88254396;(010)88258888
传　　真:(010)88254397
E-mail: dbqq@phei.com.cn
通信地址:北京市海淀区万寿路 173 信箱
　　　　　电子工业出版社总编办公室
邮　　编:100036